ライブラリ データ分析への招待 **5**

実証会計・ファイナンス

Rによる財務・株式データの分析

笠原晃恭・村宮克彦 共著

新世社

ライブラリ編者のことば

　データサイエンスは，急速な進展を遂げる情報技術とともに私たちの身の回りにあるデータをこれまで以上に利活用し，より良い社会を形づくっていくための学問として，多くの分野でその貢献が期待されています．

　その理論的基盤を形づくる統計学は，あらゆる分野で必要とされる普遍的に重要な知識や分析手法を提供する学問として位置づけられてきました．しかし今日では統計学を応用する分野は，多岐にわたっています．応用の分野には分野固有の明らかにすべき，また解決すべき主題や問題があり，それらに取り組むには入り口で学んだ統計学の知識だけでは必ずしも十分ではありません．応用分野においては，その分野で積み重ねられてきた知見と統計学が融合した形で発展してきた分析手法により，分野固有の分析を行っていくことになります．

　社会科学では，経済学の分野における計量経済学がその代表と言えます．しかしその計量経済学自体も，さらに多様な分野に細分化しているのが実情です．マクロ経済データを分析する場合，企業データを分析する場合，データを分析するという点では同じであっても，統計モデルによって何を明らかにしようとするのか，構築するモデル，モデルの評価など，異なっているものが多くあります．

　この「ライブラリ　データ分析への招待」は，データ分析をどのような分野でも対応できる統一的な形で学ぶのではなく，応用分野に合わせた形でデータ分析を学ぶ機会が必要であるという立場から企画されています．したがって，本ライブラリは，基礎的な統計学の知識をもっている読者に向けて，社会科学における多様な応用分野を念頭におき，それぞれの分野において，どのような分析が可能であるか，応用例を紐解きながら紹介し，そのような分析手法を身につけ，分析を実践できるようになることを目標としています．

　データ分析は実践することにこそ，その意義が見出せます．しかし，社会科学や人文科学の応用分野では，関心のある分析対象に切り込んでいくことは必ずしも容易なことではありません．分析者には，適切にデータ分析を実践する力が必要とされます．本ライブラリの各巻は，それぞれの応用分野で実際にデータ分析を行っている研究者の方々に執筆をお願いしたものです．興味を抱いている応用分野に即した巻をぜひ手に取って，対処すべき課題や明らかにしたい現象に果敢に挑戦してください．このライブラリが皆さんの問題の解決への一助となれば幸いです．

大屋　幸輔

まえがき

本書は，実証会計，及びファイナンスへの応用に興味がある読者を対象に，R言語の初歩から応用までを一通り解説した教科書である．Rの文法を一般的に説明する代わりに，読者がこの分野のデータ分析で現実に遭遇するであろう問題を順を踏んで説明する点を工夫した．より具体的に言うと，分野特有のモチベーションを紹介した後，現実の財務や株式データを模倣したシミュレーション・データを提供し，その分析を通じてデータの前処理や加工，統計分析の手法を段階ごとに学べる構成となっている．

本書は主たる読者層として，ビジネスや経済を専攻とする学生を念頭としているが，それ以外にも，データサイエンス学部などに所属する理系学生や，会計・ファイナンスデータを利用して投資に役立てようと目論む実務家にも役立つよう工夫した．本書は，会計・ファイナンス・R言語プログラミング・統計という複数の分野を横断的にカバーするが，どの分野も前提知識はほとんど仮定せず，基礎から丁寧に説明することを心掛けた．また，読者が自ら手を動かしながら理解を深められるよう，本文中で分析するデータセットはコードと共にダウンロード可能とした．加えて，各章末には新しいデータセットを含む練習問題を豊富に用意し，読者が問題演習を通じて会計・ファイナンス分野のデータサイエンスに習熟できる機会を設けた．

本書の到達目標は，会計・ファイナンスの知識を有していない人が，最終的に(a)自らで仮説を立て，データを収集し，分析することで，仮説の検証や適切な結果の解釈ができるようになり，(b)あるデータが与えられたときに価値評価や投資の意思決定が行えるようになることである．したがって，学生であれば卒業論文や修士論文の執筆，実務家であればデータ・ドリブンな投資判断を，Rを用いて実践できるようになるのが最終目標である．

本書は8章構成であるが，最初の第1章と第2章は会計とファイナンスの基礎知識の説明である．また，第3章で初めてRを導入し，正味現在価値(NPV)や内部収益率(IRR)などファイナンスの基礎的な概念の実装を通じて，Rの基本機能を学ぶ．したがって，読者のバックグラウンドに応じて，これらの章はスキップしても構わない．例えば，データサイエンス学部の学生で既にRの基礎を習得し

ている場合，第3章は既習の内容が多いだろう．また，いきなり第4章から読み始めて，必要な知識だけ第3章以前を参照するという読み方も可能である．

　本書は，第4章から本格的なデータ分析を開始する．まず，第4章と第5章で，財務データや株式データに特有な前処理や分析の手法を学ぶ．その続きとして，第6章ではCAPMやFama-Frenchの3ファクター・モデルといったファクター・モデルを実装し，第7章ではその応用として資本コストの推定や平均分散ポートフォリオの構築を行う．最後に第8章ではイベント・スタディを取り上げ，特定のイベントが株価に与える影響を統計的に分析する方法を学ぶ．本文中で分析するコードやデータセットは全てサポートサイト（iv頁を参照してほしい）からダウンロードできるようにしているので，読者自らの手で実際にコードを実行しながら本書の解説を読み進めてほしい．また，本文中で説明できなかった内容はサポートサイト内のオンライン付録内にまとめておいたので，必要に応じて参照すると良い．なお，出版後に誤植が見つかった場合も，適宜サポートサイトにおいて正誤表にまとめて掲載する予定である．

　本書は会計・ファイナンス・R言語プログラミング・統計という複数の分野を横断的にカバーするという性質上，各分野の基礎知識を網羅的に説明することは重視していない．それよりも，実証会計・ファイナンスのモチベーションに基づき，他の本を参照せずとも理解が進むよう自己完結型を意識しつつ，流れの中で各分野の重要トピックに言及し，必要に応じて詳しく説明するというスタイルを採用している．したがって，詳しく説明されていないトピックに興味を持ち，より深く知りたい読者は外部文献を参照する必要がある．とりわけ，Rを使いこなす上で，インターネット上にある豊富なリソースを使いこなすのは必須スキルである．本書を読み進めると同時に，登場したキーワードを検索サイトで検索するなどして，インターネット上のリソースを活用することを強くお薦めする．また，各分野の基礎知識をしっかりと学びたい読者のために，それぞれの分野で定評のある参考書を本書の巻末で簡単に紹介しておいたので，本書の次のステップとして挑戦してみるのも良いだろう．

　本書を執筆するにあたって，外部パッケージをどれだけ用いるかは難しい問題であった．Rには便利な外部パッケージが多数存在し，それらの蓄積がRでデータサイエンスを行う最大の強みとも言える．一方，紙の書籍というメディアの特徴上，流行り廃りがありうるトピックを扱うのには抵抗があり，アップデートのサイクルが早い外部パッケージは取り上げないことにした．そこで本書

では，第4章で基本パッケージ，及び ggplot2 の解説を行った上で，第5章以降は dplyr を中心に tidyverse 流の記述を行った．これは tidyverse が既に R でデータサイエンスを行う上でデファクト・スタンダードになりつつあることを踏まえた判断である．

　最後に Python との比較に関して述べておこう．Python は R と並んでデータサイエンスに強いプログラミング言語で，ディープラーニング（深層学習）に代表される大規模データ分析では無くてはならない存在である．また，R と異なりシステム開発にも用いられる汎用プログラミング言語なので，分析結果をそのままビジネスに応用しやすいという利点を持つ．したがって，近年は R ではなくPython でデータサイエンスを行うケースも増えている．

　「R と Python のどちらを学ぶべきか」というのはよくある問いだが，「データサイエンスを本格的に学びたいなら両方」というのが筆者達の答えである．データサイエンスの目的は，データの統計的処理を通じて，研究上，あるいはビジネス上で意味ある仮説を実証することである．したがって，言語そのものの選択が本質的になる機会はほとんどない．得意不得意で言えば，R は時系列解析など統計処理関連のパッケージが充実しているが，メモリ管理が不得意であるため，真の大規模データを扱うのは難しい．プログラミング言語の選択は，(1)自身の目的に応じて既存のパッケージが充実していたり，開発コミュニティが活発だったりするか，(2)チームでコードを書いている場合，他のチームメンバーがどの言語を利用しているか，といった点に影響されるので，それらに合わせてどちらも選択できるよう，R も Python も両方学んでおくべきという身も蓋もない結論になるのである．なお，Python を用いた実証会計・ファイナンスに興味のある読者に向けて，本書掲載の R コードと一対一で対応する Python コードを著者の GitHub リポジトリ（リンク先はサポートサイトを参照）で公開している．併せて参照してほしい．

　いずれにせよ，プログラミング言語の選択は本質的な問題ではない．どんな言語を利用しようとも，社会現象の本質を捉え，自らで現象を検証・解明していく力こそ重要なのである．本書で取り扱った内容は，実証会計・ファイナンスの要点に限られている．両分野は本書の先にまだまだ奥行きが広がっており，そして，解明されていない現象が山ほど残されている．本書が，会計・ファイナンスに興味を持つきっかけとなり，読者諸氏の手によってその分野にまつわる研究や実務が少しでも進展すれば，それは望外の喜びであり，そうなってほしいと心から

願って本書を書き上げた.

　本書の執筆にあたって, 数多くの方から貴重なコメントや温かい支援を頂いた. とりわけ, ライブラリ編者として本書の執筆を提案してくださった上に, 執筆の過程において数多くの建設的なコメントを寄せてくださった大屋幸輔氏 (大阪大学), 草稿段階の本書に目を通し貴重な助言を頂いた大洲裕司氏 (青山学院大学), 太田亘氏 (大阪大学), 大西匡光氏 (大阪大学), 小野慎一郎氏 (大分大学), 久多里桐子氏 (北九州市立大学), 椎葉淳氏 (大阪大学), 髙田知実氏 (神戸大学), 松浦総一氏 (立命館大学), 三輪一統氏 (大阪大学), 村尾一真氏 (VISITS Technologies 株式会社), 御園生晴彦氏 (新世社), 谷口雅彦氏 (新世社) にはこの場を借りて御礼申し上げたい. また本書には, 大阪大学の学生から寄せられた読者目線のコメントも数多く取り入れられている. リサーチ・アシスタントとして本文とコードを隅々まで確認した上で, 章末問題を全て解いて難易度付けしてくれた糸井景雄氏 (経済学研究科) を始め, 数多くの誤植を指摘してくれた宮野天夢氏 (経済学部), 筆者らが開講する講義の受講生達には感謝の意を表したい.

　2022 年 3 月

笠原晃恭・村宮克彦

本書で使用するデータの全ては, サポートサイトからダウンロード可能である.

https://www2.econ.osaka-u.ac.jp/~eaafinr

　サポートサイトの S2 節からダウンロードした simulation_data.zip を開いた上で, 以下のパスワードを入力してほしい.

Em2R2aF

━━━ 章末問題の難易度に関する表記 ━━━

　ゼミや独学での利用を念頭に, あくまで大雑把な分類ではあるが, 各章末問題で難しいものにはアスタリスク (*) をつけた. 本文の基本的な理解を問う平易な問題をアスタリスク無しで**演習 1** と表記する一方, 発展的な内容を含む問題は**演習 2*** や**演習 3**** と表記して, アスタリスクの数に応じて難易度が分かるようにした. 後者には, 本文で説明された知識を応用して新しい課題に挑戦する問題や, 新しい知識の独学が必要な発展的な問題が含まれるので, 各自の余裕に応じて挑戦してほしい. なお, 本書は, 教員が講義やゼミにおいて課題として章末問題を利用できるよう, あえて模範解答は掲載していない. その代わり, 一部の発展問題については, 解答に導くためのヒントを丁寧に付している. 難易度の高い問題でも, 本書で得た知識とヒントを頼りにすれば, 解答にたどり着けるだろう. 特にプログラミングに関する問題は, 自身でコードを書き上げ, それが思い通りに動けば, 大きな喜びを感じられるはずである. 自身の理解度を確認する意味でも, 是非楽しみながら章末問題に取り組んでもらいたい.

目　次

第 3 章　R 言語入門　78

第4章　財務データの取得と可視化　　137

第5章　株式データの取得と可視化　　187

第6章　ファクター・モデルの導入　　241

第 7 章　ファクター・モデルの応用　　　296

第 8 章　イベント・スタディ　　　336

第1章
会計入門

1.1 企業が営む経済活動とお金の流れ

企業とは何であろうか．それを理解するには，最初に企業が営む経済活動の全貌を知る必要がある．企業には，実に様々な利害関係者が存在する．人や組織と企業とを結び付けるものの一つは，お金である．ここでは，金銭的なやりとりを通じて関係を持つ利害関係者に焦点を当てながら，企業の経済活動を理解していこう．

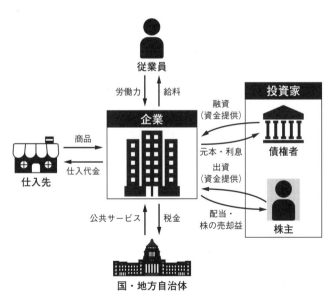

図 1.1 企業をとりまく利害関係者とお金の流れ

1.1.1　資金調達活動とそれに付随するコスト

あなたが良いビジネス・プランを思い立ち，起業したと想定しよう．その際，何を差し置いても初めにやらないといけないことがある．それは，資金調達である．ビジネスを行うのに先立つものはお金である．まずはビジネスに必要な資金を調達してくることから始まる．株式会社と呼ばれる最も一般的な形態の企業では，二つの資金調達手段がある．それは(1)負債による資金調達と(2)株式発行による資金調達である．

(1)負債による資金調達とは，銀行から融資してもらったり，社債という債券を発行したりすることによって個人や企業から資金を提供してもらうというものである．借りるわけだから期日が来れば元本を返済しなければならないのがポイントの一つである．銀行や社債権者を総称して，**債権者**と呼ぶ．彼らは，無償で企業に資金提供してくれるわけではない．融資した金額に対して年当たり何％かの利息を期待して融資する．なぜ，彼らは相応の利息を求めるのだろうか．それは，ひとたび企業に融資を行えば，債権者は将来の不確実性に直面するからである．企業がうまくビジネスを行っている限りにおいて，毎年決められた利息を払ってくれるし，元本も確実に返済してもらえるだろう．しかし，ビジネスの出来次第では，利息を払ってもらえない可能性もあるし，元本の返済もままならないかもしれない．このように債権者は，企業に融資した瞬間，将来元利返済してもらえない「かも」しれないという将来の不確実性に直面するのである．将来の不確実性のことを**リスク**と呼ぶ．債権者はリスクを無償では負担しない．リスクを負担する見返りとして，企業に投資した額（融資額）に対して何％かの見返り，すなわち，リターンを求めるのである．それが，利息である．そもそも**リターン**とは，投資額に対する投資の成果（儲け）の割合を指し，投資による成果を事前の投資額で除すことによって求められる．

$$リターン = \frac{投資の成果}{投資額} \tag{1.1}$$

例えば，100円の投資に対して，3円の成果が出れば，実現したネット・リターンは3％である[1]．債権者が期待するリターンは，投資額に対して何％の投資の成

---

[1]　ここでのリターンの定義は，元本相当を除くネット・リターンである．リターンには複数の定義が存在するので，詳しくは**コラム 2.1**（54頁）を参照してほしい．

果を見込んでいるかを指し，銀行の借入金利や社債の利回りをイメージしてもらいたい．

　債権者が期待するリターンは，企業にとっては，負債という手段によって資金調達を行ったことに伴い負担しなければならないコストになる．債権者が投資額に対して年3%のリターンを期待して，企業に融資しているならば，企業は資金提供してもらった金額に対して年3%の利息支払いというコストを負担しなければならない．負債で資金調達したことによって負担しなければならないコストのことを**負債資本コスト** (cost of debt) と呼ぶ．債権者が期待しているリターンが年3%ならば，債権者と企業が同じ将来見通しを有している限り，企業の負債資本コストは同じく年3%なのである．

　一方，企業は (2) 株式発行という手段によっても資金調達を行うことができる．株式会社は，資金が必要になれば，自らのビジネスの素晴らしさをアピールし，出資してくれる人を募る．ビジネスに賛同し，資金を提供してくれた人に対して，企業は出資額に応じて株式を受け渡す．株式は企業の所有権を分割したものであり，出資の対価としてそれを受け取った人たちを総称して**株主**と呼び，株主は企業の所有者となる．負債によって調達した資金は返済の必要があるのに対して，株式発行によって調達した資金は返済の必要がない点がポイントである．

　株主になれば二つの経済的なうまみがある．一つ目のうまみは，**配当収入** (dividend income) である[2]．企業は，資金提供をしてくれた株主に対する御礼として配当という名で現金を株主に還元することがある．業績が好調なときは多くの配当を払い，業績が悪化したら配当を少なくしたり，ゼロにしたりという具合である．もう一つのうまみは，株が値上がりしたことによって得られる**キャピタルゲイン** (capital gain) である．100円を投じて一株手に入れ，その株式が110円に値上がれば10円のキャピタルゲインを得ることができる．ただし，株主になったからといって，配当収入を得られる保証はないし，株は値上がりもすれば，値下がりもするものであるから，キャピタルゲインを得られる保証もない．すなわち，企業に投資した株主は，株式に自らの資金を投じた瞬間，将来の不確実性に直面し，リスクを背負うことになる．株主が背負うリスクは，債権者が背負うそれと比較して格段に大きい．債権者は企業のビジネスが立ち行かなくならない限

---

[2] 配当収入のことをインカムゲインと呼ぶこともあるが，英語でその言い回しは一般的ではない．したがって，本書では配当収入という用語を一貫して利用する．

りにおいて，予め債務契約を結ぶ段階で決められた元利返済を期日通りに行って
もらえるので，将来の不確実性は相対的に低い．一方，株主は企業の業績次第で
受け取れる配当は大きく変化し，ましてや株価は日々変動するので，不確実性は
相対的に高いと言える．不確実性が高いわけだからリスクも高く，すなわち，ハ
イリスクである．聞き慣れた言葉でハイリスク・ハイリターンという言葉がある．
負担するリスクが高ければ，期待するリターンも高いというわけである．した
がって，株主は債権者に比べて相対的に負担するリスクが大きい分，債権者の期
待リターンよりも高いリターンを期待して株式に資金を投じることになる．

　株主はリスクを負担して，企業に投資した額（すなわち，出資額）に対して
何％かの配当収入とキャピタルゲインという二つの見返り，すなわち，リターン
を期待する．ここで，企業に資金提供する債権者が期待するリターンは，企業に
とって負債という手段で資金調達をしたことに伴うコスト（負債資本コスト）で
あったことを思い出そう．この図式は株式発行というもう一つの資金調達手段に
も当てはまる．すなわち，企業に資金提供する株主が期待するリターンは，企業
にとって株式発行という手段で資金調達をしたことに伴うコストになるのである．
このコストを**株式資本コスト** (cost of equity capital) と呼ぶ．株主が期待している
リターンが年8％ならば，株主と企業が同じ将来見通しを有している限り，企業
の株式資本コストは同じく年8％なのである．

　ここまでの話で押さえておきたいポイントは次の二つである．すなわち，(a)
債権者はリスクを背負って企業に資金提供し，リターンを期待する一方，株主も
またリスクを背負って企業に資金提供し，リターンを期待するという点である．
債権者であれ，株主であれ，リスクを負いつつも，リターンを期待して企業に投
資する主体とみることができる．したがって，企業に資金提供する債権者と株主
を合わせて投資家と呼ぶ．もう一つのポイントは，(b)資金調達にはコストが掛か
るという点である．企業が負債で調達すれば負債資本コストが掛かり，株式発行
で調達すれば株式資本コストが掛かるのである．そして，企業と投資家が同じ将
来見通しを有している限り，資金調達コストは投資家の期待リターンと一致する．
これまでは負債と株式発行による資金調達を見てきたが，一般に，資金調達に伴
う負担を総称して**資本コスト** (cost of capital) と呼ぶ．詳しくは，**第7章**で改めて
学習しよう．

1.1.2 企業による投資活動

ビジネスに必要な資金が集められれば，今度は企業が動く番である．企業の使命とは，債権者と株主から調達してきた資金を有効に活用し，新たな価値を創造することである．資金を有効に活用するとは，調達してきた資金をうまく利用して，成果を生み出し，キャッシュフローを生成するという意味である．**キャッシュフロー**とは現金の増減であり，キャッシュフローが+100円ならば現金が100円増えたこと，−50円ならば現金が50円減ったことを表し，企業はプラスのキャッシュフローの生成を目指すのである．企業が価値を創造しているか否かを評価するのは投資家である．投資家から受けた資金を有効に活用して，彼らの期待に応え続けられる企業は高く評価され，そうした企業は投資家から価値創造企業とみなされる．

価値を創造するためには，調達してきた資金をそのまま現金として保有していては意味がない．現金から将来儲けを生み出してくれるであろうモノへと変換する必要がある．小売業であれば，仕入先に現金を支払い，商品というモノを，製造業であれば，現金を使って製品を作る機械というモノを手に入れる．換言すると，企業は，現金を商品や機械という将来の儲けのタネへと変換したわけである．このように現金を将来の儲けのタネになるモノへと変換する行為は投資そのものである．投資にはリスクがつきものである．手元にあれば安心の現金を儲かるかどうか分からないというリスクを取って投資に充て，将来のリターンを目論むのである．

企業は，投資家から集めた資金を様々なプロジェクトへと投資を行う．企業とは，リスクを取って様々なプロジェクトへと投資を行い，リターンを追い求める主体であり，様々な投資プロジェクトから成る束である．価値創造を意識する企業は，やみくもに投資を行わない．計画しているプロジェクトの成果が，投資額に見合うか否かを常に考え，価値を創造するプロジェクトにのみ投資を行う．プロジェクトへの投資額とその成果を比較する指標は，**正味現在価値** (Net Present Value; NPV) と言い，概念的には次式で定義することができる．

$$\underbrace{\text{正味現在価値}}_{\text{NPV}} = -(\text{現時点の投資額}) + (\text{現時点で評価した成果})$$

今日，すなわち，現時点で必要なプロジェクトへの投資額が 100 万円で，同じく現時点で評価したプロジェクトの成果が 120 万円ならば，正味現在価値は 20 万円である．NPV が正ならば，そのプロジェクトへの投資は価値を生み出すと判断できる．賢明な企業は，NPV が負のプロジェクトは避けて，投資を行うのである．まだ実行していないプロジェクトの成果を評価するとはどういうことであろうか．そのプロジェクトを実行に移した場合に期待される将来キャッシュフローとそのプロジェクトのリスクに見合った期待リターンを基に成果を評価するのはファイナンスの得意分野である．どのように NPV を算定するかについては第 2 章で学習しよう．

1.1.3　投資の現状を要約するツールとしての貸借対照表

　ここまでで出てきた登場人物の共通点は，リスクを取ってリターンを求めるという点である．債権者はリスクを取って企業に投資を行い，利息というリターンを求め，株主もまたリスクを取って企業に投資し，配当収入とキャピタルゲインというリターンを求めている．そして，企業自身もまた，投資家から提供を受けた資金を様々なプロジェクトへと投資を行い，投資の成果たるリターンを求めている．債権者，株主，企業という三者が，ある時点でどのような投資を行っているかという投資の現状を把握するためのツールとして**貸借対照表** (Balance Sheet; B/S) がある．

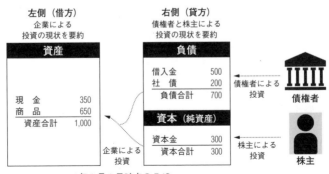

図 1.2　ある時点の投資の現状を要約する B/S

B/S は，**図 1.2** のとおり，左右に分かれており，慣例的に右側を**貸方**，左側を**借方**と言う．B/S の貸方の役割は，債権者と株主という企業に資金を提供する側の投資の現状を表すことである．資金提供を行う主体は債権者と株主という二者がいるわけだから，債権者の投資の現状を表す収納スペースと株主の投資の現状を表す収納スペースがそれぞれ必要になる．前者の収納スペースとして**負債**というボックスが配置され，後者の収納スペースとして**資本**（あるいは最近の呼び方だと**純資産**）というボックスが配置される．

負債のボックスの中には，債権者がいくらの投資を行い，その結果として企業が負債によっていくらの資金調達を行っているかが列挙される．例えば，1 月 1 日を 1 会計年度の初日（これを**期首**と言う）とする企業を想定しよう．期首時点で，企業が銀行という債権者から 500 の投資を受け，社債権者という債権者から 200 の投資を受け，合計して 700 の資金を負債によって調達していたとする[3]．そのとき，企業は，銀行から融資を受けたことによって借入金という名の負債を 500 背負っており，社債発行により借り入れを行ったことによって社債という名の負債を 200 背負っていることになる．したがって，その現状を適切に描写するため，負債のボックスには「借入金 500」と「社債 200」という表記で，負債の具体的な項目名と金額がセットとなり，列挙されるのである．こうして企業が，その時点で返済義務を背負って資金調達を行っている金額が計 700 であり，その内訳は銀行借入分が 500 と社債発行分が 200 であることが一目瞭然で分かるという仕組みである．

他方，資本のボックスの中には，もう一方の資金提供者である株主がいくらの投資を行い，その結果として企業が株式発行によっていくらの資金調達を行っているかが列挙される．負債と資本の決定的な違いは返済義務の有無である．返済義務のあるものは負債に収納される一方，返済義務のないものは資本に収納される[4]．期首時点で株主から株式発行の対価として 300 の払い込みを受けていたとしよう．株主から出資された元本は，会計用語で資本金と言う．したがって，株主からの出資を受けたことによって 300 の資金調達を行っている事実を「資本

---

[3] 以降，本章では金額の単位は省略しているので，日本円でも米ドルでも自由に連想してほしい．なお，現実の上場企業の財務諸表の単位は，百万円であることが一般的である．

[4] そのため，負債は企業からみれば他人から借りたものという意味で**他人資本**，資本は企業のいわば身内たる株主のものという意味で**自己資本**と呼ばれることもある．

金　300」として表記し，それを資本のボックスの中に収納するのである．こうして B/S の貸方のうち，負債に着目することで債権者の投資の現状を，資本に着目することで株主の投資の現状を，そして企業の目線からいえば，誰からいくら資金調達を行っているかを的確に把握することができるのである．

　他方，B/S の左側である借方は何を要約するかと言うと，資金提供を受けた企業が，一体何にいくら投資しているかという企業の投資の現状を伝える役割を果たす．企業が投資しているモノは，総称して**資産**と言う．したがって，B/S の借方には，資産というボックスが配置されるのである．

　企業とはリスクを取って様々なプロジェクトに投資を行う主体である．Apple ならば iPhone という製品を作るプロジェクト A，Mac を作るプロジェクト B，iCloud などのサブスクリプション・サービスを提供するプロジェクト C，というように様々なプロジェクトへと投資を行っている．B/S の借方は，各プロジェクトへの投資額を要約するというよりも，企業全体としてどのような資産にいくら投資を行っているかを列挙し，企業の投資の現状を伝えようとするものである．実際の企業の B/S を見てみると，実に様々な資産へと投資を行っていることに気付くであろう．しかし，ここでは話を単純化するため，小売業を営む企業が，期首時点において，現金に 350 の投資を行い（要は現金という資産を 350 保有し），将来，最終消費者に対する販売を見込み，商品在庫に 650 の投資を行っていた（商品という資産を 650 保有していた）としよう．そのとき，資産のボックスの中には「現金　350」と「商品　650」という表記で，資産の具体的な項目名と金額がセットとなり，列挙されるというわけである．こうして，B/S 全体を見渡すことで，当該企業が期首時点で調達してきた計 1,000 を，現金 350 と商品 650 に割り振って投資していることを把握できるのである．

　このように B/S とは，リスクを負担して投資を行う債権者と株主，企業の三者のそれぞれの投資の現状（投資のポジション）を利害関係者に正確に伝えるツールになるのである．B/S 内の資産，負債，資本の各ボックスの大きさは，それぞれ金額の大きさを表すよう図示している．まるでパズルの完成形のように，左右がぴったり揃っている．これは偶然ではなく，どの企業でも，どの時点においても必ず B/S の大きさは左右で揃ってバランスが整うことになる．これは，資金提供者である債権者と株主が企業に投資している資金は，企業によって必ず何かの資産に投資されているからである．したがって，任意の時点で作成された

B/S では，必ず次式が成立することになる．

$$\underset{\text{企業による投資の現状}}{\text{資産}} = \underset{\text{債権者による投資の現状}}{\text{負債}} + \underset{\text{株主による投資の現状}}{\text{資本}}$$

1.1.4 投資の成果を要約するツールとしての損益計算書

あなたが株取引を行う状況を想定してみよう．株取引とは，投資時点では儲かるどうかは分からないが，株式 A，株式 B，といった様々な資産へとリスクを取って投資を行い，その資産を運用することで成果を得ようとする行為である．良い株式を運用すれば多くの成果が得られ，反対に悪い株式を運用すれば少額の成果しか得られないばかりか，ときに損をしたりもする．企業もまたそれと同じように，投資時点では儲かるかどうか分からないが，様々な資産へと投資を行い，その資産を運用することで成果を追求している．1 会計期間の初日たる期首から末日たる期末まで（期首から期末までの期間を期中と言う）の一定期間において，思っていたような投資の成果があったかどうかを要約するツールとして，**損益計算書** (Profit and Loss statement; P/L) がある．B/S はある時点の投資の現状を表し，P/L は一定期間の投資の成果を表すというのがポイントである．B/S のように特定時点の経済状態を表すのはストック情報と呼び，P/L のようにある時点からある時点までの一定期間の経済状態を表すのはフロー情報と呼ぶ．B/S や P/L など企業の経済活動の状況を要約した書類の束を**財務諸表**と言う．

図 1.3 で示すように P/L も B/S と同じように左右に分かれており，収益，費用，当期純利益という三つのボックスから構成されている．この三つの構成要素の中で，一定期間における投資の成果を表すのが**当期純利益** (net income) であり，企業が追求する儲けに相当する．では，収益と費用は何かと言うと，**収益**とは投資の成果のプラス要因であり，**費用**とは投資の成果のマイナス要因を意味するのである．

期首の B/S を振り返ってみよう．この企業は期首に商品に対して 650 の投資を行っていた．投資時点では実際に売れて，儲けに繋がるかどうか分からないというリスクを背負って商品という将来の儲けのタネへと投資を行っていたわけである．その投資が期中に実を結び，実際に最終消費者へと販売することができれば，販売代金に相当する売上高がプラスの投資の成果として実現することになる．

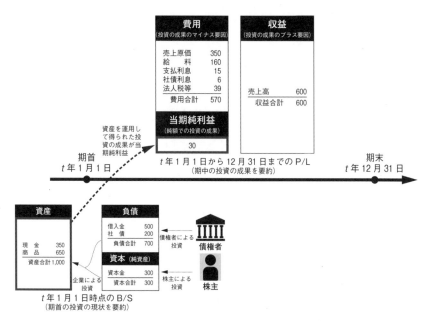

図1.3 B/SとP/Lの関係：一定期間の投資の成果を要約するP/L

投資の成果のプラス要因は，収益である．したがって，売上高という投資の成果のプラス要因が，収益のボックスへと収納されることになる．例えば，期首に保有していた商品在庫650のうち350を600で期中に現金販売することができたのならば，売上高という名で収益に計上されるのは600である．

　ただし，我々の日常生活でもそうであるように，嬉しい成果の裏側には，その成果を得るための努力が必要である．ある科目の単位をもらうという嬉しい成果を得るために，その裏では，毎回きちんと講義に出席し，家で予習復習をするという努力をしているはずだ．企業も同じであり，収益という嬉しい成果を得るためには，その背後には努力が必要なのである．成果を得るために必要だった努力を費用と言い，それは投資の成果を減じるものである．例えば，600で商品の販売が実現したという成果を得た背後には，その売った商品を350で仕入れてきたという努力がある．販売した商品を仕入れてきたときに掛かった費用のことを売上原価と言う．英語の方がイメージしやすく cost of goods sold，すなわち，売れた分の仕入れのコストというわけである．こうして投資の成果のマイナス要因として，売上原価という名で350だけ費用に計上される．

　費用は，売上原価だけに留まらない．従業員がいなければ，また，債権者から融資してもらえていなかったら，売上高という成果を得ることは到底できなかった．したがって，従業員に対して支払う給料や債権者に対して資金提供の見返りとして支払う利息なども費用の典型的な項目である．この企業が期中にトータルで160の給料を現金で支払ったとするならば「給料　160」が費用に計上される．また，銀行に支払った利息は支払利息という名で，社債権者に支払った利息は社債利息という名で費用計上される．銀行からの借入金500と社債200の両方とも年当たり3%の利息を現金で支払ったとすれば，支払利息は$500 \times 3\% = 15$であり，他方，社債利息は$200 \times 3\% = 6$である．最後に忘れてはならない費用項目に国や地方公共団体に対して支払う税コストがある．企業はビジネスがうまくいって儲けが出ている限り，法人税，住民税，事業税という三種類の税金を納付しなければならない．これらを総称して法人税等と呼ぶ．この企業が期中に負担した法人税等が39だとすると，それもまた「法人税等　39」として費用に計上しなければならないのである．

　こうしてP/Lの貸方には投資の成果のプラス要因である収益がまとめられる一方，借方には投資の成果のマイナス要因として費用がまとめられる．収益合計から費用合計を差し引けば，一定期間における会計上の儲けを表す当期純利益を計算することができる．企業がリスクを背負って資産へ投資し，それを運用することによって得られた成果を純額で表したものが当期純利益である．

$$\underset{\text{一定期間の投資の成果}}{当期純利益} \quad = \quad \underset{\text{投資の成果のプラス要因}}{収益合計} \quad - \quad \underset{\text{投資の成果のマイナス要因}}{費用合計}$$

企業の経済活動が順調であれば，当期純利益はプラスになり，反対に不調であれば，当期純利益はマイナス（例えば，当期純利益が-50ならば，当期純損失が50と表現する）となる．例の企業の収益合計は600であり，費用合計は570であるから，当期純利益は30である．この企業はリスクを取って投資を行い，その結果として1年で30の投資の成果を実際に実現したと理解することができる．

1.1.5　B/SとP/Lの関係

　投資の成果である当期純利益は，誰のモノになるであろうか．答えは，企業の

所有者である株主のモノになる．このように聞くと，異議を唱えたくなる読者もいるのではないだろうか．当期純利益が得られたのは経営者の手腕によるものである．したがって，当期純利益は経営者のモノになるのではないか．あるいは，企業で働いている人たちのおかげで当期純利益が得られたので，それは従業員のモノなのではないか．これらはいずれももっともらしい主張であるが，P/Lの借方と貸方の関係を理解すれば，当期純利益が株主のものになることを理解してもらえるであろう．ポイントは，図1.1のお金の流れとP/Lの関係である．

　P/Lの貸方は，企業がリスクを背負って投資した資産を運用したことによって得られた投資の成果のプラス要因であり，いわば投資が実を結んでできた果実である．その果実は，企業に財やサービスを提供してくれた利害関係者で分け合うことになる．図1.1に登場する利害関係者の共通点は，企業に財やサービスを提供していることにある．したがって，そこに登場する利害関係者は果実を分け与えてもらえる権利があり，その分け前の様子を表すのがP/Lの借方である．果実たる収益600を利害関係者で分け合うというわけである．図1.4を見てもらいたい．最初に果実を分け与えてもらえるのは，仕入先である．仕入先は，商品という財を企業に卸したので，その見返りとして売上原価に相当する350だけ果実を分け与えてもらえる．

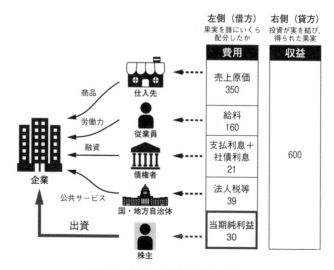

図1.4　P/Lの借方と貸方の関係

　次に果実を分け与えられるのは，従業員である．従業員は，企業に対して労働力というサービスを提供している．その見返りとして，労働の対価として給料に相当する160だけ果実が与えられるのである．従業員の次に分け前をもらえるのが，債権者である．債権者は企業に対して融資という形で資金という財を提供してくれた．その見返りとして，銀行は支払利息に相当する15を，社債権者は社債利息に相当する6の果実を分け与えてもらえる．その次に果実を分けてもらえるのは，国や地方公共団体である．それらは一般道路を整備したり，高速道路を新たに作ったりと，企業活動に欠かすことができないインフラを整備し，公共サービスを企業に提供している．その見返りとして，法人税等に相当する39の果実が分け与えられる．こうして果実の600が，仕入先，従業員，債権者，国・地方公共団体にそれぞれ分け与えられ，残った果実は当期純利益に相当する30だけになる．この言わば余り物の果実をもらう権利を有するのが残りの，かつ，最後の利害関係者である株主である．株主は，企業に対して出資という形で資金という財を提供していた．その見返りとして，余り物ではあるが，当期純利益の30だけ果実を得ることができるのである．当期純利益は株主のモノになるというのは，こうした理由からである．

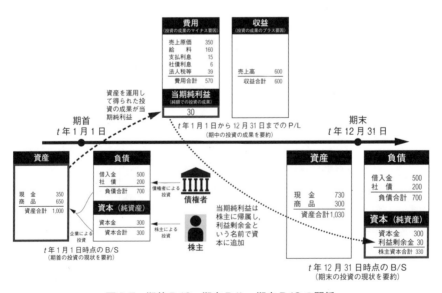

図 1.5　期首 B/S，期中 P/L，期末 B/S の関係

　企業が所有する資産全体は，資金提供者の持ち物（会計用語で言うと**持分**）になる．資産全体のうち，負債合計に相当する額は債権者の持分である．他方，資産合計から負債合計を差し引いた資本合計に相当する額はもう一人の資金提供者である株主の持分となる．当期純利益は，株主のモノになるのだから，当期純利益は，株主の持分である資本のボックスに追加されるというわけである．株式会社の場合，当期純利益が資本のボックスに追加されるとき，利益剰余金と名前を変えて追加されることになる．こうして，**図 1.5** に示したとおり，1 年の末日にあたる期末に B/S を改めて作成したとき，B/S の資本のボックスの中には，元々株主から出資してもらっていた資本金 300 に加えて，利益剰余金が 30 だけ追加されることになる．資本金のような株主によって拠出された出資の元本と利益剰余金のような過去の利益の企業内の留保分を合わせた額は，**株主資本**と言い，資本の中でも株主に帰属する部分を指す．したがって，期末の株主資本は 300 + 30 = 330 であり，これは期末時点で，株主が企業に投資している金額として見ることができる．注意すべきは，株主が企業に投資している額が株主資本と一致しているという話ではなく，あくまで会計上の（帳簿の中の世界での）株主の投資額を表すという点である．

1.2　株主の目線から見た価値創造企業

1.2.1　株主の期待するリターンと会計上のリターン

　ここからは企業とその所有者である株主の二者に着目していこう．両者の間には，次のような関係がある．すなわち，株主とはリスクを背負って企業に投資する主体であり，企業とは株主から投資を受けた資金を株主に代わってリスクを負って投資に充当し，株主に当期純利益という投資の成果をもたらす主体である．つまり，企業は株主から資金を委託されているのである．企業は株主のものである．したがって，株主から委託された資金を有効に活用し，彼らの利益が最大化されるように努力すべき義務を企業は負う．この義務のことを**受託責任**(stewardship) という．P/L でいえば，できるだけ多くの当期純利益という果実を株主に分け与える義務を企業は背負っているのである．

　ただし，当期純利益の金額が多ければ株主はその企業に投資して良かったと満足してくれるかというと，そう単純な話ではない．株主から高い評価を得るために，企業は株主が投資時点に期待していた成果を超える成果を実際に株主にもたらす必要がある．例えば，上司にとって，良い部下とはどんな人であろうか．上司は，部下に仕事を依頼する際，彼・彼女ならこれぐらいの仕事をやってくれるはずだと成果を予め期待して仕事を委託する．そして，部下は上司から委託された仕事を頑張ってこなし，良い成果物を仕上げようとする．上司は，実際に仕上がった成果物を見て部下の評価を定めるはずだ．仕事を委託する前に事前に期待していたよりも良い成果物を仕上げてくれた部下を高く評価し，反対に事前に期待していたよりも悪い成果物を仕上げてくれば，失望して評価を大きく引き下げるのである．

　このストーリーを上司を株主に，部下を企業に置き換えて考えてみよう．株主は，この企業に投資すればこれだけの成果をもたらしてくれるであろうと期待して企業に資金を委託する．株主から資金を委託された企業は多くの成果を株主にもたらそうとする．株主は，企業の努力が実を結び，事前に期待していた以上の成果を実際にもたらしてくれたかどうかをもって企業の評価を変化させる．投資の成果というのは，投資による儲けを投資額で除したリターンで測ることができる．したがって，株主は，投資段階で予め期待していたリターン以上のリターンを実際にもたらしてくれる企業を高く評価し，事前の期待リターンを下回るリターンしか実際にもたらしてくれなかった企業の評価を引き下げるのである．

　株主が期待する儲けは，1.1.1 節で述べたように，配当収入とキャピタルゲインという二つである．株主は，この二つの儲けを期待して企業に投資していることを思い出そう．投資額に対して，この二つの儲けによって年8%のリターンを期待していたとすると，この8%こそが上の説明での事前の期待リターンに相当する．他方，株主にもたらされる実際のリターンとは何であろうか．株主にもたらされるリターンの一つに会計上の株主のリターンがある．会計上の株主のリターンとは，帳簿の上での株主の投資額と投資による儲けとを比較することによって計算されるリターン概念であり，英語の Return On Equity の頭文字を取って **ROE**（株主資本利益率）と呼ばれる．期首時点の B/S に計上されている株主資本合計こそが株主の投資額であり，その投資を行っていたからこそ，株主は当期純利益という投資による儲けを得ることができる．したがって，ROE は，

$$\underbrace{ROE}_{\text{会計上の株主のリターン}} = \frac{\overbrace{\text{当期純利益}}^{\text{投資から生じる1会計期間の会計上の株主の儲け}}}{\underbrace{\text{期首の株主資本合計}}_{\text{期首時点の株主の会計上の投資額}}}$$

によって計算される.例の企業であれば,期首の株主資本合計300に対して,期中に30の当期純利益があったわけであるから,ROEは10%ということになる.事前に8%のリターンを期待して投資を行った株主であったが,実際にもたらされた会計上の株主のリターンは10%である.期待していたよりも実際のリターンが2%も上回ったから,株主は満足であり,投資して良かったと高く評価することになる.ROEと期待リターンの差は,**エクイティ・スプレッド** (Equity Spread; ES) と呼ばれる.ある期の ES は,

$$\underbrace{ES}_{\substack{\text{エクイティ・スプレッド}}} = \underbrace{ROE}_{\substack{\text{実際に実現した会計上の}\\\text{株主のリターン}}} - \underbrace{R_E}_{\substack{\text{株主が事前に}\\\text{期待していたリターン}}}$$

で計算され,株主にとって良い企業とは,事前に期待していた以上のリターンをもたらしてくれる,エクイティ・スプレッドが正の企業である.そして,1.1.1節の議論によると,株主が期待するリターンは,企業にとっての株式資本コストと等しかったことを思い出そう.したがって,エクイティ・スプレッドが正ということは,株式資本コストを上回るROEを達成することと同義である.株式発行による資金調達はタダではできず,それには株式資本コストが掛かるのであった.資金を提供してくれた株主から高い評価を得たいならば,企業が目標とすべきROEは,株主の期待リターンであり,株式資本コストなのである.

1.2.2 株主資本の簿価と価値と時価

　企業が株主から高く評価されるとは一体どういうことであり,高く評価されると企業にとって何か嬉しいことがあるのであろうか.それを理解するためには,株主資本の簿価と価値と時価という三つの概念の違いを正確に理解する必要がある.その違いは,**図1.6**に要約したとおりであり,以下で詳細に説明していこう.

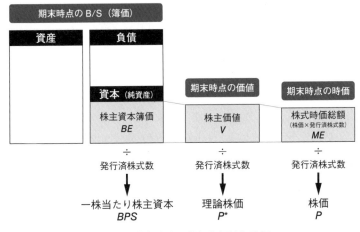

図 1.6　株主資本の簿価と価値と時価

　B/S 上に計上される金額のことを簿価と呼ぶ．ここで，例の企業の期末の B/S の株主資本に着目してみよう．例の企業の期末の株主資本合計は 330 であり，これは**株主資本簿価** (book value of equity; *BE*) が 330 であると表現する．

　企業の使命は，株主からの出資を受け，債権者から融資を受けて調達してきた資金を良いプロジェクト，良い資産へと投資し，新たな価値を創造することにある．価値を創造している企業か否かを評価するのは，企業に資金提供を行う投資家である．彼らが企業の株主資本を評価した金額を**株主価値** (shareholder value; *V*) と呼び，高い評価を受ける企業の株主価値は当然高くなる．価値を創造している企業の株主価値 *V* は，株主資本簿価 *BE* より高くなる．株主資本簿価は，会計上，株主が企業に投資している金額を指す．330 の投資（株主資本の簿価）から 440 の価値（株主価値）を生み出す企業は，投資額の 330 に加えて，余分に 110 の価値を創造している，株主にとって良い企業である．株主価値が株主資本簿価を上回る企業は，株主価値創造企業である．反対に，株主資本簿価 330 から 308 の価値しか生み出せない企業は，投資額の 330 から 22 の価値を減じた 308 の価値しか生み出せていない．こうした企業は，株主から提供された資金を有効に活用できておらず，株主から失望される株主価値毀損企業である．

　株主価値を創造する企業はエクイティ・スプレッドを意識している．ただ，例の企業のように過去のエクイティ・スプレッドが正だったからといって，価値創

造企業の仲間入りを果たせるわけではない．来年も，再来年もその先も続く将来の企業活動の成果として，エクイティ・スプレッドが正となることが期待できる企業こそが株主価値創造企業なのである．したがって，その企業に投資するときに，リスクに応じた期待リターンを上回る ROE を達成してくれると期待できると評価者から認められれば，株主価値 V は，株主資本簿価 BE を上回ることになる．

　最後に，株主資本の時価とは，株主資本が株式市場で取引されている金額であり，株式時価総額を指す．**株式時価総額** (market value of equity; ME) とは，その企業の発行する株式の一株当たりの価格たる株価に発行している株式数を乗じて計算することができる．株価が 24 で発行済株式数が 11 株ならば，その企業の株式時価総額は株価 24×11 株 = 264 である．株主価値とは，評価者が株主資本を主観的に評価した額である一方，株式時価総額とは，株式市場の参加者が皆で株主資本を客観的に評価した額として見ることができる．

　株主資本の簿価と時価の比である簿価/時価比率 (BE/ME) は，株式市場で注目を集める指標の一つである．例の企業であれば，簿価たる会計上の投資額は 330 であり，時価たる株式時価総額は 264 なので，BE/ME = 1.25（単位は倍）である．この企業のように BE/ME が 1 を上回る銘柄の株式時価総額 ME は株主資本簿価 BE に対して安い状態である．このように BE/ME が 1 を上回り，市場において簿価に比して割安で取引されている銘柄はバリュー株 (value stock) として分類され，反対に BE/ME が 1 を下回り，簿価に比して割高で取引されている銘柄は**グロース株** (growth stock) として分類されることが多い．こうした分類やネーミングは，1980 年代後半から 1990 年代初頭において，ある資産運用会社が初めたものであり，今や広く浸透している．BE/ME が注目を集めるのは，世界中のあちらこちらで，BE/ME が高いバリュー株は，それが低いグロース株に比べて，平均的に株価パフォーマンスが高い傾向が観察されるからである．**第 6 章**では，こうした現象について実証分析を試みよう．

1.2.3　一株当たりの株主資本の簿価と価値と時価

　次は，**図 1.6** を参照しながら，株主資本の簿価と価値と時価のそれぞれを一株当たりで考えてみよう．株主資本簿価を発行済株式数で割れば，**一株当たり株主**

資本 (book value per share; BPS) が求まる．BPS は，一株を保有する株主が，会計上企業に投資している金額として見ることができる．例の企業であれば，BPS は 330/11 = 30 である．

　ある人が評価した株主価値を発行済株式数で割れば，一株当たりの株主価値，すなわち，**理論株価** P^* になる．これは，評価者が特定の理論モデルや仮定に基づいて主観的に考えたその企業の株式のあるべき株価である．理論株価をうまく評価できれば，現時点で実際に成立している株価 P と比較することで，その銘柄を購入すべきか否かの意思決定に役立てることができる．株価は，株主資本の時価を発行済株式数で除したものである．例えば，株主価値が 308 であれば，理論株価 P^* はそれを発行済株式数 11 で除した 28 である．理論上は 28 で売られるべき株式が，24 の株価 P で売られているとするのであれば，割安で売られていると見ることができる．市場で成立している株価が誤っており，評価者の見立てが正しい限り，P は P^* に追い付くところまで時間の経過とともに値上がりするであろうから，その株式を購入（現物の株式を購入することを**ロング**するという）すべきという意思決定を行うことができる．

　また，理論株価の使い道は，他にもある．株主価値を発行済株式数で除せば理論株価になることは，何も上場企業に限ったことではない．非上場企業も同じように理論株価を評価することができる．したがって，上場企業であれ，非上場企業であれ，ある企業の株式を取得する対価として理論株価×取得したい株数が評価者にとっての適正金額となる．ある非上場企業を自身の支配下に置くため，過半数の株式を取得したいと思ったとしよう．何も指針がなければいくら払うのが適正かは分からないが，理論株価さえきちんと評価できれば，正当な対価を目算可能である．発行済株式数が 11 株の企業を支配下に置くために必要な株数は過半数の 6 株である．その企業の理論株価 P^* が 28 だと評価できれば理論株価 28×6 株 = 168 が対価の適正水準であると知ることができるというわけである．

　ある銘柄の理論株価をどのように評価するのか，その考え方や具体的なやり方については**第 7 章**で解説する．

1.2.4 PBR の低い日本企業

　株式市場で成立している株価は，多くの市場参加者の意見を集約した一株当たり株主資本の客観的な評価額である．理論株価 P^* と比べて，現実の株価 P が大きく乖離している場合，投資家間の競争によって両者の乖離を減らす圧力が働く（詳しくは 2.1.5 節を参照）．したがって，理想的な市場においては，常に株価は理論株価と一致し，いつも $P^* = P$ が成立している．そうした市場では，総額ベースで考えると，株主価値 V と株式時価総額 ME は等しい．両者が等しいわけであるから，株主価値の論理を株式時価総額にそのまま当てはめることができ，将来のエクイティ・スプレッドが正であると期待される企業の株式時価総額 ME は，株主資本簿価 BE を上回ることになる．一株当たりで考えれば，株価 P は，一株当たり株主資本 BPS を上回るというわけである．株価と BPS との比は，Price-to-Book Ratio (PBR) と呼ばれる．ある時点の PBR は，次式によって求められる．

$$PBR = \frac{\overbrace{P}^{\text{一株当たり株主資本の時価=株価}}}{\underbrace{BPS}_{\text{一株当たり株主資本の簿価}}}$$

　理想的な市場において，PBR が 1 を上回る企業は株主価値創造企業であり，反対に PBR が 1 を下回る企業は株主価値毀損企業である．企業の使命は，投資家から受けた資金を有効に活用して価値を創造することである．したがって，PBR は 1 を上回ることが当然に期待される．しかし，経済産業省から 2014 年に公刊された「『持続的成長への競争力とインセンティブ〜企業と投資家の望ましい関係構築〜』プロジェクト最終報告書」[33]（座長の伊藤邦雄氏の名前に由来し，「伊藤レポート」と呼ばれる）によれば，日本企業の PBR の中央値は 1.03 であり，およそ半数の企業の PBR が 1 を下回っており，株主価値毀損企業であることを示唆する．

1.2.5 なぜ日本企業の PBR は低いのか？ —— ROE の三分解

　株主価値毀損企業は，将来の期待エクイティ・スプレッドがマイナス，すなわ

ち，株主が背負うリスクに見合う期待リターンを上回る ROE は期待できないと目される企業である．日本企業の半数がこの状態なのである．その状況を招いている理由は，ひとえに日本企業の ROE の低さにある．前出の「伊藤レポート」によれば，海外の機関投資家が平均的な日本企業に対して期待するリターンは，日本株への投資のリスクを鑑みて 7.2％であるという．一方，日本企業の ROE の平均値は 5.3％である．したがって，実現するエクイティ・スプレッドは大半の企業でマイナスになっている．今学期，成績が悪い人が急に改心して将来は急激に成績が良くなるとはなかなか人は期待してくれないのと同じように，株主もまた実現したエクイティ・スプレッドがマイナスの企業に対して，急にその企業が改心して将来はプラスのエクイティ・スプレッドを稼いでくれるとは期待してくれないものだ．将来もプラスのエクイティ・スプレッドが株主から期待され，株主価値創造企業の仲間入りを果たすためには，まずは株主の期待リターンを上回る ROE を実現していくことが肝要なのである．

　ROE を上げるために企業にできることは何であろうか．基本デュポン・モデルと呼ばれる ROE の分解式は，ROE の決定要因を我々に教えてくれる．これを理解すれば，日本企業の ROE の低迷の要因は何かを理解することができ，何を意識すれば ROE を高めることができるのかが分かるようになる．

　そもそも ROE とは，期首時点における株主の会計上の投資額（期首株主資本）に対して，期中に株主の会計上の投資による儲け（期中当期純利益）がどれほどあったかを示すリターン概念である．したがって，**図 1.7** に示すように，期首株主資本と当期純利益を直接一本の線で結んで計算することができる．一方で，両者を直接繋ぐ代わりに，途中で期首資産（期首総資本ともいう）と売上高を介在させて，❶ 期首株主資本と期首総資本を結ぶ線，❷ 期首総資本と売上高を結ぶ線，そして，❸ 売上高と当期純利益を結ぶ線を繋ぎ合わせても両者を結んでやることができる．

　❶ の線は，期首総資本/期首株主資本として計算することができ，企業が株主資本をベンチマークとして，負債をどれだけ活用して資金調達を行い，ビジネスを営んでいるかを表す指標である．これを**総レバレッジ**と呼び，株主資本に比して負債が多ければ多いほどその値は大きくなる．株主資本の何倍の総資本を利用してビジネスを行っているかを表しているのだから単位は（倍）である．例の企業ならば総レバレッジは 10/3（倍）である．❷ の線は，売上高/期首総資本とし

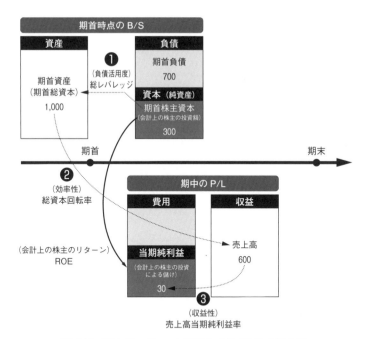

図 1.7　基本デュポン・モデルによる ROE の三分解

て計算することができ，1単位の総資本の投資からどれだけプラスの投資の成果たる売上高を得られたかを表す指標である．これを**総資本回転率**と呼び，投資の効率性を表す．単位は**1.3節**で説明するが，（回）であり，例の企業であれば6/10（回）である．最後の❸の線は，当期純利益/売上高として計算することができ，1単位の売上高から何%の当期純利益を生み出したかを表す指標である．これを**売上高当期純利益率**(return on sales; ROS)と呼び，売上高をベンチマークとする収益性の指標である．少ない売上高から多くの当期純利益を生み出せる企業は稼ぎ方が上手いという意味で収益性が高いと表現する．売上高当期純利益率の単位は（%）であり，例の企業のそれは5%である．

　こうして，期首株主資本と当期純利益とをダイレクトの線として結ぶ ROE は，三つのインダイレクトの線へと結び直すことができる．この様子を式で表すならば，次のとおりであり，すなわち，ROE は，❶総レバレッジ，❷総資本回転率，そして，❸売上高当期純利益率の積として表すことができるのである．アメリカのデュポン社が，ROE をこのように三分解して，経営管理に利用していたこと

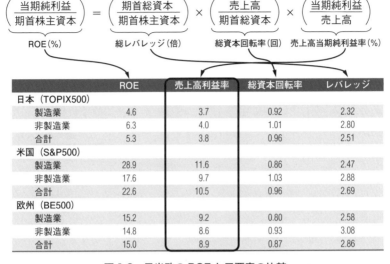

図1.8 日米欧の ROE と三要素の比較

出所:「持続的成長への競争力とインセンティブ〜企業と投資家の望ましい関係構築〜」
プロジェクト最終報告書 (2014, 37 頁) を一部改変

から,この三分解のことを**基本デュポン・モデル**という[5].三要素のうち,どの
要素に起因して ROE が低調・好調かが分かることから,経営管理に利用できる
というわけである.

日本企業の低すぎる ROE は,どの要素に起因するのであろうか.日本を代表
する TOPIX500 を構成する企業の平均的な ROE は,米国を代表する S&P500 を
構成する企業や欧州を代表する BE500 を構成する企業のそれと比較して,明ら
かに低い.基本デュポン・モデルを活用することでその低調の原因をあぶり出す
ことができる.図1.8 のように,基本デュポン・モデルの三要素を日米欧で比較
してみると,日本企業の総レバレッジや総資本回転率は欧米企業のそれと比べて
遜色がない.一方,売上高当期純利益率は明らかに見劣りしており,日本企業の
ROE の低迷の原因が,売上高当期純利益率にあることが分かる.

こうした日本企業の憂うべき現状に警鐘を鳴らし,売上高当期純利益率の改善

---

[5] この他には,デュポン・システムやデュポン分解などと呼ばれる.本書では,次節において上級
デュポン・モデルが登場するため,それと明示的に区別するため,ここで登場する三分解のことを基本
デュポン・モデルと呼ぶ.

を図り，ROE を高める努力をしていくべきだと主張するのが，前小節で紹介した「伊藤レポート」である．そのレポートでは，日本企業が，持続的に価値創造を行っていくために，株主が期待するリターン（企業にとっての株式資本コスト）を上回る ROE を目指すべきことが説かれている．平均的な日本企業に対する海外の機関投資家の期待リターンは 7.2% である．それを上回る ROE を達成するために日本企業は 8% の ROE を目指すべきという具体的な数値目標が掲げられたのが，そのレポートの大きな特徴である．こうして多くの日本企業は，継続的に高い ROE を目指すことを意識した経営を行うようになってきたのである．

ただし，「伊藤レポート」の含意は，どの企業も 8% の ROE を目指せば良いというわけではない．株主価値を創造していくために目指すべき ROE は，株主の期待リターンであり，企業にとっての株式資本コストだったことを思い出そう．それらは企業ごとに異なる．なぜならどの企業の株式に投資するかによって，投資のリスクは異なり，期待するリターンも異なってくるからであり，裏を返せば企業ごとに株式資本コストも異なるのである．したがって，各企業は自社の株主からの期待リターンと自社の株式資本コストを正確に推し量り，それを超える ROE を目指さないといけないのである．株主が期待するリターンについては，CAPM と呼ばれる，リスクと期待リターンの関係を描写する洗練されたモデルがある．それについては，**第2章**で学習しよう．

1.3　現実の企業を分析するのにあたっての視点

前節で例として取り上げた企業は，話をシンプルにするため，極めて単純な企業活動しか行っていないと想定しており，現実の企業活動とはほど遠い．複雑多岐にわたる現実の企業活動との違いを列挙すれば，次の点を指摘することができるであろう．

(1) 例の企業では，商品への投資しか行っていなかったが，現実の企業活動では，商品管理用のパソコンに代表されるような備品，商品販売に利用する車，建物や機械に代表されるような生産設備などにも投資する．こうした長期的な使用を目的として投資した資産は，広く固定資産と呼ばれ，とりわけ物理的な形状を有する固定資産を有形固定資産と呼ぶ．有形固定資産の中には，時間の経過に

伴って，当初の投資額よりも価値が減る（これを減価という）ものがある．備品や車は，その典型例である．こうした資産は，購入と同時に一旦は取得した金額でB/Sに計上するものの，年間で価値が落ちた分は，**減価償却費** (depreciation) という名でP/L上に費用計上しなければならない．なぜなら，価値が落ちるほど使ったからプラスの投資の成果たる収益が実現したのであり，減価分を収益を実現するために必要だったコストと捉えるからである．

　(2) 現実の企業が商品売買を行うときは，掛け（ツケ）が多い．すなわち，商品売買を先に済ませて，代金は後払いでという商慣行である．例えば，掛けで商品を仕入れれば，商品という資産を手に入れる一方で，仕入先に将来仕入代金を支払う義務を背負うことになる．その義務のことを買掛金と呼び，仕入先から仕入れ代だけお金を借りていると考えて，銀行からの借入金と同様の発想で，買掛金はB/Sの負債に計上する．このように実際の企業の負債には，(a) 買掛金のようにビジネスを行ったことで背負う負債と (b) 銀行からの借入金のように資金調達を行ったことで背負う負債の二つがある．前者を**事業負債**と呼び，後者を**金融負債**と呼ぶ．次は，掛けで商品を販売したときのことを考えよう．そのとき，企業は，最終消費者から将来お金を払ってもらえる権利を得ることになる．その権利のことを売掛金と呼び，最終消費者に一旦販売代金の分だけお金を貸しているという風に考える．掛けで背負った買掛金が負債ならば，売掛金はその反対なのだから資産になる．資産には，物理的な形状を有するモノだけではなく，売掛金のような権利も含まれるのがポイントである．

　(3) タンスの中に現金を置いておくことは少しもったいなく感じるのではないであろうか．余剰資金があれば，国債や社債，株式にでも投資して，少しでもお金を増やしたいと思うのは，我々も企業も同じである．企業は生産設備などに投資することもあれば，金融資産へと投資を行うこともある．前者のように，ビジネスに利用する資産に投資することを事業投資と呼び，後者のような投資を金融投資と呼ぶ．事業投資によって保有する資産のことを**事業資産**と呼び，金融投資によって保有する資産のことを**金融資産**と呼ぶ．金融投資を行い，運用が首尾良くいけばプラスの投資の成果が得られる．例えば，株を運用することでキャピタルゲインが実現すれば有価証券売却益という名の成果が実現し，保有している株に対して配当金が支払われ，配当収入が得られれば受取配当金という名の成果が実現する．これらのプラスの投資の成果は，商品売買による成果と同じように

P/Lの収益に計上される．したがって，収益と一口に言っても事業投資によって実現した売上高のような成果である**事業収益**と金融投資によって実現した受取配当金のような**金融収益**がある．

こうして，実際の企業活動とは，(1)債権者や株主から資金を調達し，ときに余剰資金を金融投資に充当し，投資の成果を目論むような**金融活動** (financial activity) と (2)調達してきた資金を事業投資に充当し，投資の成果を目論むような**事業活動** (operating activity) から成るのである．これら二つの活動のうち，価値を創造するのは，紛れもなく事業活動である．なぜなら，金融活動とはNPVがゼロの投資プロジェクトであり，それだけでは価値を生まないからである[6]．したがって，企業が価値創造を継続的に行っていくためには，良い事業活動を行っていくしかないのである．

そして，我々企業を分析する側としては，価値を創造する事業活動と価値を創造しない金融活動とを明確に区別して，分析するという視点が重要なのである．この節では，事業活動と金融活動を明示的に区別して，企業分析を行うやり方を学習しよう．

1.3.1 事業活動と金融活動とを区別したB/S

事業活動と金融活動から成る実際の企業活動を前提にすれば，一般的な企業のB/Sは次のような構成になる．すなわち，資産と言っても(1)事業での成果を目論んで投資している事業資産と(2)金融投資での成果を目論んでの金融資産へと分類することができる．同様に，負債も(3)事業活動の過程で背負った事業負債と(4)資金調達を意図して背負った金融負債とに分類することができる．こうして資産と負債を事業と金融に分類した後，B/Sに計上されている各項目について，事業活動に関連するものはB/Sの借方に集約し，金融活動に関連するものはB/Sの貸方に集約するという作業を行うことで，**図1.9**のとおり，事業活動と金融活動を明確に区分した別様式のB/Sを作成することができる．

借方には事業に関連する事業資産と事業負債だけをピックアップし，事業資産から事業負債を差し引いた**純事業資産** (Net Operating Assets; *NOA*) を配置する．

---

[6] この主張の背景にはModigliani-Millerの定理が存在する．詳しくは**7.1.5節**やそこでの引用文献を参照してほしい．

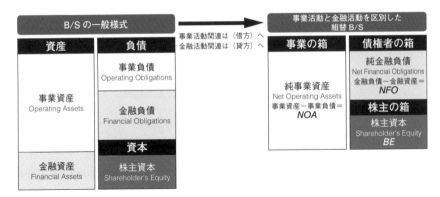

図 1.9 　事業活動と金融活動を区別した組替 B/S

他方, 貸方の上部には, 金融に関連する資産と負債たる金融資産と金融負債だけをピックアップし, 金融負債から金融資産を差し引いた**純金融負債** (Net Financial Obligations; *NFO*) を配置する. 貸方の下部は, 一般的な B/S と同様, 株主資本 *BE* を配置する. こうして作成された B/S のことを**組替貸借対照表** (組替 B/S) と呼ぶ.

　組替 B/S の貸方は, 債権者と株主の投資の現状を適切に描写するものである. 純金融負債は, 企業が債権者より借り入れた金融負債から今すぐにも返済に充当することができるような金融資産を差し引いているのだから, その時点で企業が実質的に (正味で) 借り入れを行っている金額を反映する. 債権者の目線から言えば, 純金融負債は, 債権者が実質的に企業に投資している金額を表すのである. 他方, 株主資本は, 株主に帰属する資本の金額を表し, 株主の目線から言えば, 株主が企業に投資している金額を表している. こうして組替 B/S の右側は, 債権者と株主の投資の現状を反映する.

　債権者と株主から資金提供を受けた企業は, 今度は企業側がリスクを背負って, 将来儲けを生み出すと期待される純事業資産へと投資を行うことになるのである. 純事業資産は, 事業用に投資した資産から事業で背負った負債を差し引いたものである. したがって, 純事業資産は, その時点で企業が事業に純額でいくら投資しているかを反映することになる.

　こうして, 組替 B/S では, 貸方に債権者の投資額を表す純金融負債と株主の投資額を表す株主資本, 借方に企業の事業への投資額を表す純事業資産が左右に

対照表示され，債権者，株主，事業という三者の投資の現状を把握することができるというわけである．

1.3.2 事業活動と金融活動とを区別したP/L

今度はP/LもB/Sと同じように事業活動と金融活動とを区別したものへと組み替えてみよう．**図1.10**がその概要図である．**組替損益計算書**（組替P/L）は，債権者，株主，事業の三者それぞれのある期間における投資による成果を要約したものである．

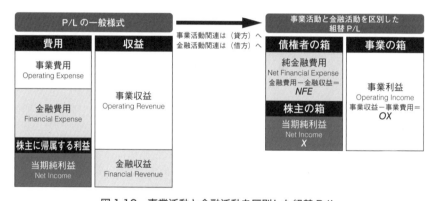

図1.10 事業活動と金融活動を区別した組替P/L

企業がリスクを背負って純事業資産へ投資した後は，それを運用することで成果を生み出そうとする．例えば，保有していた商品を販売し（商品を運用し），成果を目論むというわけである．その運用がうまく実を結べば**事業利益**(operating income; *OX*)が生まれる．事業利益とは，純事業資産を運用することで得られた成果のプラス要因である事業収益（例えば，売上高）からその成果を得るために必要だった努力（成果のマイナス要因）である事業費用（例えば，売上原価）を差し引いた事業への投資の成果である．事業利益は，組替P/Lの貸方に配置される．

事業で成果が生まれれば，今度は，事業を行うのに必要だった資金を提供してくれた債権者と株主に，事業利益を配分することになる．企業が事業を行い，事業利益を獲得できたのは，資金提供をしてくれた彼らのおかげである．した

がって，事業利益を彼らに配分することで，資金提供の御礼をするというわけである．組替P/Lの借方は，この配分の様子を教えてくれる．

事業利益のうち債権者に配分される金額は，純金融費用と呼ばれる．**純金融費用 (Net Financial Expense; _NFE_)** とは，金融費用（例えば，債権者に支払う利息費用）から金融収益（例えば，有価証券を運用することで得られた有価証券売却益）を差し引いたものである．純金融費用は，企業側から見れば，純金融負債により資金調達を行ったことに伴って負担した金融費用を純額で考えたものであり，他方，債権者側から見れば，リスクを負担して企業に投資したことに対する見返りとして得られた投資の成果に相当する．

事業利益の一部が純金融費用として債権者に配分されれば，残りの金額は，もう一人の資金提供者である株主へと配分される．その配分額こそが，まさに当期純利益 (net income; X) である．当期純利益は，株主がリスクを背負って企業に投資したことに対する見返りとして得られた投資の成果である．

1.3.3 会計上の事業，債権者，株主のリターン

こうして組替B/Sと組替P/Lを理解できたところで，**図 1.11** に基づいてビジネスの流れと関連付けてこれら二つの財務諸表を理解しよう．ここからは t 期の期首のことを時点 $t-1$，t 期の期末のことを時点 t と表現し，添え字を使っていつの時点，いつの期間の財務数値かを明示していこう．まず時点 $t-1$ の組替B/Sより，企業は期首時点において ❶ 債権者から投資を受け（期首純金融負債 NFO_{t-1}），❷ 株主からも投資を受け（期首株主資本 BE_{t-1}），ビジネスに必要な資金を調達してきている．それを ❸ 事業へと投資を行っている（期首純事業資産 NOA_{t-1}）のである．❹ こうして保有する純事業資産を t 期を通じて運用することで期中の組替P/Lに計上される事業利益 OX_t を創出する．こうして得られた事業投資の成果たる事業利益を今度は ❺ 資金提供者の一人である債権者に分配（純金融費用 NFE_t）し，❻ その残りをもう一方の資金提供者である株主へと分配（当期純利益 X_t）するのである．

財務諸表を組み替えることによって，債権者，株主，事業の三者それぞれの会計上のリターンを適切に把握することができるというメリットがある．期首の組替B/Sは，三者それぞれの期首時点の会計上の投資額を表し，期中の組替P/L

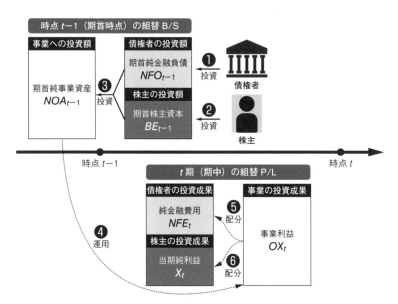

図1.11　企業のビジネスの流れと組替 B/S と組替 P/L の関係

は,三者それぞれの投資による会計上の投資の成果を表している.したがって,期首の投資額と期中で得られた投資の成果を対比させることでそれぞれのリターンを計算することができる.例えば,t 期の会計上の株主のリターンはというと既に学習した ROE である.

$$\underbrace{ROE_t}_{t\text{期の会計上の株主のリターン}} = \underbrace{\frac{\overbrace{X_t}^{\text{株主の投資による成果}}}{BE_{t-1}}}_{\text{株主の期首の投資額}}$$

一方,t 期の会計上の債権者のリターン NBC_t は,

$$\underbrace{NBC_t}_{t\text{期の会計上の債権者のリターン}} = \underbrace{\frac{\overbrace{NFE_t}^{\text{債権者の投資による成果}}}{NFO_{t-1}}}_{\text{債権者の期首の投資額}}$$

と計算することができる.会計上の債権者のリターンは,企業側の立場に立てば,債権者から負債で資金調達をしたことに伴って負担しなければならなかった会計上の借入コストに相当する.したがって,債権者のリターンは,英語で Net

Borrowing Cost，頭文字を取って NBC と称される．

　最後に t 期の会計上の事業のリターンを考えよう．それは，次式のように計算することができる．

$$\underbrace{RNOA_t}_{t\text{期の会計上の事業のリターン}} \quad = \quad \overbrace{\underbrace{\frac{OX_t}{NOA_{t-1}}}_{\text{期首時点の事業への投資額}}}^{\text{事業投資による成果}} \tag{1.2}$$

会計上の事業のリターンは，Return on Net Operating Assets，頭文字を取って RNOA と称される[7]．なお，RNOA は，会計上の事業のリターンであると同時に，資金提供者である債権者と株主の双方にとっての会計上のリターンでもある．なぜなら，純事業資産は債権者の投資額である純金融負債と株主の投資額である株主資本を合わせたもの $(NOA_{t-1} = NFO_{t-1} + BE_{t-1})$ であり，事業利益は債権者の投資の成果である純金融費用と株主の投資の成果である当期純利益を合わせたもの $(OX_t = NFE_t + X_t)$ である．したがって，t 期の RNOA は，次式のようにも計算することができる．

$$\underbrace{RNOA_t}_{t\text{期の会計上の債権者と株主双方のリターン}} \quad = \quad \overbrace{\underbrace{\frac{NFE_t + X_t}{NFO_{t-1} + BE_{t-1}}}_{\text{期首時点の債権者と株主による投資額}}}^{\text{債権者と株主の投資による成果}} \tag{1.3}$$

したがって，(1.2)式を念頭に置いて RNOA を捉えれば，それは会計上の事業のリターンを表すことになるし，(1.3)式を念頭に置いて RNOA を捉えれば，それは会計上の債権者と株主の双方にとってのリターンを表すことになるのである．

1.3.4　事業のリターンの決定要因

　会計上のリターンとして，RNOA，NBC，ROE の三つを学んだ．この中で，企業の実力を反映するのはいずれであろうか．それは，事業のリターンを表す RNOA である．実力のある企業は，良いプロジェクト，良い事業へと投資を行い，

---

[7]　アカデミックでは事業のリターンを RNOA と呼ぶが，実務界では Return on Invested Capital の頭文字を取った ROIC と呼ばれることが圧倒的に多い．両者の計算方法は人によって微妙に異なることもあるが，基本的なコンセプトは同一である．

少ない投資額（純事業資産）から多くの成果（事業利益）を生み出すことができ，高い RNOA を達成することができる．どのような企業が，高い RNOA を達成することができるのであろうか．それを詳しく知るために，RNOA の計算式である (1.2)式を少し工夫して変形してみよう．その手順とは，RNOA の計算式に $sales_t/sales_t$ を掛け合わせてみよう（1 を掛けているわけであるから，内実は何も変わらない）．$sales_t$ は，t 期の事業収益を表す売上高である．その後，分子の登場順を $OX_t \times sales_t$ から $sales_t \times OX_t$ へと変更してみよう．

$$\underbrace{\left(\frac{OX_t}{NOA_{t-1}}\right)}_{t\text{期の RNOA}} \times \underbrace{\left(\frac{sales_t}{sales_t}\right)}_{1} = \underbrace{\left(\frac{sales_t}{NOA_{t-1}}\right)}_{t\text{期の ATO}} \times \underbrace{\left(\frac{OX_t}{sales_t}\right)}_{t\text{期の PM}} \tag{1.4}$$

　この式は，RNOA が高くなる要因を我々に教えてくれる．次のような図 1.12 の企業を想像してみよう．この企業の RNOA は事業への投資額 300（NOA_{t-1}）から，事業投資の成果として事業利益 18（OX_t）が生まれているわけだから (1.2)式により $RNOA_t$ は 18/300 ＝ 6％として計算される．これは投資額と成果を直接的に一本の線を繋いで導き出した事業のリターンの計算方法である．他方，(1.4)式は NOA_{t-1} と OX_t を一本の線ではなく，途中で売上高 $sales_t$ を介在させて二本の線で繋いでも $RNOA_t$ を計算できることを示唆している．

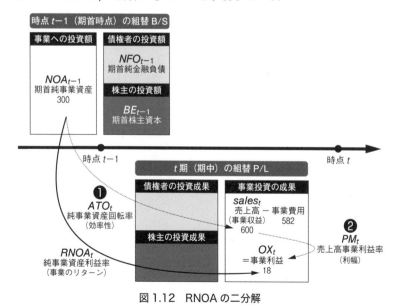

図1.12　RNOA の二分解

❶ の線は，期首純事業資産から売上高に伸びる線である．この線は，$sales_t/NOA_{t-1}$ を意味しており，日本語では純事業資産回転率，英語では asset turnover，略して ATO と呼ばれる財務指標である．ATO は，事業への投資額たる期首純事業資産 NOA_{t-1} を有効活用して，期中にそれの何倍の売上高 $sales_t$ を獲得することができたかを測り，事業投資の効率性を表す．実力のある企業は，良い事業に投資し，それは期首純事業資産に現れる．それを運用し，事業でプラスの成果が出れば事業収益としての売上高が実現する．売上高は現金の生成へと繋がり，その現金をまた良い事業へと投資を行う．この一連の循環のことをビジネス・サイクルと呼ぶ．期首純事業資産相当の売上高を期中に獲得したらビジネス・サイクルが一回転したと考える．したがって，A 社のように NOA_{t-1} が 300 で，$sales_t$ が 600 の企業の t 期の ATO を表す ATO_t は 2 回であり，他方，B 社のように NOA_{t-1} が 300 で，$sales_t$ が 150 の企業のそれは 0.5 回である．A 社と B 社でいえば，A 社の方がより効率的に純事業資産を有効活用することができており，効率的にビジネスを展開していると評価することができる．ATO が高い企業の代表例といえば，PC 関連製品の製造販売を手掛ける Dell である．Dell は，できるだけ保有する商品在庫を少なく管理し（すなわち，純事業資産をできるだけ小さくし），それを効率的に運用することで高い売上高を実現することを標榜している．

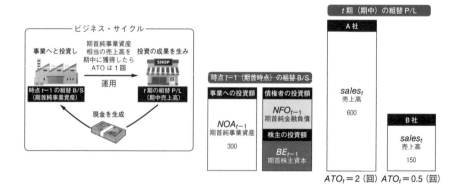

他方，❷ の線は，売上高から事業利益に伸びる線である．この線は，$OX_t/sales_t$ を意味しており，日本語では売上高事業利益率，英語では profit margin，略して PM と呼ばれる財務指標である．PM は，利幅（利鞘）の大きさを表し，

売上高1単位が何単位の事業利益に結実するかを表す指標である（回転寿司で言えば，一皿100円の売上高 $sales_t$ が，3円の事業利益 OX_t に繋がったのならば，その回転寿司の t 期の PM を表す PM_t は 3/100 = 3% である）．

　高い PM の代表例は，Apple である．読者の中には，Apple 製品に魅力を感じ，多少販売価格が高かったとしても，購買意欲が掻き立てられる人も多いのではないだろうか．Apple のように，他の企業が追随できないようなユニークなビジネス・モデル（Apple でいえば，高いデザイン性や製品間のシームレスな連携など）で商いを営む企業は，総じて PM が高い傾向にある．

　こうして，RNOA を決定づける ATO と PM を理解できれば，ある産業やある企業のビジネス・モデルの一端を掴むことができる．各企業の PM と ATO を計算し，産業ごとにそれぞれの中央値を求め，x 軸には ATO を，y 軸には PM をプロットした図を描画しよう[8]．図1.13 がそれである（第4章まで読み進めると，これと同様の図を自分自身で描画できるようになる）．曲線は，ちょうど日本企業の RNOA の歴史的な中央値である 5.6% となる ATO と PM の組合せを示している．曲線よりも右上に位置する産業は，日本企業の平均的な RNOA よりも高い RNOA を誇る産業を，他方，曲線よりも左下に位置する産業は，平均的な RNOA よりも低い RNOA しか達成できない産業を示している．

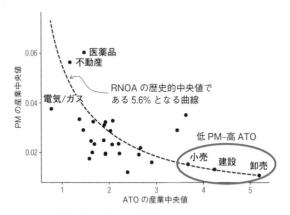

図1.13　PM と ATO のトレードオフ

---

[8]　ここでは，東証33業種区分という産業分類に従っている．その他の産業分類として，日経業種中分類（36業種）なども学術研究では利用されることが多い．

このグラフから，ATO と PM にはトレードオフの関係，すなわち，どちらか
を上げれば，どちらかが下がるという傾向にあることを読み取ることができる．
PM と ATO の両方が高く，両者の積として計算される RNOA が高くなるような
おいしいビジネスは，自由競争の世界ではそうそう転がっていないのである．各
産業のプロットされている位置は，その産業のビジネス・モデルをうまく反映し
ている．右下にプロットされる産業群は PM が低く，ATO が高い産業である．
こうした産業群の特徴は，四字熟語の薄利多売そのものである．すなわち，利幅
は小さくする代わりに多くの売り上げを実現させ，他の産業と遜色のない程度の
RNOA を達成することを目論む産業群である．小売や昔ながらの商社に代表され
る卸売は，まさに薄利多売の典型例である．他方，その対極にある左上にプ
ロットされる産業群は，他業種とは製品やサービスを差別化することによって高
い利幅を実現する産業群である．電力会社を想像してみよう．電力サービスを提
供するには発電所を始めとして多額の事業投資が必要であるから，他の企業がお
いそれと参入できないユニークなビジネスである．そのため，高い PM が得られ
る一方で，多額の事業投資を行わざるを得ないわけだから，ATO の分母が大き
く，ATO それ自体は低く抑えられてしまう．したがって，高 PM–低 ATO に
よって他の産業と遜色のない程度の RNOA を目指すことになるわけである．

　ここまでは，産業という大局的な視点で ATO と PM を見てきたわけであるが，
企業レベルに落とし込んでも上記の傾向は同様に当てはまる．すなわち，日常生
活に溶け込んだスーパーは低 PM–高 ATO に位置づけられる一方で，たまに贅沢
で利用する非日常的な高級デパートは高 PM–低 ATO に位置づけられる．大衆居
酒屋は前者に，高級フレンチは後者に分類されるといった具合に，例を挙げれば
枚挙にいとまがない．このように企業のビジネス・モデルや戦略の相違は必ず財
務諸表数値，ひいては，PM や ATO に限らず様々な財務指標に表れる．我々は
その財務諸表を様々な角度から分析することで，その企業の今を知り，そして，
未来を推し量ることができるのである．

1.3.5　事業活動・金融活動と ROE との関係

　1.2.5 節では ROE の高低を決定づける三要素を学習した．そのとき，負債の
活用度を表す総レバレッジが高ければ高いほど ROE が高くなるという点に違和

感を覚えた読者もいたのではないだろうか．この小節では，レバレッジの持つ意味，そして，事業活動と金融活動とROEとの関係を整理しよう．

まずはROEを組替B/Sと組替P/Lをベースに再考し，その決定要因を改めて考えてみよう．

$$ROE_t = \frac{X_t}{BE_{t-1}}$$

期中組替P/Lより $X_t = OX_t - NFE_t$

$$ROE_t = \frac{OX_t}{BE_{t-1}} - \frac{NFE_t}{BE_{t-1}}$$

内実を変えずに更に展開

$$ROE_t = \left(\frac{NOA_{t-1}}{BE_{t-1}} \times \underbrace{\frac{OX_t}{NOA_{t-1}}}_{RNOA_t} \right) - \left(\frac{NFO_{t-1}}{BE_{t-1}} \times \underbrace{\frac{NFE_t}{NFO_{t-1}}}_{NBC_t} \right)$$

この式展開の含意は，ROEは事業のリターンたるRNOAが高ければ高くなるし，債権者のリターン（企業にとっての借入コスト）たるNBCが高ければ低くなることを示唆している．ただし，期首株主資本 BE_{t-1} に対する期首純事業資産 NOA_{t-1} の構成比も大事であるし，期首株主資本 BE_{t-1} に対する期首純金融負債 NFO_{t-1} の構成比も大事であることを教えてくれる．すなわち，ROEとは，期首株主資本に対する期首純事業資産の構成比が大きくRNOAが高ければ高くなり，反対に，期首株主資本に対する期首純金融負債の構成比が大きくNBCが高ければ低くなるのである．ここで押さえておきたいポイントは，企業の実力を示す事業のリターンRNOAが，ROEを左右するという事実である．株主に高いリターンをもたらすには事業で高いリターンを挙げるのが肝要である．

ただし，上で示した数式を更に展開していくことにより，企業は負債をうまく活用することで，企業の実力以上のリターンを株主にもたらしてあげられるという事実を知ることができる．

$$ROE_t = \left(\frac{NOA_{t-1}}{BE_{t-1}} \times \underbrace{\frac{OX_t}{NOA_{t-1}}}_{RNOA_t} \right) - \left(\frac{NFO_{t-1}}{BE_{t-1}} \times \underbrace{\frac{NFE_t}{NFO_{t-1}}}_{NBC_t} \right)$$

期首組替 B/S より $NOA_{t-1} = NFO_{t-1} + BE_{t-1}$

$$ROE_t = \left(\frac{NFO_{t-1} + BE_{t-1}}{BE_{t-1}} \times RNOA_t \right) - \left(\frac{NFO_{t-1}}{BE_{t-1}} \times NBC_t \right)$$

$\dfrac{NFO_{t-1}}{BE_{t-1}}$ で括って整理する

$$ROE_t = RNOA_t + \frac{NFO_{t-1}}{BE_{t-1}} \times (RNOA_t - NBC_t)$$

$RNOA_t$ を左辺に移項する

$$\underbrace{ROE_t - RNOA_t}_{\text{RNOA 以上に ROE が押し上げられる分}} = \underbrace{\frac{NFO_{t-1}}{BE_{t-1}}}_{\text{財務レバレッジ}} \times \underbrace{(RNOA_t - NBC_t)}_{\text{事業スプレッド}}$$

左辺の部分は，ROE_t が企業の実力を表す $RNOA_t$ を超える部分である．左辺が正であるということは自分たちの実力以上の ROE を株主にもたらすことができることを意味する．その秘訣を明らかにするには，右辺を二つの要素に分解すれば良い．一つ目の要素は，**財務レバレッジ** (financial leverage; *FLEV*) である．それは，期首時点で株主資本 BE_{t-1} に対して，その何倍の純金融負債 NFO_{t-1} があるかを表し，資金調達の際，株主からの投資に比して，債権者からの投資が多く，負債による資金調達を積極的に行っている企業ほど高くなる．二つ目の要素は，事業のリターン $RNOA_t$ から借入コスト NBC_t を差し引いた**事業スプレッド** (operating spread) である．借入コストを上回るほど，事業が好調であれば事業スプレッドは正になる．この式は，てこの原理 (principle of leverage) をうまく利用することで，実力以上のリターンを株主にもたらすことができることを数式で表現しており，財務レバレッジはまさにてこの役割を果たすのである．この式のように財務レバレッジと事業スプレッドの関係から ROE を捉えようという発想は，1.2.5 節で取り上げた基本デュポン・モデル（ROE の三分解）と区別するため，**上級デュポン・モデル**と呼ばれる．

図 1.14 を見てほしい．企業としては，所有者たる株主に実力以上のリターンをもたらしたい．そのため，企業がてこの原理を利用して，作用点の上に置き，上方向へと持ち上げたいものは，上式の左辺にあたる $ROE_t - RNOA_t$ である．

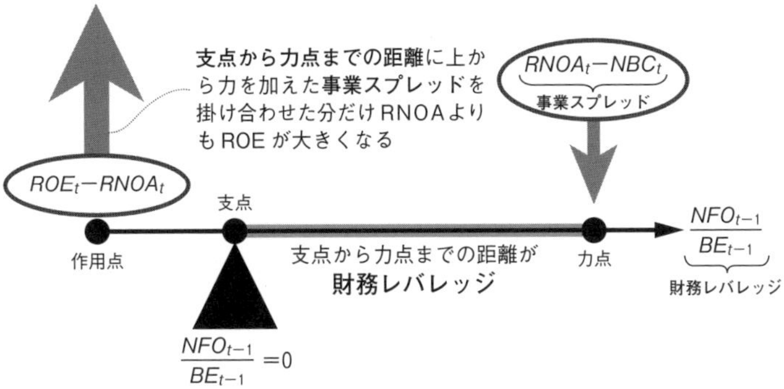

支点から力点までの距離に上から力を加えた事業スプレッドを掛け合わせた分だけ RNOA よりも ROE が大きくなる

$RNOA_t - NBC_t$
事業スプレッド

$ROE_t - RNOA_t$

支点

作用点

支点から力点までの距離が
財務レバレッジ

力点

$\dfrac{NFO_{t-1}}{BE_{t-1}}$

財務レバレッジ

$\dfrac{NFO_{t-1}}{BE_{t-1}} = 0$

図 1.14　てこの原理と ROE の関係

力点で加えられる力は，事業スプレッド $RNOA_t - NBC_t$ である．そして支点から力点までの距離が財務レバレッジ NFO_{t-1}/BE_{t-1} に相当する．てこの原理とは，支点から力点まで距離を離しさえすれば，力点で掛かる力が小さくても，作用点で大きな力を与えることができるという物理法則である．財務レバレッジを掛け（支点から力点までの距離を離し），力点で事業スプレッドとして上から下へと力を入れれば，作用点で $ROE_t - RNOA_t$ がより上に持ち上がるというわけである．

　このように事業スプレッドが正で，力点でうまく上から下へと力を加えることができれば，財務レバレッジは ROE を引き上げるという嬉しい帰結をもたらしてくれる．ROE に対して良い影響をもたらすときの財務レバレッジのことをfavorable leverage，もしくは favorable gearing と言う．一方で，財務レバレッジは ROE に悪い影響をもたらすときもある．それはひとたび事業が不調に陥り，借入コストを下回るほど，事業のリターンが悪化したとき，すなわち，事業スプレッドが負に転じたときである．事業スプレッドが負に転じるということは，図1.14 で言えば，力点では下から上へと力が掛かることになる．そのとき，財務レバレッジがあればあるほど，作用点では上から下へと力が加わることになる．つまり，ROE は企業の実力である RNOA 以下へとどんどん引き下げられることになるのである．

　ソフトバンクグループは，負債による資金調達をうまく利用し，財務レバレッジを効かせている企業の典型例である．こうした企業では，ビジネスが好調で事業スプレッドが正のとき，RNOA を大きく上回る高い ROE を実現することができるが，ひとたび事業が不調になり，事業スプレッドが負に転じれば，

RNOA を大きく下回る ROE しか実現できないのである．財務レバレッジとは，企業にとっては諸刃の剣なのである．負債による資金調達を積極的に行い，財務レバレッジを掛けることはリスクになる．財務レバレッジを効かせれば，ときに ROE を大きく増幅させることもあれば，それを大きく減退させることもあり，ROE の不確実性を増加させることになるのである．それに伴って，株主が期待するリターンも上がり，たとえ財務レバレッジを効かせ，ROE が高くなれど，容易にエクイティ・スプレッドが正にはならないというからくりである．このロジックは，改めて**第 7 章**で解説する．

--------------------- **演習問題** ---------------------

演習 1　次の各問いについて，正しい選択肢を答えよ．

(1)　会計の世界では，左側のことを何と呼ぶか．
　　ⅰ．借方
　　ⅱ．貸方

(2)　貸借対照表の役割は何か．
　　ⅰ．経営成績を要約
　　ⅱ．投資の現状を要約
　　ⅲ．投資の成果を要約

(3)　ROE が 12%，株主の期待リターンが 10% のとき，エクイティ・スプレッドはいくらか．
　　ⅰ．−2%
　　ⅱ．2%
　　ⅲ．22%

(4)　BE/ME が 1 を上回り，それが相対的に高い株式は何と呼ばれるか．
　　ⅰ．グロース株
　　ⅱ．バリュー株
　　ⅲ．ジャンク株

(5)　薄利多売企業の特徴はどれか．
　　ⅰ．高 PM–低 ATO
　　ⅱ．低 PM–高 ATO
　　ⅲ．低 PM–低 ATO

演習 2　1.2 節で登場した「伊藤レポート」において，日本企業はグローバルな投資家と対話をする際の最低ラインとして何% の ROE を目指すべきとされているか．また，どのよ

うな背景があり，この目標が設定されたのかを説明せよ．

演習3 20,000株を発行する企業を想定しよう．時点 t において，当該企業の発行する株式の株価 P_t は400円で，株主資本簿価 BE_t は6,400,000円である．

(1) この企業の時点 t における BE/ME を答えよ．

(2) 株主資本の価値と時価が等しい状況を想定しよう．この企業は株主価値を創造，若しくは毀損しているか，理由と共に答えよ．

(3) 今度は，株主資本の価値と時価が異なる状況を想定しよう．この企業の時点 t における株主価値 V_t は10,000,000円と評価された．これに基づいて理論株価 P_t^* を求め，当該株式は割安か，割高かを答えよ．

演習4 1.2.5節で学んだ基本デュポン・モデルと，1.3.5節で学んだ上級デュポン・モデルの違いを説明せよ．また，ROEの決定要因を分析する上で，前者でなく後者を用いるメリットは何か，事業活動と金融活動の区別に触れつつ説明せよ．

演習5* t 期首（時点 $t-1$）の純金融負債を NFO_{t-1}，株主資本を BE_{t-1} と表し，この二つの合計額が純事業資産 NOA_{t-1} へと投資されているとする．t 期首の純事業資産を運用することにより t 期の事業利益 OX_t が生まれ，t 期首の純金融負債からは t 期の純金融費用 NFE_t が生じるものとする．t 期の当期純利益 X_t は OX_t から NFE_t を差し引くことによって計算される．

(1) t 期の事業のリターン $RNOA_t$，t 期の正味借入コスト NBC_t，t 期の株主のリターン ROE_t，t 期首の財務レバレッジ $FLEV_{t-1}$ をそれぞれ文字式で表せ．

(2) ROE_t を $RNOA_t$，NBC_t，並びに $FLEV_{t-1}$ の三つを使って表せ．

(3) 先の問題(2)で導出された式から，t 期首の財務レバレッジ $FLEV_{t-1}$ が，t 期の株主のリターン ROE_t に対してどのように作用するか具体的に説明せよ．

演習6* t 期首（時点 $t-1$）のB/S，及び t 期のP/Lが以下のような企業を考えよう．

時点 $t-1$ のB/S

（資産の部）		（負債の部）	
売掛金	190,000	買掛金	140,000
有価証券	20,000	借入金	660,000
商品	300,000	負債合計	800,000
備品	490,000	（資本の部）	
		資本金	170,000
		利益剰余金	30,000
		資本合計	200,000
資産合計	1,000,000	負債・資本合計	1,000,000

t 期のP/L

（費用）		（収益）	
売上原価	935,560	売上高	1,050,000
減価償却費	80,000	有価証券売却益	2,400
支払利息	16,140	受取配当金	300
費用合計	1,031,700		
当期純利益	21,000		
合計	1,052,700	合計	1,052,700

(1) 事業活動と金融活動を意識して，以下に示した時点 $t-1$ の組替B/Sと t 期のP/L内の空欄を埋めよ．

時点 $t-1$ の組替B/S

純事業資産	（　　）	純金融負債	（　　）
		株主資本	（　　）

t 期の組替P/L

純金融費用	（　　）	事業利益	（　　）
当期純利益	（　　）		

ヒント：現実の企業の組替 P/L を作成する際は，当期純利益が法人税等を差し引いた税引き後の数値であることに合わせて，事業利益や純金融費用も税引き後の数値に調整しなければならない．ただし，この問題では，P/L の費用に法人税等は登場していないので，税率はゼロとし，税の影響は無視して考えてみよう．なお，実際の企業の財務諸表を組み替えるときの手順や税の調整方法については，**サポートサイトの S4.1 節**を参照してほしい．

(2) この企業の t 期の事業スプレッドを答えよ．

(3) この企業の t 期の ATO と PM をそれぞれ計算し，その二つの積が RNOA と一致することを確認せよ．

(4) この企業について，基本デュポン・モデルの各要素を計算し，そのモデルが成立していることを確認せよ．

(5) この企業について，上級デュポン・モデルの各要素を計算し，そのモデルが成立することを確認せよ．また，この企業は財務レバレッジを有効に活用できているか否かを答えよ．

第2章
ファイナンス入門

2.1 割引率

　会計とは，企業の経済活動について，特に投資の現状と成果に着目してそれを要約し，利害関係者に報告するまでのプロセスを指す．したがって，得意とする時間軸は，過去と現在である．一方，ファイナンスの得意とする時間軸は，未来である．何かしらのプロジェクトや資産に投資するということは，現時点で現金を手放す代わりに，将来のキャッシュフローを得ることと言い換えられる．したがって，ファイナンスは，将来期待される投資の成果から，現時点におけるプロジェクトの価値や資産価値を評価するプロセスに焦点を当てる．会計では，投資の成果を収益から費用を差し引いた利益で測るのに対して，ファイナンスではそれをキャッシュフローで測るが，これは両者の目的の違いを反映している．

　ファイナンスの世界で未来と現在を繋ぐ鍵となるのが，**割引率** (discount rate) である．ここで割引率とは，将来キャッシュフローを現在価値に変換する際に用いる値のことで，これが分かると，企業金融（コーポレート・ファイナンス）の文脈で投資プロジェクトや企業価値を評価したり，資産運用の文脈でより良いポートフォリオを構築したりするのに役立つ．端的に言うと，ファイナンス（金融経済学）とは，この割引率がどのように決まるかを明らかにする研究分野である．

2.1.1 確実なキャッシュフローに対する割引率

　例として，確実に1年後に受け取れる100万円（すなわち，確実な1年後のキャッシュフロー100万円）の価値を現時点で評価してみよう．一般に将来発生するキャッシュフローの現時点における価値を**現在価値** (Present Value; PV) と呼

ぶ.「1 年後に受け取る 100 万円」は「現時点の 100 万円」と異なるので,その現在価値は 100 万円ではない.この違いを**時間価値**と呼び,これを定量化するのが割引率の一つ目の役割である.

本書では,安全資産（無リスク資産）へと投資したときのリターンを R_F で表す.R_F は**無リスク金利** (risk-free rate) と言い,1%や 10%というような定数で,投資時点でその値が確定しているのが特徴である[1].1 年後の確実なキャッシュフローを CF_1 で表すと,その現在価値は,割引率を R_F として次のように計算される.

$$\underbrace{PV}_{\text{現在価値}} = \underbrace{\frac{\overbrace{CF_1}^{\text{1年後の確実なキャッシュフロー}}}{1 + R_F}}_{\text{無リスク金利}R_F\text{で割り引く}}$$

将来キャッシュフローを現在価値に変換することを「割り引く」と表現し,現在価値は割り引き後の価値であることを明示的に表現するため,割引現在価値とも言う.例えば,無リスク金利 R_F が 0.1 のとき,確実に 1 年後に受け取れる 100 万円の現在価値は約 90.9 万円と計算でき,差額である約 9.1 万円が時間価値に該当する.

$$PV = \frac{100}{1 + 0.1} \approx 90.9$$

以下の**図 2.1** のとおり,割引率 R_F が大きいほど,現在価値は小さくなる（すなわち,時間価値が大きくなる）.

また,この割引率は 1 年当たりの値であるので,仮に 1 年後ではなく T 年後のキャッシュフローであればその分だけ更に割り引く必要がある.

$$\underbrace{PV}_{\text{現在価値}} = \underbrace{\frac{\overbrace{CF_T}^{T\text{年後の確実なキャッシュフロー}}}{(1 + R_F)^T}}_{T\text{年分だけ無リスク金利}R_F\text{で割り引く}}$$

---

[1] ここで言う安全資産とは銀行の定期預金を想像すれば良い.現実には金利変動リスクやインフレ・リスク,信用リスクなどが存在するため,完全に無リスクの資産は存在しないが,実務的には国債金利を無リスク金利のベンチマークとすることが標準的である.

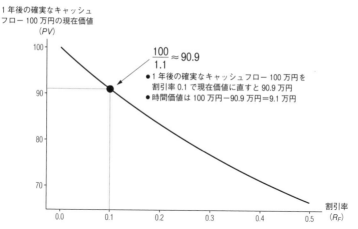

図 2.1　割引率を R_F とした場合の 1 年後の確実なキャッシュフロー 100 万円の
　　　　現在価値

以下の**図 2.2** では，割引率 R_F を 0.1 に固定した上で，異なる T に対して，確実
に受け取れる 100 万円の現在価値を図示している．T が大きいほど，1 年当たり
の割引率が同じであっても現在価値が小さくなる．

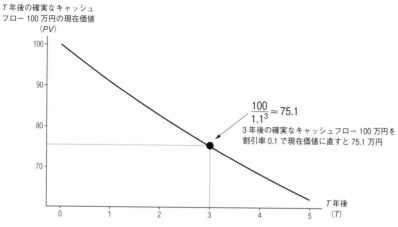

図 2.2　割引率を 0.1 とした場合の T 年後の確実なキャッシュフロー 100 万円の
　　　　現在価値

2.1.2 不確実なキャッシュフローに対する割引率

　割引率の二番目の役割はリスクプレミアム (risk premium) の反映である．今までの議論では将来受け取る金額の 100 万円は変化しないと仮定してきた．しかし，現実の将来キャッシュフローは様々な要因によって変化する．例えば，相手方が倒産してしまえば，約束された 100 万円は債務不履行となる可能性もある．「確実に支払われる 100 万円」と「期待値は 100 万円だが実際に支払われる金額は不確実」の両者を比べたとき，多くの人は前者をより好む傾向がある．その違いをリスクプレミアムと呼び，割引率の調整でこれを定量化する．すなわち，後者の現在価値を計算するには，期待値 100 万円をそのリスクに応じた割引率 $\tilde{R}$ で割り引く．

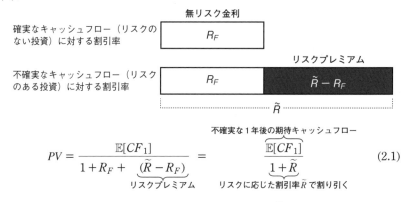

$$PV = \frac{\mathbb{E}[CF_1]}{1+R_F+\underbrace{(\tilde{R}-R_F)}_{\text{リスクプレミアム}}} = \frac{\overbrace{\mathbb{E}[CF_1]}^{\text{不確実な1年後の期待キャッシュフロー}}}{\underbrace{1+\tilde{R}}_{\text{リスクに応じた割引率}\tilde{R}\text{で割り引く}}} \tag{2.1}$$

例えば，無リスク金利 R_F が 0.1，リスクプレミアム $\tilde{R}-R_F$ が 0.15 のとき，割引率 $\tilde{R}$ は 0.25 となるので，期待キャッシュフロー 100 万円の現在価値は 80 万円となる．

$$PV = \frac{100}{1+0.25} = 80$$

以下の**図 2.3** では，無リスク金利を 0.1 に固定した上で，異なるリスクプレミアム $\tilde{R}-R_F$ に対して，期待キャッシュフロー 100 万円の現在価値を図示している．リスクプレミアム $\tilde{R}-R_F$ が大きいほど，期待キャッシュフローが同じであっても現在価値が小さくなる．

　このように，割引率は時間価値やリスクプレミアムに関する定量的な情報を含むので，タイミングやリスクの異なるキャッシュフローを現在価値という同一の

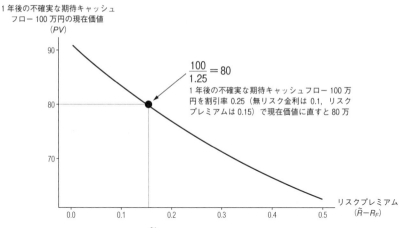

1 年後の不確実な期待キャッシュ
フロー 100 万円の現在価値
(*PV*)

$$\frac{100}{1.25} = 80$$

1 年後の不確実な期待キャッシュフロー 100 万
円を割引率 0.25（無リスク金利は 0.1，リスク
プレミアムは 0.15）で現在価値に直すと 80 万

リスクプレミアム
($\tilde{R} - R_F$)

図 2.3　リスクプレミアムを $\tilde{R} - R_F$ とした場合の期待キャッシュフロー 100 万円の現在価値

尺度で評価することが可能になる．企業金融の文脈だと，新しい投資プロジェクトを実行すべきか判断する場面が多々ある．例えば，先行投資を行って工場を増設し新商品を販売する場合，運良く新商品がヒットしても，先行投資で支出が生じるタイミングと比べて，キャッシュフローが生じるタイミングはタイムラグが生じてしまう．したがって，タイミングのズレも考慮して投資プロジェクト全体の価値を評価する必要があり，その際に割引率の情報が必須となる．

2.1.3　NPV 法

ここでは，割引率の応用例として 1.1.2 節で紹介した NPV を実際に計算してみよう．現時点で 280 万円の投資が必要なプロジェクト A を考える．このプロジェクトを実施すれば，1 年後には 115 万円，2 年後には 264.5 万円の期待キャッシュフローが得られるとしよう．無リスク金利を 0.1，プロジェクト A のリスクに見合うリスクプレミアムを 0.05 とするとき，プロジェクト A の割引率は 0.15 となる．このプロジェクトが投資に値するかを判断するには，その成果が投資額に見合うかどうかを評価すれば良い．その際のポイントは，両者の時点を現時点に揃えるために，プロジェクトの成果を将来キャッシュフローの現在価値によって評価する点である．

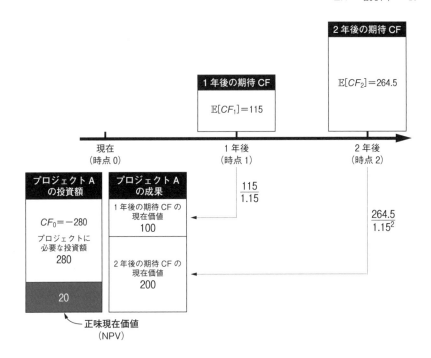

プロジェクト A の成果は，2 年分の将来キャッシュフローの現在価値を足し合わせることで 300 万円と計算できる．

$$\text{プロジェクトAの成果} = \underbrace{\frac{115}{1.15}}_{\substack{\text{1年後の期待CFの}\\\text{現在価値}}} + \underbrace{\frac{264.5}{1.15^2}}_{\substack{\text{2年後の期待CFの}\\\text{現在価値}}} = 300$$

その一方で，現時点で必要な投資額は 280 万円であるから，このプロジェクトは余分に 20 万円の価値を創造すると判断できる．この 20 万円こそが **1.1.2 節**で説明した NPV である．

$$NPV = \underbrace{-280}_{\text{-(現時点の投資額)}} + \underbrace{300}_{\text{(現時点で評価した成果)}} = 20$$

以下では，任意の投資プロジェクトに対して計算できるよう，NPV を一般化して表してみよう．投資を目論む現時点を時点 0 とする．右辺第一項の [-(現時点の投資額)] は時点 0 で企業の財布から現金が減ることを意味するので，時点 0 のキャッシュフロー CF_0 はマイナスになる（プロジェクト A の例だと $CF_0 = -280$）．向こう T 年間にわたり毎年 $\mathbb{E}[CF_t]$ $(t = 1, 2, \ldots, T)$ の期待キャッシュフローが生

み出されるならば，それらを割引率 $1+\widetilde{R}$ で現在価値に直して足し合わせた値が，現時点で評価したプロジェクトの成果である．したがって，NPV は，

$$NPV = \frac{CF_0}{(1+\widetilde{R})^0} + \frac{\mathbb{E}[CF_1]}{(1+\widetilde{R})^1} + \frac{\mathbb{E}[CF_2]}{(1+\widetilde{R})^2} + \cdots + \frac{\mathbb{E}[CF_T]}{(1+\widetilde{R})^T}$$

$$= \underbrace{CF_0}_{-(\text{現時点の投資額})} + \underbrace{\sum_{t=1}^{T}\frac{\mathbb{E}[CF_t]}{(1+\widetilde{R})^t}}_{(\text{現時点で評価した成果})}$$

と表すことができ，NPV は，そのプロジェクトから派生する全てのキャッシュフローの現在価値として解釈できる．企業金融では，NPV がゼロ以上のプロジェクトは投資を実行し，反対にそれが負のプロジェクトは価値を毀損すると判断し投資を見送ることを推奨する．このように NPV を基準に投資の意思決定を行うことを **NPV 法**と呼ぶ．

　例えば，次のような異なるリスク，異なるキャッシュフローのパターンの三つの投資プロジェクト（ただし，いずれも必要な投資額は 100 万円と等しく，向こう 2 年間で期待されるキャッシュフローの合計も 130 万円と等しい）があったとする．NPV 法によれば，価値を創造するプロジェクト X と Y は実行（優先順位は NPV がより大きいプロジェクト X）し，他方，プロジェクト Z は見送るべきという意思決定となる．このように，企業金融の文脈において，割引率は投資プロジェクトの評価に欠かせない重要な役割を果たすのである．

	割引率	CF_0	$\mathbb{E}[CF_1]$	$\mathbb{E}[CF_2]$	NPV
プロジェクト X	0.12	−100	40	90	7.5
プロジェクト Y	0.20	−100	100	30	4.2
プロジェクト Z	0.25	−100	65	65	−6.4

2.1.4　配当割引モデル

　割引率の別の応用例として，配当割引モデルを紹介しよう．あらゆる資産の価値は，その資産から生み出される将来キャッシュフローを割り引くことで求められる．株式の場合，この将来キャッシュフローに相当するのは，将来受け取る予定の一株当たり配当 (Dividend Per Share; DPS) である．したがって，**配当割引モデル** (Dividend Discount Model; DDM) では，将来の期待 DPS を，リスクに応じ

た割引率 $\widetilde{R}$ で現在価値に換算することで一株当たりの株式価値，すなわち，理論株価を求める．より具体的に言うと，時点 t の期待 DPS を $\mathbb{E}[D_t]$ $(t = 1, 2, \ldots)$ で表すとき，配当割引モデルに基づく理論株価 P_0^* は，

$$P_0^* = \sum_{t=1}^{\infty} \frac{\mathbb{E}[D_t]}{(1 + \widetilde{R})^t} \tag{2.2}$$

と表せる．ここでは，$t = 0$ の配当が支払われた直後の理論株価を求めている点に注意しよう．(2.2) 式によると，将来の期待 DPS である $\mathbb{E}[D_t]$ を所与とした場合，割引率 $\widetilde{R}$ が大きいほど，理論株価 P_0^* は小さくなることが分かる．

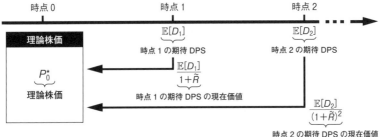

以下ではさらに，期待 DPS が一定の割合で成長していくと仮定しよう．すなわち，直近の既に実現した DPS を D_0 と置き，将来にわたって配当の期待値が一定割合 G で成長していくと仮定する．

$$\mathbb{E}[D_t] = (1 + G)^t D_0$$

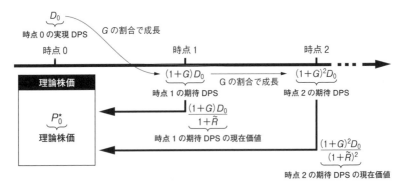

このとき，等比数列の和の公式（**サポートサイトの S4.2 節**を参照）を利用すると，(2.2) 式は以下のように具体的に計算できる．

$$P_0^* = \sum_{t=1}^{\infty} \frac{(1+G)^t D_0}{(1+\tilde{R})^t} = \frac{(1+G)D_0}{\tilde{R}-G}$$

したがって，理論株価は1期先の期待 DPS を割引率と配当成長率の差で割った値となる．このように，期待 DPS が一定の割合で成長していくと仮定した配当割引モデルは，**ゴードン成長モデル**(Gordon growth model) と呼ばれる．

2.1.5 割引率と期待リターンの関係

今までの議論において，投資家は将来キャッシュフローのリスクに応じて割引率 $\tilde{R}$ を主観的に定めると暗黙のうちに想定してきた．実は割引率 $\tilde{R}$ は，投資家が将来キャッシュフローを購入するにあたって最低限要求する期待リターン（**要求収益率**）とも解釈できる．このことを理解するために，前小節で紹介した配当割引モデルの応用例として，1年後の期待 DPS が 100 万円で，その後は解散する予定（つまり DPS がゼロ）の企業の理論株価を考えてみよう．仮に割引率が 0.25 であるとすると，この企業の理論株価は 80 万円 $(= 100/1.25)$ である．

この株式を購入すべきか検討している投資家にとって，「現時点でこの企業の株式を購入し，1年後に配当を受け取る」ことは一種の投資プロジェクトとみなせる．この投資プロジェクトに対して必要な投資額は，株式の購入金額に相当する現時点の株価 P_0 であり，また，現時点で評価した成果は，配当として受け取り予定の将来キャッシュフローの現在価値 P_0^* である．したがって，NPV は，以下の式で示すように将来キャッシュフローの現在価値から市場株価 P_0 を差し引いた値となる．

$$NPV = \underbrace{-P_0}_{-(\text{現時点の投資額})} + \underbrace{P_0^*}_{(\text{現時点で評価した成果})}$$

したがって，市場株価 P_0 が理論株価 P_0^* 以下である限り，NPV が非負となるため，この株式を購入することが経済合理的である．

$$NPV \geq 0 \iff P_0 \leq P_0^* = 80 \tag{2.3}$$

ここで，市場株価 P_0 を基に計算される期待リターンを $\mathbb{E}[R]$ で表そう．期待リターンの定義により，$\mathbb{E}[R]$ は次の式を満たす．

$$\mathbb{E}[R] = \frac{100 - P_0}{P_0} \iff 1 + \mathbb{E}[R] = \frac{100}{P_0} \tag{2.4}$$

(2.3)式から得られた $P_0 \le 80$ の両辺に $\frac{1.25}{P_0}$ を掛けた上で，(2.4)式を用いると，次の関係を導くことができる．

$$P_0 \le 80 \iff 1.25 \le \frac{100}{P_0} = 1 + \mathbb{E}[R] \iff 0.25 \le \mathbb{E}[R]$$

すなわち，この投資家にとって，割引率 $\widetilde{R} = 25\%$ がこの株式を購入するにあたって最低限要求する期待リターン（要求収益率）であることが分かる．

更に話を進めて，この株式が，多数の投資家が競争している市場（**競争的金融市場**）で売買されているとしよう．NPV が正（負）であれば，全ての投資家がこの株式を購入（売却）したがるので，競争の結果として NPV は 0 に落ち着き，株価は理論株価の 80 万円と一致するはずである．

$$NPV = 0 \iff P_0 = P_0^* = 80$$

このとき，上記の議論によると，株式の期待リターン $\mathbb{E}[R]$ は，割引率であり要求収益率でもある $\widetilde{R}$ と一致しなければならない．

$$\mathbb{E}[R] = \widetilde{R} = 0.25$$

また，1.1.1 節で学んだように，株主の期待リターンは企業にとっての資本コストの裏返しであったので，この企業の株式資本コストは 25% である．割引率と資本コストの関係については，改めて**第 7 章**で説明する．

より一般に，競争的金融市場においては将来キャッシュフローの現在価値と市場価格が一致するため，$\mathbb{E}[R] = \widetilde{R}$ という関係が成立する．したがって，$\widetilde{R}$ の代わりに，期待リターン $\mathbb{E}[R]$ を利用して将来キャッシュフローの現在価値を表現することができる．例えば，先ほど登場した(2.1)式は，次のように書き換えられる．

$$PV = \frac{\mathbb{E}[CF_1]}{1 + \widetilde{R}} = \frac{\mathbb{E}[CF_1]}{1 + \mathbb{E}[R]}$$

2.2 平均分散アプローチ入門

個々の投資家にとって最適となる証券の組合せ比率を決めることを**最適ポートフォリオ選択**と呼ぶ。本章の残りでは，投資家の最適ポートフォリオ選択に基づき，期待リターンとしての割引率を理論化する試みとして，平均分散アプローチと CAPM を紹介する。これらの理論は，投資家の最適ポートフォリオ選択から出発し，投資の成果が不確実な危険資産について，市場均衡におけるリスクとリターンのトレードオフを記述したものである。

「卵は一つのカゴに盛るな (Don't put all your eggs in one basket)」という相場格言を聞いたことがあるだろうか。「一つのカゴに一度にたくさんの卵を盛ると，落とした時に全て無駄になってしまう」というのが文字通りの意味だが，投資の文脈では分散投資の大切さを説く目的で用いられる。すなわち，資金を複数の資産に分散すれば，万が一の場合でも損失を抑えることができる。例えば，全資産を特定の企業の株式に投資した場合，その企業が倒産すれば全資産を失ってしまう。それに対し，複数の企業の株式に分散投資すれば，そのような極端な損失が起きるシナリオを限定できる。

この節では，**平均分散アプローチ**と呼ばれる分散投資の理論を学ぶ[2]。平均分散アプローチはファイナンス理論の草分け的な存在で，その開発者であるハリー・マーコウィッツ (Harry M. Markowitz) は 1990 年にノーベル経済学賞を受賞している。また，開発から 70 年近く経過した今なお，機関投資家が最適ポートフォリオを構築する際の実務的な指針となっている。平均分散アプローチとはその名のとおり，ポートフォリオの望ましさをリターンの平均と分散で評価する方法であり，分散投資のメリットを定量的に評価できる。

2.2.1 ポートフォリオのリスクとリターン

説明を簡単にするため，銘柄 A と B の二つに投資可能な状況を考えよう。銘柄 A の保有比率を w_A，銘柄 B の保有比率を w_B で表す。ここで保有比率とは投

資元本をそれぞれの銘柄に振り分ける比率のことで，仮に投資元本が 100 万円の場合，$w_A \times 100$ 万円分だけ銘柄 A を購入し，$w_B \times 100$ 万円分だけ銘柄 B を購入する．例えば，投資元本全てを銘柄 A に振り分ける場合，$w_A = 1$，及び $w_B = 0$ となる．保有比率の定義から，常に $w_A + w_B = 1$ が成立することに注意しよう．

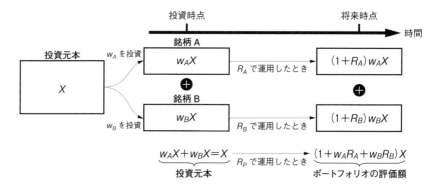

投資元本を X，銘柄 A のリターンを $1 + R_A$，銘柄 B のリターンを $1 + R_B$ で表す．投資元本のうち，$w_A X$ が銘柄 A に振り分けられ，将来は $(1 + R_A)w_A X$ に変化する．同様に，銘柄 B に振り分けられた $w_B X$ が，将来は $(1 + R_B)w_B X$ に変化する．結果的に，このポートフォリオの将来時点の評価額は $(1 + R_A)w_A X + (1 + R_B)w_B X$ となり，整理すると次のように表される．

$$(1 + R_A)w_A X + (1 + R_B)w_B X = [(w_A + w_B) + (w_A R_A + w_B R_B)]X$$
$$= (1 + w_A R_A + w_B R_B)X$$

この両辺を投資元本である X で割れば，ポートフォリオのリターンが計算できる．ポートフォリオのリターンを $1 + R_P$ で表せば，

$$\underbrace{\frac{\overbrace{(1 + R_A)w_A X + (1 + R_B)w_B X}^{\text{将来時点の評価額}}}{X}}_{\text{投資元本}} = 1 + w_A R_A + w_B R_B = 1 + R_P$$

$$\Longleftrightarrow \quad w_A R_A + w_B R_B = R_P$$

となり，元本を抜いたポートフォリオのリターン R_P は，構成銘柄のリターンを

二冊が，この分野で国際的に定評のある教科書である．また，小松 (2018)[35] は実務への応用を意識し，ベイズ統計的な観点からポートフォリオ理論を展開している．

保有比率で加重平均した値となることが分かる.

　ポートフォリオを構築する時点においては, 各銘柄の実現リターンは分からないので, 代わりにその統計的な性質として期待値や分散を評価しよう. データに基づきこれらを推定する方法は**第 7 章**で詳しく学ぶとして, 今は期待値を (μ_A, μ_B), 分散を (σ_A^2, σ_B^2), 共分散を σ_{AB} で表す. ここで分散を σ_A^2 としているのは, σ_A を標準偏差として定義するためである. また, R_A と R_B の相関係数を ρ と置くと, その定義から $\sigma_{AB} = \rho \sigma_A \sigma_B$ が成立する.

　先ほど見たとおり, $R_P = w_A R_A + w_B R_B$ であるから, その期待値 μ_P も各銘柄の期待リターンの加重平均となる.

$$\mu_P = w_A \mu_A + w_B \mu_B$$

一方, その分散 σ_P^2 は各銘柄の分散, 及び相関係数を用いて計算できる.

$$\sigma_P^2 = w_A^2 \sigma_A^2 + w_B^2 \sigma_B^2 + 2\rho w_A w_B \sigma_A \sigma_B$$

分散の定義に基づいて上式を導出する方法は**サポートサイトの S4.3 節**を参照してほしい.

コラム 2.1　異なるリターンの定義 ─

　上で定義したリターンはネット・リターンと言われる. 例えば, 昨日の株価が 100 円で, 今日の株価が 110 円になった場合, ネット・リターンは 10 % (= 0.1) である. 一方, 元本分も含める場合はグロス・リターンと呼び, ネット・リターンに 1 を足して 110 % (= 1.1) となる. 単純にリターンと言った場合にどちらを指すかは文脈によるが, 本書では原則としてネット・リターンの意味で用いる.

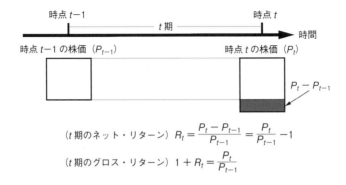

$$(t\text{ 期のネット・リターン}) \quad R_t = \frac{P_t - P_{t-1}}{P_{t-1}} = \frac{P_t}{P_{t-1}} - 1$$

$$(t\text{ 期のグロス・リターン}) \quad 1 + R_t = \frac{P_t}{P_{t-1}}$$

実は，ネットとグロスの違いに加えて，リターンには他にも複数の定義がある．例えば，先ほどのネット・リターンから無リスク金利を差し引いた値を，（無リスク金利に対する）超過リターンと呼ぶ．

$$(t期の超過リターン) \qquad R_t^e = R_t - R_{F,t}$$

ここで，$R_{F,t}$ は同期間に安全資産で運用した場合のネット・リターンを指し，R_t^e の e は超過を意味する excess の略である．

本書には他にも，対数リターン (237 頁) やプライス・リターン (194 頁)，トータル・リターン (193 頁) が登場するが，詳しい説明は該当箇所を参照してほしい．

2.2.2 分散投資のメリット

本節では，保有比率 (w_A, w_B) を変化させたとき，ポートフォリオの期待リターン μ_P，及び標準偏差 σ_P がどのように変化するか分析する．σ_P はポートフォリオのリスクを測る指標であり，σ_P が大きければ大きいほど実現リターンの振れ幅が大きくなる[3]．分散ではなく標準偏差を分析するのは期待リターンと単位を揃えるためであるが，$\sigma_P = \sqrt{\sigma_P^2}$ であるのでどちらを選んでも以降の結論は変わらない．

それでは特定のパラメータを基に μ_P と σ_P の関係を図示してみよう．以下の図 2.4 では，$(\mu_A, \sigma_A) = (0.1, 0.2)$，$(\mu_B, \sigma_B) = (0.2, 0.3)$，$\rho = 0.2$ と仮定した上で，異なる保有比率 (w_A, w_B) に対応する (μ_P, σ_P) を図示している．例えば，$(w_A, w_B) = (1, 0)$ のとき，このポートフォリオは全資産を銘柄 A に投資するので，$(\mu_P, \sigma_P) = (\mu_A, \sigma_A) = (0.1, 0.2)$ となる．逆に $(w_A, w_B) = (0, 1)$ であれば，このポートフォリオは銘柄 B と一致し，$(\mu_P, \sigma_P) = (\mu_B, \sigma_B) = (0.2, 0.3)$ となる．

---

[3] リスクを標準偏差で測る場合，リターンの上振れも下振れも同じリスクとして扱っていることに注意しよう．投資家は資産の減少を回避したいので，下振れのリスクの方が相対的に重要である．例えば期待ショートフォールなど，下振れリスクのみを測る指標も開発されているが，数学的に扱いにくいという欠点も持つ．

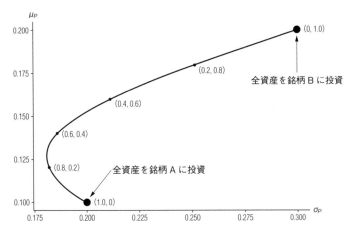

図2.4 銘柄Aと銘柄Bに対する保有比率を変えたときの期待リターン μ_P と標準偏差 σ_P の変化

注：括弧内は保有比率 (w_A, w_B) を表す.

上の曲線で端点を除く部分が銘柄AとBに分散投資を行う場合に該当する. 銘柄AとBを比べると, 銘柄Bは期待リターンが高い一方リスクも大きい, ハイリスク・ハイリターンな投資先となっている. したがって, $(w_A, w_B) = (1, 0)$ から出発し, 銘柄Bへの投資を少しだけ行った場合, ポートフォリオのリスクは増加すると考えるのが自然である. しかし, **図2.4** によるとそうでなく, むしろリスクが低下していることが分かる. これは, 銘柄AとBのリターンの相関が完全でないこと $(\rho \neq 1)$ による**分散投資の効果**である.

分散投資の効果を理解するために, 今までの議論を数式で表現してみよう. 先ほど見た σ_P^2 に関する表現式は以下のように書き換えられる.

$$\sigma_P^2 = (w_A\sigma_A + w_B\sigma_B)^2 - 2(1-\rho)w_Aw_B\sigma_A\sigma_B$$

ここで, $0 \leq w_A, w_B \leq 1$ のとき, 一般に

$$2(1-\rho)w_Aw_B\sigma_A\sigma_B \geq 0$$

であるから,

$$\sigma_P^2 \leq (w_A\sigma_A + w_B\sigma_B)^2 \iff$$

$$\underbrace{\sigma_P}_{\text{ポートフォリオのリスク}} \leq \underbrace{w_A\sigma_A + w_B\sigma_B}_{\text{銘柄AとBのリスクの加重平均}}$$

となり，ポートフォリオのリスクが個別資産のリスクの加重平均以下であること
が分かる．このことを分散投資の効果と言う．$\rho \neq 1$ の場合，分散投資の効果が
存在するのである．

続いて，相関係数 ρ の値を変化させた時に分散投資のメリットがどのように変
化するかを描いたのが以下の **図 2.5** である．$\rho = 1$ のとき，銘柄 A と B のリ
ターンは完全に正に相関しているので，分散投資のメリットは存在しない．した
がって，保有比率を変化させると，(μ_P, σ_P) は銘柄 A と B を結んだ線分上を
まっすぐに動く．そこから ρ の値を小さくしていくと，分散投資のメリットが大
きくなるにつれて曲線の膨らみが増していき，完全に負の相関 $(\rho = -1)$ のとき，
保有比率次第ではリスクの全くないポートフォリオを構築できる．

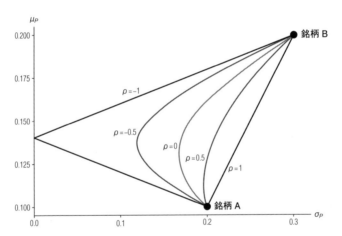

図 2.5 銘柄間の相関 ρ が期待リターン μ_P と標準偏差 σ_P に与える影響

2.2.3 空売りの効果

一般に**空売り** (short-selling) とは，(1) 保有していない証券を他の誰かから借り
てきて現時点で売却し，(2) 一定期間後に買い戻して元の持ち主に返却する，と
いう一連の取引を指す．通常，年金基金や保険会社といった長期投資志向の機関
投資家が証券の貸し手になり，彼らは証券を貸し出す代わりに貸株料などの手数
料を受け取る．一方，空売りを行う投資家は**ショート・セラー** (short seller) と呼

ばれ，その証券の値下がりから利益を得る．例えば，現時点で銘柄 A の株価が
100 円であり，翌日 90 円に値下がりしたとしよう．ショート・セラーは現時点
でその証券を売却することで 100 円を得て，翌日に買い戻すのに 90 円を支払う．
したがって，値下がりした 10 円がショート・セラーの一株当たりの利益となる．
このように，貸株料などの手数料を無視した場合，ロング（購入）とショート
（空売り）はちょうど真逆の関係になっている．ロングの場合は，値上がりすれ
ば利益を得ることができる一方，ショートの場合は，反対に値下がりすれば利益
を得ることができるのである．

　先ほどの銘柄 A と B に投資する具体例に戻ろう．投資元本を 100 万円とし，
更に銘柄 A を同額分だけ空売りしたとする．そうすると手元には 200 万円分の現
金があるので，その全てを銘柄 B への投資に充てることができる．このポート
フォリオは銘柄 B の値上がりから大きな利益を生む一方，銘柄 A の値上がりか
らは損失を被ってしまう．実はこのケースは先ほどの定義における $(w_A, w_B) =$
$(-1, 2)$ に対応しており，ポートフォリオのリターンも空売りがない時と同じ式で
表現できる．

$$R_P = w_A R_A + w_B R_B = -R_A + 2R_B$$

期待リターン，及び分散も同様の表現に従う．

$$\mu_P = w_A \mu_A + w_B \mu_B = -\mu_A + 2\mu_B$$
$$\sigma_P^2 = w_A^2 \sigma_A^2 + w_B^2 \sigma_B^2 + 2\rho\, w_A w_B \sigma_A \sigma_B = \sigma_A^2 + 4\sigma_B^2 - 4\rho \sigma_A \sigma_B$$

つまり，保有比率に負の値さえ許せば，空売りが可能な場合のポートフォリオも
今までと同様に分析できる．

　以下の**図 2.6** は，先ほどの数値例を用いて空売りの効果を図示している．空売
りを許容することで，(μ_P, σ_P) 曲線が銘柄 A と B を超えて延長されることが分か
る．例えば，銘柄 B より上側の部分では μ_P が μ_A と μ_B の両者を上回っている．
これは，相対的に期待リターンの低い銘柄 A を空売りし，その資金で銘柄 B を
買い増すことで，ポートフォリオの期待リターンを積み増せることを示している．
ただし，そうすればするほど，銘柄 A の実現リターンの方が大きかった場合の損
失も膨らむので，ポートフォリオのリスクが上昇していく．

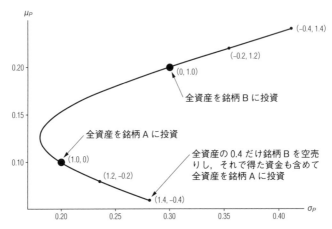

図 2.6 空売りを許容した場合の期待リターン μ_P と標準偏差 σ_P の変化
注：括弧内は保有比率 (w_A, w_B) を表す.

2.2.4 安全資産の導入

　今までの議論では銘柄 A と B のみが投資可能で，残った資金を現金のまま保有しておくということができなかった．ここではより現実的に，将来のリターンが約束されている安全資産（無リスク資産）を導入した場合，ポートフォリオの期待リターンやリスクがどのように変化するかを分析する．安全資産への投資は，間違いなく決まったリターンが後に保証されているので，将来の不確実性がなく，無リスクであるのが特徴である．ここで，安全資産のリターンを R_F，ポートフォリオにおけるその保有比率を w_F と置く.

　安全資産が導入されて投資可能な資産の数が三つに増えたが，いきなり全てを分析するのは難しいので，まずは安全資産と銘柄 A のみに投資する状況を考えてみよう．つまり，$w_B = 0$ とし，$w_F + w_A = 1$ のときを考える（もちろんこれは一時的な仮定である）．このとき，ポートフォリオのリターンは，$R_P = w_F R_F + w_A R_A$ であるから，その期待値は以下のように書ける.

$$\mu_P = (1 - w_A)R_F + w_A \mu_A = R_F + w_A(\mu_A - R_F)$$

ここで，最後の $\mu_A - R_F$ は銘柄 A の（無リスク金利に対する）期待超過リター

ンであり，銘柄 A の**リスクプレミアム**とも呼ばれる[4]．$\mu_A > R_F$ のとき，ポートフォリオの期待リターンは，銘柄 A の保有比率を増やせば増やすほど，そのリスクプレミアム分だけ線形に増加することが分かる．続いて，標準偏差であるが，安全資産のリスクはゼロなので，銘柄 A の保有比率分だけリスクが生じる．

$$\sigma_P = |w_A|\sigma_A$$

したがって，ポートフォリオの標準偏差は，銘柄 A の保有比率を増やせば増やすほど，その標準偏差分だけ線形に増加することが分かる（ただし，$w_A < 0$ の場合，銘柄 A を空売りしているので，絶対値を取る必要がある）．

図 2.7 では，$R_F = 0.01$ とおいて，安全資産と銘柄 A のみに投資する状況の (μ_P, σ_P) を描画している．安全資産は無リスクであるため，y 軸上に位置していることに注意しよう．上での議論によると，μ_P と σ_P は共に w_A に関する線形の関数として表現できたので，(μ_P, σ_P) は安全資産と銘柄 A を結ぶ直線になる．実際，$w_A > 0$ の場合，標準偏差の関係式を変形し，$\sigma_P = w_A\sigma_A \iff w_A = \frac{\sigma_P}{\sigma_A}$ を期

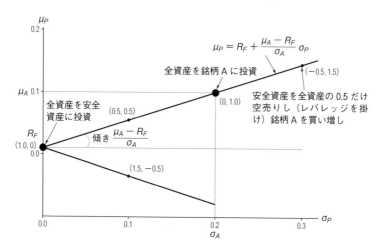

図 2.7　安全資産を導入した場合の期待リターン μ_P と標準偏差 σ_P の変化
注：括弧内は (w_F, w_A) を表す．

---

[4]　競争的金融市場において，期待リターンは割引率ともみなせたことを思い出そう（2.1.5 節を参照）．したがって，期待超過リターンとしてのリスクプレミアムは，2.1.2 節で登場した割引率の調整としてのリスクプレミアムと本質的に同じものである．

待リターンの式に代入すると,

$$\mu_P = R_F + \frac{\mu_A - R_F}{\sigma_A}\sigma_P$$

となるから,切片が R_F,傾き $\frac{\mu_A - R_F}{\sigma_A}$ の直線となる.この直線のうち,銘柄 A より上に位置する部分は,$w_F < 0$ で安全資産の空売りにより資金調達を行い,銘柄 A を買い増している状況である(レバレッジを掛けると言う).

さて,安全資産と銘柄 A のみに投資する状況の分析が終わったので,銘柄 B も含めた三資産に投資する状況に戻ろう.まずは任意の保有比率 (w_F, w_A, w_B) に対して,ポートフォリオのリターンを定義通りに書いた後,右辺の R_A と R_B に関する項を $w_A + w_B$ で割ってみる(ただし,$w_A + w_B \neq 0$ のときに限る).

$$R_P = w_F R_F + w_A R_A + w_B R_B$$
$$= w_F R_F + (w_A + w_B)\left(\frac{w_A}{w_A + w_B}R_A + \frac{w_B}{w_A + w_B}R_B\right)$$

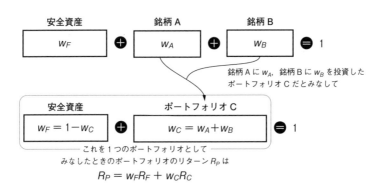

こうすると,$\frac{w_A}{w_A + w_B} + \frac{w_B}{w_A + w_B} = 1$ であるから,

$$R_C = \frac{w_A}{w_A + w_B}R_A + \frac{w_B}{w_A + w_B}R_B$$

は,銘柄 A と B をそれぞれ $\frac{w_A}{w_A + w_B}$ と $\frac{w_B}{w_A + w_B}$ の比率で保有したポートフォリオのリターンとみなせる(これをポートフォリオ C と呼ぼう).また,$w_C = w_A + w_B$ と置くと,$w_F = 1 - w_A - w_B = 1 - w_C$ となる.したがって,元のポートフォリオのリターンは,安全資産とポートフォリオ C の二つをそれぞれ保有比率

w_F と w_C で保有した場合のリターン $(R_P = w_F R_F + w_C R_C)$ と解釈でき，その期待値は以下のとおりである．

$$\mu_P = w_F R_F + w_C \mu_C$$

━━━━ 数値例で考えてみよう ━━━━

　安全資産，銘柄A，銘柄Bをそれぞれ20%，30%，50%ずつ保有するポートフォリオを考えよう．銘柄Aと銘柄Bをそれぞれ37.5%，62.5%ずつ保有するポートフォリオCを定義する．このとき，37.5%×0.8 = 30%かつ62.5%×0.8 = 50%であるから，元のポートフォリオは，(1)安全資産を20%，(2)ポートフォリオCを80%保有する場合とみなせる．

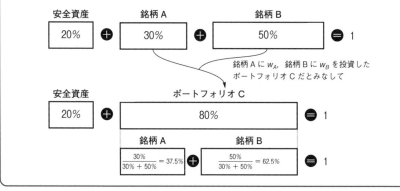

このような書き換えを行うメリットは，先ほどの安全資産と銘柄Aのみに投資する状況の議論が応用できることである．μ_C は銘柄AとBのみを保有するポートフォリオの期待リターンであったから，以前描いた (μ_P, σ_P) 曲線上に位置している．そして，このポートフォリオと安全資産にそれぞれ (w_C, w_F) の比率で投資すると考えれば，元のポートフォリオの (μ_P, σ_P) は**図 2.8** における直線のどこかに位置することが分かる．

　今までは任意の保有比率 (w_F, w_A, w_B) を所与として，このポートフォリオの (μ_P, σ_P) がどこに位置するか議論してきた．この議論を逆にたどると，三資産に投資可能な場合に (μ_P, σ_P) が取りうる値を図示できる．すなわち，ポートフォリオCの位置，及びその保有比率を任意に変えることで，(μ_P, σ_P) が動きうる領域を図示できる．この領域は二資産の場合，直線（曲線）であったが，安全資産を含む三資産の場合は下図のように無限に伸びる三角形状の領域（**図 2.9** の灰色部）となる．安全資産から引いた直線と，銘柄AとBの張る曲線の上側がちょ

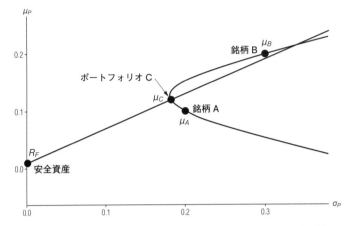

図2.8 三資産に投資することで実現可能な期待リターン μ_P と標準偏差 σ_P の例

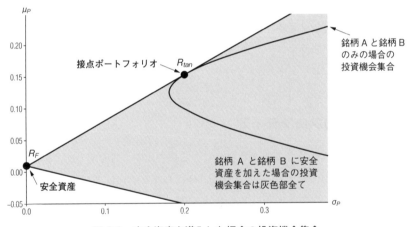

図2.9 安全資産を導入した場合の投資機会集合

うど接する点を接点ポートフォリオと呼ぶ（図2.9 の R_{tan}）[5].

　今までのパラメータをそのまま用いると，接点ポートフォリオの保有比率は概ね47%を銘柄Aに，53%を銘柄Bに投資するポートフォリオとなる.

---

[5] 安全資産から右下に伸びる直線も，同様に銘柄AとBの張る曲線と下側で接するよう描かれている. ただし，この数値例の場合，銘柄AとBの張る曲線を右下に進めば進むほど，安全資産と結んだ曲線の傾きが小さくなるため，文字通りの接点は存在しない. したがって，ここでは代わりにその極限の直線を描いている.

$$(w_A, w_B) \approx (0.47, \ 0.53)$$

なお，接点ポートフォリオは手計算で求めるのは煩雑なので，ここでは安全資産から引いた傾きが最も大きくなるような点を数値計算で求めている（**第 7 章の章末問題 演習 1** を参照）．

2.3　最適ポートフォリオ問題

　今までの議論では，任意の保有比率に対して (μ_P, σ_P) が取りうる範囲を分析してきた．ここからは更に一歩踏み込んで，「どのようなポートフォリオが投資家にとって望ましいか」という最適ポートフォリオ問題を議論する．一般に，投資家はリスクが小さい一方でリターンが大きいポートフォリオを好む．リスクとリターンをどのような尺度で評価するかという点で議論は残るが，ここではそれらを標準偏差，及び期待リターンと読み替えて，(μ_P, σ_P) 平面上で最適ポートフォリオ問題を分析してみよう．

2.3.1　効率的フロンティア

　銘柄 A と B のみが投資可能な場合，異なる保有比率に対して，(μ_P, σ_P) は曲線を描いたことを思い出そう．以下の**図 2.10** におけるポートフォリオ D と E を比べてみると，両者の標準偏差は共に 0.25 で同じであるが，D の方が E よりも期待リターンが大きいことが分かる．したがって，リスク・リターンのトレードオフの意味で D の方が E より望ましいと言える．

　このように，(μ_P, σ_P) 曲線の下半分はリスク・リターンの意味で非効率的なポートフォリオの集合である．逆に，上半分はその期待リターンを実現するのであれば，最低限受け入れる必要のあるリスクの水準を表しており，**効率的フロンティア**（有効フロンティア）と呼ばれる（**図 2.10** の実線部）．

　銘柄 A と B に加えて安全資産にも投資可能な場合，**図 2.11** のとおり，効率的フロンティアは直線となる．この場合，効率的フロンティアは**資本市場線** (Capital Market Line; CML) とも呼ばれ，その傾きはこの金融市場におけるリスク

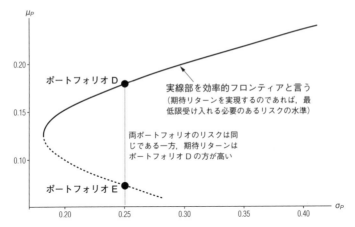

図 2.10 危険資産(銘柄 A と銘柄 B)のみ投資可能な場合の効率的フロンティア

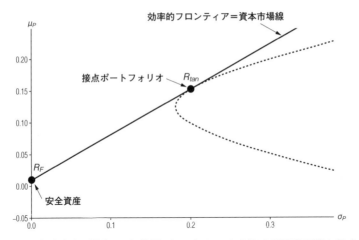

**図 2.11 危険資産(銘柄 A と銘柄 B)に加えて安全資産が投資可能な場合の
効率的フロンティア(資本市場線)**

とリターンのトレードオフを表している.資本市場線の傾きが緩やかであるほど,
期待リターンを積み増すにはより多くのリスクを取らなければならない.

2.3.2　投資家のリスク回避度と最適ポートフォリオ

　それでは，効率的フロンティアのうち，どの点が投資家の最適ポートフォリオになるのだろうか．この問いに答えるには，投資家のリスク・リターンのトレードオフに関する選好（リスク回避度）の情報が必要となる．(μ_P, σ_P) 平面上でそれを描く方法の一つが**無差別曲線**である．無差別曲線とは，その名のとおり投資家の効用が一定となるリスクとリターンの組合せを描いた曲線である[6]．複数の無差別曲線を比べるとき，左上のものほど高リターン低リスクに対応するので，より高い効用水準が実現する．ここで，ある一人の投資家を想定しよう．その投資家の無差別曲線は，**図 2.12** の太線のとおりである．左上ほど高リターン低リスクであるため，U_3 よりも U_2 の方が，U_2 よりも U_1 の方が効用水準は高いというわけである．無差別曲線の局所的な傾きは，その投資家が追加的なリスクを引き受ける上で要求するリスクプレミアムを表す．リスク回避的な投資家ほど，より大きなリスクプレミアムを要求するので，無差別曲線の傾きは大きくなる．

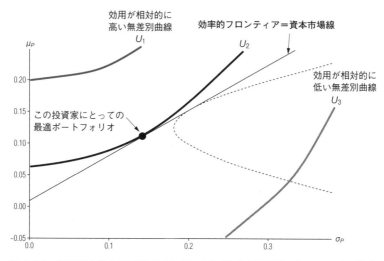

図 2.12　無差別曲線と効率的フロンティアに基づく最適ポートフォリオの決定

---

[6]　ミクロ経済学を学んだことがある読者は無差別曲線という用語に馴染みがあるだろう．リターンを正の効用，リスクを負の効用をもたらす一種の財とみなせば，ここでの無差別曲線はミクロ経済学で学んだ概念の一種と考えられる．

　無差別曲線と効率的フロンティアが接する点が，この投資家にとっての最適ポートフォリオとなる．投資可能なポートフォリオの範囲で，最も左上の無差別曲線を実現するのがこの点である．逆に言うと，効率的フロンティア上にある他の点は，それより右下の無差別曲線を通るため，最適ポートフォリオとならない．効率的フロンティア上のどの点が最適ポートフォリオとして選ばれるかは個々の投資家の無差別曲線の形状（リスク回避度）に依存している．最適ポートフォリオにおいては，無差別曲線と効率的フロンティアの局所的な傾きが一致しているため，その投資家が要求するリスクプレミアムがちょうど実現されている．

　この投資家の最適ポートフォリオは，以下の比率で構成される．

$$(w_F, w_{tan}) \approx (0.29, 0.71)$$

ここで，接点ポートフォリオは概ね銘柄 A に 47％，銘柄 B に 53％投資するポートフォリオだったので，この投資家にとっての最適保有比率は以下のように書き換えられる．

$$(w_F, w_A, w_B) \approx (0.29, 0.33, 0.38)$$

─── **数値例で考えてみよう** ───

　図 2.13 は三人の投資家の最適ポートフォリオを比較している．真ん中の投資家 1 は既に先ほど分析した投資家で，$(w_F, w_{tan}) \approx (0.29, 0.71)$ が最適ポートフォリオである．

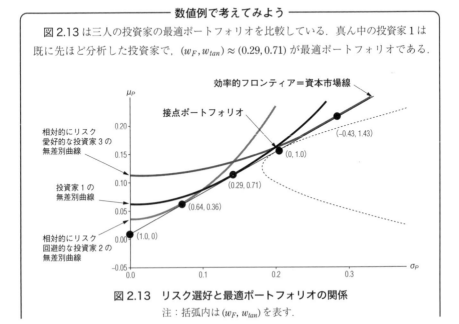

図 2.13　リスク選好と最適ポートフォリオの関係
注：括弧内は (w_F, w_{tan}) を表す．

一方, 左の投資家2は無差別曲線の傾きが大きく, よりリスク回避的な選好を持っている. その結果, 最適ポートフォリオは $(w_F, w_{tan}) \approx (0.64, 0.36)$ と安全資産が多めになっている. 最後に右の投資家3は三人の中で最もリスク愛好的で, $(w_F, w_{tan}) \approx (-0.43, 1.43)$ とレバレッジを掛けて最適ポートフォリオを買い増している.

2.3.3 トービンの分離定理

前小節では, 安全資産が投資可能な場合, 個々の投資家のリスク回避度に応じて効率的フロンティア上の1点が最適ポートフォリオとして選ばれることを確認した. ここで, 効率的フロンティアは安全資産と接点ポートフォリオを任意の保有比率で組み合わせることで実現できるポートフォリオの集合であった. したがって, 個々の投資家の最適ポートフォリオを見てみると, 保有比率こそ異なるものの, 安全資産と接点ポートフォリオの組合せで構成されている点は共通している. つまり, 異なるリスク回避度を持つ投資家であっても, 危険資産だけを取り出して見てみると, その構成銘柄の相対的な保有比率は一致している.

言い換えると, 安全資産が投資可能な場合, 最適ポートフォリオ問題は二段階に分けて解くことができる. まず第一段階で接点ポートフォリオを求め, 危険資産同士の相対的な保有比率を求める. そして, 二段階目で各投資家のリスク回避度に応じて安全資産と接点ポートフォリオの最適保有比率を決定する. ここで重要なのは第一段階は各投資家で共通だという点である. つまり, 一旦誰かが接点ポートフォリオを求めてしまえば, 他の投資家はその情報を用いて二段階目のみを考えれば良いことになる. このように, 最適ポートフォリオ問題を二段階に分離できるという命題は, 発見者のジェームズ・トービン (James Tobin) にちなんで, トービンの分離定理 (あるいは二基金分離定理) と呼ばれている.

2.4 CAPM (Capital Asset Pricing Model)

前節では実現可能な (μ_P, σ_P) の領域を踏まえ, 個々の投資家の最適ポートフォリオ問題を分析してきた. これは経済学で言う部分均衡問題であり, 個々の

経済主体の合理的な意思決定の分析であった．この節では更に一歩踏み込んで，各投資家の最適ポートフォリオ問題を所与として，金融市場全体の均衡に関して議論してみよう．

2.4.1 仮定の確認

均衡に関する議論を本格的に開始する前に，今まで暗黙に仮定していたものも含め，ここでの仮定を列挙してみよう．

(**選好**) 全ての投資家はポートフォリオを期待値と標準偏差の基準で評価する．

(**取引コスト**) 取引に際して手数料や税金が存在せず，空売りが自由に可能である．

(**流動性**) どれだけ売買しても証券の価格は変化しない．

(**情報集合**) 全ての投資家は同じ情報を共有している．

以上の仮定を満たす金融市場のことを，一般に**完全資本市場**（完全市場）と呼ぶ．「取引を行う上で完全に摩擦のない市場」といったイメージである．

厳密に言うと，上記の仮定のうちいずれも現実には成立しない．例えば実際には取引コストは存在し，大量の売買は証券価格を自身に不利な方向へ変化させてしまう．しかし，（非現実的なほどに）単純で分析が容易なモデルから出発し，その含意が仮定にどう依存するか議論を深めていくというのが経済理論の標準的なアプローチである．実際，以降で導出するCAPMに関して，これらの仮定を緩めた理論が数多く提唱されている．CAPMを含め，アセット・プライシング・モデルを実証的に検証する意義は**第6章**で議論する．

2.4.2 CAPMの第一命題

さて，以上の仮定を受け入れると，安全資産が投資可能なとき，全ての投資家の最適ポートフォリオ問題に対してトービンの分離定理を応用することができる．すなわち，全ての投資家は安全資産と接点ポートフォリオに投資し，危険資産に限定すれば同質的なポートフォリオを保有することになる．金融市場全体の均衡を議論する上でポイントとなるのは，市場にその資産が供給されている以上，誰かがそれを最適ポートフォリオの一部として保有しているという，需要と供給の

一致である．例えば，市場に参加している投資家が三名で，市場に供給されている危険資産が銘柄 X と Y だけの状況を想定しよう．両者の時価総額はそれぞれ 800 億円と 200 億円である．したがって，この市場には合計 1,000 億円の危険資産が存在しており，全ての投資家が保有する危険資産の合計額も 1,000 億円に一致するはずである．そして，危険資産に限定すれば全ての投資家が接点ポートフォリオと同じ比率で危険資産を保有しているので，銘柄 X と Y の保有比率は時価総額と同じ比率の 8：2 になっていなければならない．

	銘柄 X	銘柄 Y	合計
	($w_X = 0.8$)	($w_Y = 0.2$)	($w_X + w_Y = 1$)
投資家 A	480	120	600
投資家 B	240	60	300
投資家 C	80	20	100
合計	800	200	1,000

投資家 A の銘柄 X と銘柄 Y に対するそれぞれの投資額

銘柄 X への総投資額＝銘柄 X の時価総額

全資産への総投資額＝市場全体の時価総額

　以上の議論をよりフォーマルに述べるために，市場ポートフォリオという概念を導入しよう．**市場ポートフォリオ** (market portfolio) とは，市場に存在する全ての危険資産を時価総額比率で保有したポートフォリオのことである．厳密に言うと，この危険資産には株式や債券に代表される金融資産の他，不動産や貴金属などの実物資産も含まれるが，実用上は TOPIX や S&P500 といった株価指数と同一視されることが多い．トービンの分離定理によれば，全ての投資家は危険資産としてこの市場ポートフォリオを保有し，更にそれが接点ポートフォリオとなる．これを **CAPM の第一命題** と呼ぶ．

―――――― **CAPM の第一命題** ――――――
　市場ポートフォリオは接点ポートフォリオと一致し，効率的フロンティア（資本市場線）上に位置する．

　投資家は市場ポートフォリオに投資するとき，σ_M のリスクを背負う見返りとして，R_F に加えて，$\mu_M - R_F$ だけ追加的な報酬を期待する．この追加的な報酬のことを**市場リスクプレミアム** (market risk premium) と言う．したがって，この命題の下では，資本市場線を市場リスクプレミアム $\mu_M - R_F$ を利用して，以下

のように表すことができる.

$$\mu_P = R_F + \frac{\mu_M - R_F}{\sigma_M}\sigma_P$$

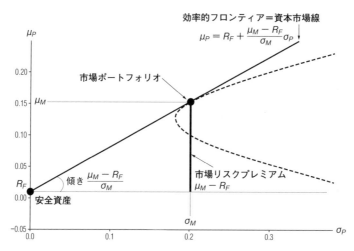

今までのパラメータをそのまま用いると,接点ポートフォリオの保有比率は概ね47%を銘柄Aに,53%を銘柄Bに投資するポートフォリオとなった.CAPMの第一命題によると,市場ポートフォリオと接点ポートフォリオは一致したので,この市場における銘柄AとBの時価総額比率は,約0.47対0.53になっていなければならない.

この命題によると,各銘柄の期待リターンや分散から接点ポートフォリオを計算する必要はなく,単に時価総額加重で市場ポートフォリオを保有すれば良いとの結論に至る.幅広い銘柄に分散投資し,市場平均と同じようなパフォーマンスを目指す運用手法を一般に**パッシブ運用**と呼ぶが,この命題はその理論的根拠となってきた歴史的経緯がある.反対に,市場平均を上回るパフォーマンスを目指し,投資銘柄を絞ったり,投資比率を工夫したりする運用手法を**アクティブ運用**と呼ぶ.両者は同じ投資実務でありながら,対照的な哲学の下で運用されている.

CAPMを提唱したウィリアム・シャープ (William F. Sharpe)は,任意のポートフォリオの収益性を測る指標として,**シャープ・レシオ**

$$\frac{\mu_P - R_F}{\sigma_P}$$

を提唱している．シャープ・レシオとは，追加的なリスク・テイクによって，どれだけリスクプレミアムを改善できるかを表す指標である．CAPM の第一命題によると，市場ポートフォリオはシャープ・レシオを最大化するという意味で最も効率的なポートフォリオであり，資本市場線の傾き $\frac{\mu_M - R_F}{\sigma_M}$ は市場ポートフォリオのシャープ・レシオと一致する．

2.4.3 CAPM の第二命題

　CAPM の第二命題は，個々の資産のリスクとリターンのトレードオフを数式で表現したものである．この第二命題により，我々はある証券に投資するときのリスクと，その証券に投資するときの期待リターンとの関係を知ることができるようになるのである．CAPM の世界では全ての投資家が危険資産として市場ポートフォリオを保有していることを思い出そう．したがって，各投資家が証券 i を追加的に保有する際，重要となるのは市場ポートフォリオとの相関である．例えば，分散が大きい資産であっても，市場ポートフォリオと負に相関していれば，その資産を追加的に保有することでポートフォリオ全体のリスクは低減される．CAPM の第二命題は，この相関を以下の**マーケット・ベータ**として定量化する．ここで，R_i は証券 i のリターン，R_M は市場ポートフォリオのリターンである．

$$\beta_i = \frac{\text{Cov}[R_i, R_M]}{\text{Var}[R_M]}$$

この β_i は市場ポートフォリオのリスクを 1 としてベンチマーク化し，その証券のリスクがベンチマークの 1 を上回るか下回るかを測るものである．β_i の値が大きければ大きいほど，証券 i は投資家にとってリスクが大きいことを意味する．証券 i のリスクは，その証券のリターンの標準偏差ではなく，この β_i によって測られるのである．

　金融市場全体が均衡しているには，リスクの高い証券はその分だけ期待リターンも高くなければならない．例えば，先ほどの β_i が低いにもかかわらず期待リターンが高い証券があるなら，投資家は市場ポートフォリオから離れてその証券を更に買い増しするインセンティブを持つ．その結果として，市場価格が上がり，期待リターンが下がるため，β_i に応じた期待リターンが均衡で実現される．CAPM の第二命題はこの均衡におけるリスクとリターンのトレードオフの関係を

記述した式である（厳密な導出は**サポートサイトのS4.4節を参照**）．これまでは，市場リスクプレミアムを $\mu_M - R_F$ と表記していたが，以後では，より一般的な表記にならって $\mathbb{E}[R_M] - R_F$ と表記しよう．

── CAPM の第二命題 ──

　各証券のリスクプレミアムは，その証券のマーケット・ベータに比例する．

$$\mathbb{E}[R_i] - R_F = \beta_i(\mathbb{E}[R_M] - R_F)$$

$$\text{ただし，}\quad \beta_i = \frac{\mathrm{Cov}[R_i, R_M]}{\mathrm{Var}[R_M]}$$

この式は，証券 i のリスクプレミアム $\mathbb{E}[R_i] - R_F$ を，β_i と市場リスクプレミアム $\mathbb{E}[R_M] - R_F$ に分解している．第二項の $\mathbb{E}[R_M] - R_F$ は個々の証券には依存しない定数である．

　通常，市場リスクプレミアムは正の値を取るので，CAPM の第二命題によると，個々の証券のリスクプレミアムは β_i に関して線形に増加していく．ここでのポイントは β_i はあくまで市場ポートフォリオとの相関でリスクを定量化している点である．すなわち，いくら個々の証券のリスクが大きくても，それが市場ポートフォリオと相関しない固有リスクであれば，リスクプレミアムには反映されない．このことを確認するため，期待値を取る前の R_i を次のように分解してみよう．

$$R_i = R_F + \beta_i(R_M - R_F) + \varepsilon_i$$

ここで ε_i は期待値ゼロで，R_M と相関しない誤差項である．

$$\mathbb{E}[\varepsilon_i] = 0; \qquad \mathrm{Cov}[\varepsilon_i, R_M] = 0$$

このように表現した上で，R_i の分散を計算してみると，以下のように市場ポートフォリオとの相関による寄与分と，誤差項による寄与分に分解することができる．したがって，誤差項 ε_i の分散が大きければ，その分だけ R_i の分散も大きくなるが，証券 i のリスクプレミアムは $\beta_i(\mathbb{E}[R_M] - R_F)$ のままで変化はない．

$$\begin{aligned}
\mathrm{Var}[R_i] &= \mathrm{Var}[\beta_i R_M + \varepsilon_i] \\
&= \beta_i^2 \mathrm{Var}[R_M] + \mathrm{Var}[\varepsilon_i] + \underbrace{2\mathrm{Cov}[\beta_i R_M, \varepsilon_i]}_{=0}
\end{aligned}$$

$$= \underbrace{\beta_i^2 \mathrm{Var}[R_M]}_{\text{市場ポートフォリオとの相関による寄与分}} + \underbrace{\mathrm{Var}[\varepsilon_i]}_{\text{誤差項による寄与分}}$$

2.4.4 証券市場線

安全資産と複数の危険資産が投資可能な場合，2.3 節で考察したように，投資家の最適ポートフォリオは，各人のリスク回避度に応じて図 2.14 の左図にある資本市場線上の 1 点となる．それを踏まえた上で，本節の最初に示した諸仮定を前提にして更に考察を深めていくと，CAPM の第二命題が示唆するとおり，各証券のリスクとリターンとの関係は，図 2.14 の右図のように描画できる．すなわち，縦軸に各証券の期待リターン，横軸に各証券のリスクを表すマーケット・ベータを取ると，CAPM が完全に成立する世界では，全ての資産が一直線上に並ぶのである．この直線のことを**証券市場線** (Securities Market Line; SML) と呼ぶ．詳しくは**第 6 章**で学ぶが，現実には必ずしも CAPM の第二命題は成立しておらず，CAPM が予測するリターン（証券市場線）からの縦方向からの乖離（これを**アルファと呼ぶ**）が見られる．

定義通り β を計算すると，銘柄 A は約 0.63，銘柄 B は約 1.33 となる．両者の期待リターン，及び β を図示するとちょうど証券市場線に乗っており，この仮想的な市場では CAPM が成立していることが分かる．

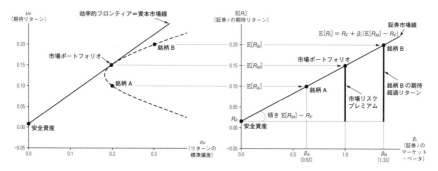

図 2.14 CAPM が成立している世界におけるリスクとリターンの関係

注：銘柄 A の期待リターン μ_A はこの図では $\mathbb{E}[R_A]$ と表記.

　CAPM はシャープによって 1960 年代に発表された．当時は個別企業のファンダメンタルズ分析やテクニカル分析[7] に基づく投資が主流であったので，均衡理論に基づくリスクプレミアムという考え方は革新的であった．この貢献により，シャープはマーコウィッツと共に 1990 年にノーベル経済学賞を受賞している．CAPM はアクティブ運用の賛同者から激しい批判を浴びてきたが，歴史的に見るとパッシブ運用を採用する機関投資家は増え続けており，ファイナンス理論，及び投資実務の双方に多大な影響を与えてきたと言って過言ではない．

2.5　*N*資産が投資可能な場合への拡張

　今までの議論では，危険資産が銘柄 A と B の二つしかない場合を分析してきた．現実には日本の上場株式だけでも約 4,000 銘柄の危険資産が存在し，海外株式や債券，REIT（不動産投資信託）といった，その他の投資可能な金融資産を含めれば，その数は飛躍的に増加する[8]．本章で紹介した平均分散アプローチや CAPM は危険資産の数が任意の *N* 個であっても成立する．ただし，その場合は行列での表記が必須となるため，本章ではシンプルさを重視して危険資産が二つしかない場合に限定して解説を行った．**第 7 章**では，任意の *N* 資産が投資可能な場合の最適ポートフォリオ問題を行列で表記しているので，興味がある読者は**サポートサイトの S4.5 節**も含めて参照してほしい．

　詳しくは**第 7 章**で学ぶが，一般に平均分散の意味で効率的なポートフォリオ（**平均分散ポートフォリオ**と呼ぶ）を計算するには，目標期待リターンを所与として，それを実現するポートフォリオの中でリスクを最小化するものを求める．また，このようにして得られた期待リターンとリスクのペアを一点として，目標期待リターンを動かすとリスク・リターン平面上に双曲線が描ける．この双曲線のことを**平均分散フロンティア**と呼び，効率的フロンティアはその上半分の領域に該当する．

　一般に投資可能な資産の数が増えると，平均分散フロンティアは左上に移動し，投資家はより望ましいポートフォリオが実現できるようになる．これを理解する

7　これらの分析の違いについては，**第 8 章**を参照してほしい．

8　一般に，投資対象となる資産のことを投資ユニバースと呼ぶ．

ために，危険資産 A と B に加えて，C が投資可能な状況を考えてみよう．投資可能な資産が増えたからといって，必ずしもその資産に投資する必要はない．したがって，$w_C = 0$ とおけば，投資家は危険資産 A と B のみに投資可能だった場合と全く同様の投資機会集合を実現できる．また，新しい危険資産が既存資産の組合せによって完全に再現できるような極端な場合を除けば，分散投資のメリットが生じるため（**2.2.2 節**を参照），投資家はより望ましいリスク・リターンのトレードオフを実現できる．

近年，年金基金に代表される伝統的な機関投資家は，プライベート・エクイティと呼ばれる非上場株への投資を増加させている．プライベート・エクイティ投資の代表例としては，スタートアップ企業への投資を行うベンチャー・キャピタルや，上場企業を非上場化した上で事業再生を行うバイアウト・ファンドなどが挙げられる．世界的に金利が低下傾向にあり，上場株のバリュエーションが高まっている昨今，上場株への投資のみで機関投資家が目標とする絶対リターンを確保するのは難しい．したがって，流動性を多少犠牲にしてでも分散投資の一貫としてプライベート・エクイティに投資し，実現可能な平均分散フロンティアを改善する努力が行われている．

演習問題

演習 1 以下の各文章が正しいか，理由と共に答えよ．

(1) 証券のリスクを標準偏差で評価すると，リターンの上振れリスクと下振れリスクを区別できない．

(2) 分散投資によってポートフォリオのリスクが減少するのは，各証券のリターンが負に相関している場合に限る．

(3) 安全資産の空売りは無リスク金利での借り入れと同じ効果を持つ．

(4) 危険資産と安全資産が取引可能の場合，効率的フロンティアは双曲線となる．

(5) トービンの分離定理は安全資産が存在しない場合にも成立する．

(6) 一部の投資家がインサイダー情報を持っているような世界では，CAPM は成立しない．

(7) CAPM によれば，期待リターンが無リスク金利を下回る危険資産は存在しない．

演習 2 現在価値の計算において割引率が担う二つの役割とは何か，**2.1 節**を参考に簡単に説明せよ．

演習 3*　証券 A，B，C の期待リターンがそれぞれ 5%，8%，10% であり，標準偏差は 10%，15%，20% とする．また，証券 A と B の相関が 0.3，B と C の相関が 0.5，C と A の相関が 0.1 であるとする．このとき，証券 A，B，C の保有比率を −10%，40%，70% とするポートフォリオの期待リターン，及び標準偏差を計算せよ．

演習 4　TOPIX と日経平均株価の主要な違いを説明せよ．また，(a) TOPIX では構成比率が大きいが日経平均株価では小さい，(b) TOPIX では構成比率が小さいが日経平均株価では大きい銘柄をそれぞれ一つずつ答えよ．ただし，具体的な構成比率の数値も含めること．

演習 5*　マーケット・ベータがマイナスの値を取るようなビジネスの例を考え，そう考える理由を説明せよ．ただし，現実の上場企業を想定する必要はなく，どんなビジネスを候補にしても良い．

　　ヒント：不景気に儲かるようなビジネスを考えれば良い．

演習 6*　証券 A と B の期待リターンがそれぞれ $(\mu_A, \mu_B) = (0.05, 0.1)$，標準偏差が $(\sigma_A, \sigma_B) = (0.1, 0.2)$ とする．また，相関係数が $\rho = 0.2$ であるとき，証券 A と B から構成されるポートフォリオのうち，リスクが最も小さくなるポートフォリオを求め，その保有比率，期待リターン，標準偏差を答えよ．なお，実現可能なポートフォリオのうち，リスクが最も小さくなるポートフォリオのことを一般的に**大域的最小分散ポートフォリオ** (global minimum variance portfolio) と呼び，効率的フロンティアの左端の点と言い換えられる．

演習 7**　現実の投資家はレバレッジ制約に直面しており，無制限に資金を借りて危険資産を買い増すことはできない．仮に資金の借り入れが一切できず，投資元本以上の危険資産が購入できない場合，効率的フロンティアはどのような形となるか．74 頁の**図 2.14** の左図を例に説明せよ．また，その結果としてトービンの分離定理が成立しなくなる理由を説明せよ．

　　ヒント：接点ポートフォリオよりも高い期待リターンを実現する方法を考えれば良い．

第3章 R言語入門

本章では，先の二つの章で学んだ会計，及びファイナンスの基礎概念を現実に応用するためのツールとして，R言語の初歩を説明する．RはCやPythonといった汎用プログラミング言語と異なり，データ分析に特化した言語であり，優れた統計分析やデータ可視化機能を兼ね備えている．また，MatlabやStataと異なり，フリーでオープンソースの言語であるため，データ分析で最も用いられる言語の一つである．

Rの利用にはインストールが必要となるが，**サポートサイトのS4.6節**でその方法を解説しているので必要に応じて参照してほしい．また，インターネットで「Rインストール Windows」などと検索すれば，初学者向けにインストール方法を詳しく説明したウェブサイトが数多く見つかるので，そちらを参照しても良いだろう．Rは単体でも使用することができるが，**RStudio**というIDEを用いることでより便利なプログラミング環境を整えることができる．IDEとはIntegrated Development Environment（日本語では**統合開発環境**）の略で，RStudioを用いると，変数の中身の確認やコーディングの入力補助を利用することができる．RStudioは，公式サイトから無料でダウンロードできるため，そちらもインストールしておくと良いだろう．最後に，何らかの理由でR，及びRStudioのインストールが上手くいかない場合，クラウド上でRを実行することもできる．そのような例として，**サポートサイトのS4.7節**ではPosit Cloud（旧RStudio Cloud）やGoogle Colaboratoryを用いる例も紹介している．

　無事にインストールできていれば，上のような RStudio の画面が開けるはずである．三枚のパネルのうち，左側を [Console]（コンソール）と呼び，1 行ごとにコードを入力して実行するために用いる．「>」の先に文字列が入力できるようになっているので，試しに 100 / (1 + 0.1) と入力して Enter キーを押してみよう．

```
> 100 / (1 + 0.1)
[1] 90.90909
```

これは，割引率を 0.1 として 1 年後に受け取る 100 万円の現在価値を計算した値で，"/"（スラッシュ）は割り算を表す．また，冒頭に付いている [1] は，最初の表示結果であることを意味する．もし同じコードから複数の結果が続けて表示される場合，[2]，[3] とこの番号が増えていく．

　複数行の処理をまとめて実行したい場合，コンソールで 1 行ずつ入力していくのは不便である．そういった場合は，スクリプト・ファイルを作成し，そこにまとめてコードを書き込み，R にそれを実行させる．次節以降では，スクリプト・ファイルを本格的に用いていく．

3.1 Rの基本的な機能

3.1.1 スカラー変数の定義

　ここではプログラミング未経験者を前提に，Rの基本的な機能を概観する．ま
ず，最も重要な概念が変数である．変数とは，数値や文字といった実際のデータ
を格納するための箱であり，スカラーやベクトル，行列など様々な型が存在する．

　まずは準備として，新しいスクリプト・ファイルを作成する．スクリプト・
ファイルの中身は単なるテキストであるが，拡張子に.Rを付けて，Rのスクリプ
ト・ファイルであることを明示する．RStudioを使っている場合，上部のタブか
ら [File]→[New File]→[R Script] を選択すれば，新しいスクリプト・ファイルを
作成できる．新しく作成されたスクリプト・ファイルは，Untitled1.Rという名
前が仮に付けられている．上部のタブから [File]→[Save] を選択すると，デスク
トップなどの好きな場所に保存できるので，その際に適当な名前を付けておこ
う[1]．なお，これ以降で登場する全てのコードは，**サポートサイトのS3節**から入
手可能であり，適宜実行しながら読み進めてほしい．

```
# ch03_01: 無リスク金利の値を格納する変数 R を作成

❶  R <- 0.1
❷  print(R)

## [1] 0.1
```

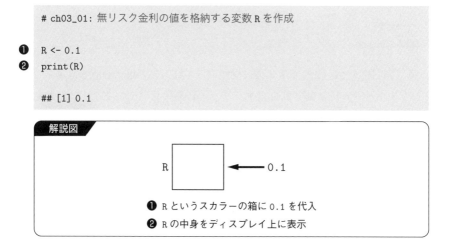

解説図

❶ R というスカラーの箱に 0.1 を代入
❷ R の中身をディスプレイ上に表示

---

[1] 以下では，ch03_01.R という名前でデスクトップに保存したことを想定して話を進めている．

このように作成したスクリプト・ファイルを用いて，無リスク金利をRという変数で表し，その値として0.1を代入したのが上のコードである．このRは変数名であり，言語としてのRとは異なる点に注意してほしい（本書では，コードやそこに登場する変数名を異なるフォントで表す）．R言語では，事前に変数を宣言しておく必要はなく，数値を代入することで，自動的にRという変数が作成される．2行目はRという変数をディスプレイ上に表示させる指示を出している．ここで，print()関数は変数の中身をディスプレイ上に表示させる関数であり，このコードが正しく実行されれば，0.1という値がディスプレイに表示されるはずである[2]．

なお，ここでは，シンプルさを優先して無リスク金利R_FをRと表すが，本文の表記との対応関係を優先してR_Fと定義することもできる．変数名を定義する際は，大文字と小文字を使い分けられる他（すなわち，変数Aと変数aは別の変数として扱われる），数字やピリオド(.)，アンダースコア(_)などの記号も利用可能である[3]．

┌─ **コラム 3.1　コード内でのコメントと命令文** ─────

コード ch03_01 を見てほしい．最初の行は # から始まり，コードの説明が記載されている．# 以降はコードとして認識せず，読み飛ばして次の行へと進み，# が行頭に付されていない行のみ命令文として認識し，指定されたコードが実行される．したがって，# を付すことによって，それ以降は人間だけが読めるメモ書きとして利用することができる．

```
この行は認識せず  # ch03_01: 無リスク金利の値を格納する変数 R を作成

命令文として実行  R <- 0.1  この行の # 以降は認識せず  # R に 0.1 を代入
命令文として実行  print(R)  この行の # 以降は認識せず  # print() 関数を挿入
し，R をディスプレイ上で表示

この行は認識せず  ## [1] 0.1
```

---

[2]　ここでは，初学者向けに分かりやすさを重視し「変数を箱として捉え，その中に値を代入する」という説明を採用した．しかし厳密に言うと，コンピュータ内部では(1)まず値オブジェクトを作成し，(2)そのオブジェクトに名前を結び付けるという二段階のプロセスが生じている．Rのメモリ管理に興味がある読者は Wickham (2019)[29] を参照してほしい．

[3]　第5章以降では，Rという変数名（列名）を実現リターンの意味でも使うので，混同しないように注意してほしい．

最終行に登場する `## [1] 0.1` も，`#` から始まるコメント行と認識するが，本書では `##` をディスプレイ上での表示結果を表すのに用いる．すなわち，`## [1] 0.1` は，ディスプレイ上で

```
[1] 0.1
```

と表示されることを意味する．

スクリプト・ファイル全体を実行するには，スクリプト・パネル右上の Source ボタンを押すか，上部のタブから [Code]→[Source] を選択する．うまく実行できれば，以下のように出力される[4]．

```
> source('~/Desktop/ch03_01.R')
[1] 0.1
```

もしコード全体でなく一部分のみを実行したい場合，その部分をドラッグで範囲選択し，Source ボタンの左にある Run ボタンを押せば良い．

3.1.2　ベクトル変数の定義

スカラーに続いて，今度はベクトルを作成してみよう．R言語では変数のデータ型は臨機応変に変更可能なので，以前と同じRという変数に，0.1と0.2を代入して上書きしてみる．

```
# ch03_02: 2次元の無リスク金利ベクトルを作成

R <- c(0.1, 0.2)
       要素1  要素2

## [1] 0.1 0.2
```

---

[4] これ以降では，コードの登場順 (ch03_01, ch03_02, ch03_03, ...) に順次実行されることを前提として解説していく．もし，コードを実行しても本書の記述通りに動作しない場合は，以前に作成されているはずの変数が作成されていない可能性がありうるので，コードが順番通りに実行されているかを改めて各自で確認してほしい．

解説図

Rという2次元のベクトルの箱に0.1と0.2を代入

コラム 3.2　print()関数と Environment ペイン

コード ch03_02 以降では，冗長さを避けてコードの可読性を高めるため，print()関数をわざと省略している．ディスプレイ上での表示結果を丁寧に確認したい読者は，次の例のように，適宜 print() 関数をコードに挿入してほしい．

```
# ch03_02: 2次元の無リスク金利ベクトルを作成

R <- c(0.1, 0.2)
print(R) # ここに print() 関数を挿入

## [1] 0.1 0.2
```

print() 関数が省略されている場合，本書では ## 以降に，その直前に登場する変数に対して print() 関数を適用した出力結果を記載している．例えば，コード ch03_02 であれば，print(R)，コード ch03_05 であれば，print(PV) と言った具合である．なお，RStudio を使用している場合，print() 関数をわざわざ挿入せずとも，RStudio の右上のパネル，Environment 上でも，各変数に何が格納されているかを確認することができる．例えば，コード ch03_02 を実行した後であれば，R に 0.1 と 0.2 の二つの要素が格納されている様子が見てとれる（num [1:2] は R が 2 次元の数値型 (numeric) のベクトルであることを意味する）．

コード ch03_02 を実行すると，[1] 0.1 0.2 が表示されるはずである．ここで，1 行目の c() 関数はベクトルを作成する関数であり，c は concatenate（連結する）の略である．

さて，0.1 から 0.01 刻みで，(0.1,0.11,...,0.2) という 11 次元のベクトル

を作成するにはどうすれば良いだろうか．既に学んだ c() 関数を用いることもできるが，全ての数字を手打ちするのは面倒である．R言語ではこのような等差数列を作るために，seq() 関数が用意されている．

```
# ch03_03: 11次元の無リスク金利ベクトルを作成

R <- seq(0.1, 0.2, 0.01)
     初項  最終項 公差
## [1] 0.10 0.11 0.12 0.13 0.14 0.15 0.16 0.17 0.18 0.19 0.20

R <- seq(from = 0.1, to = 0.2, length = 11)
          初項        最終項      項数
## [1] 0.10 0.11 0.12 0.13 0.14 0.15 0.16 0.17 0.18 0.19 0.20
```

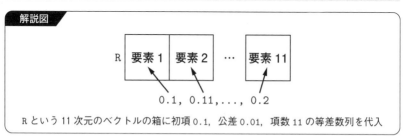

解説図

R という 11 次元のベクトルの箱に初項 0.1，公差 0.01，項数 11 の等差数列を代入

seq() 関数の第一引数と第二引数は，作成したい等差数列の始点と終点を指す[5]．また，第三引数は等差数列の差分を指定している．実を言うと，これは seq(from = 0.1, to = 0.2, by = 0.01) の省略形である．R言語の関数には位置指定という概念があり，例えば seq() 関数の場合，引数名が省略されていると，最初の三つの引数はそれぞれ等差数列の始点，終点，差分と解釈される．引数名での指定は位置指定よりも優先されるので，例えば，seq(to = 0.2, by = 0.01, from = 0.1) でも同じ結果が出力される．

　最後に，ベクトルの中から一部の要素を抽出する方法を見ていこう．例えば R[2] とすれば，2番目の要素が参照できる．要素の指定は変数を用いて行うこともでき，i <- 2 と定義しておけば，R[i] は2番目の要素を表す．また，ベクトルの中から連続する一部分を取り出すためにはコロンを使う．例えば，2番目から5番目の要素のみを取り出す場合，R[2:5] と入力すれば良い．一般にコロン

---

[5] 引数とは関数に受け渡す値を指し，例えば三つの引数を取る関数 example_function(A, B, C) に関して，A を第一引数，B を第二引数，C を第三引数と呼ぶ．関数ごとに引数の数や指定の仕方は異なる．関数の覚え方については**コラム 3.3**（86頁）を参照してほしい．

(:)は等差が1の等差数列を作成するために用いられ，2:5はc(2, 3, 4, 5)という4次元ベクトルを作成する．もし2番目から最後までの要素を取り出したければ，R[2:length(R)]と入力する．length()関数は，ベクトルの次元を返すので，ここではlength(R)は11となる．R[2:length(R)]は，全体から1番目の要素を除いたベクトルであるため，R[-1]としても同じである．他にも，ベクトルの要素ごとに条件判定を行い，条件を満たすものだけ抽出するといった方法あるので，追って具体例の中で勉強していこう．

```
# ch03_04: ベクトルの要素へのアクセス
```

❶
```
# 第2要素へのアクセス
R[2]
i <- 2
R[i]
## [1] 0.11
```

❷
```
# 第2-第5要素へのアクセス
R[2:5]
## [1] 0.11 0.12 0.13 0.14
```

❸
```
# 第2-第11要素へのアクセス
R[2:length(R)] # length(R)はRの次元11を返す
R[-1]
## [1] 0.11 0.12 0.13 0.14 0.15 0.16 0.17 0.18 0.19 0.20
```

解説図

11次元のベクトルRの

		1	2	3	4	5	6	7	8	9	10	11
❶ 第2要素へのアクセス	R	0.1	0.11	0.12	0.13	0.14	0.15	0.16	0.17	0.18	0.19	0.2
❷ 第2-第5要素へのアクセス	R	0.1	0.11	0.12	0.13	0.14	0.15	0.16	0.17	0.18	0.19	0.2
❸ 第2-第11要素へのアクセス	R	0.1	0.11	0.12	0.13	0.14	0.15	0.16	0.17	0.18	0.19	0.2

length(R)

コラム 3.3　関数の覚え方

今までの説明で既に print()，c()，seq() という三つの関数が登場した．R には一体いくつの関数があるのか，またそれらは全て暗記する必要があるかという疑問を持った読者もいるはずなので，その疑問に関して答えておこう．

まず，前者の質問だが，R には無限の関数が存在しうる．なぜかと言うと，**3.7 節**や**第4章**以降で学ぶとおり，実際に R を用いてデータ分析を行う際は，外部パッケージといって他のユーザーが独自に作成した関数群を利用することが多いからである．これらの外部パッケージは自由に作成することができ，日に日にその数は増加しているため，新しい関数はその度に増えていっている．R に付随して自動的にインストールされる関数群を基本パッケージと呼び，print()，c()，seq() はこの中に含まれている．基本パッケージは比較的重要度が高い関数のみしか含まれていないが，それでも 1,000 以上の関数が存在する．したがって，後者の質問に関して答えると，そもそも全て暗記することはできないというのが回答となる．

現実的には，自分が使う頻度が高い関数に関しては，使い方を積極的に覚えるようにし，そうでない関数はその都度インターネット検索などで使い方を確認するのが良いだろう．それぞれの関数ごとに，引数の指定の仕方や結果の形態が異なっており，それらは全て RDocumentation (rdocumentation.org) というウェブサイトに一覧で載っている．加えて，インターネット上には，個人ブログなどの数多くの有益な情報源が存在しているので，それらの調べ方も R を使いこなす上で重要なスキルである．最後に，コンソール上で help(関数名)，あるいは?関数名と打つことで，関数のヘルプを表示できることも知っておこう．

先ほど作成した無リスク金利のベクトルを用いて，1年後に確実に受け取れる 100 万円の現在価値を計算してみよう．以下のコードで，PV は Present Value（現在価値）の略である．

```
# ch03_05: 1年後の確実な 100 万円の現在価値

PV <- 100 / (1 + R)

## [1] 90.90909 90.09009 89.28571 88.49558 87.71930 86.95652 86.20690
    85.47009 84.74576 84.03361 83.33333
```

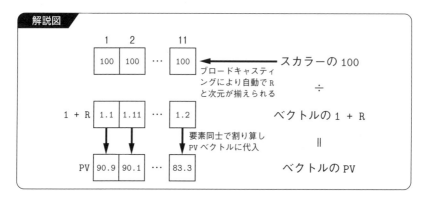

R言語では，四則演算の記号+-*/を用いることができる．ここで覚えておきたいのが，次元の一致に関する規則である．上の例だと，100というのは1次元のスカラー（一つの実数）であり，Rは11次元のベクトルである．したがって，両者の次元が一致しておらず，数学的には不完全な式となっている．R言語はブロードキャスティングといって，片方の次元を整数倍して次元を自動的に揃える機能を持つ．上の計算では，まずスカラーの100が(100,...,100)という11次元に拡張され，続いて要素同士の割算が行われている．

念のため，上の例でもし分子も11次元だった場合，要素ごとの割算が行われることも確認しておこう．以下のコードで，CFはCash-Flow（キャッシュフロー）の略である．

```
# ch03_06: 次元が一致するベクトル同士の割り算

CF <- seq(from = 110, to = 120, length = 11) # CF を 11 次元の等差数列として
    定義

PV <- CF / (1 + R)
## [1] 100 100 100 100 100 100 100 100 100 100 100
```

正しく実行されていれば，100という値が11個出力されるはずである．ここで，CFという変数は110から始まり，120で終わる等差数列を表す．seq()関数は，階差ではなく数列の個数で指定することも可能で，上の例だとlength = 11という引数によって，11個の数列が作成されている．最後に，CF / (1 + R)という割算は，11次元のベクトル同士の割算を行っているため，要素同士の割算を行って

いることに注意しよう.

3.1.3 基本パッケージによる作図

本節の締めくくりとして，1年後に確実に受け取る100万円の現在価値が割引率によってどう変化するか，グラフに描いて視覚的に理解してみよう．Rは強力なデータの可視化機能を持つが，その方法は主として，(1) 基本パッケージを用いる方法と，(2) ggplot2 という外部パッケージを用いる方法の二つに分かれる．後者の方がグラフの微調整が容易なため好まれる傾向があるが，初学者には文法の理解が難しい．したがって，ここでは初学者向けにまずは基本パッケージを用いた可視化の例を見てみよう．

```
# ch03_07: 割引率と現在価値の関係を描画

PV <- 100 / (1 + R)
plot(PV)
```

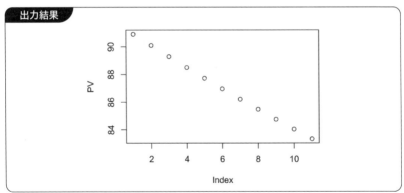

出力結果

この plot() 関数は，入力されたデータ型に対し，自動的に最適だと思われるグラフの形式を選択し，図示する機能を持つ．このような機能は，専門的には**多態性** (polymorphism) と言い，多態性を持つ関数は**総称関数** (generic function) と呼ばれる．今回は11次元のベクトルが引数として与えられたので，それが点グラフとして表示されている．上のグラフを見ると，x 軸が R（0.1 から 0.2），y 軸がそれに対応する現在価値であり，現在価値が割引率に関して単調減少になっていることが分かる．また，y 軸の範囲は自動的に設定されている．

　しかし，上のグラフは見栄えが余り良くない．具体的な改善点としては以下の点が挙げられる．(a) タイトルがない．(b) 点グラフではなく折れ線グラフにしたい．(c) y 軸のラベルが PV という変数名になっており，分かりにくい．(d) x 軸のラベルが Index という名前になっている上，1 から 11 までの自然数が表示されてしまっている．これらを修正したものが以下のコードである．plot() 関数に次々と新しい引数を追加していることが分かるだろう．

```
# ch03_08: 割引率と現在価値の関係を表した図の見栄えを改善

PV <- 100 / (1 + R)
plot(x = R,
     y = PV,
     xlab = "Discount Rate",
     ylab = "Present Value",
     type = "l",
     main = "Figure: Effect of Discount Rate on Present Value")
```

出力結果

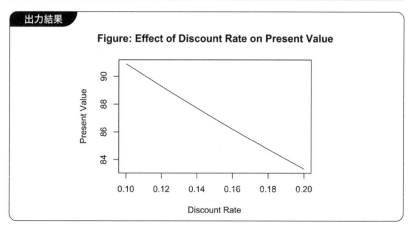

　まず，問題点 (d) の後半であるが，x 軸に 1 から 11 までの自然数が並んでしまっているのは，plot() 関数に対応する割引率の値が入力されていないからである．したがって，これを修正するために，plot() 関数に現在価値だけでなく，割引率の値も同時に渡している．plot() 関数の最初の二つの引数には，それぞれ 11 次元ベクトルが渡されており，最初の R が x 軸の値，次の PV が y 軸の値と解釈されている．

　グラフにタイトル，x 軸ラベル，y 軸ラベルを追加するには，それぞれ main 引

数, `xlab`引数, `ylab`引数を用いる. 入力した値を文字列として認識させるために, ダブルクォーテーション (")，若しくはシングルクォーテーション (')で囲む必要があることに注意しよう. R は充実した作図機能を持つが, 図表のタイトルや軸ラベルに日本語を入力すると, 環境次第でうまく表示されない場合がある. この問題はフォント・ファミリーを明示的に指定することで解決できるが, フォント・ファミリー自体の名前が環境によって異なるので対応が面倒である. そのため, 本書ではグラフの文字列は英語で統一し, 日本語フォントの指定方法は**サポートサイトの S4.8 節**で解説する.

　`plot()`関数に話を戻すと, 上のコードに登場する `type`引数はグラフの種類を設定する引数である. `l` は line の略であり, 折れ線グラフを指定している. 他にも, 例えば`type = "b"`と設定すれば, 折れ線グラフ上に追加で点をプロットすることができる. `plot()`関数には多様な引数が存在するので, グラフの微調整が必要な場合は, その都度インターネット検索をすると良い. また, R には `line()`関数といって, 折れ線グラフを描くための関数も存在しているが, 機能面で見ると, `line()`関数は単に `plot()`関数に `type = "l"` を追加したのと変わらない.

　最後に描いたグラフを画像ファイルとして保存する方法を説明しておこう. 最も簡単なのは, 出力されたグラフを右クリックして画像として保存する方法である. また, Microsoft Word や PowerPoint などに挿入したい場合, 右クリックでコピーしてそのまま貼り付けるという方法でも構わない. 一方, 同じ作業を何度も繰り返す場合, その度に手作業を行うのは面倒である. そういった場合, 以下のように書くことで, R 自身に画像ファイルを出力させることができる. このコードをスクリプト・ファイルに保存して実行すると, その置き場所に `PV.png` が出力されるはずである.

```
# ch03_09: 割引率と現在価値の関係を表した図を PNG 形式で出力

png("PV.png",
    pointsize = 12,
    width = 20,
    height = 10,
    units = "cm",
    res = 200)

plot(x = R,
```

```
    y = PV,
    xlab = "Discount Rate",
    ylab = "Present Value",
    type = "l",
    main = "Figure: Effect of Discount Rate on Present Value")

dev.off()
```

ここで，最初の png() 関数は画像を PNG 形式で出力することを指定しており，例えば PDF 形式で出力したい場合は代わりに pdf() 関数を用いる．png() 関数の第一引数はファイル名で，pointsize 引数は文字サイズ，width 引数と height 引数はそれぞれ横幅と縦の長さを指定している．units 引数は縦横の長さを指定する場合の単位を，res 引数は画像の解像度を指定する引数である．png() 関数の後に plot() 関数を用いて画像を描き，dev.off() 関数で出力の終了を指示する．

　本節では折れ線グラフを描く関数として plot() 関数を紹介した．R は作図機能が充実しており，他にも棒グラフを描く barplot() 関数やヒストグラムを描く hist() 関数などが存在する．また，par() 関数を使ってグラフの細部をカスタマイズする方法など，ここで説明を始めると際限がない．本書の後半では，**3.7 節**で紹介する ggplot2 による作図を優先して用いるので，基本パッケージに含まれる作図関数の説明はごく一部に留める．

┌─ **コラム 3.4　行列・リスト・データフレーム** ─────────

　今までの説明では，スカラーとベクトルが登場した[6]．同様に，R では行列も扱うことができる．例えば，matrix() 関数を用いて，matrix(1:6, nrow = 3, ncol = 2) と入力すると，3 行 2 列の行列で，要素がそれぞれ 1 から 6 までの行列を作成できる．例えば，このコードで x[1, 2] とすると，1 行 2 列目の要素である 4 が参照される．

```
# ch03_10: 3 行 2 列の行列の作成

x <- matrix(1:6, nrow = 3, ncol = 2)

##      [,1] [,2]
## [1,]    1    4
## [2,]    2    5
## [3,]    3    6
```

───────────────────────────────────────

---

[6]　R の内部的にはスカラーは 1 次元のベクトルとして扱われているので，両者に本質的な違いはない．

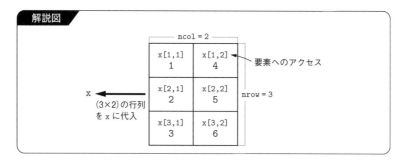

以下のように，ベクトルや行列は，数字だけでなく文字を要素として作成することもできる．

```
# ch03_11: 文字を要素とする行列の作成

y <- matrix(c("a", "b", "c", "d"), nrow = 2, ncol = 2)

##      [,1] [,2]
## [1,] "a"  "c"
## [2,] "b"  "d"
```

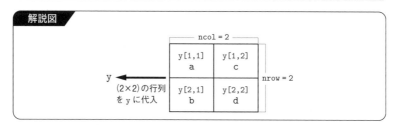

したがって，Rでデータの型と言う場合，要素自体の型を言っているのか，それを格納するオブジェクトの型（データ構造）を言っているのか，注意する必要がある．

Rで頻出するデータ構造は，リストとデータフレームである．**リスト**とは，任意のオブジェクトや変数をまとめたもので，異なるオブジェクト型同士や別のリストを含むことができる．具体例を見てみよう．

```
# ch03_12: リストの作成

x <- list(10:11, "ABC")

x[[1]]
## [1] 10 11
```

```
x[[2]]
## [1] "ABC"
```

解説図

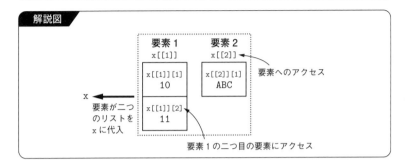

要素 1
x[[1]]

要素 2
x[[2]]

要素へのアクセス

x[[1]][1]
10

x[[2]][1]
ABC

x

要素が二つ
のリストを
x に代入

x[[1]][2]
11

要素 1 の二つ目の要素にアクセス

　このリストは，(10, 11) という 2 次元ベクトルと，ABC という文字列をそれぞれの
要素として含んでいる．リストは要素の参照方法が通常のベクトルと異なり，カッコ
を二重にする．例えば，x の 1 番目の要素を参照するには，x[[1]] と指定する．上の
例だと，x[[1]] は (10, 11) というベクトルであるため，そのうち 11 を参照したけれ
ば，x[[1]][2] と指定すれば良い．第 6 章では，lm() 関数を用いた回帰分析の方法を
取り上げるが，その際の返り値がリストになっている．したがって，リストに関して
はその場で改めて説明する．

　最後にデータフレームを見ていこう．**データフレーム**とは，異なるサンプルのデー
タを表形式にして一つのデータとして扱うためのオブジェクトである．外観は行列と
同じ 2 次元配列であるが，各行・列がラベルを持ち，それらがどのサンプルの何に関
するデータなのかを表す．列を固定してみると，各要素は数値型や文字型など同じ型
を持つが，異なる列同士では別の型を持っても良い．具体例を見てみよう．

```
# ch03_13: データフレームの作成

ID <- c(1001, 1002, 1003)
name <- c("Firm A", "Firm B", "Firm C")
ROE <- c(0.08, 0.12, 0.15)
x <- data.frame(ID, name, ROE)

##     ID   name  ROE
## 1 1001 Firm A 0.08
## 2 1002 Firm B 0.12
## 3 1003 Firm C 0.15
```

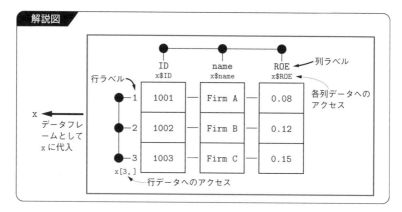

解説図

上の例では，三つの企業に関するデータをデータフレームにまとめて，xという変数として保存している．data.frame()関数は，その名のとおりデータフレームを作成するための関数であり，ここではID, name, ROEというベクトルをxの各列に指定している．

　データフレームにおける要素の参照方法であるが，まず，Rの内部ではデータフレームはリストの一種として認識されているので，リスト同様の参照が可能である．例えば，上の例だとx[[1]]は1列目のIDに該当し，(1001, 1002, 1003)というベクトルを返す．加えて，データフレーム特有の参照方法として，ラベルを用いた方法があり，先ほどのx[[1]]と同じ内容を参照するのに，x$IDと指定することもできる．この方法であれば，各データがどの列に格納されているかを覚えておく必要がない上，あとで何らかの理由で列の順序が入れ替わった場合でも，コードを修正する必要がない．データフレームは行列と同様の参照をすることも可能で，例えばx[1, 1]と書くとID列の1番目の要素である1001が参照される．R特有の文法として，仮にx[, 1]として特定の次元を空白とすると，その次元は全ての要素が指定される．したがって，x[, 1]はx$IDと全く同じ参照となることも覚えておこう．

3.2　for文の使い方

3.2.1　NPVの計算例

　前節では，リスクのない将来キャッシュフロー100万円の現在価値を評価した．この節では，リスクのある投資プロジェクトの正味現在価値 (NPV) の評価をR

を用いて実装していこう. 具体的には, 時点 0 に 100 万円の投資を必要とし, そ
れ以後の 3 年間にわたって毎年 50 万円のプラスのキャッシュフローが期待され
る投資プロジェクト X の NPV を計算してみよう.

$$\text{プロジェクト X の NPV} = -100 + \sum_{t=1}^{3} \frac{50}{(1+\tilde{R})^t}$$

ここでの目標は, プロジェクトのリスクに応じて割引率 $\tilde{R}$ を 0.1 から 0.2 へと
0.01 刻みで動かし, NPV が割引率 $\tilde{R}$ によってどのように変化するのかを図示す
ることである. しかし, 前節と比べると右辺が複雑になっているので, もう少し
込み入ったコードを書く必要がある.

今回の例だと, 右辺に対して等比数列の和の公式 (**サポートサイトの S4.2 節**
を参照) を使うことができるが, この方法だと, 仮に将来の期待キャッシュフ
ローの金額が年ごとに変化する場合は計算できない. 等比数列の和の公式を用い
るためには, 毎年のキャッシュフローの現在価値が定数倍される必要があるから
である. ここでは, そうでない場合も計算できるようにするため, 右辺の項をそ
れぞれ足し合わせていこう.

```
# ch03_14: 割引率を 0.1 とする場合のプロジェクト X の NPV の計算

R <- 0.1
NPV <- -100 + 50 / (1 + R) + 50 / (1 + R)^2 + 50 / (1 + R)^3

## [1] 24.3426
```

これを実行すると, 割引率が 0.1 の場合の NPV として, 約 24.3 万円という答え
が得られるはずである.

3.2.2 for 文を利用した NPV の計算

先のコード ch03_14 の問題点は, 年数が増えて割引現在価値を計算する項が増
えていったときに, いちいち全てを書き足す必要が出てくる点である. 例えば,
先ほどの投資プロジェクトが 3 年ではなく 10 年にわたって毎年 50 万円の
キャッシュをもたらす場合, それら全てをコードに書くのは面倒であるし, 書き
間違いを生じやすい. このような繰り返し作業を簡潔に書くための道具が, for

文を用いた繰り返し構文である．具体例を見てみよう．

```
# ch03_15: for 文を用いたプロジェクト X の NPV の計算 (1)

R <- 0.1
NPV <- -100
for (i in 1:3) {
  NPV <- NPV + 50 / (1 + R)^i
}
print(NPV)
```

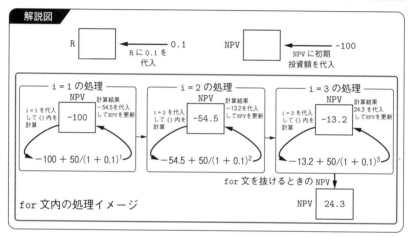

これを実行すると，先ほどと同じように約24.3万円という答えが得られる．上のコードを順番に見ていくと，まず2行目が終わった時点で，NPVは−100，すなわち初期投資額の値のみを含んでいる．次に，() 内の i in 1:3 の意味であるが，1:3 は，c(1, 2, 3) という3次元ベクトルを作成し，添え字 i はこのベクトルの要素を順番に取る．したがって，まず i = 1 として {} 内の処理を実行し，それが終わったら，i = 2 として {} 内の処理を実行，最後に i = 3 として {} 内の処理が終わったら，for 文による繰り返しを終えて，最終文の print(NPV) が実行される．ここで，{} 内では，今までに計算した NPV に，i 年度の期待キャッシュフローの現在価値を足し合わせるという作業を行っている[7]．

---

[7]　なお，今回のように {} 内の処理が1行で終わるときは，次のように {} を省略して書いても同じ意味になる．

```
for (i in 1:3) NPV <- NPV + 50 / (1 + R)^i
```

for 文による繰り返しの意味を確認するために，試しに print(NPV) を {}内に
も入れてみよう．

```
# ch03_16: for 文を用いたプロジェクト X の NPV の計算 (2)

R <- 0.1
NPV <- -100
for (i in 1:3) {
  print(NPV) # ここに print() 関数を挿入
  NPV <- NPV + 50 / (1 + R)^i
}
print(NPV)

## [1] -100
## [1] -54.54545
## [1] -13.22314
## [1] 24.3426
```

これを実行すると，−100，−54.5，−13.2，24.3 という四つの数字が順番に表
示されるはずである．これは，初年度から i 年度までのキャッシュフローの割引
現在価値を足し合わせた値であり，for 文の中で NPV の値が順次更新されていく
ことを意味する．

for 文のように，コードのどの行が実行されるか順序を制御する構文のことを，
一般に**制御構文**と呼ぶ．繰り返し処理には他に while 文や repeat 文が存在し，
事前に繰り返しの回数が明確でない場合はそれらを用いる．一方，変数の値など
に応じて実行する処理を切り替えたい場合，if 文や switch 文が用いられる．
データ分析の文脈だと，for 文が最頻出であるが，他の制御構文も重要なので覚
えておこう．例えば，NPV が非負の場合に限って，「プロジェクトを実行」と
ディスプレイに表示させたい場合，以下のように書けば良い．

```
# ch03_17: NPV に基づく投資判断

if (NPV >= 0) {

  print("プロジェクトを実行！")
}
```

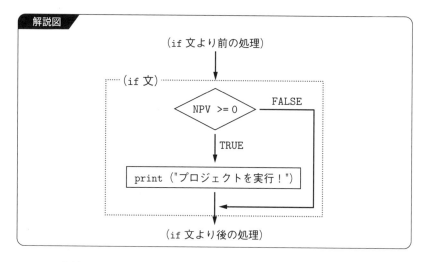

解説図

ここで >= 演算子は,左辺が右辺以上であるときに TRUE,そうでないときに FALSE を返す論理演算子である.こうすることで,{} 内で囲まれた print() 関数は NPV が非負のときのみ実行され,そうでない場合は無視される.

3.2.3 NPV と割引率の関係の可視化

本節の締めくくりとして,ここまで学習した内容をフル活用して,R を 0.1 から 0.2 まで 0.01 刻みで動かして,NPV と割引率の関係を図示することに挑戦してみよう.

```
# ch03_18: 異なる割引率に対してプロジェクト X の NPV を計算した上で折れ線グ
  ラフに可視化

❶ R <- seq(0.1, 0.2, length = 11) # 11 次元の R ベクトルを用意
❷ NPV <- rep(NA, length(R)) # 対応する NPV を NA で初期化（NA は欠損値の意味）

❸ for (i in 1:length(R)) { # 外側の for 文で特定の割引率を固定
    NPV[i] <- -100
    for (j in 1:3) { # 内側の for 文で各年度の将来キャッシュフローの現在価値を
      累積
      NPV[i] <- NPV[i] + 50 / (1 + R[i])^j
```

```
      }
   }
```
❹ `plot(x = R,`
```
        y = NPV,
        xlab = "Discount Rate",
        ylab = "Present Value",
        type = "l",
        main = "Figure: Discount Rate and NPV")
```

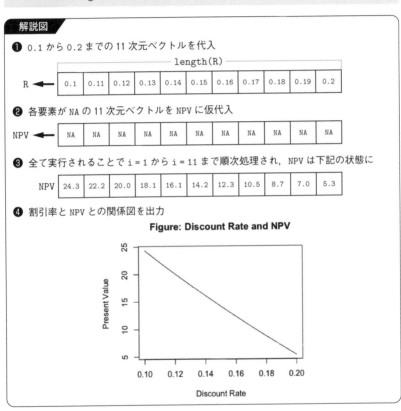

解説図

❶ 0.1 から 0.2 までの 11 次元ベクトルを代入

length(R)

R ← | 0.1 | 0.11 | 0.12 | 0.13 | 0.14 | 0.15 | 0.16 | 0.17 | 0.18 | 0.19 | 0.2 |

❷ 各要素が NA の 11 次元ベクトルを NPV に仮代入

NPV ← | NA | NA | NA | NA | NA | NA | NA | NA | NA | NA | NA |

❸ 全て実行されることで i = 1 から i = 11 まで順次処理され，NPV は下記の状態に

NPV | 24.3 | 22.2 | 20.0 | 18.1 | 16.1 | 14.2 | 12.3 | 10.5 | 8.7 | 7.0 | 5.3 |

❹ 割引率と NPV との関係図を出力

Figure: Discount Rate and NPV

上のコードは，R を 0.1 から 0.2 まで 0.01 刻みで動かして，対応する NPV を 11 次元のベクトルとして保存している．上から順番に見ていくと，まず ❶ R は以前の例でも登場した 11 次元のベクトルである．続いて，❷ rep() 関数を用いて NPV を一旦 NA（欠損値；Not Available）が 11 個並ぶ 11 次元ベクトルとして初期化している．なぜこの作業が必要かと言うと，下の ❸ for 文において，R の要

素を一つ固定し，それに対応する NPV を計算，その結果を 11 次元ベクトルである NPV の要素として保存する，といった流れを取っているからである[8]．rep() 関数は repeat（繰り返し）の略で，第一引数として入力されたスカラーやベクトルを，第二引数の回数分だけ繰り返したベクトルを返す．

❸ の処理のポイントは，for 文が入れ子型で二重になっている点である．for 文が二重になった場合，まず外側の変数（上の例だと i）を固定し，内側の for 文を全て実行する．したがって，i = 1 の場合，R[1] = 0.1 に固定した上で，内側の for 文を用いて将来キャッシュフローの割引現在価値を全て計算して足し合わせる．計算結果は先ほど用意した NPV というベクトル i 番目の要素として保存されるため，この処理を i = 1 から length(R) まで繰り返すと外側の for 文が終了し，R の各要素に対応する正味現在価値が NPV の各要素に格納される[9]．最後に ❹ で，plot() 関数を利用し，x 軸に割引率である R，y 軸に NPV を指定して作図してやることによって，本節の目的が達成されるのである．

┌─ **コラム 3.5　ベクトル化** ─────────────────────

上の例では，各年のキャッシュフローの現在価値を足し合わせるにあたって，for 文を用いた（二重 for 文の内側）．同じ計算は for 文を使わずとも，以下のコードによっても可能である．

```
# ch03_19: ベクトル化による NPV の計算

R <- 0.1
CF <- c(-100, 50, 50, 50)
years <- 0:3
PV_CF <- CF / (1 + R)^years
NPV <- sum(PV_CF)

## [1] 24.3426
```

───

---

[8] より具体的には，事前に NPV という変数が定義されていない場合，for 文の中で NPV[i] と参照された時点でエラーが生じてしまう．また，NA（欠損値）で初期化するのは，計算済みの値かどうかを判別できるようにするためである．ちなみに，試行錯誤の過程で繰り返しコードを実行していると，以前実行したコードの変数が残っており，初期化されていない変数に影響を与えてしまうことがある．そういった事態を避けるために，コードの冒頭で rm(list = ls()) と書いておくと，その時点で存在する全ての変数を一旦消去することができる．ここで，rm は remove（削除する）の略である．

[9] 外側の for () 内の 1:length(R) は，seq_along(R) と書き換えることができる．この書き方に関しては**第4章**で詳しく説明する．

上のコードのポイントは，4行目の計算である．PV_CF は各年限のキャッシュフローの現在価値を4次元ベクトルにまとめている．ここで，(1 + R)^years は，

$$(1.1^0, \ 1.1^1, \ 1.1^2, \ 1.1^3)$$

というベクトルを返すので，CF / (1 + R)^years は要素同士の割算で

$$\left(\frac{-100}{1.1^0}, \ \frac{50}{1.1^1}, \ \frac{50}{1.1^2}, \ \frac{50}{1.1^3} \right)$$

というベクトルを返す．したがって，sum() 関数を用いて，このベクトルの各要素の合計を計算すると，全てのキャッシュフローの現在価値が得られる．

このように，要素ごとに計算するなら for 文が必要な処理を，一括してベクトル同士の演算にしてしまうことを，ベクトル化と呼ぶ．ベクトル化はコードがシンプルになる上，演算スピードが向上し，コンピュータ内部で必要とするメモリが減少するというメリットを持つ．したがって，熟練者ほどコードをベクトル化して書く傾向がある．一方で，単純な計算であれば，ベクトル化の恩恵を直接感じることはほとんどないため，初心者はどんな方法であれ，正確に動くコードを書くことにまずは集中した方が良い．

3.3 独自関数の定義の仕方

3.3.1 現在価値を計算する独自関数の定義

この節では，ユーザー自身で新しく関数を定義し，特定の処理をまとめて処理する方法を学ぼう．関数と言うと数学の関数を思い浮かべるだろうが，プログラミングにおける関数もそれと本質的には同じである．既に今までの例では，R の基本パッケージで定義されている関数をいくつか用いてきた．例えば，sum() 関数は引数として与えられたベクトルの要素の合計を返す関数である．ユーザーが独自の関数を定義する場合も，(1) どのような引数を与えるのか，(2) それに対してどのような処理を行うのか，(3) 最終的にどの値を返すのか，といった点に注目していく．

早速，簡単な例を見てみよう．1年後に受け取る 100 万円の現在価値を計算する関数を定義しよう．ここで，割引率の値は自由に変えたいので，関数の引数と

して与えたい．この関数は，引数として与えられた割引率を所与として現在価値を計算し，その値を返すとする．以下がその関数を実装した例である．

```
# ch03_20: 任意の割引率に対して 1 年後に受け取る 100 万円の現在価値を計算す
  る独自関数

calculate_PV <- function(R) {
  PV <- 100 / (1 + R)
  return(PV)
}


calculate_PV(0.1)

## [1] 90.90909
```

解説図

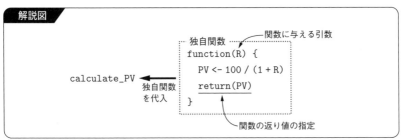

このコードは約 90.9 という値を返し，割引率が 0.1 だった場合の現在価値を得ることができる．前半の 4 行で calculate_PV という関数を定義し，最終行で例としてその関数に 0.1 という引数を与えて実行している．この値を例えば 0.2 に修正すれば，割引率が 0.2 だった場合の現在価値を計算することができる．関数の定義の仕方であるが，まず関数の名前を決めて，それに function() {} を代入する形を取る．ここで，() は関数に対して与える引数を変数の形で指定し，{} 内でそれを基に行う処理を具体的に記述する．{} 内では新しく変数を定義することも可能で，上の例では計算結果を PV という新しい変数に保存している．最後に，return() 関数を用いて，どの値を関数の返り値とするか指定している．

上の例で関数の定義部分は，以下のように，よりシンプルに 1 行で書くこともできる．まず関数で行う処理の範囲を指定する {} は，for 文の場合と同様，処理が 1 行の場合に省略できる．加えて，return() 関数が省略されている場合，関数内の処理で最後の計算結果が自動的に返り値とみなされる．したがって，一見

して返り値が明確である場合，`return()` 関数は省略して構わない[10].

```
# ch03_21: よりシンプルに calculate_PV() を定義した場合

calculate_PV <- function(R) 100 / (1 + R)

calculate_PV(0.1)

## [1] 90.90909
```

3.3.2　現在価値を計算する関数の機能拡張

　関数は，複数の引数を取ることもできるし，複数の返り値を返すこともできる．また，特定の引数に対して，ユーザーがその値を指定せずに省略した場合，関数側でデフォルトで採用する値を与えることもできる．下のコードでは，割引率を二つ与えて，それぞれに対する現在価値を計算する．また，割引率を一つしか与えない場合，二つ目の割引率は自動的に 0 に設定される．これは，引数を設定する () 内で R2 = 0 と書いたためである．引数に対して省略時のデフォルト値を与える場合，後ろの引数から与えていく必要があることも覚えておこう．

```
# ch03_22: 二つの割引率に対して現在価値を計算できるよう calculate_PV() を
    拡張

calculate_PV <- function(R1, R2 = 0) {
  PV1 <- 100 / (1 + R1)
  PV2 <- 100 / (1 + R2)
  c(PV1, PV2)
}

calculate_PV(0.1, 0.2)
## [1] 90.90909 83.33333

calculate_PV(0.1)
```

---

[10]　ただし，関数内の最終文が for 文を用いた繰り返し処理などの場合，返り値が NULL となってしまうときがあるので，明示的にベクトルを返す必要がある点には注意しよう．

```
## [1] 90.90909 100.00000
```

　最後に，今まで定義してきた calculate_PV() 関数を更に拡張し，割引率のみ
ならずキャッシュフローも自由に変更できるようにしたものが以下のコードであ
る．ここでは，CF は任意の次元のベクトルであり，その i 番目の要素は (i - 1)
年目におけるキャッシュフローを表している．calculate_PV() 関数内ではまず，
初期投資を行う初年度も含め，キャッシュフローの発生する回数を N として定義
している．次に，時点 0 におけるキャッシュフロー CF[1] で PV という変数を初
期化し，その後の for 文内で次年度以降の割引現在価値を逐次的に足し合わせて
いる．CF[i] は (i - 1) 年目のキャッシュフローなので，割引率は R^(i - 1) で計
算されることに注意しよう．この投資プロジェクトの最終年度は，(N - 1) 年後
であるので，N が for 文の () 内に登場している．

```
# ch03_23: 任意の割引率とキャッシュフローに対して現在価値を計算できるよう
    calculate_PV() を拡張

calculate_PV <- function(R, CF) {
  N <- length(CF) # キャッシュフローの発生する回数を N として定義
  PV <- CF[1]
  for (i in 2:N) {
    PV <- PV + CF[i] / (1 + R)^(i - 1)
  }
  return(PV)
}

calculate_PV(0.1, c(-100, 40, 50, 60))

## [1] 22.76484
```

解説図

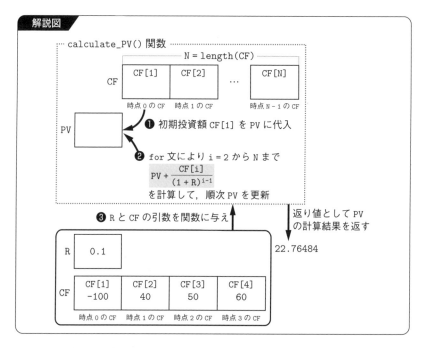

　なぜこのような関数を定義するかというと，繰り返し同じようなコードを書くのを防ぎ，コードを書きやすく，読みやすくするためである．本格的なプログラミングの場合，コードが何千行にも及ぶことは決して珍しくない．例えば，ある処理にバグが存在する場合，その処理をコピー・アンド・ペーストしたコードが様々な箇所に存在していると，それらをいちいち修正する手間が発生する．もしそれらの処理を一つの関数としてまとめることができれば，バグの修正は関数の定義内一箇所のみで済む．このように，複雑なコードを書く場合，機能ごとになるべく独立した部品を定義して，コードの保守可能性を高めるというのは，とても重要な考え方である．

コラム 3.6　分かりやすいコードを書く技術

　関数を定義することで，分かりやすいコードが書けることを学んだが，それ以外にも分かりやすいコードを書くコツがある．ここでは，初学者が知っておくべきこととして，変数の命名とコメントに関して説明しよう．

　コード上では変数の名前は基本的に自由に定められるが，読んで分かる名前を付けることが何より大切である．例えば，今まで見てきた例だと，割引率 $\widetilde{R}$ を R と表してきたが，これは**第2章**と表記を対応させている．これを仮に A とか a や，temp と

いった名前に変更しても，コード自体の機能は全く変わらない．しかし，後で自分が読み返したり，他人に見せたりする場合，分かりやすい名前をつけていないと，コードの読解に時間がかかり，読み手が内容を誤解してしまう恐れがある．

　変数の名前に関しては，他にも小文字と大文字のどちらにするか，単語を繋げる際にハイフンを入れるかなど，様々な選択肢があるが，何かしら自分なりの規則を定めて一貫した規則に従うのが良いだろう．興味のある読者は，インターネットで「キャメルケース」や「スネークケース」などのキーワードを調べてみると良い．

　加えて，コードに適宜コメントを入れていくのも重要である．例えば，以下がその例である．**コラム 3.1**（81 頁）で触れたように，# 以降は人間が読むためのメモとして利用できたことを思い出そう．コードの最初に作成した日付や概要をまとめておくと，後で振り返った時に理解がしやすい．

```
# ch03_24: コメントが詳細で分かりやすいコードの例

# 2021 年 1 月 1 日作成
# 現在価値の計算

# 任意の割引率に対して現在価値を計算する calculate_PV() を定義
calculate_PV <- function(R) 100 / (1 + R)

# 割引率を 0.1 とする例
calculate_PV(0.1)
```

コラム 3.7　グローバル変数とローカル変数の違い

　以下のコードを見てみよう．このコードは，まず任意の割引率に関して現在価値を計算する calculate_PV() 関数を定義している．また，与えられた R の値を 0.01 増やす処理も同時に行っている．したがって，最初の R に 0.1 を代入し，この関数を 11 回繰り返し実行すれば，割引率を 0.1 から 0.2 まで 0.01 刻みで区切って現在価値が計算できるはずだろう．

```
# ch03_25: 関数内でグローバル変数の変更を試みた例

calculate_PV <- function(R) {
  PV <- 100 / (1 + R)
  R <- R + 0.01
  return(PV)
}
```

```
R <- 0.1
for (i in 1:11) print(calculate_PV(R))

## [1] 90.90909
## [1] 90.90909
## （同じ計算結果が全部で 11 回繰り返し表示される）
```

　しかし，このコードを実行してみると，実際には割引率は変化せず，R が 0.1 のときの現在価値が 11 回繰り返し出力されるだけである．その理由は，グローバル変数とローカル変数の違いにある．**グローバル変数**とは，コードのどこからでもアクセスできる変数のことで，今まで普通に変数と呼んできたものの大半がこれに該当する．一方，**ローカル変数**とは，関数内でしかアクセスできない変数のことで，関数が返り値を返して処理を終了すると，その変数の値は消去されてしまう．

　上の例でいうと，繰り返し文を実行する前に 0.1 を代入した R という変数はグローバル変数である．一方，`calculate_PV()` 関数の中で登場する R という変数は，ローカル変数であって，繰り返し処理が行われる度にその値はリセットされてしまう．言い換えると，変数には定義された空間という概念が存在し，名前が一緒であっても異なる空間で定義された変数は異なる変数なのである．

　関数内でグローバル変数を修正したい場合は，永続代入子`<<-`を用いれば良い．上の例で言うと，`calculate_PV()` 関数内の R <- R + 0.01 を R <<- R + 0.01 に変更すると，当初に意図したとおり，R を 0.01 ずつ増やしていくことができる．

　しかし，実際にはこの永続代入子を使ってコードを書くことは滅多にない．そもそもグローバル変数とローカル変数を区別する理由は，局所的にしか使わない変数をローカル変数として隔離することで，グローバル変数の数が増えすぎたり，うっかり変更して予期しないバグを防ぐためである．また，関数を用いたプログラミングの理念は，関数は返り値を返す以外の副作用を持たないことであり，永続代入子の利用はこれに反する．関数を用いてグローバル変数を修正したいのであれば，修正した値を返り値の一部に含めてしまう方がコードの読み手にとっては理解しやすい．

3.4 演習：IRR の計算

3.4.1 IRR を利用した投資判断

　この節では，今まで学んだ内容の復習も兼ねて，**内部収益率** (Internal Rate of Return; IRR) を計算する関数を定義してみよう．IRR とは，個別の投資プロジェクトの収益性を評価する指標であり，任意のキャッシュフローを所与とした場合に，NPV をゼロとする割引率 y として定義される．すなわち，投資プロジェクトから派生する時点 t の期待キャッシュフローを $\mathbb{E}[CF_t]$ と置くと，以下を満たす y がこの投資プロジェクトの IRR である．

$$\sum_{t=0}^{T} \frac{\mathbb{E}[CF_t]}{(1+y)^t} = 0 \tag{3.1}$$

　3.1.3 節のコード ch03_08 で描画したように，ある投資プロジェクトの NPV を y 軸に取り，x 軸に割引率を取った次の**図 3.1** を想像してみよう．投資プロジェクト X の正味現在価値 (NPV_X) は正であり，投資プロジェクト X のリスクに応じた割引率は $\tilde{R}_X$，その IRR は y である．まずは，復習を兼ねて，**2.1.3 節**で学んだ NPV 法に基づいて，そのプロジェクトに投資すべきか否かを考えてみよう．NPV 法とは，キャッシュフローの流列とそのプロジェクトのリスクに応じた割引率を所与として，NPV を算出し，

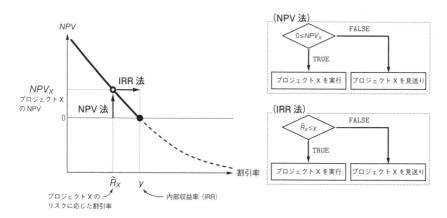

図 3.1　NPV 法と IRR 法

$$\begin{cases} \text{プロジェクト X を実行,} & \text{if } 0 \le NPV_X \\ \text{プロジェクト X を見送り,} & \text{otherwise} \end{cases}$$

のルールに従って，意思決定を下すやり方であった．

　他方，IRR に基づく意思決定方法（**IRR 法**）では，まずキャッシュフローの流列のみを与件として (3.1) 式から IRR たる y を内生的に算出する．その後，その投資プロジェクトに対して最低限要求する期待リターン（ハードル・レート）を外生的に与えてあげて，既に計算された y と比較するという流れである．このハードル・レートには，投資プロジェクトのリスクを反映する必要があるので，以下では割引率 $\tilde{R}_X$ と一致するとして議論を進めよう．もし y が $\tilde{R}_X$ を上回るのであれば，その投資プロジェクトはハードル・レートを上回る収益性を持つので，実行すべきプロジェクトと評価できる．このように IRR 法では，

$$\begin{cases} \text{プロジェクト X を実行,} & \text{if } \tilde{R}_X \le y \\ \text{プロジェクト X を見送り,} & \text{otherwise} \end{cases}$$

のルールに従って，意思決定を行う．

　図 3.1 のように，NPV が割引率の減少関数になるような投資プロジェクトであれば，NPV 法であれ，IRR 法であれ，同一の結論に達する．実際，プロジェクト X の NPV は非負（$0 \le NPV_X$）であるから NPV 法に基づけば投資は実行すべきだし，$\tilde{R}_X \le y$ であるから，IRR 法に基づいても投資は実行すべきという結論に達する．ただし，実際に企業が計画するプロジェクトから派生するキャッシュフローのパターーンは様々であり，必ずしも NPV が割引率の減少関数になるとは限らず，IRR として算出される実数解も一つに定まるとも限らない．IRR が求まらなかったり，複数の IRR が求まってしまったりする場合，もはや IRR 法では投資意思決定を行うことができず，NPV 法に頼らざるを得ない．こうした背景もあり，企業金融の分野では，IRR 法よりも NPV 法の活用が推奨されている．

　しかしながら，実務においては，IRR 法は投資プロジェクトの選定や評価に依然として広く活用されており，米国では NPV 法を含む数あるプロジェクト評価方法の中で最も利用頻度が高いことが知られている[11]．そこで，本節では，IRR

---

[11] その他の評価方法としては，投資額が何年かかって回収できるかを基に判断する回収期間 (payback period) 法や会計上の収益率をベースに意思決定を行う方法などがある．実務での利用頻度をアンケート

法に基づいて投資の意思決定ができるようになることを目標に，Rを使ってIRRを求めるやり方を考えてみよう．ここでの目標は，どのようなキャッシュフロー・パターンであってもIRRを計算する関数を独自に定義することである．また，高次方程式の解が一意に定まらない場合は，ユーザーにIRR法は使えないことを示すエラーメッセージを出力してみよう．

3.4.2　多項式の数値解

関数というのは，特定の処理を一般化しコードの本文から切り分けた存在である．したがって，複雑な関数を書きたい場合，まずは関数を使わずに特定のパラメータに関して正しく計算ができるコードを書くのが第一歩である．ここでは，そのために用いるパラメータとして，時点 0 に 100 万円の投資を必要 $(CF_0 = -100)$ とし，その後は時点 1 に 40 万円 $(CF_1 = 40)$，時点 2 に 50 万円 $(CF_2 = 50)$，時点 3 に 60 万円 $(CF_3 = 60)$ のキャッシュフローを確実にもたらす投資プロジェクトを考えてみよう．先ほどの定義によると，IRRは以下の多項式を解くことで求められる．

$$-100 + \frac{40}{1+y} + \frac{50}{(1+y)^2} + \frac{60}{(1+y)^3} = 0$$
$$\iff \quad -100(1+y)^3 + 40(1+y)^2 + 50(1+y) + 60 = 0$$
$$\iff \quad \underbrace{60 + 50Y + 40Y^2 - 100Y^3}_{1+y=Y \text{とし次数の低い方から並び替えると}} = 0$$

Rの基本パッケージには，polyroot()関数といって，多項式の解を数値的に求める関数が存在している．ここでは，このpolyroot()関数を用いて Y を求め，そこから 1 を引いてIRRを求めたい．polyroot()関数は引数に多項式の係数ベクトルを取る．上の例で言うと，次数が 0 から 3 の係数はそれぞれ 60，50，40，−100 なので，c(60, 50, 40, -100)が引数となる．

```
# ch03_26: polyroot()関数に基づく 3 次方程式の数値解
```

調査に基づいて明らかにしている研究として，米国企業については Grahama and Harvey (2001)[19] が，日本企業については芹田・花枝 (2015)[37] がある．日本企業の場合，企業金融で推奨される NPV 法の利用頻度は 1/4 程度に留まっており，半数以上は回収期間法を基に意思決定を行っている．

```
polyroot(c(60, 50, 40, -100))
```

```
## [1] -0.4082389+0.5714615i -0.4082389-0.5714615i 1.2164779-0.0000000i
```

複雑な数値が並んで出力されたので面食らうが，polyroot() 関数は虚数解も含めて複素数の範囲全てで解を返すので，三つの解が並んでいるだけである．それぞれの解の中央部にある+/-より前が実部，それ以降が虚部となっている．例えば，2 番目の解は実部が-0.4082389 で，虚部が-0.5714615 の複素数である．

IRR は実数解に関して定義されるので，上の出力例のうち，虚部が 0 (-0.0000000i) となっている 3 番目が求めたい解である．polyroot() 関数が返す解を代入したベクトルを一旦 solutions という変数に保存する．そして，その 3 番目の要素 solutions[3] の実部のみを取り出すのに，Re() 関数を用いる．

```
# ch03_27: 数値解の中から実数解を目視で選んで IRR を計算
```

❶ `solutions <- polyroot(c(60, 50, 40, -100))`
❷ `Y <- Re(solutions[3])`
❸ `IRR <- Y - 1`

```
## [1] 0.2164779
```

解説図

❶ 全ての解を solutions に代入

solutions	solutions[1] -0.408+0.571i	solutions[2] -0.408-0.571i	solutions[3] 1.216-0i

❷ Re(solutions[3]) で実部だけ取り出して Y に代入

Y	1.216

❸ Y から 1 を差し引いたものを IRR に代入

IRR	0.216

3.4.3 実数解の抽出

前小節では実数解を目視で選んだが，内部収益率を計算する関数を定義するには，この作業も自動的に行う必要がある．まず，Im() 関数を用いて，先ほど得られた複素数解の虚部を取り出してみよう．

```
# ch03_28: Im()関数を用いて虚部のみ抽出

Im(solutions)

## [1] 5.714615e-01 -5.714615e-01 -7.815970e-16
```

solutions は三つの複素数から成るベクトルだったので，それぞれに対応する虚部の値が出力されている．e-01 といった表記は見慣れないかも知れないが，**浮動小数点表記法**と呼ばれ，e の後半は 10 のべき乗の指数部を表している．つまり，

$$5.714615\text{e-}01 = 5.714615 \times 10^{-1}$$
$$-5.714615\text{e-}01 = -5.714615 \times 10^{-1}$$
$$-7.815970\text{e-}16 = -7.815970 \times 10^{-16}$$

を意味する．ここで注目すべきは最後の値であり，先ほどはコンソール上で表示されていた虚部がゼロであったが，厳密にはゼロでないことが分かる．これは polyroot() 関数が数値計算に基づいて多項式を解くことによる数値的な誤差である．

試しに==演算子を用いて，先ほど得られた複素数解の虚部がゼロかどうかを判定してみよう．==演算子は，左辺の変数が右辺の値と等しいかを判定し，等しければ TRUE を返し，等しくなければ FALSE を返す．ここで，TRUE/FALSE は論理値という特別な値で，与えられた条件が等しいかどうかを判定する場合の返り値である．

```
# ch03_29: 等価演算子==を用いて実数解かどうかを判定

Im(solutions) == 0
```

```
## [1] FALSE FALSE FALSE
```

　出力結果を見てみると，本来であれば実数解として TRUE となっていてほしい
3 番目の解まで FALSE となっていることが分かる．これはなぜかと言うと，== 演
算子は数値的な誤差の存在を加味しない厳密な比較を行うからである．した
がって，以下のコードでは，10 のマイナス 10 乗を誤差の許容範囲 (error
tolerance) とし，虚部の値がそれ以下であれば，実数解と判定している[12]．

```
# ch03_30: 数値的誤差を許容して実数解かどうかを判定

❶  error_tolerance <- 1e-10

❷  abs(Im(solutions)) # abs() 関数は絶対値を返す
## [1] 5.714615e-01 5.714615e-01 7.815970e-16

❸  abs(Im(solutions)) < error_tolerance
## [1] FALSE FALSE TRUE
```

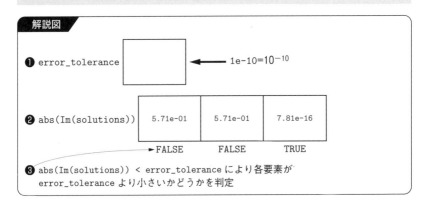

解説図

❶ error_tolerance　　　　　　　　←── 1e-10＝10^{-10}

❷ abs(Im(solutions))　　5.71e-01　　5.71e-01　　7.81e-16

　　　　　　　　　　　　►FALSE　　　FALSE　　　TRUE

❸ abs(Im(solutions)) < error_tolerance により各要素が
　error_tolerance より小さいかどうかを判定

---

[12]　数値計算で生じうる誤差の大きさは計算環境によって異なるが，自分の環境で .Machine$double.
eps と打つと，その値を確認できる．また，基本パッケージに含まれる all.equal() 関数を使うことで，
数値的な誤差も加味した上で一致性を判定してくれるが，この関数はベクトルの各要素がそれぞれ特定
の値と一致するかを判定することはできない．したがって，mapply() 関数などと組み合わせてベクトル
化する必要がある．最後に，後述する dplyr パッケージでは，こういった不便さを解消するために
near() 関数を導入しており，この関数は数値的な誤差も加味した上でベクトルの各要素がそれぞれ特定
の値と一致するかを判定することができる．

TRUE, あるいは FALSE で実数解を判定する方法が分かったので, 今度は polyroot() 関数を用いて得られた解から実数解のみを取り出す方法を考えよう.

```
# ch03_31: 数値解の中から実数解を機械的に抽出

is_real <- (abs(Im(solutions)) < error_tolerance)
Re(solutions[is_real]) # Re() 関数は複素数の実部を返す

## [1] 1.216478
```

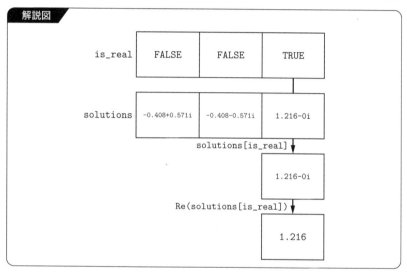

解説図

上のコードでは, まず数値的な誤差も加味した実数解の判定結果を is_real とい う変数に格納している. そして, その論理値ベクトルを solutions ベクトルの添字として代入することで, 実数解のみを取り出している. 最後に, そのままだと 1.2164779-0.0000000i という値が取り出されてしまうため, Re() 関数を使って実部を取り出している.

3.4.4 IRR を計算する独自関数の定義

これまでの流れをまとめると, 内部収益率を計算する calculate_IRR() 関数は以下のように定義できる.

```
# ch03_32: 任意の CF に対して IRR を計算する calculate_IRR() 関数を定義

calculate_IRR <- function(CF) {
  N <- length(CF) # キャッシュフローの発生する回数を N として定義
❶  solutions <- polyroot(CF[N:1]) # CF ベクトルの順序を逆転させた上で
      polyroot() 関数に代入
  error_tolerance <- 1e-10
  is_real <- (abs(Im(solutions)) < error_tolerance)
  Re(solutions[is_real]) - 1
}
```

解説図

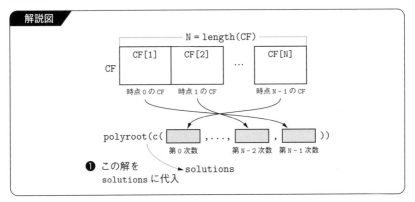

polyroot() 関数の中には各年度のキャッシュフローをベクトルの形で入力する必要があるが，初年度から最終年度へ向かうのではなく，最終年度から初年度へ向かう順番で入力するため，順番を逆転させている．**3.3.2 節**のコード ch03_23 と同様，キャッシュフローの発生する回数を N として定義すると，N は，例えば CF が 3 次元の場合，3，2，1 と値が 1 ずつ小さくなっていくベクトルであり，これを元の CF ベクトルの添字に代入することでベクトルを後ろから数え上げることできる．このコードで上手く動作するか確認するため，以下を実行してみよう．すると，望み通り，約 0.216 の IRR を得ることができるはずである．

```
# ch03_33: calculate_IRR() 関数の実行例

CF <- c(-100, 40, 50, 60)
calculate_IRR(CF)

# [1] 0.2164779
```

最後にエラーメッセージの出力機能を追加しよう．IRR はキャッシュフローの性質次第で複数の解が生じたり，あるいは解が一つも存在しなかったりする場合がある．その場合，IRR 法の適用を諦め，NPV 法を始めとする他の評価方法に依拠して意思決定をせざるをえない．例えば，原子力発電設備への投資プロジェクトを想定してみよう．そのプロジェクトでは，最初に原子力発電設備へと投資を行い ($CF_0 < 0$)，その後，稼働することで複数年にわたってプラスのキャッシュフローが見込まれたとしても，廃炉となる N 年後には設備撤去のため現金支出を余儀なくされる ($\mathbb{E}[CF_N] < 0$)．このようなキャッシュフローの出現パターンに対しては，必ずしも (3.1) 式が一意な実数解を持つとは限らない．

(3.1) 式が一意な実数解を持つか確認した上で，そうでない場合に処理を中断して，エラーメッセージを出力するように改造したのが以下のコードである．

```
# ch03_34: calculate_IRR() 関数の完成版（エラーメッセージ付き）

calculate_IRR <- function(CF) {
  N <- length(CF)
  solutions <- polyroot(CF[N:1])
  error_tolerance <- 1e-10
  is_real <- (abs(Im(solutions)) < error_tolerance)
  if (sum(is_real) != 1) stop("IRR 法の適用を再考！") # != は「左辺と右辺が
      等しくなければ」の意味
  Re(solutions[is_real]) - 1
}
```

このコードでは，新しく追加した if 文で，実数解が一意に存在するかを確認している．is_real は TRUE/FALSE の論理値で構成されるベクトルであったが，算術関数の引数として用いると，TRUE が 1，FALSE が 0 と解釈される．したがって，sum() 関数を用いて単純にその合計値を計算すると，is_real に含まれる TRUE の数が数えられる．もしその数が 1 でなければ，実数解が存在しないか，それが複数存在してしまうことから，stop() 関数を動かして，エラーメッセージを出力させている．!= 演算子は，== 演算子の逆で，左辺と右辺が等しくないかどうかを判定する論理演算子である．

試しに以下のコードを走らせてみると，エラーメッセージが表示されることが確認できる．この投資プロジェクトは最終年度のキャッシュフローがマイナスで

あるため，NPV が割引率に関して単調減少とならない（**図 3.2** を参照）．この投資プロジェクトの NPV は，0 と約 0.095 の双方でゼロとなっており，IRR が定義できないことが分かる．また，NPV はこの二点間でのみ正となっており，IRR 法が想定するハードルレートという考え方そのものが適用できないことも分かる．

```
# ch03_35: エラーメッセージが表示される例

CF <- c(-100, 100, 120, -120)
result <- calculate_IRR(CF)

## calculate_IRR(CF) でエラー: IRR 法の適用を再考!
```

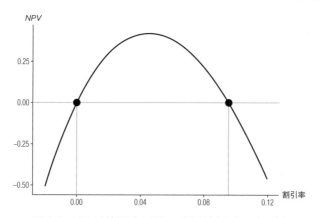

図 3.2　NPV が割引率に関して単調減少とならない例

3.5　データフレーム入門

3.5.1　CSV ファイルの読み込み

本節では，**コラム 3.4**（91 頁）で紹介したデータフレームに関する基本的な操作を紹介しよう．**第 4 章**以降でシミュレーション・データを用いた本格的な実習を行っていくので，本節の内容はその準備も兼ねている．まずは**サポートサイトの S2 節**にアクセスし，ダウンロードしたデータから ch03_daily_stock_return.csv というファイルをデスクトップ，あるいは適当なディレクトリに移動させて

ほしい.

R の話に入る前に, 拡張子 .csv が意味する CSV ファイルとは何かを説明しておこう. CSV とは Comma-Separated-Values (カンマで区切られた値の集合) の略で, 値や項目をカンマ (,) で区切って書いたテキスト・ファイルのことを指す. 表形式のデータと言うと Excel ファイルを思い浮かべるかもしれないが, 特定のアプリケーションに依存したファイル形式だと, 互換性がなく, 他の環境では開けない恐れがある. したがって, テキスト・ファイルに値とカンマだけで内容を書き込み, 互換性を高めたファイル形式が CSV ファイルである.

CSV ファイルを読み込むために, R の基本パッケージには read.csv() 関数が用意されている. read.csv() 関数には数多くのオプション引数が存在するが, それらを一旦無視して, ファイルのパスをダブルクォーテーション (") で囲って引数に指定すれば良い.

```
# ch03_36: CSV ファイルの読み込み

daily_stock_return <- read.csv("ch03_daily_stock_return.csv")
```

ファイルのパスとは, 各ファイルのコンピュータ内部における住所のようなもので, 相対パスと絶対パスの二種類が存在する. ch03_daily_stock_return.csv がコードと同じ作業ディレクトリに位置しているなら, 上のように "ch03_daily_stock_return.csv" という相対パスのみ指定すれば, R はそのファイルを発見できる. もし上のコードを実行して, 次のようなエラーが出る場合, R は ch03_daily_stock_return.csv を発見できていない.

```
file(file, "rt")でエラー: コネクションを開くことができません
追加情報: 警告メッセージ
file(file, "rt")で:
 ファイル'ch03_daily_stock_return.csv'を開くことができません: No such file
or directory
```

このエラーが表示された場合, まずはダウンロードしたファイルの名前が ch03_daily_stock_return.csv から変更されていないことを確認しよう. 繰り返し同じファイルをダウンロードしていると, ch03_daily_stock_return(1).csv のように, 勝手に名前が変更されてしまう場合があるので注意しよう.

　ファイル名の一致を確認した上で上記のエラーが表示され続ける場合，この CSV ファイルが作業ディレクトリに位置していない可能性が高い．まずはこの CSV ファイルが位置する場所（デスクトップなど）を確認した上で，R の作業ディレクトリをその場所へと変更してみよう．RStudio を使っている場合，上部のタブのうち [Session]→[Set Working Directory]→[Choose Directory] で作業ディレクトリを指定するのが最も簡単である[13, 14]．

3.5.2　データフレームに対する基本的な操作

　無事に CSV ファイルを R に読み込めたとして，今度はデータ分析に移ろう．通常，外部のデータセットを読み込んで最初に行うことは，目視でその概要を掴むことである．まずは head() 関数を用いて，コンソール上で daily_stock_ return の冒頭 6 行を出力してみる．

```
# ch03_37: データフレームの冒頭を確認

head(daily_stock_return)
```

出力結果

daily_stock_return		
date	firm1	firm2
1 2020-04-01	-0.039482142	0.076962597
2 2020-04-02	0.005978689	-0.007248848
3 2020-04-03	0.055786605	-0.017304080
4 2020-04-06	0.041934669	0.002168957
5 2020-04-07	-0.020192796	0.075545365
6 2020-04-08	-0.002294705	-0.096211744

---

[13]　RStudio を使っていない場合，(1) getwd() 関数で現在の作業ディレクトリを調べて CSV ファイルをそこに移動するか，(2) CSV ファイルがある場所を setwd() 関数で作業ディレクトリに指定し，改めてコードを実行してみよう．ディレクトリ階層を完全に明記した絶対パスを与える方法もあるが，絶対パスの指定方法は OS ごとに異なる点に注意が必要である．

[14]　これらの対処を行った上で尚もエラーが出力される場合，あくまで最終手段であるが，daily_ stock_return <- read.csv(file.choose()) として，ポップアップ画面上で読み込みたいファイルを指定する方法も存在する．

データの冒頭を目視した結果，このデータセットの各行は営業日に対応していることが分かる．続いて，nrow() 関数を用いて，何営業日分の株価を含んでいるか確認してみよう．ここで，nrow は number of rows（行数）の略である．

```
# ch03_38: データフレームの行数を確認

nrow(daily_stock_return)

## [1] 21
```

今度は daily_stock_return の各列の名前やデータ型を確認したい．str() 関数を用いて，daily_stock_return の内部構造を調べてみよう．str は structure（構造）の略で，変数の内部構造を意味する．

```
# ch03_39: データフレームの内部構造を確認

str(daily_stock_return)

## 'data.frame': 21 obs. of 3 variables:
## $ date : chr "2020-04-01" "2020-04-02" "2020-04-03" "2020-04-06" ...
## $ firm1: num -0.03948 0.00598 0.05579 0.04193 -0.02019 ...
## $ firm2: num 0.07696 -0.00725 -0.0173 0.00217 0.07555 ...
```

このデータには企業1 (firm1) と企業2 (firm2) の株式の日次リターンが含まれているので，平均的に見てどちらのリターンが高かったのか，mean() 関数を用いて確認してみよう．コラム 3.4（91頁）で説明したとおり，$演算子を用いると列名で各列を参照できる．

```
# ch03_40: 日次リターンの平均値を計算

mean(daily_stock_return$firm1)
## [1] 0.01416117

mean(daily_stock_return$firm2)
## [1] 0.008025261
```

一旦各列を参照してしまえば，単なるベクトルと一緒なので，mean() 関数以外にも様々な関数が応用できる．例えば，標準偏差や相関係数を計算するには，

それぞれ sd() 関数と cor() 関数を用いる.

```
# ch03_41: 日次リターンの標準偏差と相関を計算

sd(daily_stock_return$firm1) # sd は standard deviation（標準偏差）の略
## [1] 0.0538396

cor(daily_stock_return$firm1, daily_stock_return$firm2) # cor は
    correlation（相関）の略
## [1] 0.2334892
```

続いて，企業 1 の日次リターンが最も低かった日を調べてみたい．これには，まず which.min() 関数を用いて，firm1 列の最小値が何行目にあるか調べ，その値を date 列に代入する．以下では，コードの見通しを良くするため，中間変数として worst_day_ID を定義し，firm1 列の最小値がある行数を保存している．

```
# ch03_42: 最も日次リターンが低い日付を抽出

worst_day_ID <- which.min(daily_stock_return$firm1) # which.min() 関数で
    行番号を取得
## [1] 20

daily_stock_return$date[worst_day_ID] # 取得した行番号を代入して日付を取
    得
## [1] "2020-04-28"
```

3.4.3 節のコード ch03_31 において，論理値ベクトルを別のベクトルの引数として代入すると，TRUE の要素のみが抽出されるという性質を学んだが，これはデータフレームにも応用できる．試しに，企業 1 のリターンがプラスだった日付や，企業 1 と企業 2 のリターンが共にプラスだった日付を抽出してみよう．**コラム 3.4**（91 頁）で説明したとおり，データフレームは特定の次元を空白とすることで，その次元で全ての要素を参照できる．

```
# ch03_43: 日次リターンがプラスである日付のみを抽出

daily_stock_return[daily_stock_return$firm1 > 0, ]$date # 企業 1 のみで条
    件付け
# 2 次元目の要素を空白とすると，全ての列が選択される
```

```
# daily_stock_return$date[daily_stock_return$firm1 > 0] と書いても同じ

## [1] "2020-04-02" "2020-04-03" "2020-04-06" "2020-04-09" "2020-04-10"
     "2020-04-13" "2020-04-15" "2020-04-17" "2020-04-20" "2020-04-22"
     "2020-04-27" "2020-04-30"

daily_stock_return[daily_stock_return$firm1 > 0 & daily_stock_return
     $firm2 > 0, ]$date # 企業1と2の両方で条件付け

## [1] "2020-04-06" "2020-04-09" "2020-04-10" "2020-04-13" "2020-04-15"
     "2020-04-17" "2020-04-20"
```

データフレームの各列を更新したり削除したりするには，<-演算子を用いる．また，存在していない列名を指定すると，その列が新しく作成される．最後に登場する NULL は，存在しないことを意味する特別な値である．

```
# ch03_44: データフレームにおける列の作成・書き換え・削除

daily_stock_return$difference <- daily_stock_return$firm1 -
     daily_stock_return$firm2 # 両銘柄の差分を計算して新しい列に保存
daily_stock_return$firm1 <- 1 + daily_stock_return$firm1 # 企業1のネット
     リターンをグロスリターンに変換
daily_stock_return$firm2 <- NULL # 企業2のデータを削除
```

最後に，データフレームを CSV ファイルに出力するには，write.csv() 関数を用いる．以下のように指定すれば，daily_stock_return というデータフレームが作業ディレクトリ内で ch03_output.csv という CSV ファイルに出力されるはずである．

```
# ch03_45: データフレームを CSV ファイルに出力

write.csv(daily_stock_return, "ch03_output.csv")
```

3.6　ファクター型と日付型

3.6.1　ファクター型入門

　今までの説明では，ベクトルやデータフレームに含まれる要素のデータ型として，数値型[15]や文字型，複素数型，論理値型が登場した．R には，他にもファクター型や日付型と呼ばれるデータ型が存在し[16]，以降のデータ分析で必要になるので，ここでその概要を簡単に説明しておこう．まずは具体例を見てみたい．

```
# ch03_46: industry 列を文字型として定義

firm_ID <- c(1, 2, 3)
name <- c("Firm A", "Firm B", "Firm C")
industry <- c("Machinery", "Chemicals", "Machinery")

firm_data <- data.frame(firm_ID, name, industry)
```

　このように firm_data というデータフレームを作成すると，firm_ID 列は数値型，name 列と industry 列が文字型となる．しかし，industry 列はカテゴリカル変数と呼ばれ，各観測データがどのサブカテゴリーに属するかを明らかにする役割を果たしている．カテゴリカル変数の他の例としては性別や血液型，都道府県などが挙げられる．ここでは，単なる文字列との違いを明確にするため，industry 列を異なるデータ型で表現したい．R では，このようなカテゴリカル変数を扱うために，ファクター型（因子型）が用意されている．

```
# ch03_47: industry 列をファクター型に変換
```

---

[15]　数値型は更に倍精度浮動小数点型と整数型に分けられ，数値が整数であることを明示的に指定したい場合，1L のように後ろに L を付ける．NA（データが欠損している），NULL（データ項目自体が存在しない），Inf（無限大），NaN（計算できない）といった特別な値もデータ型の一種である．

[16]　歴史的な経緯により R の「データ型」には複数の意味がありうる．typeof() 関数の返り値と区別するために，ここでは「S3 クラス」と呼ぶ方が厳密だろうが，本書は初学者向けに分かりやすさを優先する．両者の違いに関して詳しくは Wickham (2019)[29] を参照してほしい．

```
firm_data$industry <- as.factor(firm_data$industry)
str(firm_data)

## 'data.frame': 3 obs. of 3 variables:
## $ firm_ID : num 1 2 3
## $ name : chr "Firm A" "Firm B" "Firm C"
## $ industry: Factor w/ 2 levels "Chemicals","Machinery": 2 1 2
```

最初の as.factor() 関数は，データ列をファクター型に変換する関数である．str() 関数を用いて firm_data の構造を眺めてみると，name 列が文字型 (chr) のままであるのに対し，industry 列はファクター型に変更されている．ここで，"Chemicals" と "Machinery" は水準 (level) と呼ばれ，各カテゴリーの名前を表す．コンピュータ内部では各カテゴリーが自然数で表されており，今回の観測データはその番号を介して，2 (Machinery)，1 (Chemicals)，2 (Machinery) と表現されている．

このように文字型でなくファクター型を用いると，自然数で各カテゴリーが表現されるため，任意の順序での並び替えや大小関係の比較が可能となるのがメリットである．また，同一の図表内でサブカテゴリーごとの比較をしたい場合は，ファクター型を用いてカテゴリカル変数を明示する必要が生じる場合があることも覚えておこう．

3.6.2　日付型入門

ファクター型に続いて，日付型の具体例を見てみよう．

```
# ch03_48: date 列を文字型として定義

date <- c("2021/4/1", "2021/4/2", "2021/4/5")
stock_return <- c(0.02, -0.01, -0.02)

stock_return_data <- data.frame(date, stock_return)
str(stock_return_data)

## 'data.frame': 3 obs. of 2 variables:
```

```
## $ date : chr "2021/4/1" "2021/4/2" "2021/4/5"
## $ stock_return: num 0.02 -0.01 -0.02
```

このように stock_return_data を作成すると，date 列は文字型に，stock_
return 列は数値型になる．しかし，日付は足し引きできたり，大小関係が比較
できるので，文字と数値の中間的な性質を持っている．これらの性質を実現する
ために，R には日付を扱うために日付型が準備されている．

```
# ch03_49: date 列を日付型に変換

stock_return_data$date <- as.Date(stock_return_data$date)
str(stock_return_data)

## 'data.frame': 3 obs. of 2 variables:
## $ date : Date, format: "2021-04-01" "2021-04-02" "2021-04-05"
## $ stock_return: num 0.02 -0.01 -0.02
```

最初に登場する as.Date() 関数はデータ列を日付型に変換するための関数であ
る．str() 関数で内部構造を確認してみると，date 列は確かに日付型に変更され
ている．試しに date 列に 1 を足してみると，確かに日付が 1 日後にずれている
ことが分かる．

```
# ch03_50: 日付型の変数に対する足し算の例

stock_return_data$date <- stock_return_data$date + 1 # 文字型の変数に足し
    算するとエラーになる
head(stock_return_data)

## date stock_return
## 1 2021-04-02 0.02
## 2 2021-04-03 -0.01
## 3 2021-04-06 -0.02
```

3.7 外部パッケージの使い方

3.7.1 外部パッケージのインストール

今までの説明では，基本パッケージに含まれる関数や演算子のみを利用して，自分で新しく関数を定義したり，データフレームを操作したりする方法を見てきた．しかし，現実のRを用いたデータ分析では，ユーザーが任意に作成した外部パッケージの機能を使うことが非常に多い．一定のルールに従えば，外部パッケージは自由に作成することができるので，その質は玉石混交である．しかし，これから紹介する dplyr や ggplot2 を始め，有名な外部パッケージは充実した機能を持ち，それらを活用できることはRを用いてプログラミングを行う一つの大きな利点と言える．目的に応じて外部パッケージを自由自在に使いこなせることも，Rに熟達する上で重要なスキルである．

それでは早速，dplyr，及び ggplot2 をインストールしてみよう．これらのパッケージは tidyverse と呼ばれるパッケージ群に含まれているので，一括してインストールできる．tidyverse に含まれるパッケージ群は，全てハドリー・ウィッカム (Hadley Wickham) とその共著者達が管理しており，Rを用いたデータ分析では無くてはならない存在となっている．

外部パッケージのインストール方法は何通りかあるが，**CRAN** (The Comprehensive R Archive Network: cran.r-project.org) というウェブサイトからダウンロードするのが最も簡単である．基本パッケージに含まれる install.packages() 関数を用いて，第一引数にインストールしたいパッケージ名を "" で囲って指定する．

```
# ch03_51: tidyverse のインストール

install.packages("tidyverse")
```

install.packages() 関数を実行すると，必要なデータをダウンロードしてインストールしているというメッセージが複数行にわたって表示される．無事にインストールが完了したかどうかを確認するためには，library() というコードをコ

ンソール上に入力してみよう. 既にインストールされたパッケージの一覧が表示される. その中に tidyverse が含まれていれば, インストール成功である. 外部パッケージは定期的にアップデートされることが多いので, 最新のバージョンを使いたければ, RStudio のパッケージ管理機能で定期的に更新を行うと便利である.

一度, install.packages() 関数を用いれば, そのパッケージは R 内部で保存されるので, 使用する度にインストールを繰り返す必要はない. まずは外部パッケージに含まれる関数の一例として, dplyr に含まれる near() 関数を使ってみよう[17]. この関数は, 数値的な誤差を加味した上で一致性を判定するもので, 基本パッケージにはない機能を提供している.

```
# ch03_52: dplyr に含まれる near() 関数

dplyr::near(c(1, 2, 1 + 1e-16), 1) # tidyverse::near() だとエラーになる

## [1] TRUE FALSE TRUE
```

ここでは, 3 次元ベクトル $(1, 2, 1 + 10^{-16})$ の要素がそれぞれ 1 と近いかを判定している. near の前に dplyr:: とつけたのは, dplyr というパッケージから near() 関数を探してくるという意味で, これがないとこのコードはエラーになってしまう. これは名前空間という考え方で, 関数や変数の名前にパッケージ名を付与して, 異なるパッケージごとでそれらが衝突することを回避する役割を持つ. 一方で, 毎回, 関数の名前の前にパッケージ名を付与するのは面倒なので, 代わりにコードの冒頭で library() 関数を用いて, パッケージの読み込みを行うことも多い. 以下のコードのように, 最初に tidyverse を読み込むと near() 関数をパッケージ名の指定なしで使うことができる.

```
# ch03_53: tidyverse の読み込み

library("tidyverse")
near(c(1, 2, 1 + 1e-16), 1) # dplyr:: を省略できる

## [1] TRUE FALSE TRUE
```

---

[17] tidyverse に含まれる各パッケージは**第 4 章**で詳しく解説する. tidyverse は各パッケージを一括してインストールするためのメタパッケージだと理解すれば良い.

3.7.2 作図データの準備

外部パッケージの別の活用例として，以降では ggplot2 を利用したグラフの作図を紹介していこう．ggplot2 は 2007 年にウィッカムによってリリースされて以来，R におけるグラフの作図のデファクト・スタンダードになっている．ggplot2 の gg とは grammar of graphics の略で，グラフの構成要素を各種のレイヤーに分解し，コード上でそれを積み重ねていく形でグラフを作図する．今までの例で登場した基本パッケージの plot() 関数などと比べると，文法が複雑に見えるので最初は少しとっつきにくい印象を持つだろうが，使い慣れるととても便利であり，R ユーザーから多大な支持を得ている．

まずは ggplot2 で図示するデータを準備しよう．ggplot2 は基本パッケージの plot() 関数などと違って，入力データをデータフレームの形式で準備する必要がある[18]．ここでは先ほど定義した calculate_IRR() 関数を用いて，ggplot2 への入力に適したデータを準備する．

```
# ch03_54: 異なる初期投資額に対して内部収益率をそれぞれ計算

initial_cost <- seq(80, 100, by = 1) # 21 次元の initial_cost ベクトルを
    用意
IRR <- rep(NA, length(initial_cost)) # 対応する IRR を NA で初期化

for (i in 1:length(initial_cost)) {
  IRR[i] <- calculate_IRR(c(-initial_cost[i], 100)) # 各 initial_cost に
      対応して IRR を計算
}

figure_data <- data.frame(initial_cost, IRR) # 計算結果をデータフレームに
    格納
head(figure_data)
```

---

[18] より正確には，整然データ (tidy data) のデータフレームが必要となる．整然データと雑然 (非整然) データの違いは，**第 5 章の章末問題 演習 8** を参照してほしい．

出力結果

figure_data		
	initial_cost	IRR
1	80	0.2500000
2	81	0.2345679
3	82	0.2195122
4	83	0.2048193
5	84	0.1904762
6	85	0.1764706

　上のコードは，1年後に100万円のキャッシュフローをもたらす投資プロジェクトの IRR を，異なる初期投資額に関してそれぞれ計算したものである．80万円から100万円まで，1万円ごとに初期投資額を固定し，calculate_IRR() 関数を用いて対応する IRR を計算している．initial_cost と IRR はそれぞれ21次元のベクトルであり，それを figure_data という一つのデータフレームにまとめている．

3.7.3 ggplot2 による作図

　入力用のデータの準備が済んだので，ggplot2 を用いて figure_data を図示してみよう[19]．このデータは初期投資と IRR の関係を表すので，x 軸に初期投資額 initial_cost を，y 軸に IRR を選んで，折れ線グラフとして図示してみよう．

```
# ch03_55: ggplot2 を用いて初期投資額と内部収益率の関係を描画

ggplot(data = figure_data) +
  geom_line(mapping = aes(x = initial_cost, y = IRR))
    # ggplot() 関数で描画オブジェクトを作成し，geom_line() 関数で折れ線
    グラフを描画
```

---

[19] このコードを実行したにもかかわらず，エラーメッセージ抜きで図が表示されなかった場合，RStudio の (Source) タブを拡大して，(Source with Echo) というボタンをクリックしてみると良い．あるいは，コンソール上で source("your_file_name.R", echo = TRUE) を実行しても良い（ただし，your_file_name.R は実行したいファイル名に修正する）．

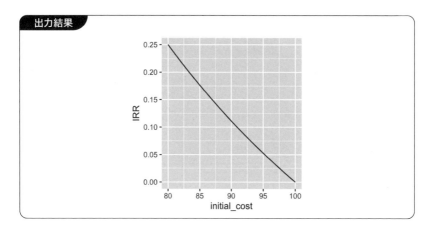

見慣れない記述が並ぶが，一つずつ要素を理解していこう．まず，最初に
ggplot()関数を用いて，これからグラフを描くためのキャンバスを準備してい
る．そして，引数では figure_data を入力用のデータとして用いることを宣言
している．仮にこの段階でコードを終えてもエラーは発生しないが，キャンバス
となる灰色の背景だけが表示される．

　続いて，グラフの中心となる折れ線グラフを追加しているのが，geom_line()
関数である．後で実際に確認するが，ggplot2では+演算子を用いて各要素を足
し合わせていく要領で，複雑なグラフを作成する．ここでは，作成したいグラフ
の種類によって，散布図の geom_point() や，ヒストグラムの geom_histogram()
など，異なる関数を使い分ける必要がある．最後に mapping 引数の aes() 関数で
は，折れ線グラフを図示する上で x 軸と y 軸の要素をラベル名で指定している．
仮にこれを x = IRR, y = initial_cost と指定すると，先ほどのグラフは x 軸と y
軸が入れ替わって表示される．

　ggplot2の使い方に慣れるために，先ほどの折れ線グラフに各データを表す点
を追加してみよう．散布図を追加する関数は geom_point() であるから，+演算子
を用いてそれを先ほどのコードに追加すると，散布図が上書きされる[20]．このよ
うに，グラフをレイヤーごとに分解し，各要素を+演算子で繋いでいくのが

---

[20] 　ggplot() 関数に第二引数として mapping = aes(x = initial_cost, y = IRR) を追加すれば，この引
数が geom_line() 関数と geom_point() 関数の双方に引き渡されるため，両関数で繰り返し mapping 引
数を指定する手間を省くことができる．また，位置指定を利用すれば，data =と mapping =という引数
名を省略することも可能である．

ggplot2 の特徴である．+演算子の後に改行を入れることもできるので，1 行が長くなりすぎないよう工夫しよう．

```
# ch03_56: 折れ線グラフの上に点グラフを追加

ggplot(data = figure_data) +
  geom_line(mapping = aes(x = initial_cost, y = IRR)) +
  geom_point(mapping = aes(x = initial_cost, y = IRR)) # geom_point() 関数
      で点グラフを描画
```

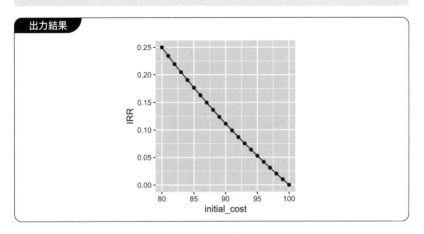

続いて，上のグラフの見栄えを微調整しよう．まず，グラフにタイトルを付ける．加えて，このままでは x 軸のラベルが読みにくいので，初期投資額を表す "Initial Cost" に変更する．最後に，グラフの背景が灰色となっているが，これを白にしてもっと標準的な見た目にする．これら一連の微調整を実現するのが以下のコードである．

```
# ch03_57: ggplot2 で作成した図の見栄えを改善

ggplot(data = figure_data) +
  geom_line(mapping = aes(x = initial_cost, y = IRR)) +
  geom_point(mapping = aes(x = initial_cost, y = IRR)) +
  labs(x = "Initial Cost", y = "IRR", title = "Initial Cost and IRR") +
      # 両軸の変数名やタイトルを設定
  theme_classic() # 背景などグラフ全体の体裁（テーマ）を設定
```

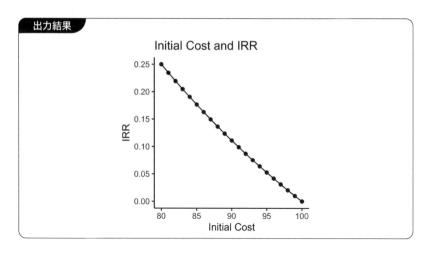

　上のコードを見ると geom_point() 関数までは先ほどと一緒で，それに+演算子で labs() 関数と theme_classic() 関数を追加している．labs() 関数はグラフのタイトルや軸ラベルを設定する関数である．theme_classic() 関数は，グラフの背景や枠線など（グラフのテーマと言う）を統一的に変更するための関数である．グラフのテーマは他にも多数用意されており，枠線を無くす theme_void() や，背景は白だがメモリを表す十字線が入る theme_bw() など，複数の選択肢があるので，目的に応じて使い分けると良いだろう．

　最後にグラフ内に文字や図形を挿入して注釈を入れてみよう．下のコードでは，theme_classic() 関数までは先ほどのコードと全く一緒である．annotate() 関数が二つ並んでいるが，一つ目は "Initial Cost 100" という文字を，二つ目は文字から点へと向かう矢印を挿入している．最初の引数 geom が挿入するオブジェクトの種類を表す．文字を挿入するには，geom = "text" と指定した上で，挿入したい場所を (x, y) 座標で指定する．挿入する文字は label 引数で指定するが，日本語の文字を挿入する場合，日本語フォントも指定する必要がある点に注意しよう．矢印や線分などを挿入する場合，始点と終点で二つの (x, y) 座標を指定する．また，arrow() 関数内に数字を書くと，矢印の傘の大きさを指定できる．

　出力したグラフを画像として保存したい場合，ggsave() 関数を用いる．直前に出力したグラフを保存したい場合，まずはファイル名を指定した上で，必要に応じてグラフのサイズなどの細部を指定すれば良い．

```
# ch03_58: 初期投資額が 100 の点を強調

ggplot(data = figure_data) +
  geom_line(mapping = aes(x = initial_cost, y = IRR)) +
  geom_point(mapping = aes(x = initial_cost, y = IRR)) +
  labs(x = "Initial Cost", y = "IRR", title = "Initial Cost and IRR") +
  theme_classic() +
  annotate(geom = "text", x = 99, y = 0.05, label = "Initial Cost 100") +
    # 位置を指定して文字列を追加
  annotate(geom = "segment", x = 100, xend = 100, y = 0.04, yend = 0.01,
    color = "black", linewidth = 0.5, arrow = arrow(length = unit(0.3,
    "cm"))) # 始点や終点などを指定して矢印を追加

ggsave("IRR.pdf", width = 20, height = 10, units = "cm") # 完成した図を PDF
  型式で保存
```

出力結果

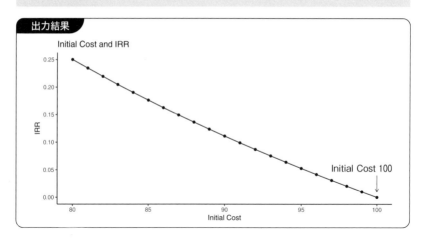

この節では，ggplot2 を用いてグラフを描く基本的なステップを学んだ．ggplot2 は一見すると文法が複雑で初学者は敬遠しがちだが，複雑なグラフをレイヤーごとに分解して描くことができるので，とても便利なツールである．豊富な機能が存在するため，ここで全てを説明することはできないが，インターネット上の解説サイトも数多く見つかるので，必要に応じて適宜検索すると良いだろう．自分が作成したいグラフのイメージが持てたら，ggplot2 の解説サイトからそれに近いグラフを探し，そのコードを解読して自分なりに修正するという流れが実践的である．

──────────── **演習問題** ────────────

演習1 初期投資に250万円必要で，その後は1年ごとに50万円，120万円，100万円というプラスのキャッシュフローが見込まれる投資プロジェクトを考えよう．この投資プロジェクトのNPVが，異なる割引率 $\tilde{R}$ に対してどう変化するかを分析したい．Rを用いて，y 軸にNPV，x 軸に割引率 $\tilde{R}$ を取る折れ線グラフを描け．ただし，割引率 $\tilde{R}$ の取る範囲は0から0.1の間とすること．

演習2 毎年100万円を20年間にわたって支払う年金商品の現在価値を計算したい．ただし，最初の支払いは現時点から見て35年後だとする．割引率 $\tilde{R}$ を0.05とするとき，等比数列の和の公式を用いて，この年金商品の現在価値を計算せよ．

演習3* 元本 P 円を年利 R で1年間運用することを考えよう．単純に考えると，1年後の将来価値 (Future Value; FV) は $(1+R)P$ 円である．しかし，金利には「複利の頻度」という概念があり，1年当たりに利子が付く回数を変えることができる．先ほどの場合，金利は1年後に1回だけ支払われると仮定したので1年複利と呼ばれるが，他にも例えば半年複利であれば，半年ごとに金利 $R/2$ が支払われる．この場合，半年後に元本は $(1+R/2)P$ 円に成長しており，それを更に半年間運用するので，1年後の将来価値は最終的に $(1+R/2)^2 P$ 円となる．これを一般化すると，1年当たりの複利の回数を n と置いたとき，T 年後の将来価値は以下のように書ける．

$$FV(n) = (1 + R/n)^{Tn} P$$

指数が Tn となっているのは，T 年間で合計 Tn 回だけ利払いが存在するからである．前置きが長くなったが，この問題ではRを用いて将来価値を計算する関数 calculate_FV() を定義してみよう．ただし，引数は元本 P，年利 R，1年当たりの複利の回数 n，運用年数 T とし，それらを自由に変えられるようにすること．

　　ヒント：例えば，calculate_FV(100, 0.1, 2, 2) は約121.55を返す．

演習4* 複利の頻度を極限まで高くすると，連続複利に収束することが知られている．ここで連続複利とは各瞬間で金利が連続的に支払われる状況を表し，具体的には以下のように将来価値を計算できる．

$$\lim_{n \to \infty} FV(n) = Pe^{RT}$$

ここで，e はネイピア数（自然対数の底）と呼ばれる定数で，約2.718の値を取る．元本100万円を年利10%，連続複利で1年間運用した場合の将来価値はいくらになるか，Rを用いて実際に計算せよ．

ヒント：ネイピア数のべき乗を計算するための関数として，R では exp() 関数
が用意されている．

演習 5* 元本 100 万円を年利 10％で 1 年間運用することを考えよう．この問題では，1 年
当たりの複利の回数 n を変化させたときに，将来価値の $FV(n)$ がどう変化するかを分析し
てみたい．先ほど定義した calculate_FV() を用いて，y 軸に $FV(n)$，x 軸に n を取る折れ
線グラフを描き，$FV(n)$ が先ほど計算した連続複利の場合の将来価値 $100e^{0.1}$ に収束する様
子を可視化せよ．また，将来価値は複利の回数に関して単調増加となっていることを確認
せよ．

演習 6 3.1.3 節のコード ch03_07 で，1 年後に受け取る 100 万円の現在価値と割引率の関
係を折れ線グラフに可視化したことを思い出そう．実は，1 変数関数の場合，値を離散化せ
ずとも，関数のまま plot() 関数に代入して折れ線グラフを描くことができる．独自関数を
plot() 関数に代入して，コード ch03_08 と同じ折れ線グラフを描け．

ヒント 1：3.3.1 節で定義した calculate_PV() 関数（コード ch03_20）をその
まま plot() 関数に代入すれば良い（丸括弧や引数は不要）．
ヒント 2：このように，ベクトルだけでなく関数も代入可能であるのは，
plot() 関数が持つ多態性の一例である．

演習 7 初年度から 3 年後まで，それぞれ −100 万円，+20 万円，+30 万円，+90 万円の
キャッシュフローをもたらす投資プロジェクトを考える．この投資プロジェクトの割引率
を 0.1 とするとき，NPV と IRR をそれぞれ計算し，投資プロジェクトを実行すべきか判断
せよ．

演習 8* R のコンソール上で，print(0.1 + 0.2 == 0.3) を実行すると FALSE が出力され
るのはなぜか．コンピュータが内部で数字を表現する仕組みを踏まえて説明せよ．また，
代わりに all.equal() 関数を用いると TRUE と出力されることを確認せよ．

ヒント：コンピュータは内部で 2 進数を用いて数字を表現している．

演習 9 3.2.2 節で，if 文の応用例として，NPV が広義に正の場合のみ print() 関数を実
行させたことを思い出そう．ここでは，ch03_17 のコードを修正して，更に複雑な条件分
岐を実行してみたい．
(1) NPV が狭義に正の場合は「プロジェクトを実行！」，そうでない場合は「プロジェク
トを実行しない！」というメッセージを出力するコードを書け．

ヒント：if（条件式）{処理 1} else {処理 2} と書くことで，条件式が成立する
場合は処理 1 を，そうでない場合は処理 2 を実行させることができる．

(2) NPV が狭義に正の場合は「プロジェクトを実行！」，0 の場合は「どちらでも良い！」，負の場合は「プロジェクトを実行しない！」というメッセージを出力するコードを書け．

> <u>ヒント</u>：if（条件式1）{処理1} else if（条件式2）{処理2} else {処理3} と
> 書くことで，条件式1が成立する場合は処理1を，条件式2が成立する場合は
> 処理2を，いずれも成立しない場合は処理3を実行させることができる．

演習 10[*] この問題では，**3.6 節**で学んだファクター型と日付型に関して理解を深めよう．

(1) まず，**3.6.1 節**で作成した firm_data$industry を sort() 関数に代入すると，アルファベット順に並び替えられることを確認せよ．続いて，このデータをアルファベット順ではなく Machinery が Chemicals の先に来るよう並び替えた上で，sort() 関数でこれを確認せよ．

> <u>ヒント</u>：任意の順番で並び替えを行うには，factor() 関数にデータを代入した
> 上で，levels 引数で各カテゴリー名（水準）を並び替えたい順番で指定する．

(2) 日付型の変数に weekdays() 関数を作用させると，対応する曜日を出力することができる．**3.6.2 節**で作成した stock_return_data でこれを確認せよ．また，代わりに months() 関数を用いたら何が返されるのか答えよ．

第4章
財務データの取得と可視化

　この章ではRを用いて企業の財務データを分析する方法を学ぶ．ここでいう財務データとは，**第1章**で学んだ財務諸表に掲載される数値データのことである．本章では，(1) 企業の財務面を定量的に評価するための下準備にあたるデータの前処理，(2) ROEなどの各種財務比率の計算と基本統計量の確認，(3) 財務データの可視化を学び，自らでデータをハンドリングし，投資判断などに役立てる知識を得ることを最終目標としよう．

4.1　ディスクロージャー制度の概要とデータの入手先

4.1.1　法定開示と適時開示

　Rを使った分析に入る前に，まずは上場企業がどのように財務データを公表するか知っておこう．上場企業は不特定多数の投資家が存在するため，投資家保護の一環として財務データを含めた自社に関する重要情報を公表する義務を負っている．その柱となるのが，(a) 金融商品取引法によって提出義務が課される有価証券報告書と，(b) 証券取引所のルールによって提出義務が課される決算短信である．多くの日本企業は4月始まりの会計年度を採用しており，3月末に1会計年度が終了した後，一定期間内に有価証券報告書と決算短信をそれぞれ開示する．

　有価証券報告書とは，上場企業のディスクロージャー制度の柱となる資料である．ページ数は企業によって異なるが，200ページを超えることも珍しくなく，全てを精読すれば，その企業の経済活動を詳細に知ることができる．有価証券報告書は，決算期末から3ヶ月以内に金融庁に提出され，誰でも閲覧可能となる．

	年次開示	四半期開示	重要事実
法定開示 (根拠) 金融商品取引法 (入手先) EDINET	**有価証券報告書** ・決算日から3ヶ月以内に作成の上, 金融庁に届出. ・財務諸表に対する監査人による監査報告書も添付.	**四半期報告書** ・四半期末から45日以内に作成の上, 金融庁に届出. ・監査は, 迅速性を重視し, 保証水準が相対的に低いレビューに留まる.	**臨時報告書** ・有価証券の募集や売り出し, 合併, 災害による損失など, 財務諸表数値に影響を及ぼす事象が臨時的に発生した場合に提出.
適時開示 (根拠) 証券取引所規則 (入手先) TDnet	**決算短信** ・決算内容が固まり次第, 作成して開示. ・決算日から45日以内に開示するよう要請されており, 30日以内の開示が望ましいとされる. ・実績値に加えて, 経営者による次期予想値も公表しているのが特徴.	**四半期決算短信** ・決算内容が定まり次第, 作成して開示 (四半期末から開示までの日数は平均して35日程度).	**適時開示** ・投資家の投資判断に影響を及ぼす決定事項や事実が発生した場合に直ちに開示. ・例えば, 改めて見積もられた予想値が決算短信等で公表された直近の予想値から著しく乖離する場合, 「業績予想の修正」に関する開示を行わなければならない.

記載内容のフォーマットは決まっており, 例えば最初の「企業の概要」というセクションでは, 主要な経営指標の推移, その企業の沿革や事業の内容などが記載されている. このように, 財務データのような定量的な情報だけではなく, 業績変動要因の分析などの定性的な情報も充実していることが有価証券報告書の特徴である. 有価証券報告書の中核を担うのが, 「経理の状況」というセクションに掲載されている財務諸表である. そこでは**第1章**で学習したB/SやP/Lに加えて, 企業にとっての血液とも称される現金の流れを要約した**キャッシュフロー計算書**などの財務諸表が収録されている.

　財務諸表は, ときに企業の成績表とも呼ばれることがあるが, 一般にイメージされる成績表とは異なる点が一つある. それは, 成績表と言えば, 教員という第三者が学生の普段の学修活動を記録し, それに基づいて作成・開示される一方で, 企業の成績表である財務諸表は, 企業自身が経済活動の様子を記録し, その記録に基づいて作成・開示される点である. 自らで作成した財務諸表の確からしさを自らで保証することはできない. そこで, 有価証券報告書に収録される財務諸表は, 公認会計士, または監査法人 (総称して監査人) という企業とは独立した第三者による監査が行われる決まりになっている. 監査人は, 企業が作成した財務諸表が確かに**一般に認められた会計原則** (Generally Accepted Accounting Principles; GAAP) に則って作成され, 企業の経済実態を適正に表示しているか否かを監査し, その結果を監査意見として監査報告書にて開示する. 監査人からのお墨付きを得ることで, 財務諸表は信頼性の担保された情報となる. こうして,

我々はそれを安心して参照し，様々な意思決定に役立てることができるのである．

有価証券報告書は，網羅性と信頼性を具備した情報として有益であるが，唯一の欠点は，速報性に欠ける点である．我々は，それを入手するのに決算から3ヶ月近くも待たなければならない．その欠点を補ってくれるのが，証券取引所のルールに則って開示される**決算短信**である．上場企業は，決算内容が固まり次第，直ちに決算短信を通じて，売上高や当期純利益などの業績のサマリー情報を開示しなければならない．決算短信は，ページ数が10ページ前後と記載内容が少ないものの，決算日から起算して平均して40日程度で開示される点で速報性に優れている．一般に，決算短信と有価証券報告書の中で開示される会計数値が大きく乖離することはまれであるが，決算短信の開示時点では監査人による監査は終了しておらず，決算短信内の会計数値は，有価証券報告書のそれに比べて，相対的に信頼性は低い．

決算短信について特筆すべき点としては，既定のフォーマットに経営者による次期の予想数値を記載する欄が設けられていることが挙げられる．実際にその欄を利用するか否かは任意であるが，現実には大部分の企業が経営者予想を公表している．経営者は，企業の将来見通しに最も精通する人物の一人であるので，証券アナリストなどの企業外部者と比べて，彼らの利益予想は正確度が高い傾向にある．財務報告の目的は，投資家の将来予測に資する情報を提供することである．したがって，経営者による予想利益は，この目的をより良く満たす情報という意味で目的適合的な情報であると言える．このように速報性と目的適合性を併せ持つ決算短信は，有価証券報告書に比べて，投資家の注目度や利用度が高いことが知られている．

4.1.2 財務データの入手先

公表された有価証券報告書，及び決算短信はその企業の公式ウェブサイトの投資家向け情報（企業によっては IR 情報[1]）のセクションに掲載される．また，全上場企業の有価証券報告書は金融庁が運営する電子開示システム **EDINET** (Electronic Disclosure for Investors' NETwork) で横断的に閲覧できる．同様に，

---

[1] IR の具体的な意味は，**コラム 4.1**（140 頁）を参照してほしい．

決算短信は東京証券取引所が運営する電子開示システム **TDnet** (Timely Disclosure network) で閲覧可能である．有価証券報告書や決算短信は PDF 形式で本文が開示されるが，それと同時に eXtensible Business Reporting Language，略して **XBRL** というコンピュータに理解しやすい形式で財務諸表などの主要情報が公開される．

　また，年間の経済活動の状況だけではなく，もう少し短いスパンでタイムリーに状況を知りたければ，金融商品取引法によって開示が義務付けられている四半期報告書の中に収録される四半期財務諸表を参照すれば良い．四半期報告書は，決算日から起算して 45 日以内に作成・開示することが義務付けられており，有価証券報告書と同様，EDINET を通じて閲覧可能である．また，証券取引所は四半期ベースでも決算短信を開示するよう企業に義務付けているため，短いスパンで適時的な情報が知りたければ，TDnet を情報源として，四半期決算短信も活用することができる．

　定期的に公表される有価証券報告書や決算短信に加え，上場企業は自社の業績に影響を与える重要事項が発生した場合，適宜それを公表する義務を負っている．開示が求められる情報のタイプは幅広いが，新株の発行や主要株主の異動，業績予想の修正，訴訟の提起など，投資家がその企業の株式を評価するにあたって必要とする重要情報が原則として全て含まれる．

コラム 4.1　IR 活動と株式資本コスト

　企業が行う情報開示は，法定開示や適時開示だけに留まらない．金融商品取引法や証券取引所規則に縛られることなく，企業は，自ら進んで情報開示を行うこともある．そうした自発的な情報開示は，任意開示と呼ばれる．こうした任意開示を含め，企業が自社の魅力を投資家に伝え，自社の株式の購買意欲をそそることを目的とした一連の活動は，**IR** (Investor Relations) 活動と呼ばれる．財務データを始めとする定量的データと，企業理念や CSR 活動への取り組み，今後のビジョンなどの定性的データを併せて開示する統合報告書の開示や，経営者自らが決算の説明を行う決算説明会の開催などは，IR 活動の典型例である．

　IR 活動を行うためには，コストが掛かる．IR 担当者を雇ったり，情報を作成・開示したりするのに，企業は物心両面のコストを負担しなければならないのである．IR 活動というのは，一見すると，投資家は企業の将来見通しをより良く推し量ることができるようになるというメリットを享受する一方，企業は情報作成や開示のコストを負担しなければならず，企業ばかりが損をしているように見えるかもしれない．しか

し, IR 活動は, 企業にも多大なるベネフィットをもたらしてくれるのである. そのベネフィットとは, 株式資本コストの低減である.

2.4 節で学習した CAPM によれば, 企業間の株式資本コストの差異は唯一マーケット・ベータにのみ依存する. ただし, 注意しなければならないのは, CAPM が成立する背景には, 全ての投資家は同じ情報を共有するという仮定が存在する点である. しかし, 現実の株式市場では, 特定の企業の株式について, ある投資家はより多くの, かつ, 質の高い情報を持ち, それに基づいてより良く将来を見通すことができる一方, ある投資家はほとんど情報を持たず, その株式の将来を大雑把にしか見通すことができないという状況にあると考えた方が自然である. すなわち, 現実の株式市場は, CAPM が考えるように皆が等しく情報を持っているのではなく, 情報優位にいる投資家もいる一方で, 情報劣位にいる投資家もいるといった**情報の非対称性** (information asymmetry) が存在するのである. 2000 年代に入り, 情報の非対称性があることを前提にすれば, CAPM の世界観は維持されず, その代わり, 情報リスクというリスクが高い株式の企業ほど, 高い株式資本コストが課されるという主張がなされるようになった (Easley and O'Hara, 2004[11]). 情報リスクとは, 情報劣位にいる投資家が, その情報劣位ゆえに, たとえ分散投資を行っていたとしても損失を被ることを回避し難く, 情報劣位にいることに起因して負担しなければならないリスクを指す. 投資家は, この情報リスクをタダでは負担してくれない. それを負担することに対して見返り (リスクプレミアム) を求めるのである. したがって, 情報の非対称性が高く, 情報リスクが大きい銘柄ほど, 投資家からより高いリターンが期待されることになり, 企業が負担しなければならない株式資本コストは重くなるのである.

　IR 活動は, 情報優位にいた投資家も, 情報劣位にいた投資家も等しい情報に基づいて企業の将来を見通せることができるようにならしめるデバイスの一つである. 積極的な IR 活動は, 両者に偏在していた情報の非対称性を緩和し, 情報リスクが低くなる. その結果, 投資家が期待するリターンも低減し, 企業にとっての株式資本コストも低減するというわけである. 企業が負担しなければならないコストが低下するのだから, それは企業にとってメリットに他ならない. IR 活動というのは, 企業がコスト負担をして投資家がベネフィットを得るという一方的なものではなく, 投資家も, そして企業も互いにベネフィットを得る Win-Win の活動なのである.

　本書の執筆時点で日本には上場企業が約 4,000 社存在し, 年度末決算に限った場合でも分析期間の年数分だけ, それぞれの企業に財務諸表が存在する. したがって, 財務データを用いてデータ分析を行う場合, 個々の企業の財務データを手で集めてくるのは余り現実的でない. 金融機関や大学などの専門機関は, データ収集の手間を省くためにデータベンダー各社と契約し, それらが提供する

データベースを利用することが多い[2]. また, そのようなデータベースにアクセス権のない個人であっても, 先ほど言及した XBRL 情報をクローリングできれば, データベースを自分用に構築することができる. XBRL 情報のクローリングは本書のレベルを超えるので, 以降では, 現実データを模したシミュレーション・データを用いて R でのデータ分析を解説していこう.

┌─ **コラム 4.2　会計基準の変更** ─────────────────

　第 1 章で財務諸表について学んだが, 多種多様な企業活動を財務諸表上の数値に落とし込む際にあたって, 様々な個別具体的な規則が必要となる. 会社法や金融商品取引法は, 財務諸表を GAAP によって作成するべきと定めており, そのような規則の集まりを会計基準と呼ぶ.

　我が国では, 戦後まもなく制定された企業会計原則に加えて, 公認会計士や会計学者, 企業出身者から構成される企業会計基準委員会が開発した各種の基準が日本の会計基準 (J-GAAP) を構成している. 一方, 日本の上場企業であっても, 海外の証券取引所に上場しているなどの理由で, 米国会計基準 (US-GAAP)・国際会計基準 (IFRS)・修正国際基準 (JMIS) のいずれかを採用することも許容されている. 最後の JMIS を採用している企業は本書執筆時点で存在していないため, 現状は日本国内で三つの会計基準が併存している.

　現実の上場企業が採用している会計基準を見てみると, 数の上では大多数が日本基準である. しかし, 近年は大企業を中心に IFRS を採用する企業が増加傾向にある. この増加の背景の一つに, 政府が 2014 年に発表した新成長戦略がある. 政府は, 金融・資本市場の活性化を目的として, その報告書の中で, IFRS の任意適用企業の拡大促進を成長戦略の一つとして掲げた. それ以降, IFRS 適用会社の増加の勢いに拍車が掛かったのである.

　本章で行うようなデータ分析で気を付ける必要があるのは, 採用する会計基準が異なる企業間で比較を行う場合である. 会計基準の国際的な収斂（コンバージェンス）の流れを受け, 日本基準と他の基準との間で基準が異なるものはほとんどなくなったが, 全てが一致しているわけではない. その典型例は, 企業が買収を行った際に計上されるのれん (goodwill) の会計処理である. 日本基準では毎期所定の金額だけのれんを規則的に償却（減価分を費用計上）しなければならないが, IFRS や US-GAAP ではその必要はない. したがって, 異なる会計基準で作成された財務諸表数値を基に安易に企業間比較を行うと誤った結論を導き出してしまう恐れがある.

---

[2]　国内企業に関するデータベースとしては, 日本経済新聞社の FinancialQUEST や QUICK 社の Astra Manager などがあり, 海外企業も含めた広範なデータベースとしては, リフィニティブ社の Datastream などが有名であり, これらは学術研究においても頻用される.

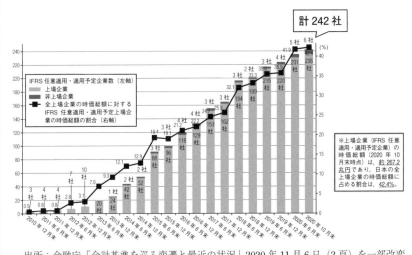

出所：金融庁「会計基準を巡る変遷と最近の状況」2020 年 11 月 6 日（2 頁）を一部改変

　この問題は，同一企業に関して時系列で各項目の変化率を計算する際にも顕著に現れる．したがって，現実のデータ分析では，各企業が採用する会計基準を変更した場合，変更直後の変化率は欠損値として扱うことが多い．例えば，以下は NTT データの当期純利益（単位は百万円）の推移を表しているが，2019 年 3 月期から新しく IFRS に移行したため，その年度の変化率は NA（欠損値）としている[3]．

決算期	会計基準	当期純利益	変化率
2017 年 3 月期	J-GAAP	65,686	3.6%
2018 年 3 月期	J-GAAP	58,173	−11.4%
2019 年 3 月期	IFRS	93,616	NA
2020 年 3 月期	IFRS	75,148	−19.7%

　このような処理を行うと，データベースに含まれている企業が年ごとに一定であっても，途中で欠損が生じるため，アンバランスト・パネル (unbalanced panel) になる．データが欠損する理由には他にも新規上場や上場廃止，決算期の変更など様々な理由

---

[3]　なお，企業は会計基準を変更した初年度に，仮に新基準を前年度適用していた場合に，財務諸表の主要項目がどのような数値であったかを遡って公表することを義務付けられている．例えば，NTT データは 2019 年 3 月期に初めて IFRS を適用したが，2019 年 5 月にその決算を発表した時点で，仮に 2018 年 3 月期に IFRS を適用していた場合に売上高や当期純利益がどのような数値であったかも同時に公表している．データベースによってはこの数値も収録しているものがあるが，これらの情報は 2018 年の時点では現実の投資家が入手できなかった情報であるから，先読みバイアス（詳しくは 206 頁を参照）の原因とならないよう注意が必要である．

が存在する．データ期間を通して毎年同じ数の企業のバランスト・パネルに比べると，アンバランスト・パネルの分析はより複雑になるが，R を用いればいずれであっても労せずデータ分析を行うことができる．

企業数が2，年数が3のバランスト・パネル				企業数が2のアンバランスト・パネル		
	firm_ID	year	sales		firm_ID	year	sales
1	1	2018	320	1	1	2018	320
2	1	2019	300	2	1	2019	300
3	1	2020	315	3	1	2020	315
4	2	2018	1125				
5	2	2019	1342	4	2	2019	1342
6	2	2020	1587	5	2	2020	1587

N 企業について，T 年分のデータ（行数は $N×T$）が綺麗に揃っていたらバランスト・パネル

新規上場や上場廃止などの理由により，行数が $N×T$ のデータでなければアンバランスト・パネル

4.2 R を利用した財務データ分析入門

4.2.1 tidyverse パッケージの概要

本書ではこれからシミュレーション・データを用いた財務データの分析を本格的に行っていく．その過程で **3.7** 節で紹介した tidyverse を頻繁に利用していくので，まずは library() 関数で読み込んでおこう[4]．library() 関数を用いてパッケージを読み込む場合，ダブルクォーテーション（"）は省略できる．

```
# ch04_01: tidyverse の読み込み

library(tidyverse)
```

---

[4] もしまだ tidyverse をインストールしていない場合，**3.7** 節のコード ch03_51 にならって，install.package("tidyverse") を実行する必要がある．

3.7節では, `tidyverse`に含まれるパッケージとして`dplyr`と`ggplot2`を紹介したが, それ以外にも中核となるパッケージがあるので, 以下で紹介しておく. `tidyverse`を読み込むと, 下記のパッケージが一括して使えるようになる.

`ggplot2`	グラフの描画によるデータの可視化
`dplyr`	データの加工や操作に便利な関数の提供
`tidyr`	雑然データを整然データの形式に変換する関数の提供（雑然データと整然データの違いは第5章の章末問題 演習8を参照）
`readr`	CSVファイルなどの高速, かつ, ユーザー・フレンドリーな読み込み
`purrr`	関数型プログラミングに便利な関数の提供
`tibble`	データフレームを改良した`tibble`というデータ形式の提供
`stringr`	文字列の加工や操作に便利な関数の提供
`forcats`	ファクター型変数の加工や操作に便利な関数の提供（ファクター型に関しては3.6.1節を参照）

Rの基本パッケージだけでもデータ分析を行うことは可能だが, これらのパッケージを用いると, より素早く, 快適に作業を進めることができる.

なお, 上記の情報は本書執筆時点のものであることを強調しておこう. `tidyverse`は現在進行系で開発中のパッケージ群であり, 誕生して日が浅い機能だと, 今後のバージョンアップで変更が加えられる可能性がある. 以下の説明では, `ggplot2`や`dplyr`といった比較的長い歴史を持つパッケージを中心に, 仕様が安定していて, かつ, 重要度が高い機能に限定して説明を行っていこう.

4.2.2　財務データの読み込み

それでは, **サポートサイトのS2節**からダウンロードした `ch04_financial_data.csv` を作業ディレクトリに置いてみよう. 以下のコードでは, `readr`に含まれる `read_csv()` 関数を用いて, このCSVファイルを `financial_data` として読み込み, `nrow()` 関数を用いて7,920行のデータを収録されていることを確認している. その後, どのような変数が含まれているかなど, データの概要を確認するため `head()` 関数を用いて冒頭6行を表示している. 以降の説明では, **3.5節**の「データフレーム入門」の知識を前提に話を進める. とりわけ, このCSVファイルが作業ディレクトリに位置していないというエラーが表示される場合,

118 頁の説明を参考に作業ディレクトリを変更するなどの対処をしてほしい[5].

```
# ch04_02: CSV ファイルの読み込み

financial_data <- read_csv("ch04_financial_data.csv")

nrow(financial_data) # 行数の確認
## [1] 7920

head(financial_data) # 冒頭 N 行を確認するには head(financial_data, N) と
                     する
```

出力結果

financial_data										
# A tibble: 6 x 11										
year	firm_ID	industry_ID	sales	OX	NFE	X	OA	FA	OL	FO
<dbl>	*<dbl>*	*<dbl>*	*<dbl>*	*<dbl>*	*<dbl>*	*<dbl>*	*<dbl>*	*<dbl>*	*<dbl>*	*<dbl>*
1　2015	1	1	5261.	437.	NA	287.	13006.	3543.	4373.	2481.
2　2016	1	1	5949.	564.	50.7	513.	13866.	4642.	4534.	3960.
3　2017	1	1	6505.	691.	29.5	662.	13953.	7744.	5111.	6159.
4　2018	1	1	6846.	751.	86.5	665.	18818.	7285.	5137.	10124.
5　2019	1	1	7572.	959.	298.	660.	18190	9735.	5488.	11362.
6　2020	1	1	7538.	778.	-65.5	844.	20463.	10274.	5371.	13772.

　3.5.1 節のコード ch03_36 では基本パッケージに含まれる read.csv() 関数を用いたが, readr の read_csv() 関数はその改良版である. 前者と比べて後者は以下のような特徴を持つ.

(1) データの読み込みがより高速であり, かつ, 型推論が柔軟である

(2) 読み込んだデータをデータフレームではなく, その改良版である tibble として返す

(3) 列名を勝手に (X.1, X.2, X.3 などのように) 変換しない

(4) 文字列を勝手にファクター型扱いしない

(1) のメリットは明らかなので, (2) 以降を順番に説明していこう. まず上記の head() 関数の返り値の冒頭に # A tibble:6 x 11 という記述があるとおり,

---

[5]　CSV ファイルでなく, アプリケーション依存のファイルを読み込むには, それぞれのファイル形式に応じた外部パッケージを用いる必要がある. 例えば, Stata (.dta) や SAS (.sas) ファイルには haven, Excel (.xlsx) ファイルには readxl といったパッケージが用意されており, いずれも tidyverse に付随してインストールされる.

read_csv() 関数によって読み込まれたデータは tibble というデータ構造で返される．データフレームには，列名の空白を勝手に "." （ピリオド）に変換したり，うっかり print() 関数で表示すると膨大な行数全てを表示してしまったりと，様々な不都合な側面があり，tibble はそれらを改良したものである．加えて，tibble はあくまでデータフレームの改良版なので，データフレームを引数に取る関数に対しては，データフレームとして代入可能である[6]．

read_csv() 関数を用いる三番目のメリットは，元のデータの列名が 1, 2, 3 という数値だったときに生じる．このような際，基本パッケージの read.csv() 関数は文字列の列名であることを強調するために，X.1, X.2, X.3 と勝手に列名を変更してしまう．しかし，列名を勝手に変更されると実用上むしろ不都合なことが多いので，read_csv() 関数はこの機能を排除している．

最後に，read.csv() 関数はデフォルトで文字列をファクター型と認識するため，そうしたくない場合，stringsAsFactors = FALSE というオプション引数を追加する必要がある．一方，read_csv() 関数はデフォルトで文字列をファクター型と認識しないので，この引数を追加する必要がない．実用上，文字列はカテゴリカル変数でないことも多いので，そのまま文字型として読み込み，必要に応じてファクター型に変更する方が便利である．

今回の CSV ファイルには要素が文字列である項目は存在しないが，firm_ID と industry_ID はカテゴリカル変数であるため，ファクター型に変更しておこう．以下のコードでは，as.factor() 関数を用いて型変換を行った後，特定の列のデータ型を調べる class() 関数を利用し，それぞれの変数がファクター型に変換されていることを確認している．

```
# ch04_03: firm_ID 列と industry_ID 列をファクター型に変換

financial_data$firm_ID <- as.factor(financial_data$firm_ID)
financial_data$industry_ID <- as.factor(financial_data$industry_ID)

class(financial_data$firm_ID)
## [1] "factor"
```

---

[6] したがって，実際のデータ分析ではデータフレームと tibble の区別を意識する場面は少なく，本書では特に必要がない場合は両者を区別せずにデータフレームと呼ぶ．

```
class(financial_data$industry_ID)
## [1] "factor"
```

コンソール上で改めて head(financial_data) を入力し，# A tibble:6 x 11 以下を見てみると，各変数の下にはそれぞれの変数のデータ型が記述されており，firm_ID と industry_ID の下にある<fct>は，factor（ファクター）型を意味する．それ以外の列の<dbl>は double（倍精度浮動小数点数）型を意味し，実数を表すのに用いられる数値型の一種である．

　各列に含まれるデータの定義は以下のとおりである．見慣れない項目がある場合，1.3 節を改めて見返してほしい．

year	年度
firm_ID	企業 ID
industry_ID	産業 ID
sales	売上高
OX	事業利益 (operating income)
NFE	純金融費用 (net financial expense)
X	当期純利益 (net income)
OA	事業資産 (operating assets)
OL	事業負債 (operating liabilities)
FA	金融資産 (financial assets)
FO	金融負債 (financial obligations)

　一般にデータの入手方法は，自分で一次資料にあたって作成する場合と，第三者が作成したデータを使う場合の二通りに分かれるが，後者の場合，データがどのように作られたのか，定義も含めてしっかりと確認することが重要である．特に重要なのは，単位の確認である．これを正しく認識しておかないと，単位の異なる二つの変数から新たな変数を作成する場合に全く意味をなさない変数を作り出してしまうことになる．ch04_financial_data.csv に含まれる会計データは，上場企業の財務諸表で一般的に使用される百万円単位であることを前提に，以下では話を進めていこう．

コラム 4.3 read_csv() 関数の型推論

　本節では，基本パッケージの `read.csv()` 関数と比べて，readr の `read_csv()` 関数の方が優れている点を説明した．その中で型推論の正確さにも言及したので，**3.5 節**で用いた CSV ファイル `ch03_daily_stock_return.csv` を例に両者の違いを見てみよう．以下では，`read_csv()` 関数で読み込んだ date 列が日付型になっていることが確認できる．基本パッケージの `read.csv()` 関数で読み込むと，この列は文字型と認識されていたので，`read_csv()` 関数の方がより正確に型推論できていることが分かる．

```
# ch04_04: read_csv() 関数を用いると date 列が最初から日付型に

daily_stock_return <- read_csv("ch03_daily_stock_return.csv")
class(daily_stock_return$date)

## [1] "Date"
```

4.3 探索的データ分析

4.3.1 データセットの概要確認

　初見のデータセットを扱う場合，データ分析を本格的に始める前にまずはその概要を大まかに掴む必要がある．その作業を一般に**探索的データ分析** (exploratory data analysis) と言い，データの特徴や構造を理解することを目的とする．一口に探索的データ分析と言っても，データの性質に応じて様々な方法が考えられるが，まずは手始めに `summary()` 関数を用いてみよう．

```
# ch04_05: 要約統計量の表示

summary(financial_data)
```

出力結果

```
     year        firm_ID      industry_ID      sales            OX              NFE
 Min.   :2015   1      :   6   3      :1760   Min.   :    205   Min.   :-353606.7   Min.   :-285383.9
 1st Qu.:2016   2      :   6   10     :1702   1st Qu.:  16103   1st Qu.:    399.3   1st Qu.:    -66.4
 Median :2018   3      :   6   7      :1334   Median :  40431   Median :   1602.9   Median :     -1.2   (以降省略)
 Mean   :2018   4      :   6   1      :1143   Mean   : 166007   Mean   :   7968.9   Mean   :     64.0
 3rd Qu.:2019   5      :   6   9      : 667   3rd Qu.: 118314   3rd Qu.:   5260.5   3rd Qu.:     41.4
 Max.   :2020   7      :   6   8      : 429   Max.   :3496433   Max.   : 398034.5   Max.   : 331035.3
                (Other):7884  (Other): 885                                        NA's   :      1
```

summary() 関数は **3.1.3 節**で説明した総称関数の一種で，入力されたデータ型に対応して異なる結果を返す．例えば，数値型（整数型や倍精度浮動小数点数型）が代入された場合，summary() 関数は各データセットに含まれる各変数の平均や中央値，分位点を返す．一方，ファクター型に対しては，要素数が多いカテゴリーを上から順に表示する．したがって，今回の firm_ID 列や industry_ID 列のように，ラベルが数値であったとしても，ラベル自体の大小を返すわけではない点に注意しよう．firm_ID 列に関して言うと，多くの企業が 6 年分の観測データを持っているのでこの情報は余り有益ではない．しかし，industry_ID を見てみると，ID が 3 の産業に関する観測数が最も多いことが確認できる．

続いて，year や firm_ID，industry_ID の各列に含まれる固有な要素を確認してみよう．ベクトルから固有な要素を抽出するには，unique() 関数を用いる．

```
# ch04_06: year 列の固有要素を抽出

unique(financial_data$year)

## [1] 2015 2016 2017 2018 2019 2020
```

したがって，year は 2015 から 2020 までの値を取り，全部で 6 年分のデータが含まれていることが分かる．

firm_ID や industry_ID は固有要素が多いので，各要素を出力する代わりに，全部で固有要素が何個あるかという固有要素数を出力してみる．

```
# ch04_07: firm_ID，及び industry_ID 列の固有要素数をカウント

length(unique(financial_data$firm_ID))
## [1] 1515

length(unique(financial_data$industry_ID))
```

```
## [1] 10
```

先ほどの `year` のケースとの違いは，`unique()` 関数を `length()` 関数で括っている点である．`length()` 関数はその名のとおり，入力されたベクトルの長さを返す関数である．したがって，まずは `unique()` 関数で固有要素のベクトルを返し，`length()` 関数でその長さを返せば，固有要素数を出力できるという仕組みである．こうして `financial_data` には，1,515 の企業，10 の産業が含まれていることが確認できた．

4.3.2 欠損データの処理

　探索的データ分析を行うにあたって，地味ではあるが重要なポイントとして，欠損値の扱いがある．現実のデータは収集や整形過程で欠損値（空欄）が含まれることが多く，前処理を行っておかないと統計処理の妨げになる．

　今回の `financial_data` は筆者が作成したシミュレーション・データであり，わざと 1 行目の `NFE` を欠損値 `(NA)` にしている．これを確認するには，`complete.cases()` 関数を用いるのが便利である．入力されたデータフレームに関して，この関数は欠損値を含まない行に対して `TRUE` を，含む行に `FALSE` を返す．今回のデータに関してこの関数を用いると，行数に相当する 7,920 個の要素が返されるので，以下では `head()` 関数を用いて冒頭 6 行のみの結果を表示している．

```
# ch04_08: 各行の欠損の有無を判定

head(complete.cases(financial_data)) # head() 関数を用いて冒頭 6 行の結
    果のみ表示

## [1] FALSE TRUE TRUE TRUE TRUE TRUE
```

　さて，全ての行が欠損していないことを確認するには，`complete.cases()` 関数の返り値が全て `TRUE` であることを確認する必要がある．そのためには，`sum()` 関数を用いて返り値を合計してやるのが簡単である．

```
# ch04_09: 欠損のない行の総数をカウント
```

```
sum(complete.cases(financial_data)) # TRUE/FALSE を 1/0 に変換して足し
    合わせる
```

```
## [1] 7919
```

complete.cases() 関数の返り値は TRUE/FALSE の論理値であり，**3.4.4 節**の
コード ch03_34 で学んだとおり，数値ベクトルの合計を求める sum() 関数に代入
できる．そのため，今回のように TRUE の要素を数え上げたい場合は，単純にそ
れらの合計を取れば良い．上の結果を見てみると，全体の行数 (7,920) に比べて
返り値 (7,919) と一つ少なく，1 行だけが欠損値を含んでいることが分かる.

　現実のデータにはもっとたくさんの欠損値が存在する場合が多く，その対処方
法を知ることは重要である．まず始めに行うのは，欠損値が生じる理由を理解す
ることである．何らかの理由で欠損値にバイアスがかかっている場合，それを無
視してデータ分析を進めると，その後の結論にもバイアスが生じうるからである.
例えば，ある変数が遠い将来の変数に影響を及ぼすか否かを検証したいとする.
このとき，遠い将来の変数が観察されるのは，それまでに倒産せずに生き残って
いる優良な生存企業のみとなり，既に倒産してしまった企業については欠損値に
なってしまう．そのまま分析を続けてしまえば，生存し続ける企業のみだけを分
析対象として結論を導いてしまい，それにバイアスがかかってしまう．この種の
バイアスは**生存者バイアス** (survivorship bias) と呼ばれ，データ分析の際に注意
すべきバイアスの典型例である.

　仮にそのようなバイアスがない場合，欠損値の処理で最も単純なのは，欠損値
が含まれる観測データを削除してしまうことである．tidyr に含まれる drop_
na() 関数は，第二引数を省略した場合，入力されたデータフレームに対し，欠
損値が存在しない行のみを抽出して返す[7]．以下では，このように抽出された
データフレームを financial_data に上書きしている[8].

---

[7] このように第二引数を省略した場合，drop_na() 関数は基本パッケージの na.omit() 関数で代替する
ことができる．しかし，実際のデータ分析にあたっては，欠損が存在する観測データを全て削除するの
ではなく，分析に必要な項目に欠損がある観測データのみを削除することの方が多い．そのため，
drop_na() 関数は第二引数を具体的に指定することで，特定の列に関して欠損の有無を判定できるよう
になっている.

[8] 実を言うと，このコードのように，前処理の過程で元のデータが復元不可能になる上書きを行うのは
余り望ましくない．なぜなら，CSV ファイルを改めて読み直さない限り，元の financial_data にアク

```
# ch04_10: 欠損行を削除

nrow(drop_na(financial_data)) # 欠損行を削除した上で行数をカウント
## [1] 7919

financial_data <- drop_na(financial_data) # 欠損行を削除した上でデータを
    上書き
```

　欠損値にバイアスがかかっている場合は対処が難しいが，例えば何らかの確率モデルを仮定した上で，欠損データに繰り返し推定値を代入する多重代入法という手法が開発されている．

4.4　データの抽出とヒストグラムによる可視化

　欠損値の有無を確認できたので，今度は特定のデータの分布をヒストグラムで視覚化する方法を学習する．ここでは，全データのうち初年度のデータのみを抽出し，売上の分布を図示することを目標としよう．

4.4.1　条件に合うデータの抽出方法

　ggplot2 でグラフを描くには，入力データをデータフレームの形で与える必要があったことを思い出そう（**3.7.2 節**を参照）．したがって，まずは financial_data のうち，初年度のデータのみを抽出して新しいデータフレーム financial_data_2015 を作りたい．データフレームから特定の条件に合致するデータのみを抽出する方法は複数あるが，ここでは後学のために三通りの方法を学習しよう．以下のコードは全て同じ financial_data_2015 を返す．

　まず第一の方法は，既に **3.5.2 節**のコード ch03_43 で学んだとおり，論理値ベクトルを行の要素に代入する方法である．以下では，financial_data$year ==

セスできなくなってしまうからである．したがって，本来であれば元データを上書きする代わりに，新しいデータフレームに processed_financial_data などの別の変数名を付すのが望ましい．しかし，ここでは後々の説明が冗長になるのを防ぐために，あえて financial_data に上書きする書き方を選んでいる．

2015 という条件式を評価することで，year が 2015 の観測データに TRUE，そう
でない観測データに FALSE を割り当てている．そして，その論理値ベクトルを元
のデータフレームの行に再代入することで，初年度のデータのみを抽出した
データフレームが定義できる．

```
# ch04_11: 2015 年度のデータのみ抽出 (1)

financial_data_2015 <- financial_data[financial_data$year == 2015, ]
    # 行番号に論理値ベクトルを代入
```

　続いて，基本パッケージに含まれる subset() 関数を用いるのが第二の方法で
ある．その名のとおり subset() 関数はデータフレームから特定の行や列を抽出
するのに用いる．第一引数に元のデータフレームを，第二引数に抽出に用いる条
件式を代入する．

```
# ch04_12: 2015 年度のデータのみ抽出 (2)

financial_data_2015 <- subset(financial_data, year == 2015)
    # subset() 関数の第二引数に条件式を代入
```

　最後に tidyverse の dplyr を用いる方法を紹介しよう．dplyr を用いる場合，
パイプ演算子%>%を用いてデータを受け渡し，順番に加工していく．ここで，
filter() 関数は%>%の左にある financial_data を第一引数として受け取り，
year 変数が 2015 であるものだけを抽出する役割を果たす．

```
# ch04_13: 2015 年度のデータのみ抽出 (3)

financial_data_2015 <- financial_data %>% filter(year == 2015)
    # tidyverse の dplyr を用いた書き方
```

```
# ch04_14: 2015 年度のデータのみ抽出 (4)

financial_data_2015 <- filter(financial_data, year == 2015)
    # パイプ演算子%>%は第一引数への代入と同じ意味
```

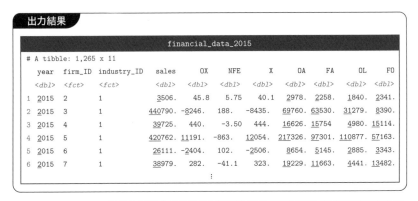

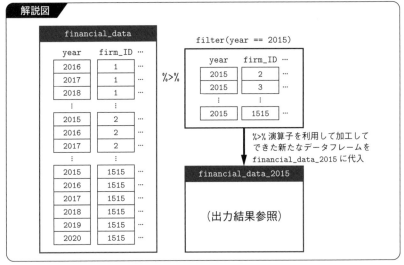

パイプ演算子%>%は，左側で処理されたデータフレームを，右側の関数の第一引数として受け渡すので，コード ch04_13 と ch04_14 は全く同じ処理が行われる．

上では初年度のデータを抽出する複数の方法を紹介したが，いずれも全く同じ financial_data_2015 が得られる．したがって，どれを選ぶかは基本的に個人の好みと言って良いが，最初に紹介したやり方は，financial_data が二回登場し読みにくい．一方，ch04_13 で示した dplyr を用いるやり方だと，複数のパイプ演算子%>%を繋げることによって，データを逐次的に加工していくことが可能となる．複雑な処理になればなるほどこのメリットは大きくなるので，本書では，ggplot2 と合わせて tidyverse 流の記述を中心に解説を行っていく．

4.4.2　ヒストグラムによる売上高の可視化

　締めくくりとして，先ほど作成した financial_data_2015 の売上高を ggplot2 を用いてヒストグラムで図示し，本節の目標を達成しよう．それが下の左側のコード ch04_15 である．ggplot2 でヒストグラムを描くには，geom_histogram() 関数を用いる．aes() 引数には，x 軸の値として sales 列を指定する．theme_ classic() はグラフ全体の体裁を変更し，scale_y_continuous(expand = c(0,0)) はヒストグラムが x 軸にぴったりくっ付くよう調整する役割を果たす[9].

```
# ch04_15: 2015 年度の売上高をヒスト
    グラムに図示

ggplot(financial_data_2015) + # 引
    数名の data は省略可能
  geom_histogram(aes(x = sales)) +
    # ヒストグラムを描くには geom_
    histogram() 関数を用いる
  scale_y_continuous(expand =
    c(0,0)) + # x 軸とヒストグラム
    の間のスペースを消す
  theme_classic() # グラフの全体的
    な体裁を設定
```

```
# ch04_16: 桁区切りのカンマを x 軸の
    目盛りで表示

install.packages("scales")
    # scales パッケージをインストール

ggplot(financial_data_2015) +
  geom_histogram(aes(x = sales)) +
  scale_x_continuous(labels =
    scales::label_comma()) +
    # scales パッケージの label_
    comma() 関数を利用
  scale_y_continuous(expand =
    c(0,0)) +
  theme_classic()
```

---

[9]　一般に，expand 引数はプロット領域を調整するのに用いる引数である．ggplot2 はデフォルトで値域よりも少しだけ広い領域をプロットするが，expand 引数を用いることで，このプロット領域内の余白を明示的に調整することができる．コード ch04_15 において，scale_y_continuous() 関数の引数として expand = c(0,0) と指定したが，これは y 軸方向の余白をゼロとする指示である．expand 引数に二つの数値が必要になるのは，値域に対して余白の幅を相対的に設定するためで，一般に expand = c(a, b) と指定すると，余白の幅は「(値域の幅) × a + b」となる．

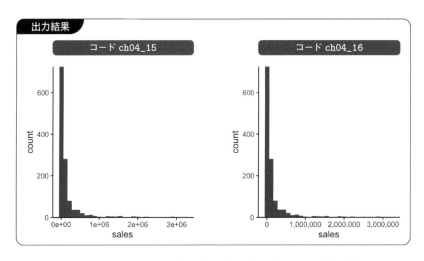

　出力されたヒストグラムによると，売上高は右に裾が長い分布を持っていることが分かる．また定義上，売上高は非負の整数であるから，マイナスの値を取らないことも確認できる．ただし，出力されたヒストグラムには，二つの欠点がある．一つは，x 軸 (sales) の目盛りが，3e+06 などと見慣れない表記になっている点である．こうした表記は，**科学的表記**と呼ばれ，3×10^6 と等しい．その名のとおり，科学的表記は科学技術分野で一般的に用いられるが，世間的には余り馴染みがないので，x 軸の目盛りを 10 進数表記に戻すことを考えよう．このような場合に便利なのが，scales パッケージである．上の右側のコードでは，冒頭で scales パッケージをインストールした後，scale_x_continuous() 関数内で，labels 引数として label_comma() を指定している．こうすることで，元の数値を 3 桁ごとにカンマで区切って表示することができる．

　もう一つの欠点は，出力された分布は極端に右に長い裾を持つため，大多数のデータが左端のビンに集中し，それらの詳細が観察できない点である．一般に，売上高や当期純利益などの財務データは，ごく少数の企業に関して外れ値を取る傾向がある．こういった場合，元の変数の自然対数を取ることで，分布の歪みを軽減する手法がしばしば用いられる．そこで，売上高の自然対数を取った上で改めてヒストグラムを描いてみよう．

```
# ch04_17: 売上高の自然対数を取ってヒストグラムで可視化

ggplot(financial_data_2015) +
  geom_histogram(aes(x = log(sales))) + # 事前にデータを加工せずとも
    aes()関数内で自然対数が取れる
  scale_y_continuous(expand = c(0,0)) +
  theme_classic()
```

出力結果

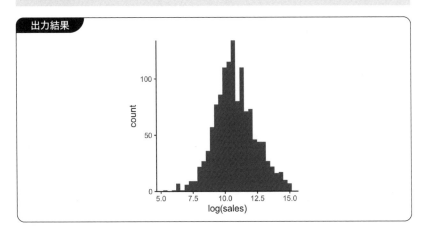

　出力された結果を見てみると，自然対数を取った後の売上高は正規分布に近い分布をしており，全体的な傾向も掴みやすくなっていることが分かる．今回分析した売上高のように分布が極端に歪んでいる場合，その値のみで分析を進めると，ごく少数の企業に結果が引っ張られ，平均的な傾向が見えづらくなることがある．そこで，自然対数を取る以外に，対象となる変数を企業規模を表す変数（例えば，総資産）で割って基準化したもの，あるいは，複数データを組み合わせた財務比率を分析対象にするのが一般的である．

コラム 4.4　パイプ演算子 %>%

　tidyverse 流のデータ加工では，パイプ演算子 %>% を用いてデータフレームを左から右に引き渡していくことを学んだ．パイプ演算子 %>% 自体は magrittr というパッケージで開発され，dplyr はそれをデータ分析で活用できるよう様々な関数を整備したという関係にある．パイプ演算子 %>% そのものは単にデータを引き渡すだけなので，同じ関数をパイプ演算子 %>% 抜きで基本パッケージ流に書き直すことも可能である．以下では，sales 列の自然対数を取ってから中央値を計算するというデータ処理を二

種類の方法で書き表している.

```
# ch04_18: パイプ演算子%>%が便利な理由

financial_data$sales %>%
  log() %>% # この時点で log(financial_data$sales) を計算
  median()
## [1] 10.6074

median(log(financial_data$sales))
## [1] 10.6074
```

基本パッケージ流の書き方だと,関数を入れ子状に重ねていくので,データ加工の最後のステップが一番左端に登場する.コードは左から右に読んでいくので,この書き方はデータ加工の各ステップを逆順にたどることになって直感に反する.パイプ演算子%>%はこの点を改善するために導入された.

4.5 データの集計と折れ線グラフによる可視化

財務データに限らず,企業にまつわるデータセットは,新規上場や上場廃止の結果,各企業の観測データは全ての年度で登場するわけではない.**コラム 4.2**(142頁)で,このようなデータセットのことをアンバランスト・パネルと呼ぶことを学んだ.本節の目標は,各年度に含まれる企業数をカウントして,折れ線グラフで可視化することである.この処理は,year 列のみ抽出した上で基本パッケージの table() 関数を利用しても実現可能だが,ここでは後学のために,より汎用性のある三通りの書き方を紹介しよう.

4.5.1 for 文を用いた集計

今まで登場した文法を中心に,各年度の企業数をカウントすると,以下のようなコードになる.最初の2行は準備で,各年度の企業数を格納するために,N_firms_by_year という空ベクトルを定義している.year_set は,このデータに含まれるユニークな year の集合であり,具体的には 2015 から 2020 までの値

である．したがって，N_firms_by_year は，各要素が NA の 6 次元ベクトルとして定義される[10]．rep() 関数は既に **3.2.3 節**のコード ch03_18 で登場しているので，忘れている場合は復習しよう．

以下の for 文では () 内に seq_along() 関数が登場する．これは要素数だけ等差数列を生成する関数で，具体的には 1:length(year_set) と全く同じである．しかし，空集合を代入した場合の挙動がより安定しているので，for 文の添え字には seq_along() 関数を使う方が望ましい[11]．

for 文の {} 内では，まず i を固定して，それに対応する year の値を year_i という変数に保存している．そして，financial_data に含まれる各観測データに関して，year 変数が year_i と一致するかを TRUE/FALSE の論理値ベクトルで返し，その合計値を取ることで TRUE の数をカウントしている．最後に，その結果を N_firms_by_year の i 番目の要素に保存して一連の処理を終了する．

```
# ch04_19: 各年度の上場企業数のカウント (1)

❶ year_set <- sort(unique(financial_data$year)) # year 列の固有要素を抽出
    して昇順に並び替え
❷ N_firms_by_year <- rep(NA, length(year_set)) # 結果を保存するための空ベ
    クトルを準備

❸ for (i in seq_along(year_set)) {
    year_i <- year_set[i] # i 番目の年度を抽出
    N_firms_by_year[i] <- sum(financial_data$year == year_i)
      # i 番目の年度のデータをカウント
  }

❹ print(N_firms_by_year) # 結果の表示

## [1] 1265 1293 1319 1323 1356 1363
```

---

[10]　ここで N_firms_by_year を初期化する理由は，for 文の中で各要素を参照した際にエラーが生じないようにするためである．したがって，例えば rep(0, N_years) と初期化しても全く同じ計算結果となる．しかし，初期化の際に 0 のような数値を代入してしまうと，計算結果が既に代入されているのか一目で分からなくなってしまうので，NA で初期化するのが望ましい．

[11]　具体的には，for (i in seq_along(NULL)) print(i) と，for (i in 1:length(NULL)) print(i) を比較すると，両者の違いは明らかである．前者は何も結果が表示されないのに対し，後者は 1, 0 と表示されてしまうため，後者の書き方は予想外のバグの原因になりうる．

解説図

❶ year_set の各要素に financial_data に含まれる year を代入

year_set	2015	2016	2017	2018	2019	2020

❷ length(year_set) の長さのベクトル N_firms_by_year の各要素に NA を代入

N_firms_by_year	NA	NA	NA	NA	NA	NA

└──── length(year_set) ────┘

❸ year_i に year_set の各要素を順次代入して，financial_data の year 列が
それと等しいものだけ数え上げて N_firms_by_year[i] に代入

N_firms_by_year	1265	NA	NA	NA	NA	NA

例えば，year_i に year_set[1] の 2015 を
代入したとき，N_firms_by_year[1] には
1265 が代入される

❹ N_firms_by_year をディスプレイ上に表示
[1] 1265 1293 1319 1323 1356 1363

　出力結果を見てみると，各年度の上場企業数が N_firms_by_year というベクトルの要素に保存されていることが分かる．ただし，このままだと各要素が実際にどの年に対応しているのかが分かりにくい．R ではベクトルの各要素に名前を付ける names() 関数が用意されている．それを使って，各要素の名前に年数を代入してみよう．

```
# ch04_20: ベクトルの名前付け

names(N_firms_by_year) <- year_set # 各要素の名前として年度名を代入
print(N_firms_by_year)

## 2015 2016 2017 2018 2019 2020
## 1265 1293 1319 1323 1356 1363
```

4.5.2　tapply() 関数を用いた集計

　for 文の代わりに，基本パッケージに含まれる tapply() 関数を用いると，前小節で行った処理を僅か1行で同じことが実現できる．

```
# ch04_21: 各年度の上場企業数のカウント (2)

N_firms_by_year <- tapply(financial_data$firm_ID, financial_data$year,
    length) # tapply() 関数は第一引数に元データ, 第二引数にグループ分けに
    用いる変数, 第三引数に適用したい関数を取る
print(N_firms_by_year)

## 2015 2016 2017 2018 2019 2020
## 1265 1293 1319 1323 1356 1363
```

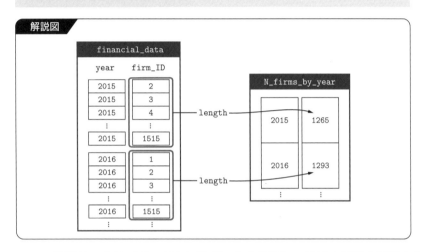

tapply() 関数は, カテゴリーごとに元データを分割し, 特定の関数を適用する
のに用いられる. ここでは, 第一引数の firm_ID 列が元データに該当し, それを
第二引数の year 列に従って分割する. そして, 分割された各サブベクトルに対
して, length() 関数を適用し, その長さを求めることで各年度の上場企業数を
計算している.

　tapply() 関数は, apply 系関数と呼ばれる関数群の一種であるが, この関数群
に関しては**コラム 4.5**(166 頁)で説明する. tapply() 関数の第三引数には自作
関数も代入することができるので, 複雑な処理を関数として切り分けることで,
for 文を使わずとも繰り返し処理が可能になる. 最初に見た for 文を用いた書き
方とは異なり, tapply() 関数の返り値は名前付きのベクトルなので, 自分でベク
トルの各要素に名前を付ける必要はない.

4.5.3 dplyr を用いた集計

それでは最後に tidyverse の dplyr を用いた書き方を紹介しよう．前節で学んだとおり，dplyr ではパイプ演算子%>%を用いてデータを逐次加工していく．まずは以下のコードを実行して，各年度の上場企業数がデータフレーム形式で出力されることを確認してほしい．

```
# ch04_22: 各年度の上場企業数のカウント (3)

N_firms_by_year <- financial_data %>%
  group_by(year) %>% # group_by() 関数を用いて year ごとにグループ化
  summarize(N_firms = n()) # 各グループごとにデータ数をカウント


## # A tibble: 6 x 2
##    year N_firms
##   <dbl>   <int>
## 1 2015    1265
## 2 2016    1293
## 3 2017    1319
## 4 2018    1323
## 5 2019    1356
## 6 2020    1363
```

解説図

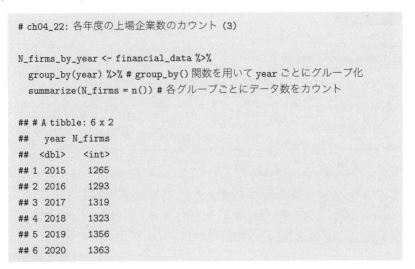

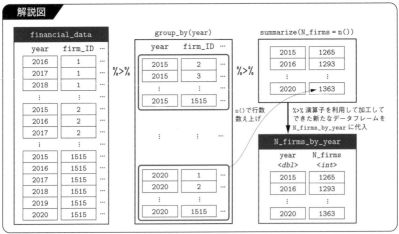

上のコードは複数のステップを一度に実行しているので，一行ずつ意味を読み

解いていこう．上のコードを 2 行目まで実行したのが，以下のコード ch04_23 である．

```
# ch04_23: group_by() 関数を用いたグループ化

financial_data %>% group_by(year) # group_by(financial_data, year) と書
    いても同じ
```

出力結果

```
# A tibble: 7,919 x 11
# Groups:   year [6]
   year film_ID industry_ID  sales    OX    NFE     X     OA     FA     OL     FO
  <dbl>   <fct>       <fct>  <dbl> <dbl>  <dbl> <dbl>  <dbl>  <dbl>  <dbl>  <dbl>
1  2016       1           1  5949.  564.   50.7  513. 13866.  4642.  4534.  3960.
2  2017       1           1  6505.  691.   29.5  662. 13953.  7744.  5111.  6159.
3  2018       1           1  6846.  751.   86.5  665. 18818.  7285.  5137. 10124.
4  2019       1           1  7572.  959.  298.   660. 18190   9735.  5488. 11362.
5  2020       1           1  7538.  778.  -65.5  844. 20463. 10274.  5371. 13772.
6  2015       2           1  3506.   45.8   5.75  40.1  2978.  2258.  1840.  2341.
```

このコードは，group_by() 関数を用いて，financial_data に対して year に基づくグループ化情報を付与している．出力結果を見てみると，元の financial_data と何ら違いがないように見えるが，よく見ると出力結果の 2 行目に # Groups: year [6] という記述があり，year に基づく 6 個のグループが作成されていることが分かる．

コード ch04_22 の 3 行目に登場する summarize() 関数は，入力されたデータフレームを基に新しいデータフレームを作成する関数である[12]．例えば，以下のコードでは，financial_data を受け取り，その sales 列の平均値を計算している．同じ演算は mean(financial_data$sales) でも実現可能だが，出力結果がデータフレームになっている点と，sales 列を指定するのに financial_data $sales と入力しなくて良い点に注意しよう．

```
# ch04_24: summarize() 関数を用いた平均値の計算
```

---

[12] この summarize() 関数は，4.3.1 節のコード ch04_05 で用いた summary() 関数と似て非なるものなので注意しよう．また，これは tidyverse 系の関数全般に言えることだが，イギリス英語の summarise() 関数と綴ることもできる．これは開発者のウィッカムが New Zealand 生まれで，イギリス英語を母語としていることに由来する．

```
financial_data %>% summarize(mean_sales = mean(sales))
    # summarize(financial_data, mean_sales = mean(sales)) と書いても同じ

# A tibble: 1 x 1
## mean_sales
## <dbl>
## 1 166027.
```

summarize() 関数が真価を発揮するのは，コード ch04_22 のように group_by() 関数と組み合わせて，グループごとに演算を行う場合である．今回は N_firms という新しい列を n() で定義しているが，この n() は dplyr 系の関数の中でのみ動作する特殊な関数で，入力されたデータの観測数を返す．したがって，新しく作成されたデータフレームでは，N_firms 列に各グループの観測数が保存されている．

以上をまとめると，dplyr を用いた書き方では，まず group_by() 関数を用いて year ごとにグループ情報を付与し，それを summarize() 関数で受け取って，N_firms 列に各グループの観測数を保存しているのである．

4.5.4 折れ線グラフによる上場企業数の可視化

先ほど説明した tapply() 関数とは異なり，dplyr を用いた書き方では返り値がデータフレームになっているので，そのまま ggplot2 へ入力可能であるという利点がある．以下では，**3.7.3 節**のコード ch03_55 で学んだ geom_line() 関数を用いて，各年度の上場企業数の推移を可視化している．出力された折れ線グラフを見てみると，このデータセットには概ね 1,300 社弱の企業が含まれており，その数は年が経つにつれて増加していることが分かる．

```
# ch04_25: 上場企業数の推移を折れ線グラフで可視化

ggplot(N_firms_by_year) +
  geom_line(aes(x = year, y = N_firms)) + # 折れ線グラフを描くには
      geom_line() 関数を用いる
  labs(x = "Year", y = "Number of Firms") + # 両軸のラベルを設定
  theme_classic() # グラフ全体の体裁を設定
```

出力結果

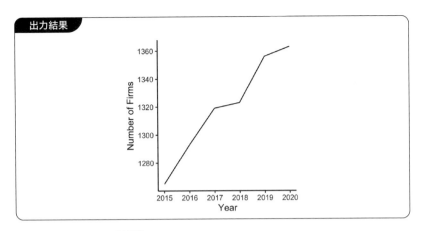

コラム 4.5　apply 系関数

　一旦関数が定義されると，それを使う際に内部で行われている具体的な処理を意識せずとも，その引数と返り値のみに注意すれば特定の機能が実行できるようになる．このような関数による抽象化を通じて，複雑なコードの可読性や保守可能性を高めていく考え方は**関数型プログラミング** (functional programming) と呼ばれ，現代的なプログラミング・パラダイムの一種である．

　R ではこの関数型プログラミングをサポートするために，apply 系関数と呼ばれる関数群が存在する．本節で登場した tapply() 関数がその一種であることは，既に本文中で言及したとおりである．tapply() 関数は第一引数に操作対象のデータを，第二引数にグループ分けに用いるデータを，第三引数に適用させたい関数を取る．したがって，各データに対して行いたい処理を関数として切り分けて事前に定義しておくことで，具体的な処理とその繰り返しを分離して書くことができる．

　apply 系関数は，主として以下の関数から構成される．

apply()	行列やデータフレームに対し，行方向，若しくは縦方向を指定して，特定の関数を適用する
lapply()	ベクトルやリストの各要素に対して特定の関数を適用し，その結果をリスト形式で返す
sapply()	ベクトルやリストの各要素に対して特定の関数を適用し，その結果をベクトルや行列形式で返す
mapply()	sapply() 関数を多変数に拡張したもので，複数のベクトルやリストを引数として取る
tapply()	グループ化されたベクトルに対して，グループごとに特定の関数を適用する

　ここでの説明は apply 系関数の紹介だけに留めるので，各関数の具体的な使い方を知りたい読者は，インターネット上に豊富にある解説サイトなどを参考にしてほしい．apply 系関数は一見するととっつきにくいが，慣れると簡潔なコードを書けるようになるので便利である．また，tidyverse には，同様に関数型プログラミングをサポートするパッケージとして purrr が存在するが，その使い方は**コラム 6.2**（263 頁）で紹介する．

4.6　変数の作成とヒストグラムによる可視化

　先ほどから行っている探索的データ分析では，読み込んだデータ系列を加工することはなく，元のデータ系列の特徴を分析してきた．ここでは更に一歩踏み込んで，複数のデータ系列を組み合わせて新しい指標を自分で構築してみよう．この節の目標は，会計上の株主のリターンを表す ROE の分布をヒストグラムで描くことである．

4.6.1　新しい系列の追加

　1.2.1 節で学んだとおり，ROE は次のように計算できた．

$$ROE_t = \frac{X_t}{BE_{t-1}} \tag{4.1}$$

ここで分子の X_t は t 期の当期純利益を指し，分母の BE_{t-1} は t 期首（別の言い方をすると $t-1$ 期末や時点 $t-1$）の株主資本を指す．分母の BE は一期前の値を取っていることに注意しよう．これは，ROE を期首時点の株主の投資額（期首の株主資本）に対する期中の投資の成果（期中の当期純利益）と解釈するためである[13]．

　先ほど読み込んだ financial_data.csv には，当期純利益が X という列名で含まれているが，株主資本は含まれていない．したがって，ROE を計算するため

---

[13]　分母に期首の株主資本（BE_{t-1}）を取る代わりに，期中の平均株主資本（$= (BE_{t-1} + BE_t)/2$）を取って ROE を定義するやり方もある．決算短信の最初のページに記されている ROE は，この定義で計算されているので，利用に際しては注意が必要である．

には，株主資本の計算が別途必要である．**1.3.1 節**で学んだとおり，株主資本は純事業資産から純金融負債を差し引くことで求めることができる．

$$\underbrace{BE_t}_{\text{株主資本}} = \underbrace{(OA_t - OL_t)}_{\text{純事業資産 }(NOA_t)} - \underbrace{(FO_t - FA_t)}_{\text{純金融負債 }(NFO_t)}$$

右辺に登場する OA を始めとする四つの変数は元々 financial_data.csv に含まれているため，上式を利用すれば，BE を求めることができるようになる．ここまで理解できれば，次は，各企業各年の ROE を計算するための下準備として，データフレームに新しい系列 BE を追加する方法を考えてみよう．ここでは **3.5.2 節**で既に学んだ方法と，dplyr を用いる方法の二つを紹介したい．

まず **3.5.2 節**のコード ch03_44 で学んだ方法だと，左辺で$演算子の後に新しく定義したいデータ系列の名前を書き（ここでは BE），右辺にその定義を書く．直感的ではあるが，financial_data というデータフレーム名が 5 回も登場しており，少々煩雑である[14]．

```
# ch04_26: 株主資本の計算 (1)

financial_data$BE <- (financial_data$OA - financial_data$OL) -
    (financial_data$FO - financial_data$FA) # 新しく BE 列を定義
```

一方，dplyr では新しい列を追加するのに mutate() 関数を用いる．mutate() 関数はデータフレームに新しい系列を追加するための関数であり，OA や OL などのデータ列名だけを書けば，自動で元のデータフレームの一部だと認識してくれる．そのため，元のデータ名を繰り返す必要が無くなり，よりシンプルなコードで済むという利点がある．

```
# ch04_27: 株主資本の計算 (2)

financial_data <- financial_data %>%
  mutate(BE = (OA - OL) - (FO - FA)) # mutate(financial_data, BE = (OA -
      OL) - (FO - FA)) と書いても同じ
```

上書きされた financial_data を，print() 関数を用いて表示させてみると，確かに最終列に BE が登場していることが確認できる．

---

[14]　これを防ぐためには，attach() 関数や with() 関数を用いて環境を固定する方法もあるが，環境を戻し忘れたり，コードが煩雑になったりするので避けた方が良い．

出力結果

```
# A tibble: 7,919 x 12
```

ch04_27 を実行するこ
とで，この列が追加

	year	film_ID	industry_ID	sales	OX	NFE	X	OA	FA	OL	FO	BE
	<dbl>	<fct>	<fct>	<dbl>	<dbl>	<dbl>	<dbl>	<dbl>	<dbl>	<dbl>	<dbl>	<dbl>
1	2016	1	1	5949.	564.	50.7	513.	13866.	4642.	4534.	3960.	10014.
2	2017	1	1	6505.	691.	29.5	662.	13953.	7744.	5111.	6159.	10426.
3	2018	1	1	6846.	751.	86.5	665.	18818.	7285.	5137.	10124.	10842.
4	2019	1	1	7572.	959.	298.	660.	18190	9735.	5488.	11362.	11075.
5	2020	1	1	7538.	778.	-65.5	844.	20463.	10274.	5371.	13772.	11594.
6	2015	2	1	3506.	45.8	5.75	40.1	2978.	2258.	1840.	2341.	1055.

4.6.2 ラグの取り方

続いて，ROE を (4.1) 式の定義に従って計算するために，株主資本 (BE) のラグ
を取ることを考えよう．下記左のコード ch04_28 のように，dplyr に含まれる
lag() 関数を用いると，データを一期分だけずらすことができる．BE 列全体のラ
グを取ると，データがずれた分だけ最初に NA が登場する一方，元のデータの最
終項が欠落し，次元そのものは元データと同じに保たれる．

```
# ch04_28: lag() 関数を用いて前期の
  株主資本を取得 (1)

head(lag(financial_data$BE))
    # head() 関数で冒頭 6 行の結果の
    み表示

## [i] NA 10013.82 10426.33 10842.01
   11074.95 11593.58
```

```
# ch04_29: lag() 関数を用いて前期の
  株主資本を取得 (2)

financial_data <- financial_data
  %>%
  group_by(firm_ID) %>%
    # firm_ID ごとにグループ化
  mutate(lagged_BE = lag(BE)) %>%
    # lag() 関数を firm_ID ごとに適用
  ungroup() # グループ化を解除

head(financial_data$lagged_BE)
    # head() 関数で冒頭 6 行の lagged
    _BE を表示

## [1] NA 10013.82 10426.33 10842.01
   11074.95 NA
```

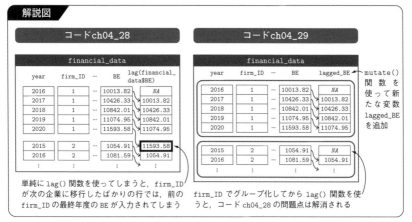

しかし，コード ch04_28 には問題がある．それは，このコードでは，`firm_ID` が2の企業の初年度の値として，`NA` の代わりに `firm_ID` が1の企業の最終年度の値が代入されてしまう点である．これを防ぐためには，既に前節で登場した `group_by()` 関数を用いて，元のデータフレームを `firm_ID` ごとにグループ化してから，`lag()` 関数を作用させれば良い[15]．それを実践したのが，右のコード ch04_29 である．

コード ch04_29 のように，パイプ演算が複数行にわたって続く場合，一回ごとに改行を入れるとコードが読みやすくなる（結果自体は改行があってもなくても同じ）．このコードでは，まず最初に `group_by()` 関数を用いて，`financial_data` に `firm_ID` に基づくグループ化情報を付与している．そして，`mutate()` 関数内で `lag()` 関数を使うことで，`lagged_BE` という新しい列を作成し，そこに一期前の BE を格納している．この演算が `firm_ID` に基づくグループごとに行われるので，各企業の初年度のデータが `NA` になる．最後に `ungroup()` 関数を用いるのは，不要になったグループ化情報を消去するためである．これを忘れると，変数にグループ化情報が付与されたままになって，その後の処理も意図せずグループごとに行われてしまうので注意しよう．

---

[15] より一般的に言うと，`lag()` 関数は一つ上の行のデータを参照するだけなので，データが昇順に並んでいたり途中で抜けていたりする場合，前年度のデータを返さない点に注意が必要である．

4.6.3 ROE の計算とヒストグラムによる可視化

以上で ROE の計算に必要なデータが全て揃ったので，本節の締めくくりとして ROE を計算し，その分布をヒストグラムに図示してみよう．**4.4.2 節**のコード ch04_15 で学んだとおり，ggplot2 でヒストグラムを描くには，geom_histogram() 関数を用いる．以下では更に scale_x_continuous() 関数を用いて，x 軸の表示範囲を −0.1 から 0.5 に指定している．出力されたヒストグラムを見てみると，多くの企業で ROE は 0.1 未満だが，一部には ROE が 0.2 を超える高収益企業も存在することが分かる．

```
# ch04_30: ROE の計算とヒストグラムによる可視化

financial_data <- financial_data %>%
  mutate(ROE = X / lagged_BE) # mutate(financial_data, ROE = X /
    lagged_BE) と書いても同じ

ggplot(financial_data) +
  geom_histogram(aes(x = ROE)) +
  scale_x_continuous(limits = c(-0.1, 0.5)) + # 表示する x 軸の範囲を
    (-0.1, 0.5) に限定
  scale_y_continuous(expand = c(0, 0)) +
  theme_classic()
```

出力結果

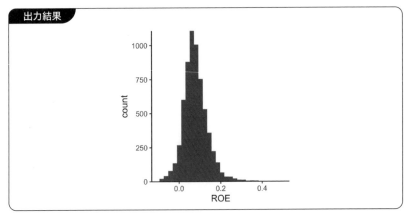

4.7　グループごとの集計とランク付け

4.7.1　産業ごとの ROE 平均値と棒グラフによる可視化

　前節で計算した ROE に関する探索的データ分析を更に続けよう．まずは，産業ごとの ROE 平均値を棒グラフで可視化し，そのばらつきを確認してみたい．以下のコードは，group_by() 関数と summarize() 関数の組合せで ROE の産業平均値を計算している．

```
# ch04_31: 産業別の ROE 平均値を計算

financial_data %>%
  group_by(industry_ID) %>% # industry_ID ごとにグループ化
  summarize(mean_ROE = mean(ROE, na.rm = TRUE)) # 欠損値を除いて ROE の平
      均値を計算
```

出力結果

```
# A tibble: 10 x 2
   industry_ID  mean_ROE
   <fct>        <dbl>
 1 1            0.0773
 2 2            0.108
 3 3            0.0755
 4 4            0.0737
 5 5            0.0857
 6 6            0.0951
            ⋮
```

このコードの流れをステップごとに説明すると以下のようになる．

⑴　まず group_by() 関数を用いて，元データである financial_data に industry_ID に基づくグループ化情報を付与する．

⑵　そして summarize() 関数を用いて，各グループ（産業）ごとに平均 ROE を計算し，mean_ROE 列に保存する．

⑶　初年度の ROE は，全ての企業で lagged_BE の欠損により NA であるため，その影響を排除するため，ROE の産業平均を計算する際は，mean() 関数に

na.rm = TRUE という引数を追加する（na.rm は remove NA values の略）.

tidyverse 流のデータ処理のメリットとして，データの加工から可視化までを一連のコードで記述できるという点が挙げられる．上で計算した ROE の産業平均値 (mean_ROE) は，パイプ演算子%>%を用いて，そのまま ggplot2 の引数として与えることができる．以下では，geom_col() 関数を用いて，産業ごとに mean_ROE を棒グラフで表現している．出力された棒グラフを見ると，最も高い平均 ROE を持つのは，industry_ID が 2 の産業であることが分かる.

```
# ch04_32: 産業別の ROE 平均値を棒グラフで可視化

financial_data %>%
  group_by(industry_ID) %>%
  summarize(mean_ROE = mean(ROE, na.rm = TRUE)) %>%
  ggplot() + # パイプ演算子%>%を用いて, 産業別の ROE 平均値を ggplot() 関数
    に引き渡す
  geom_col(aes(x = industry_ID, y = mean_ROE)) + # 棒グラフを描くには
    geom_col() 関数を用いる
  labs(x = "Industry ID", y = "Industry Average ROE") +
  scale_y_continuous(expand = c(0, 0)) +
  theme_classic()
```

出力結果

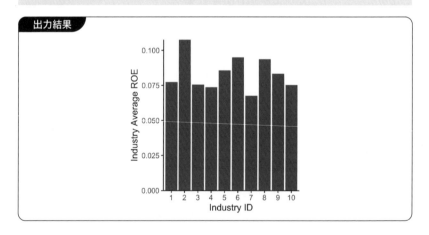

上記のコードのように，dplyr を用いたデータ加工は ggplot2 との相性が良く，パイプ演算子%>%を用いて，そのままデータの可視化まで行える．産業ごとの ROE 平均を計算するだけであれば，前節で紹介した tapply() 関数でも可能だが，

可視化の手間まで考えると，`tidyverse` 流のデータ処理の方がよりスムーズに行える．

4.7.2 産業内での ROE のランク付け

続いて，ROE の多寡に応じて個々の企業をランク付けしてみよう．具体的には，最終年度のデータのみに注目し，ROE が最も高い企業を産業ごとに抽出することを考える．

まず，4.4.1 節のコード ch04_13 で学んだように，元データから最終年度のデータのみを取り出すには，パイプ演算子 `%>%` と `filter()` 関数を用いて次のように書く．

```
# ch04_33: 最終年度のデータのみを抽出

financial_data %>%
  filter(year == 2020)
```

今は ROE にしか興味がないので，それ以外の財務関連情報はデータから落としてしまおう．データフレームから特定の列を抽出するには，`select()` 関数を用いる．以下のコードでは，`filter()` 関数で最終年度のデータのみを取り出した後，パイプ演算子 `%>%` を用いて，そのデータフレームを `select()` 関数に引き渡して，`firm_ID, industry_ID, ROE` の 3 列のみを抽出している．

```
# ch04_34: 最終年度に関して firm_ID・industry_ID・ROE の各列を抽出

financial_data %>%
  filter(year == 2020) %>%
  select(firm_ID, industry_ID, ROE) # 特定の列のみを抽出するには
      select() 関数を用いる
```

続いて，産業ごとに各企業の ROE をランク付けしてみよう．ここで役立つのは，入力されたベクトルに対し各要素の順位を返す `rank()` 関数である．以下のコードでは，`group_by()` 関数で各産業ごとにグループ化した後，`rank()` 関数で ROE の産業内順序を返し，それを `ROE_rank` という列に保存している．`group_by()` 関数と `mutate()` 関数の組合せは，4.6.2 節のコード ch04_29 で

lagged_BE 列を作成する際に用いたことを思い出そう.

```
# ch04_35: 産業別に各企業を ROE で順序付け (1)

financial_data %>%
  filter(year == 2020) %>%
  select(firm_ID, industry_ID, ROE) %>%
  group_by(industry_ID) %>% # industry_ID でグループ化
  mutate(ROE_rank = rank(ROE)) %>% # 順序付けには rank() 関数を用いる
  ungroup()
```

出力結果

```
# A tibble: 1,363 x 4
   firm_ID industry_ID     ROE  ROE_rank
   <fct>   <fct>         <dbl>     <dbl>
 1 1       1           0.0762       103
 2 2       1           0.0728        98
 3 3       1           0.119        152
 4 4       1           0.0216        34
 5 5       1           0.113        149
 6 7       1           0.00379       21
                       ⋮
```

しかし,上の結果をよく見てみると,ROE_rank は昇順 (ascending order) に順序付けられてしまっている.すなわち,各産業で ROE が最も小さな企業に 1 の値がついている.これを修正し,ROE を降順 (descending order) に順序付けするには,rank() 関数の中に desc() を指定すれば良い.

```
# ch04_36: 産業別に各企業を ROE で順序付け (2)

financial_data %>%
  filter(year == 2020) %>%
  select(firm_ID, industry_ID, ROE) %>%
  group_by(industry_ID) %>%
  mutate(ROE_rank = rank(desc(ROE))) %>% # 降順で順序付けするには desc()
    関数を用いる
  ungroup()
```

出力結果

```
# A tibble: 1,363 x 4
   firm_ID  industry_ID      ROE  ROE_rank
   <fct>    <fct>          <dbl>     <dbl>
 1 1        1             0.0762        85
 2 2        1             0.0728        90
 3 3        1             0.119         36
 4 4        1             0.0216       154
 5 5        1             0.113         39
 6 7        1             0.00379      167
                          ⋮
```

　上の出力結果は，firm_ID 順に並んでいるので，どの企業の ROE が高いのかを探るには少し不便である．このような場合，arrange() 関数を用いて特定の変数に基づいて行の並び替えを行う．arrange() 関数には列名を複数指定して並び替えの優先順位を指定することができる．以下ではまず第一引数の industry_ID ごとに並び替えを行い，industry_ID が同一のグループでは ROE_rank に基づく並び替えを行っている．何も指定しないと昇順の並び替えとなるため，降順に並び替えたい場合は，代わりに desc(industry_ID) と指定する．

```
# ch04_37: 産業別に各企業を ROE で順序付け (3)

financial_data %>%
  filter(year == 2020) %>%
  select(firm_ID, industry_ID, ROE) %>%
  group_by(industry_ID) %>%
  mutate(ROE_rank = rank(desc(ROE))) %>%
  ungroup() %>%
  arrange(industry_ID, ROE_rank) # 元データを特定の変数の値に基づき並び
    替えるには arrange() 関数を用いる
```

出力結果

```
# A tibble: 1,363 x 4
   firm_ID  industry_ID    ROE  ROE_rank
   <fct>    <fct>        <dbl>     <dbl>
 1 8        1            0.388         1
 2 90       1            0.334         2
 3 225      1            0.301         3
 4 81       1            0.231         4
 5 171      1            0.218         5
 6 138      1            0.207         6
                          ⋮
```

　本節の最後に，各産業ごとに ROE が最も高い企業を抽出してみよう．ここまでのステップで既に ROE_rank という変数を定義し，産業ごとの ROE の順位をそこで計算しているので，その値が 1 である企業のみを抽出すれば良い．以下のコードでは，二回目に登場する filter() 関数で ROE_rank が 1 であるデータのみを抽出している．また，この表は各産業ごとに ROE が最も高い企業を抽出したものなので，二回目の select() 関数で各列を並び替えて，industry_ID が左端に来るよう調整している．

```
# ch04_38: 各産業で ROE が最も高い企業のみを抽出 (1)

financial_data %>%
  filter(year == 2020) %>%
  select(firm_ID, industry_ID, ROE) %>%
  group_by(industry_ID) %>%
  mutate(ROE_rank = rank(desc(ROE))) %>%
  ungroup() %>%
  filter(ROE_rank == 1) %>% # ROE が最も高い企業のみ抽出
  select(industry_ID, firm_ID, ROE) # ROE_rank 列を省略した上で，
      industry_ID を左端に
```

出力結果

```
# A tibble: 10 x 3
   industry_ID  firm_ID   ROE
   <fct>        <fct>     <dbl>
 1 1            8         0.388
 2 2            242       0.375
 3 3            475       0.498
 4 4            619       0.149
 5 5            661       0.267
 6 6            719       0.142
 7 7            929       0.564
 8 8            1042      0.256
 9 9            1167      0.235
10 10           1380      0.250
```

　本節では，パイプ演算子%>%を連結させて，複数の処理を逐次的に行う方法を学んだ．パイプ演算子%>%は加工した変数を左辺から右辺に引き渡しているだけなので，途中の変数に名前を付けて保存することが可能である．例えば上のコードは以下のように書いても全く同じ結果となる．このように途中の変数に名前を付けると，繰り返し同じコードを書く手間を省ける一方，新たにその変数に適切な名前を付ける手間が生じる．途中の変数をどの程度保存するかは処理の複雑さや個人の好み次第なので，各自が好きなように決めると良いだろう．

```
# ch04_39: 各産業で ROE が最も高い企業のみを抽出 (2)

ROE_rank_data <- financial_data %>% # 中間変数として ROE_rank_data を定義
  filter(year == 2020) %>%
  select(firm_ID, industry_ID, ROE) %>%
  group_by(industry_ID) %>%
  mutate(ROE_rank = rank(desc(ROE))) %>%
  ungroup()

ROE_rank_data %>%
  filter(ROE_rank == 1) %>%
  select(industry_ID, firm_ID, ROE)
```

4.8　上級デュポン・モデルによる ROE の分析とその可視化

4.8.1　分析用のデータセットの作成

　これまでの節で ROE の分析が一段落したので，続いて **1.3.5 節**で学んだ上級デュポン・モデルを利用した分析に進んでいこう．上級デュポン・モデルとは，以下のとおりであった．

$$\underbrace{\left(\frac{X_t}{BE_{t-1}}\right)}_{ROE_t} = \underbrace{\left(\frac{OX_t}{NOA_{t-1}}\right)}_{RNOA_t} + \underbrace{\left(\frac{NFO_{t-1}}{BE_{t-1}}\right)}_{FLEV_{t-1}} \times \left[\underbrace{\left(\frac{OX_t}{NOA_{t-1}}\right)}_{RNOA_t} - \underbrace{\left(\frac{NFE_t}{NFO_{t-1}}\right)}_{NBC_t}\right] \quad (4.2)$$

また，上級デュポン・モデルに登場する事業のリターンたる $RNOA_t$ は，次のように ATO_t と PM_t とに二分解することができた．

$$\underbrace{\left(\frac{OX_t}{NOA_{t-1}}\right)}_{RNOA_t} = \underbrace{\left(\frac{sales_t}{NOA_{t-1}}\right)}_{ATO_t} \times \underbrace{\left(\frac{OX_t}{sales_t}\right)}_{PM_t}$$

　以下のコードでは，企業ごとにグループ化した後，`mutate()` 関数内でデュポン分解に登場する各変数の定義を一度に行っている．このように，`mutate()` 関数は“,”（カンマ）で区切ることで，複数の列を一度に作成できる．ただし，新しく登場した変数を別の計算で用いる場合，変数の定義の順番を間違えるとエラーになってしまうので気をつけよう．例えば，以下の計算では `mutate()` 内の最初の行で定義した `NOA` を `RNOA` の計算で用いているので，先に `NOA` を定義する必要がある．

```
# ch04_40: 上級デュポン・モデルによる ROE の分析

financial_data_DuPont <- financial_data %>%
  group_by(firm_ID) %>%
  mutate(NOA = OA - OL,
         RNOA = OX / lag(NOA),
         PM = OX / sales,
         ATO = sales / lag(NOA),
```

```
        NFO = FO - FA,
        lagged_FLEV = lag(NFO) / lagged_BE,
        NBC = NFE / lag(NFO),
        ROE_DuPont = RNOA + lagged_FLEV * (RNOA - NBC)) %>% # 上級デュポ
ン・モデルに基づき計算した ROE
  ungroup()
```

出力結果

financial_data_DuPont

新たなデータフレームとして代入 ↑

ch04_40 を実行することで，これらの列が追加

```
# A tibble: 7,919 x 22
  year firm_ID industry_ID  sales        ROE    NOA  RNOA     PM    ATO    NFO lagged_FLEV     NBC ROE_DuPont
  <dbl>  <fct>      <fct>    <dbl>       <dbl>  <dbl> <dbl>  <dbl>  <dbl>  <dbl>     <dbl>     <dbl>      <dbl>
1  2016    1          1      5949.         NA   9331.   NA  0.0948    NA   -682.       NA       NA         NA
2  2017    1          1      6505. (中略) 0.0661  8841. 0.0741 0.106  0.697 -1585.   -0.0682  -0.0433    0.0661
3  2018    1          1      6846.       0.0638 13681. 0.0850 0.110  0.774  2839.   -0.152   -0.0546    0.0638
4  2019    1          1      7572.       0.0609 12702. 0.0701 0.127  0.553  1627.    0.262    0.105     0.0609
5  2020    1          1      7538.       0.0762 15091. 0.0613 0.103  0.593  3498.    0.147   -0.0402    0.0762
6  2015    2          1      3506.         NA   1137.   NA  0.0131    NA    82.6       NA       NA         NA
                                          ⋮
```

all.equal() 関数を用いると，第一引数と第二引数が等しいかを判定してくれる．以下では，定義通り (4.1) 式に基づいて計算した ROE と，(4.2) 式のように上級デュポン・モデルを用いて計算した ROE_DuPont が等しいか否かを確認している．完全に等しければ TRUE を返すが，結果は "Mean relative difference: 4.396878e-06" となっている．これは，両者の相対誤差の平均値が 4.396878e-06，すなわち，4.396878×10^{-6} であり，計算過程で生じたごく軽微な無視できるほどの差しかないことを意味する．したがって，上級デュポン・モデルを用いても ROE が正しく計算できることが確認できる．

```
# ch04_41: ROE の計算方法の比較

all.equal(financial_data_DuPont$ROE, financial_data_DuPont
    $ROE_DuPont)

## [1] "Mean relative difference: 4.396878e-06"
```

4.8.2　箱ひげ図による産業別比較

　上級デュポン・モデルを利用して ROE が計算できたので，今度は産業ごとに ROE の各決定要因がどう分布しているのか可視化してみたい．まずは箱ひげ図を用いて売上高事業利益率 PM を産業ごとにプロットしてみよう．箱ひげ図とは，中央値や四分位点などの要約統計量を直感的に捉えることが可能なグラフである．

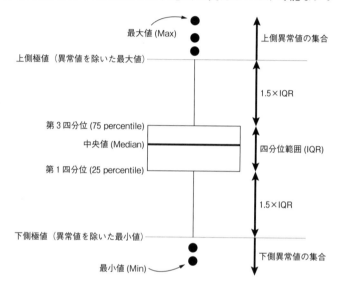

　ggplot2 においては，geom_boxplot() 関数を用いることで箱ひげ図を描くことができる．以下のコードは，最終年度のデータに限り，industry_ID が 2 から 6 までの企業の PM を箱ひげ図で可視化したものである．filter() 関数では，カンマで並べることで同時に複数の条件を満たすデータを抽出できる．filter() 関数内で二番目の条件に登場する %in% は，右辺の要素に含まれているかどうかを判定する論理演算子であり，ここでは具体的に，industry_ID が 2 から 6 の値を取る場合のみ TRUE を返す．出力された箱ひげ図を見てみると，industry_ID が 3 の産業は，他の産業と比べて，同一産業内でのばらつきが大きいことが確認できる．

```
# ch04_42: 箱ひげ図を用いた PM の可視化
```

```
financial_data_DuPont %>%
  filter(year == 2020,
         industry_ID %in% 2:6) %>% # industry_ID が 2 から 6 のデータを抽出
  ggplot() +
  geom_boxplot(aes(x = industry_ID, y = PM)) + # 箱ひげ図を描くには
    geom_boxplot() 関数を用いる
  labs(x = "Industry ID") +
  theme_classic()
```

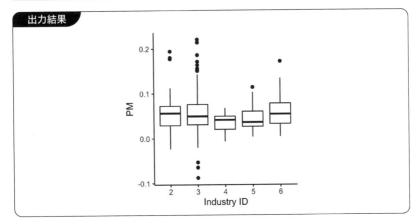

出力結果

ここでは利用していないが，複数の条件を組み合わせる方法は他にも，論理積
(&) や論理和 (|) などがあり，例えば上のコードでは，`filter()` 関数の引数を一行
で，`year == 2020 & industry_ID %in% 2:6` と書くこともできる．

4.8.3　散布図による産業別比較

続いて，産業ごとに ATO（純事業資産回転率）と PM（売上高事業利益率）が
どう分布しているか散布図を描いてみよう．以下のコードでは，**4.7.1 節**で学ん
だ group_by() 関数と summarize() 関数の組合せで，まずは産業ごとに ATO と PM
の中央値を計算している．そして，それを ggplot2 の geom_point() 関数で散布
図で表現している．平均値ではなく中央値を用いる理由だが，財務比率は一般に
極端な外れ値を含むことが多いため，ここではその影響を受けにくい中央値をグ
ラフに描いている．

```
# ch04_43: ATO と PM のトレードオフの可視化

financial_data_DuPont %>%
  group_by(industry_ID) %>%
  summarize(industry_median_PM = median(PM, na.rm = TRUE),
            industry_median_ATO = median(ATO, na.rm = TRUE)) %>%
    # 欠損値を除いた上で PM と ATO の産業別中央値を計算
  ggplot() +
  geom_point(aes(x = industry_median_ATO, y = industry_median_PM)) +
  labs(x = "Industry Median ATO", y = "Industry Median PM") +
  theme_classic()
```

出力結果

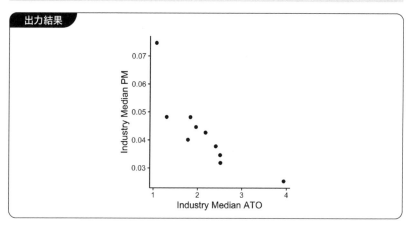

このように図示してみると，1.3.4 節で学んだとおり，ATO と PM にはトレードオフの関係が観察できる．これを強調するために，両者の積である RNOA を一定とする曲線を書き込んでみよう．まず以下のコードでは，全企業の RNOA の中央値を計算して median_RNOA を準備している．ggplot2 では，stat_function() 関数を用いると関数を直接グラフに書き込める．最終行では，この関数を用いて $y = $ median_RNOA$/x$ を図に追加している．

```
# ch04_44: ATO と PM が反比例するグラフを追加

median_RNOA <- median(financial_data_DuPont$RNOA, na.rm = TRUE)
    # 欠損値を除く全データに関して RNOA の中央値を計算
```

```
financial_data_DuPont %>%
  group_by(industry_ID) %>%
  summarize(industry_median_PM = median(PM, na.rm = TRUE),
            industry_median_ATO = median(ATO, na.rm = TRUE)) %>%
  ggplot() +
  geom_point(aes(x = industry_median_ATO, y = industry_median_PM)) +
  labs(x = "Industry Median ATO", y = "Industry Median PM") +
  theme_classic() +
  stat_function(fun = function(x) median_RNOA / x, linetype =
      "longdash") # グラフに関数を書き込むには stat_function() 関数を
      用いる
```

出力結果

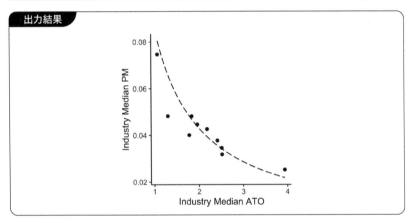

最後に，本章の締めくくりとして，加工したデータの一部を保存しておこう．
上級デュポン・モデル関係のデータは今後の分析で登場しないので，その前段階
の financial_data を CSV に出力しておこう．tidyverse の readr ではこの目
的のために，write_csv() 関数が用意されている．

```
# ch04_45: データの保存

write_csv(financial_data, "ch04_output.csv") # 基本パッケージの write.
    csv() 関数に対応
```

演習問題

演習 1[*]

(1) 日本の上場企業を一社自由に選び，その企業の最新の有価証券報告書を EDINET から取得し，連結財務諸表を用いて ROE を計算せよ．ただし，その際，分子には当期純利益ではなく，親会社株主に帰属する当期純利益を用いること．

(2) 1.2.5 節によれば，ROE は基本デュポン・モデルに基づき，

$$\underbrace{\left(\frac{X_t}{BE_{t-1}}\right)}_{ROE_t} = \underbrace{\left(\frac{TA_{t-1}}{BE_{t-1}}\right)}_{totalFLEV_{t-1}} \times \underbrace{\left(\frac{sales_t}{TA_{t-1}}\right)}_{rawATO_t} \times \underbrace{\left(\frac{X_t}{sales_t}\right)}_{rawPM_t}$$

という三要素へと分解できた．ここで，$TA_{t-1} = OA_{t-1} + FA_{t-1}$ は資産合計を，$sales_t$ は t 期の売上高を表す．(1) で選んだ一社に関して，これら三要素を実際に計算し，基本デュポン・モデルに基づいて ROE を計算せよ．

(3) さらに，その企業のライバル企業を同業種から一社選び，同様の計算を行うことで，競合二社の ROE を比べ，どの要素に起因して両社の ROE が異なるのかを考察せよ．

演習 2 TDnet にアクセスし，直近で公開された適時開示のうち好きなものを一つ選べ．その上で，(1) どの企業が公表した資料なのか，そして (2) 何に関する開示なのか，ということを簡単に説明せよ．

- 以降の問題では，本章で用いたシミュレーション・データを利用する．

演習 3 最終年度の当期純利益 X の値を用いて各企業を順位付けした上で，上位三社の企業 ID (firm_ID) をそれぞれ答えよ．

演習 4 firm_ID が 350 の企業の売上高を折れ線グラフで表示せよ．ただし，y 軸は売上高 sales，x 軸は年度 year を取ることとする．

演習 5

(1) 最終年度の ROE に関して 20% 分位点を求め，ROE_first_quintile という変数に保存せよ．

　ヒント：分位点を求めるには quantile() 関数を用いる．この関数は第一引数にデータセット，第二引数に求めたい分位点の値をパーセントでなく小数表示で代入する．また，データセットに欠損値が含まれている場合，na.rm = TRUE を追加する必要がある．

(2) 最終年度の ROE が ROE_first_quintile より小さい企業は何社あるか答えよ．ただし，ROE が欠損している企業はカウントしないこと．

演習 6[*] 4.6.1 節では ROE を計算する際に分母の株主資本として一期前の値を取った．

ROE には別の定義として，株主資本を期首と期末との平均値で計算する定義も存在する
(167 頁の脚注 13 を参照)．この定義に従って各企業の ROE を計算し，ROE2 という名前の
列に保存せよ．その上で，2016 年以降の各年度に関して ROE2 の中央値を求め，その推移を
折れ線グラフで可視化せよ．

演習 7* 4.7.1 節では産業ごとに ROE 平均値を求め，棒グラフで可視化した．この図は
産業 ID (`industry_ID`)順に棒グラフが並んでいたが，これを ROE 平均順に並び替えよ．た
だし，左から右に行くにかけて ROE 平均が大きくなるようにすること．

> ヒント：棒グラフの順番を並び替えるには，データ自体を修正してファクター
> 型の水準を並び変える必要がある．この目的のために，`tidyverse` に含まれる
> `forcats` パッケージは，`fct_reorder()` 関数を提供している．この関数は第一
> 引数にファクター型のベクトルを，第二引数に並び替えに用いる変数を指定す
> る．

演習 8　この問題では，演習 1 と同様に，基本デュポン・モデルによる分解を行ってみよう．
まずは定義に従って，各企業に関して $totalFLEV_{t-1}$ (`lagged_total_FLEV`)，$rawATO_t$
(`raw_ATO`)，$rawPM_t$ (`raw_PM`)をそれぞれ計算せよ．続いて，これら三つの変数を掛け合わ
せることで `ROE_DuPont2` を定義し，`all.equal()` 関数で ROE と一致することを確認せよ．

第5章
株式データの取得と可視化

　前章で財務データの分析方法を学んだのに引き続き，本章では株式データに焦点を当てる．株価と言うと，日経平均株価や TOPIX（東証株価指数）の値動きをニュースで目にする機会が多いが，これらは「株価指数」と言って複数の株式の値動きの平均をとった指数である．一方，日本には約 4,000 社の上場企業が存在し，誰もが自由に個別銘柄を売買することができる．本章は，主として個別銘柄に焦点を当てて株式データの前処理や，株式リターンの統計的な分析を行う．また，本章の後半ではリターンの累積や財務データとの結合，統計的推論の考え方といった各種のトピックを学ぶが，これは次章以降で開始する本格的なポートフォリオ分析の準備も兼ねている．

5.1　R を利用した株式データ分析入門

5.1.1　株式データの入手先

　R を利用した分析に入る前に，株式データの概要を説明しよう．そもそも上場とは，証券取引所において株式を誰でも自由に売買可能にすることを指す．上場企業の株式は，誰もが証券会社を通じて購入することができ，その企業の部分的な株主（所有者）となることができる．証券取引所は，投資家同士が株式を売買するプラットフォームを提供すると同時に，投資家保護の役割を担っている．Yahoo! ファイナンスなどのウェブサイトを閲覧したりすることで，個別株の株式データを入手することができるが，配信元は全て当該株式が上場されている証券取引所であり，その著作権も証券取引所が保有している．財務データと同様，金融機関や大学では商用のデータベースを契約して，それを介して一括して個別株

の株式データを入手していることが多い[1]．本章でも，前章と同じように現実を模したシミュレーション・データを用いて実習を行う．以下では，株式の取引に関連してよく登場する相場用語を表にまとめたので，一読して現実の株式市場の仕組みへの理解を確認すると良いであろう．

相場用語	解説
成行注文	値段を指定せず，その時点の最良気配値で取引を希望すること
指値注文	特定の値段を指定して取引を希望すること
板	その時点で有効な指値注文を売りと買いで分けて価格ごとにまとめた一覧表のこと
板寄せ方式	取引開始時に板情報（それまでに提出された売りと買いの注文）に基づいて取引価格を決定する方法のこと
ザラ場寄せ方式	取引時間（ザラ場）中に新規注文と板情報に基づいて取引価格を決定する方法のこと（図 5.1 を参照）
歩み値	取引時間中の売買履歴（約定価格や出来高）に関する時系列データのこと
証拠金	信用取引を行う際に資金の貸し手に差し入れる担保のこと
値洗い	保有するポートフォリオ（ポジション）の価値を時価で再評価すること
追証	値洗いの結果，追加の証拠金を求められること
逆日歩	信用売りが殺到し株不足となった銘柄でショート・セラーが追加で支払う費用のこと
踏み上げ	株価上昇で損失を抱えたショート・セラー（2.2.3 節を参照）のロスカットが一段の株高を招くこと

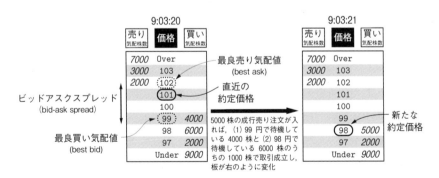

図 5.1　ザラ場時間帯の板のイメージ

---

[1]　日本のデータでいうと，例えば，日本経済新聞社の FinancialQUEST や金融データソリューションズ社の NPM 株式日次リターンなどが有名である．米国では，シカゴ大学にある証券価格研究センター（通称，CRSP）が 1964 年からコンピュータが処理できる株価データを提供し始め，学術研究では今なお CRSP が頻用されている．

5.1.2 株価データのダウンロードと読み込み

それでは，サポートサイトの S2 節からダウンロードした ch05_stock_data.
csv を作業用ディレクトリに置いてみよう．前章と同様に tidyverse の readr
パッケージから read_csv() 関数を用いて，この CSV ファイルを読み込むことか
ら始めよう．

```
# ch05_01: tidyverse と株式データの読み込み

library(tidyverse)
stock_data <- read_csv("ch05_stock_data.csv")
```

read_csv() 関数で読み込んだ CSV ファイルは tibble 形式で保存されるので，
データの行数を気にせずに print() 関数で内容を確認できる．それによると，こ
のデータセットには 95,040 個の観測データが存在し，各観測データは九つの変
数から構成されていることが分かる．

```
# ch05_02: 株式データの目視

print(stock_data)
```

出力結果

				stock_data				
# A tibble: 95,040 x 9								
	year	month	month_ID	firm_ID	stock_price	DPS	shares_outstanding	adjustment_coefficient	R_F
	<dbl>	<dbl>	<dbl>	<dbl>	<dbl>	<dbl>	<dbl>	<dbl>	<dbl>
1	2015	1	1	1	954	0	2422000	1	0.000651
2	2015	2	2	1	960	0	2422000	1	0.000583
3	2015	3	3	1	1113	0	2422000	1	0.000611
4	2015	4	4	1	1081	0	2422000	1	0.000685
5	2015	5	5	1	1317	0	2422000	1	0.000737
6	2015	6	6	1	1366	29	2422000	1	0.000695

各列を順番に見ていくと，まず最初の year と month はデータが観測された年
月を表す．次の month_ID は年月の組合せを一意に特定する識別子で，6 年分，
計 72 ヶ月のデータに対応して 1 から 72 までの値を取る．例えば，2015 年 1 月
の month_ID は 1 である一方，2016 年 1 月の month_ID は 13 である．4 列目の
firm_ID は企業 ID で，前章で分析した財務データと同じ値を取る．続いて，5 列
目以降の各変数の定義は以下のとおりである．

5列目	stock_price	月末時点での終値
6列目	DPS	一株当たり配当額(Dividend Per Share; DPS)
7列目	shares_outstanding	月末時点での発行済株式数
8列目	adjustment_coefficient	調整係数
9列目	R_F	月次無リスク金利

6列目のDPSであるが,権利確定月,及び一株当たりの受け取り配当を記録するデータである.例えば,以下のコードを実行し,firm_IDが1の企業について見てみると,2017年6月の月末時点の株主に対して,一株当たり43円の配当が支払われたことが分かる.現実の企業は決算月に応じて異なるタイミングで配当を支払うが,今回のデータセットでは全ての企業で6月末と12月末時点で配当落ちすると仮定している[2].配当落ちとは,配当を受け取る権利がなくなることを指す.続いて,7列目のshares_outstandingであるが,発行済株式数は新株発行や自社株買い,株式分割などの要因によって変動しうるため,各月に関する情報が必要となる.以下の出力結果によれば,firm_IDが1の企業の場合,2017年3月から2017年4月にかけて発行済株式数が増加していることが確認できる.

```
# ch05_03: 配当支払いや発行済株式数変化の例

stock_data %>%
  filter(firm_ID == 1 & month_ID %in% 27:30)
```

出力結果

```
# A tibble: 4 x 9
   year month month_ID firm_ID stock_price   DPS shares_outstanding adjustment_coefficient        R_F
  <dbl> <dbl>    <dbl>   <dbl>       <dbl> <dbl>              <dbl>                  <dbl>      <dbl>
1  2017     3       27       1        4371     0            2422000                      1  -0.0000704
2  2017     4       28       1        4082     0            2906000                    1.2  -0.0000601
3  2017     5       29       1        3478     0            2906000                      1  -0.000155
4  2017     6       30       1        4317    43            2906000                      1  -0.000202
```

増加

1株当たり43円の配当支払い

---

[2] このデータセットでは年二回の配当支払いを仮定したが,現実には本決算後に一回だけ支払う企業や,四半期ごとに支払う企業も存在する点に注意しよう.加えて,配当落ち月と実際の支払月の違いも知っておく必要がある.例えば,3月決算の企業の場合,決算期末の3月が期末配当の配当落ち月であるのが普通である.しかし,期末配当の支払いは原則として株主総会の決議が必要なので,6月中下旬に株主総会を開催した後,6月から7月頃以降に配当を支払うことが多い.

　8列目の `adjustment_coefficient` は，株式分割や併合などに伴う株式数の変化を調整するためのデータである．例えば，株式分割により旧1株が新しく2株になったとしよう．理論株価は半分になる一方で，元の株主はそれを相殺するように2倍の株式数を手にする．ここで単純に株価だけを用いてプライス・リターンを計算してしまうと，株主の資産の変化を誤って捉えてしまう．したがって，この場合は調整係数を2として，リターンを計算する際に調整する必要がある．このようなイベントは比較的まれなので，調整係数は大半の月で1の値を取っている．例えば，以下のコードによると，`firm_ID` が74の企業は2017年6月の観測データで調整係数が2になっている．これはこの月に（旧株式）1：（新株式）2の株式分割が行われたことを意味しており，実際株価は分割前に比べて半分程度になっている．

```
# ch05_04: 調整係数が 1 以外の値を取る例

stock_data %>%
  filter(firm_ID == 74 & month_ID %in% 29:32)
```

出力結果

```
# A tibble: 4 x 9
   year month month_ID firm_ID stock_price  DPS shares_outstanding adjustment_coefficient      R_F
  <dbl> <dbl>    <dbl>   <dbl>       <dbl> <dbl>              <dbl>                  <dbl>    <dbl>
1  2017     5       29      74        2816     0            4960000                      1 0.000737
2  2017     6       30      74        1402    11            9920000                      2 0.000695
3  2017     7       31      74        1420     0            9920000                      1 0.000494
4  2017     8       32      74        1502     0            9920000                      1 0.000471
```

1:2で株式分割　調整係数は2

5.2　時価総額とリターンの計算

5.2.1　時価総額の計算とヒストグラムによる可視化

さて，データフレーム stock_data に時価総額とリターンの系列を新しく加えていこう．まず，時価総額は株価 (stock_price)×発行済株式数 (shares_outstanding) と計算できるので，以下のコードで時価総額の系列を追加できる．株価と発行済株式数それぞれ月末時点のデータであるから，計算された時価総額も月末時点の値となる．ME は，Market Equity の略で，各銘柄の月末時点の時価総額を表す．

```
# ch05_05: 時価総額の追加

stock_data <- stock_data %>%
  mutate(ME = stock_price * shares_outstanding)
```

以下ではヒストグラムを用いて，新しく計算した時価総額 ME の分布を描いてみよう．4.4.2 節のコード ch04_15 で学んだとおり，ggplot2 でヒストグラムを描くには，geom_histogram() 関数を用いる．ここではさらに，x 軸の範囲を0 から ME の 95％分位点に限定するために，scale_x_continuous() 関数に，limits 引数を追加している．ME の 95％分位点は quantile() 関数を使って自動的に抽出することができる．また，x 軸のラベルを百万円単位で表示するには，4.4.2 節のコード ch04_16 で学習した scales パッケージを利用する．より具体的には，label_comma() 関数の引数に scale = 1e-6 を与えた上で，scale_x_continuous() 関数に代入すれば良い．

出力されたヒストグラムを見てみると，4.4.2 節で図示した売上高と同様，時価総額は右に長い裾を持っており，大半の企業が一番左のビンに属することが分かる．

```
# ch05_06: 時価総額の分布をヒストグラムで可視化

library(scales)
```

```
ggplot(stock_data) +
  geom_histogram(aes(x = ME)) +
  labs(x = "Market Equity", y = "Count") +
  scale_x_continuous(limits = c(0, quantile(stock_data$ME, 0.95)),
                     # x 軸の上限を 95%点に設定
                     labels = label_comma(scale = 1e-6)) + # 単位を 100
                     万円にした上で桁区切りのカンマを追加
  scale_y_continuous(expand = c(0, 0)) +
  theme_classic()
```

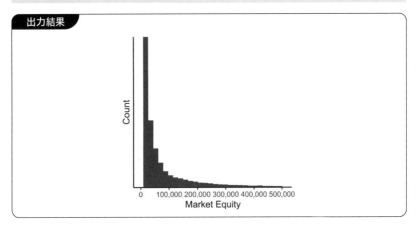

出力結果

5.2.2　トータル・リターンと超過リターンの計算

　時価総額の計算が終わったので，続いてリターンを計算してデータフレーム stock_data の系列の一つに加えていこう．ここで計算するリターンはトータル・リターンや配当込みリターンと言われ，株価の変化に加え配当収入も加味したリターンである．例えば，ある投資家が保有する銘柄が株式分割を行ったとしよう．定義より，月末時点でその投資家は元の保有株数の adjustment_coefficient$_t$ 倍の株式を保有することになる．そして，ポートフォリオの時価評価は一株当たり stock_price$_t$ であり，更に DPS$_t$ の配当を受け取る．したがって，この株式の t 期のトータル・リターン R_t は以下のように計算できる．

$$R_t = \frac{(\text{stock\_price}_t + \text{DPS}_t) \times \text{adjustment\_coefficient}_t - \text{stock\_price}_{t-1}}{\text{stock\_price}_{t-1}} \quad (5.1)$$

この式は少し複雑に見えるが，大半の月は配当支払いも株式分割もないので，$\text{DPS}_t = 0$ かつ $\text{adjustment\_coefficient}_t = 1$ である．このとき，上で定義されたリターンは株価の月次変化率となり，プライス・リターンと一致する．

$$R_t = \frac{\text{stock\_price}_t - \text{stock\_price}_{t-1}}{\text{stock\_price}_{t-1}} \quad (5.2)$$

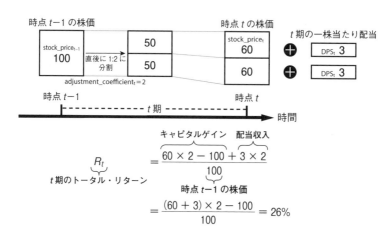

図 5.2　株式分割と配当がある場合のトータル・リターンの計算例

リターンの定義式を理解した上で，いよいよデータフレーム `stock_data` にリターン R の系列を追加するやり方を考えてみよう．ポイントとなるのは，前月の株価である stock_price_{t-1} である．データフレームは各行にそれぞれの観測値を保存し[3]，行方向に処理を行うのが基本だが，stock_price_{t-1} は，t 月のデータから見ると，1 行前のデータに保存されている．したがって以下のコードでは，まず `lag()` 関数を用いて `lagged_stock_price` という変数を作成し，t 月のデータに $t-1$ 月の株価を保存している．4.6.2 節のコード ch04_29 で学んだとおり，銘柄ごとにラグを取りたい場合，まずは `group_by()` 関数を用いてグループ化する必要があったことを思い出そう．

---

[3]　こうしたデータを一般に整然データと呼ぶが，詳しくは本章の**章末問題 演習 8** を参照してほしい．

```
# ch05_07: 前月の株価を追加

stock_data %>%
  group_by(firm_ID) %>% # firm_ID に関してグループ化
  mutate(lagged_stock_price = lag(stock_price)) %>%
  ungroup()
```

こうすると，各行に前月の株価を用意できるので，あとは (5.1) 式の定義に従ってリターンを計算すれば良い．以下のコードでは，ungroup() 関数の後に，mutate() 関数を用いて各月のリターンを R という新しい変数に保存している．

```
# ch05_08: 月次リターンの追加

stock_data <- stock_data %>%
  group_by(firm_ID) %>%
  mutate(lagged_stock_price = lag(stock_price)) %>%
  ungroup() %>%
  mutate(R = ((stock_price + DPS) * adjustment_coefficient -
    lagged_stock_price) / lagged_stock_price)
    # (5.1) 式に従って月次リターンを計算
```

コラム 2.1（54 頁）で様々なリターンの定義を学んだが，ここではトータル・リターンに加えて，無リスク金利に対する超過リターン $R_t^e = R_t - R_{F,t}$ を Re と名付けて計算しておこう．

```
# ch05_09: 月次超過リターンの追加

stock_data <- stock_data %>%
  mutate(Re = R - R_F) # 月次超過リターンを計算
```

ここまでコードが実行されれば，データフレーム stock_data は，次のような状態になっているはずである．

出力結果

ch05_09 により追加

ch05_08 により追加

ch05_07 により追加

ch05_05 により追加

```
# A tibble: 95,040 x 13
    year  month  month_ID  firm_ID  stock_price              R_F     ME  lagged_stock_price        R       Re
   <dbl>  <dbl>    <dbl>    <dbl>      <dbl>                 <dbl>  <dbl>        <dbl>           <dbl>    <dbl>
 1  2015    1        1        1         954    (中略)  0.000651  2.31e9         NA              NA       NA
 2  2015    2        2        1         960            0.000583  2.33e9        954          0.00629  0.00571
 3  2015    3        3        1        1113            0.000611  2.70e9        960          0.159    0.159
 4  2015    4        4        1        1081            0.000685  2.62e9       1113         -0.0288   -0.0294
 5  2015    5        5        1        1317            0.000737  3.19e9       1081          0.218    0.218
 6  2015    6        6        1        1366            0.000695  3.31e9       1317          0.0592   0.0585
```

5.2.3　株式データの探索的データ分析

　リターンの計算ができたので，続いて探索的データ分析に移ろう．まずは summary() 関数を用いて要約統計量を表示してみる．NA が登場するのは，各企業ごとに，最初の観測データで lagged_stock_price が欠損するため，リターンが計算できないからである．

```
# ch05_10: 月次リターンの要約統計量を確認

summary(stock_data$R)

##     Min. 1st Qu. Median    Mean 3rd Qu.    Max.  NA's
## -0.3803 -0.0406 0.0103  0.0159  0.0648  0.5150  1515
```

　summary() 関数だけでは，分散を始めとする高次のモーメント（積率）に関する情報が分からない．以下では，sd() 関数と var() 関数を用いて，それぞれ標準偏差と分散を計算している[4]．引数に na.rm = TRUE と追加しているのは，欠損データを除いた上で，計算を行うためである．

---

[4] sd() 関数や var() 関数は，不偏分散（以下の定義式を参照）を前提にしている．したがって，データの数 n で割る定義による分散を計算する必要がある場合は，$(n-1)/n$ を掛ける必要があることは知っておこう．もちろん n が十分に大きければ，両者の違いは無視できるほどに小さい．

$$s^2 = \frac{1}{n-1} \sum_{i=1}^{n} (x_i - \bar{x})^2$$

ただし，s^2 は不偏分散，x_i は i 番目の x，$\bar{x}$ は平均値を表す．

```
# ch05_11: 月次リターンの標準偏差と分散を計算

sd(stock_data$R, na.rm = TRUE) # na.rm = TRUE を忘れると計算結果は NA に
## [1] 0.09113098

var(stock_data$R, na.rm = TRUE)
## [1] 0.008304855
```

続いて，3 次のモーメントである**歪度** (skewness) も推定しておこう． n 個のリターン・データ，$x_1, x_2, \ldots, x_n$ があったとしよう．その平均を $\bar{x}$，標準偏差を s とするとき，標本歪度は次式のように計算することができる．その名のとおり，歪度は分布の歪み（非対称性）を定量化した指標である．正規分布は左右対称な分布を持つので，歪度が 0 であることが知られている．

$$歪度 = \frac{1}{n} \sum_{i=1}^{n} \left(\frac{x_i - \bar{x}}{s} \right)^3$$

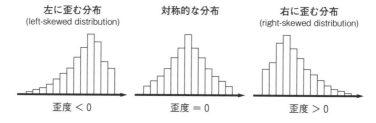

左に歪む分布 (left-skewed distribution)	対称的な分布	右に歪む分布 (right-skewed distribution)
歪度 < 0	歪度 = 0	歪度 > 0

基本パッケージには歪度を推定する関数は用意されていないので，歪度を推定したい場合，外部パッケージを使うことが多い．外部パッケージを使わない場合でも，以下のように定義通り計算すれば，一致推定量が得られる．繰り返し na.rm = TRUE という引数を追加するのは面倒なので，以下のコードでは独自関数を定義した上で，欠損データを落としたベクトルをその引数として代入している．**4.3.2 節**のコード ch04_10 で紹介した drop_na() 関数はベクトルには適用できないので，代わりに na.omit() 関数を用いている．

```
# ch05_12: 月次リターンの歪度を計算

skewness <- function(x) (1 / length(x)) * sum(((x - mean(x)) / sd(x))^3)
```

```
# 歪度を計算する関数の定義

skewness(na.omit(stock_data$R)) # 欠損値を削除した上で代入

## [1] 0.5065672
```

実際に月次リターンの歪度を計算してみると，正の値を取っていることが確認できる．これは，右裾が長い分布であることを意味する．リターンの歪度は，各銘柄の**クラッシュ・リスク** (crash risk) を定量化するために応用されることがある．クラッシュとは，予期せず突然に株価が暴落することを指し，クラッシュ・リスクが高いと，投資家はその銘柄に投資したときに思わぬ大損を被るリスクを背負うことになる．最も単純な例では，市場ポートフォリオに対する超過リターン $(R_t - R_{M,t})$ を計算し，銘柄ごとに歪度を計算し，それがよりマイナスに大きく，左裾が長い分布である銘柄ほど，クラッシュ・リスクが高い銘柄とみなすことができる．

4 次のモーメントである**尖度** (kurtosis) について，n 個のリターン・データ，$x_1, x_2, \ldots, x_n$ が得られたとき，その標本尖度は，次のように計算することができる[5]．その名のとおり，尖度は分布の尖り具合を定量化した指標で，正規分布の場合，3 の値を取ることが知られている．

$$尖度 = \frac{1}{n} \sum_{i=1}^{n} \left(\frac{x_i - \bar{x}}{s} \right)^4$$

一般に，下記の確率密度関数の図で示すとおり，尖度が 3 を上回る破線の分布の方が，実線で示した正規分布と比較して平均周りで尖りが大きい一方，両裾の分布は厚くなる傾向がある．日次データであれ，月次データであれ，銘柄ごとにリターンの尖度を計算すると，3 よりも大きくなる銘柄が多い．したがって，多くの銘柄のリターンの分布は，正規分布に比べて，相対的に尖りが大きく，また，分布の裾に相当する極端な値を取る傾向にあり，ちらばりが大きいと言える．

---

[5] 正規分布の尖度が 0 になるよう，この値から 3 を引く定義も存在する．

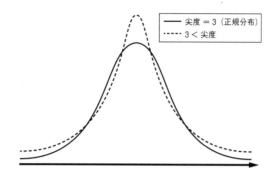

　歪度と同様に，自分で尖度を推定する関数を定義したのが以下のコードである．月次リターンの尖度は 3 を超えているので，正規分布より尖った分布をしていることが分かる．

```
# ch05_13: 月次リターンの尖度を計算

kurtosis <- function(x) (1 / length(x)) * sum(((x - mean(x)) / sd(x))^4)
    # 尖度を計算する関数の定義

kurtosis(na.omit(stock_data$R)) # 欠損値を削除した上で代入

## [1] 4.268045
```

　本節の締めくくりとして，月次リターンの分布をヒストグラムで可視化してみよう．実際，歪度が正であることから右裾が長く，かつ，尖度が 3 を超えているので尖り気味の分布であることが分かる．

```
# ch05_14: 月次リターンの分布をヒストグラムで可視化

ggplot(stock_data) +
  geom_histogram(aes(x = R)) +
  labs(x = "Monthly Stock Return", y = "Count") +
  scale_y_continuous(expand = c(0, 0)) +
  theme_classic()
```

出力結果

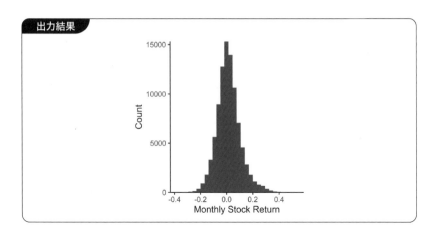

5.3 リターンの累積

5.3.1 バイ・アンド・ホールド・リターンの考え方

ここまでは，1ヶ月という単一期間のリターンに主眼を置いて話を進めてきた．この節では，3ヶ月や12ヶ月（1年）といった単一期間を複数連ねた一定期間についてリターンを累積する方法を学んでいこう．

例えば，ある銘柄に12月末に投資をして，1ヶ月保有し続けた場合の1ヶ月間のリターンを考えてみよう．この例のように，一度投資すれば，後は売買することなく保有し続けた場合のリターンのことを明示的に強調するために，バイ・アンド・ホールド・リターン (buy-and-hold return) と呼ぶ．バイ・アンド・ホールド・リターンは元本を再投資し続けた場合のリターンと言い換えられるので，運用を継続することによる複利の効果を反映した値である．

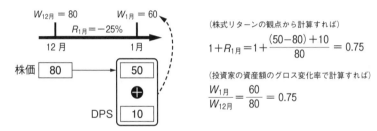

（株式リターンの観点から計算すれば）

$$1 + R_{1月} = 1 + \frac{(50-80)+10}{80} = 0.75$$

（投資家の資産額のグロス変化率で計算すれば）

$$\frac{W_{1月}}{W_{12月}} = \frac{60}{80} = 0.75$$

前節で計算したトータル・リターンは，ある月の月末から翌月の月末まで，投資家がその銘柄を持ち続けた場合の資産額 W のグロス変化率と見ることもできる．例えば，12月末の株価が80円ならば，投資家の12月末の資産額 $W_{12月} = 80$ である．1ヶ月保有して，1月末の株価は50円まで引き下がり，1月のDPSが10円ならば，$W_{1月} = 60$ である．よって，トータル・リターンの定義式に従って，グロスで1月のトータル・リターン $(1+R_{1月})$ を計算しても0.75になるし，資産額のグロス変化率 $(W_{1月}/W_{12月})$ を計算しても同じく0.75になるのである．

この考え方を応用すれば，1ヶ月が3ヶ月に伸びたところで同じように考えることができる．すなわち，バイ・アンド・ホールドで3ヶ月間のリターンを累積するには，12月末から3月末にかけての投資家の資産額の変化率を計算すれば良い．ここでのポイントは，資産額のグロス変化率は，以下のように積の形で分解できる点である．

$$\underbrace{\left(\frac{W_{3月}}{W_{12月}}\right)}_{\text{グロスの3ヶ月間のリターン}} = \underbrace{\left(\frac{W_{1月}}{W_{12月}}\right)}_{1+R_{1月}} \times \underbrace{\left(\frac{W_{2月}}{W_{1月}}\right)}_{1+R_{2月}} \times \underbrace{\left(\frac{W_{3月}}{W_{2月}}\right)}_{1+R_{3月}}$$

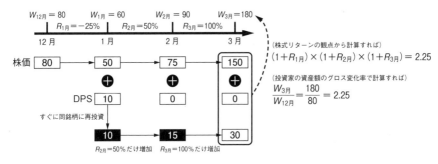

したがって，3ヶ月間のリターンを計算するには，（上記の図で示したように得られた配当はすぐにその同銘柄に再投資すると考える限りにおいて）その期間中の月次グロス・リターンを掛け合わせれば良い．ここまで理解すれば，月次リターンを年次リターンに累積するには，上の計算例を3ヶ月から12ヶ月に伸ばすだけで良いことが分かるだろう．

$$\underbrace{\left(\frac{W_{\text{翌年}12\text{月末}}}{W_{12\text{月末}}}\right)}_{\text{グロスの年次リターン}} = (1 + R_{1\text{月}}) \times (1 + R_{2\text{月}}) \times \cdots \times (1 + R_{12\text{月}})$$

$$= \prod_{t=1\text{月}}^{12\text{月}} (1 + R_t) \tag{5.3}$$

5.3.2　年次リターンの計算

　計算方法が分かったので，早速前節で定義した stock_data を基に，新しく annual_stock_data というデータフレームを作成し，各銘柄の年次リターンをネットで保存してみよう．ネットの年次リターンは，単純にグロスの年次リターンから 1 を差し引けば良い．以下のコードでは，group_by() 関数を用いて firm_ID，及び year の各ペアに関して，stock_data をグループ化し，summarize() 関数を用いて年次リターン R，及びそれに対応する年次無リスク金利 R_F を計算している[6]．このように group_by() 関数は任意の数だけ引数を取ることができ，その場合，各々の組合せで定義されるグループごとにそれ以降の処理を行う．(5.3) 式に従って複数の要素の積を取るには，prod() 関数を用いれば良い．

　ここでは個別銘柄の年次リターンに加えて，年次超過リターン Re も計算しておこう．そのためには，無リスク金利も同様に累積する必要がある点に注意しよう．こうして計算された年次超過リターンは，12 月末に安全資産を x 円だけ空売りし，それで得た x 円である銘柄を購入するというロング・ショート戦略を採用し，翌年 12 月末までそのポジションを維持し続けた場合の投資成果を意味する．

```
# ch05_15: 月次リターンを累積して年次リターンを計算 (1)

annual_stock_data <- stock_data %>%
  group_by(firm_ID, year) %>% # firm_ID と year のペアでグループ化
  summarize(R = prod(1 + R) - 1, # バイ・アンド・ホールドの年次リターン
            R_F = prod(1 + R_F) - 1) %>%
```

---

[6]　summarize() 関数の左辺に登場する R や R_F は年次リターンを表すので，本来ならば annual_R や annual_R_F としても良いが，ここでは新しく定義される annual_stock_data の列名が簡潔になるよう，月次リターンと同じ変数名にしている．

```
mutate(Re = R - R_F) %>%
select(firm_ID, year, R, Re, R_F) %>%
ungroup()
```

出力結果

annual_stock_data				
# A tibble: 7,920 x 5				
firm_ID	year	R	Re	R_F
<dbl>	*<dbl>*	*<dbl>*	*<dbl>*	*<dbl>*
1	1	2015	NA	NA	0.00743
2	1	2016	0.997	0.997	0.000565
3	1	2017	0.688	0.688	0.0000488
4	1	2018	-0.214	-0.219	0.00579
5	1	2019	0.647	0.648	-0.000770
6	1	2020	-0.284	-0.285	0.000380
		⋮			

─ コラム 5.1　単純累積リターン ─

　バイ・アンド・ホールド戦略やロング・ショート戦略の他にも，ある銘柄に x 円投資しては売却し，また，x 円投資しては売却してというのを年間で繰り返すという戦略，すなわち，毎月ごとに元本が一定の x 円となるようリバランスするという戦略もありうる.

（ネットの）単純累積リターン

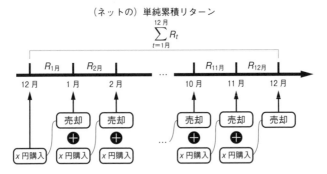

　こうした戦略を採用した場合の年間の投資成果は**単純累積リターン** (simple cumulative return)と呼ばれ，単純に各月のネット・リターンを足し合わせた値

$$\sum_{t=1月}^{12月} R_t$$

となる．単純累積リターンでは，継続運用による複利の効果は反映されない点に注意
しよう．

　以下のコードは，元本が一定となるように毎月リバランスしたことを前提に，年次
単純累積リターンを simple_cumulative_R として計算したものである．本小節の
コード ch05_15 で計算したバイ・アンド・ホールド・リターンとは，異なる値が計算
されていることが確認できる．

```
# ch05_16: 月次リターンを累積して年次リターンを計算 (2)

stock_data %>%
  group_by(firm_ID, year) %>%
  summarize(simple_cumulative_R = sum(R)) %>% # 元本が一定となるよう毎
      月リバランスした場合の年次リターン
  ungroup()
```

出力結果

```
# A tibble: 7,920 x 3
   firm_ID   year simple_cumulative_R
     <dbl>  <dbl>               <dbl>
1        1   2015                  NA
2        1   2016               0.759
3        1   2017               0.671
4        1   2018              -0.186
5        1   2019               0.530
6        1   2020              -0.229
                  ⋮
```

　このように一口に年間の投資成果と言っても，どのような投資戦略を採用している
かによってリターンの累積方法は異なるのである．任意の期間のリターンを算定する際
は，いかなる投資戦略を採用する場合のリターンを求めたいのかしっかり意識しよう．

5.4　株式データと財務データを組み合わせた分析

　本節では，これまで独立に分析してきた財務データと株式データの二つの
データセットを結合して，探索的データ分析を行ってみよう．次章では，より本
格的に財務情報と株式リターンとの関係を分析していくので，本節の内容はその
準備も兼ねている．

5.4.1　二つのデータセットの結合

　両者を結合する上でポイントとなるのが，(1) データの頻度の違いと，(2) タイ
ミングの一致である．

　まず，今まで分析してきたデータセットの行数を確認してみると，財務データ
`financial_data` と，年次リターン・データ `annual_stock_data` は，それぞれ
7,919 行と 7,920 行でほぼ一致している（`financial_data` は前章で 1 行削除した
結果，完全には一致していない）が，月間株価データ `stock_data` はその 10 倍以
上の 95,040 行も存在する．これは，前者が年次データの一方，後者が月次デー
タという違いが原因である．したがって，「結合する」と言っても，状況次第で
データが一対一で対応するわけではない．

```
# ch05_17: 財務データと株式データの行数を確認

financial_data <- read_csv("ch04_output.csv")

nrow(financial_data) # 年次財務データの行数
## [1] 7919

nrow(annual_stock_data) # 年次リターン・データの行数
## [1] 7920

nrow(stock_data) # 月次リターン・データの行数
## [1] 95040
```

　また，財務データと株式データを結合する際，両者のタイミングの一致に細心

の注意を払う必要がある．決算期末から財務データが入手できるまで 2〜3 ヶ月前後のタイム・ラグが存在するので，それを無視してポートフォリオを組んでしまうと，**先読みバイアス** (look-ahead bias) が生じてしまう．例えば，12 月末決算の企業を前提とすると，決算短信は決算日から 45 日以内の翌年 2 月半ば，有価証券報告書は 3 ヶ月以内の翌年 3 月末までに公表することが義務付けられている．したがって，これより前の時点で財務データが入手できたかのようにポートフォリオを組んでしまうと，現実には実行不可能であった投資戦略を想定してしまう恐れがある．

こういった煩雑さを避けるために，本書で用いるシミュレーション・データでは，財務情報が決算日後すぐに公開されると仮定する．加えて，全ての企業が 12 月決算であると想定するが，現実では企業ごとに決算月が異なる点に注意しよう．したがって，現実データを分析する際には，以降のコードを応用する前に，決算月の違いを調整した上で，決算期末から財務データが入手できるまでのタイム・ラグを考慮する前処理が必要となる．

株式データと財務データを結合させる上で，(1) データの頻度の違いと，(2) タイミングの一致がポイントとなることを確認したので，今度は実際に R を用いて両者を結合させてみよう．まずはデータの頻度の違いが問題にならないよう，年次データ同士，すなわち，年次財務データ `financial_data` と年次リターン・データ `annual_stock_data` を結合させてみる．データフレームの結合は，基本パッケージの `merge()` 関数でもできるが，ここではその改良版である，tidyverse の join 系関数を紹介しよう．

```
# ch05_18: 年次リターン・データと財務データの結合 (1)

annual_data <- annual_stock_data %>%
  full_join(financial_data, by = c("firm_ID", "year"))
    # firm_ID と year のペアをキーとして設定
```

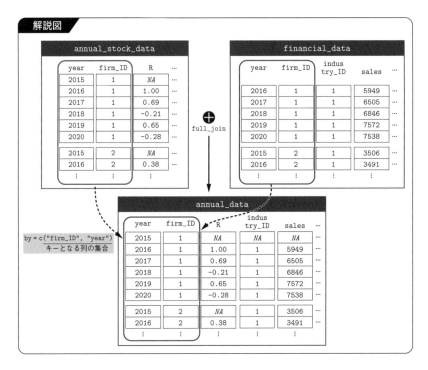

上のコードでは，full_join() 関数を用いて，annual_stock_data と financial_data を結合した後，それを annual_data という新しいデータフレームに保存している．4.4.1 節のコード ch04_13 で学んだとおり，パイプ演算子 %>% は左側で処理されたデータフレームを，右側の関数の第一引数として受け渡すものであった．したがって，上のコードでは，full_join() 関数の第一引数に annual_stock_data が，第二引数に financial_data が代入されている．by 引数は結合のキーとなる列名を指定する引数で，ここでは firm_ID と year のペアが一致するデータが同じ行に来るよう，結合を行っている．by 引数を省略すると，結合したいデータフレームに共通する列名が自動的にキーとして選択されるので，キー列が明らかな場合は以下のように省略しても良い．

```
# ch05_19: 年次リターン・データと財務データの結合 (2)

annual_data <- annual_stock_data %>%
    full_join(financial_data) # キーを省略した場合, 列名が同じ変数がキーに
```

```
## Joining, by = c("firm_ID", "year")
```

　この例では，結合したいデータフレーム同士で，キー列が同じ列名を共有して
いた．もしキー列に異なる列名がついている場合，by = c("x1" = "x2") という
ように指定すれば，第一引数のデータフレームの x1 列と，第二引数のデータフ
レームの x2 列が，キー列として指定される．複数のキー列を指定したい場合，
さらに，by = c("x1" = "x2", "y1" = "y2") というように書けば良い．

　年次データを保存する annual_data を作成したので，続いては月次データを
保存する monthly_data を作成しよう．

```
# ch05_20: 月次リターン・データと財務データの結合

monthly_data <- stock_data %>%
  full_join(financial_data, by = c("firm_ID", "year"))
```

出力結果

				monthly_data			
year	month	month_ID	firm_ID	stock_price	BE	lagged_BE	ROE
<dbl>	<dbl>	<dbl>	<dbl>	<dbl>	<dbl>	<dbl>	<dbl>
2015	1	1	1	954	NA	NA	NA
2015	2	2	1	960	NA	NA	NA
2015	3	3	1	1113 (中略)	NA	NA	NA
2015	4	4	1	1081	NA	NA	NA
2015	5	5	1	1317	NA	NA	NA
2015	6	6	1	1366	NA	NA	NA
⋮				⋮		⋮	
2020	10	70	1515	5090 (中略)	41395.	39858.	0.0740
2020	11	71	1515	5277	41395.	39858.	0.0740
2020	12	72	1515	4559	41395.	39858.	0.0740

　元々，売上高 sales などの財務データ financial_data は年次データなので，
各 firm_ID と year のペアに対して 1 個の観測データしか存在しない（7,919 行）．
一方で，stock_data は月次データであり，各 firm_ID と year のペアに対して
12 個の観測データが存在する（95,040 行）．この両者を結合するために full_
join() 関数は同一年度の各月に対して，financial_data の該当データを繰り返
しコピーすることで，欠損が生じることを防いでいる．例えば，firm_ID が
1515 の企業を見てみると，year が 2020 の各月に関しては，同じ財務データが

繰り返しコピーされている様子が分かる.

コラム 5.2　join 系関数

　本小節では，株価データと財務データを結合するにあたって full_join() 関数を利用した．dplyr には full_join() 以外にも，left_join()，right_join()，inner_join() といった関数が存在し，join 系関数と総称される．これらの関数は，いずれもデータフレームの結合に用いるという点で共通しているが，結合したいデータフレーム同士を比較して，キー列のデータの過不足がある場合に，異なるデータフレームを返す．以下では，具体例を通じてこの点を確認してみよう．

　まず full_join() 関数だが，以下のコードでは，firm_ID 列が結合のキーとなっており，データフレーム A と B に含まれる全ての firm_ID 値 (1~3) に関して値が返されている．その結果，firm_ID が 2 の DPS，及び firm_ID が 3 の stock_price は欠損してしまうため，それぞれも NA が挿入されている．

```
# ch05_21: full_join() 関数による欠損値の処理

A <- tibble(firm_ID = c(1, 2), stock_price = c(120, 500)) # データセット
    の作成
B <- tibble(firm_ID = c(1, 3), DPS = c(5, 10))

full_join(A, B, by = "firm_ID") # A %>% full_join(B, by = "firm_ID") と書
    いても同じ
```

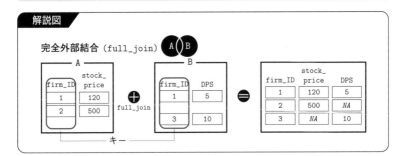

　一方，データの欠損が生じないように，結合したいデータフレーム同士に共通する行のみを抽出するのが inner_join() 関数である．full_join() 関数と比べて，firm_ID が 1 のデータのみが返されていることが分かる．

```
# ch05_22: inner_join() 関数による欠損値の処理

inner_join(A, B, by = "firm_ID")
```

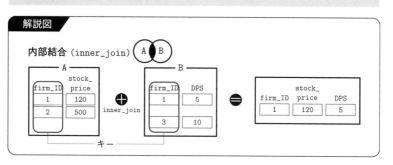

最後に，left_join() と right_join() は，full_join() と inner_join() の中間的な存在で，どちらか片方のデータフレームに存在する値のみを返す．

```
# ch05_23: left_join() 関数，及び right_join() 関数による欠損値の処理

left_join(A, B, by = "firm_ID")
right_join(A, B, by = "firm_ID")
```

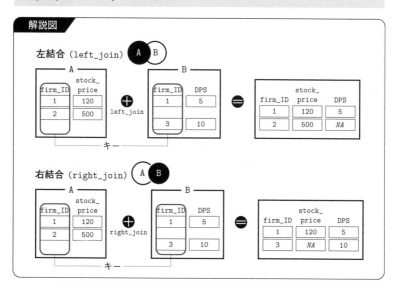

これらの join 系関数は，SQL というデータベース言語から輸入されたものである．データフレームの結合は基本パッケージに含まれる merge() 関数でも実現することができるが，tidyverse の join 系関数の方が高速かつ詳細なオプション指定が可能である．

5.4.2 結合後データの探索的データ分析とバブルチャートによる可視化

この節の最後に，年次のデータフレーム annual_data を題材に，財務データと株式データを組み合わせた探索的データ分析を行ってみよう．まずはその準備として，月次リターン・データ stock_data から各年の 12 月末時点の時価総額を抽出して，annual_data に追加してみよう．財務データと株式データでは単位が違うので，時価総額は 1e6 ($= 10^6$) で割って百万円単位に統一する．

```
# ch05_24: 年度末の時価総額を年次データに追加

annual_data <- stock_data %>%
  filter(month == 12) %>% # 12 月のデータのみを抽出
  select(year, firm_ID, ME) %>% # 追加したい列のみ選択
  full_join(annual_data, ., by = c("year", "firm_ID")) %>% # 年次データ
    と結合
  mutate(ME = ME / 1e6) # 時価総額の単位を百万円に
```

出力結果

ch05_24 を実行する
ことで，この列が追加

A tibble: 7,920 x 18

	firm_ID	year	R	Re	R_F	industry_ID	sales		BE	lagged_BE	ROE	ME
	<dbl>	<dbl>	<dbl>	<dbl>	<dbl>	<dbl>	<dbl>		<dbl>	<dbl>	<dbl>	<dbl>
1	1	2015	NA	NA	0.00743	NA	NA		NA	NA	NA	3577.
2	1	2016	0.997	0.997	0.000565	1	5949.		10014.	NA	NA	6883.
3	1	2017	0.688	0.688	0.0000488	1	6505. (中略)		10426.	10014.	0.0661	11377.
4	1	2018	-0.214	-0.219	0.00579	1	6846.		10842.	10426.	0.0638	8695.
5	1	2019	0.647	0.648	-0.000770	1	7572.		11075.	10842.	0.0609	13958.
6	1	2020	-0.284	-0.285	0.000380	1	7538.		11594.	11075.	0.0762	9709.

⋮

上のコードの 4 行目に登場するピリオド (.) は，パイプ演算子%>%を用いてデータフレームを第一引数以外に代入する場合に用いられる．ここでは，仮に full_join(annual_data, by = c("year", "firm_ID")) と書くと，annual_data

が full_join() 関数の第二引数として扱われるため，ME 列が第 3 列に登場してしまう．そこで，上記のコードではピリオド (.) を用いてパイプ演算子から受け取ったデータフレームを第二引数に代入して，annual_data を full_join() 関数の第一引数として扱っている．

　データの可視化であるが，まずは firm_ID が 2 から 20 の企業に関して，2015年度の売上高，当期純利益，時価総額の関係をバブルチャートで図示してみたい．x 軸を売上高，y 軸を当期純利益として，時価総額を円で表すことが目標である．一部の大企業に影響を受けないように，売上高や当期純利益は自然対数を取り，描画する．そのため，当期純利益 X がゼロより大きいという条件を課している．散布図を描くのには，geom_point() 関数を用いるが，aes() 関数の中に size 引数を追加する．alpha は透過度を表す引数であり，scale_size() 関数を用いて時価総額を表す円の幅を指定している．

```
# ch05_25: 売上高・当期純利益・時価総額をバブルチャートで可視化

annual_data %>%
  filter(year == 2015,
         firm_ID %in% 2:20, # firm_ID が 2 から 20 のデータを抽出
         X > 0) %>% # 対数を取るため当期純利益 (X) が正のデータのみ抽出
  ggplot() +
  geom_point(aes(x = log(sales), y = log(X), size = ME), alpha = 0.4) +
     # バブルチャートを描くには size 引数を指定
  scale_size(range = c(1, 20), name = "Market Equity") +
     # range 引数でバブルの最小・最大面積を指定
  scale_x_continuous(limits = c(8, 14)) + # 両軸の範囲を指定
  scale_y_continuous(limits = c(2, 11)) +
  theme_classic()
```

出力結果

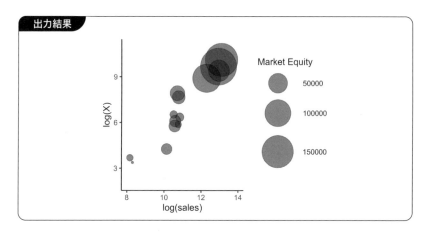

── コラム 5.3　当期純利益のヒストグラムと利益マネジメント ──────

　ヒストグラムは，ときに不都合な真実をあぶり出すことがある．ある大学教員が，期末試験の採点を終え，平常点を加味して成績を付けたとしよう．著者が担当する大抵の科目では，成績分布は次の左図のような分布になる．大学の成績評価では，60 点を境目にして天国と地獄に分かれる．その点数を 1 点でも下回れば問答無用で単位は不可，必修科目ならばまた次の年に同じ科目を受けなければならないという憂き目に遭うのである．

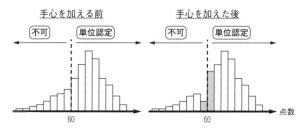

　大学教員も一人の人間である．60 点を僅かに下回る学生に対しては手心を加えて救ってあげたい衝動に駆られるかもしれない．それが，自分のゼミ生であったり，いつも熱心に講義を聞いてくれている学生ならなおさらである．試しに 55 点〜60 点の階級にいた学生の中で，普段から真面目に課題に取り組んでいた学生を数人だけピックアップして，その学生達だけに特別ボーナスを付与し，単位を認定してあげたとしよう．そうすると，分布は右のようになり，55 点〜60 点の階級だけ極端に人数が減り，60 点〜65 点の階級だけ極端に人数が増え，60 点を境にして分布に歪みが生じることになる．このストーリーが示唆するのは，成績を付ける者が意図を持って点数を操作すると特定の閾値付近で分布に歪みが生じるということである．

　大学で成績表を作成するのは教員である一方，企業で自分の企業の成績表（財務諸表）を作成するのは，経営者自身である．財務諸表の中で最も重要な数値の一つは，損益計算書上の当期純利益である．キャッシュフローは企業の現金の増減という事実の裏付けがあり，一切の操作は不可能である．財布の中に入っているお金についてはごまかしようがない．他方，当期純利益は，GAAP に準拠している限り，その数値をある程度の範囲内で上下させることができる．キャッシュは事実，利益は（経営者の）意見と言われる所以である．もし，経営者が当期純利益に手心を加えているとすれば，ある閾値で歪みが生じるはずである．果たして現実はどうであろうか．ここでは，各企業の当期純利益の大きさをそのまま使うのではなく，ある期の当期純利益を期首時点の時価総額で基準化した Scaled Earnings を基にヒストグラムを描いてみよう．

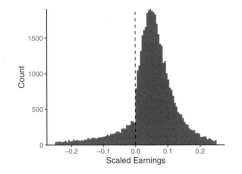

　現実のデータ（2000 年から 2020 年までの 3 月末決算企業の年次データ）を基にしてヒストグラムを描画したのが上の図である．結果は明白である．大学の成績分布では 60 点を閾値としてその周辺で歪みが生じたのと同じように，利益分布ではゼロを閾値としてその周辺で歪みが生じているのである．この結果は，利益という成績を作成する者，すなわち，経営者の中には利益を操作する者がいる可能性を示唆している．何も施さなければゼロを少し下回る利益（少額の赤字企業）の経営者の一部が，利益を嵩上げし，黒字へと成り上がったため，ゼロよりすぐ下の階級は度数が過度に小さく，ゼロよりすぐ上の階級は度数が過度に大きくなっている可能性があるのだ．ただし，利益を操作すると言うと，一般的には粉飾や不正会計 (fraudulent accounting) と呼ばれ，GAAP を逸脱して利益を操作することを指す．そのため，このような GAAP の範囲内で行われる利益の操作は，利益調整や利益マネジメント (earnings management) と呼ばれる（詳しくは本章の**章末問題 演習 7** を参照）[7]．

---

[7] このように会計利益の分布の歪みから利益調整の実態を明らかにしようとする手法は，利益分布アプローチと呼ばれ，代表的な研究として Burgstahler and Dichev (1997)[4] がある．首藤 (2010)[36] は，利益分布アプローチを始め，幅広いアプローチを援用し，日本企業の利益調整の実態を解明している．

5.5 統計的推論入門

5.5.1 リターン・データに関する仮定

この節では5.2.2節で計算した月次超過リターンのデータを題材に，統計的推論の基礎を学んでいこう．実証会計・ファイナンスに限らず，データサイエンスを本格的に行いたいのであれば，統計の知識は必須スキルである．

まずは firm_ID が1のデータのみを抽出し，超過リターン Re を折れ線グラフで図示してみよう．ggplot2 で折れ線グラフを描くには，geom_line() 関数を使うのであった．細かい点であるが，以下のコードでは scale_x_continuous() 関数に expand 引数を追加し，グラフ全体を y 軸に少し近づけている．こうしておくと，最初のデータの欠損が目立たなくなる上，x 軸の目盛りに 0 が表示されるのを防ぐことができる[8]．

```
# ch05_26: firm_ID が1の企業の月次超過リターンを折れ線グラフで可視化

stock_data %>%
  filter(firm_ID == 1) %>% # firm_ID が1の企業のデータのみ抽出
  ggplot() +
  geom_line(aes(x = month_ID, y = Re)) + # x 軸に month_ID, y 軸に月次超過
      リターンを表示
  labs(x = "Month ID", y = "Firm 1's Monthly Excess Return") +
  scale_x_continuous(expand = c(0.01, 0)) + # 折れ線グラフと y 軸の間の空
      白を指定
  theme_classic()
```

---

[8] expand 引数の二つの数値の意味は，156頁の脚注9を参照してほしい．

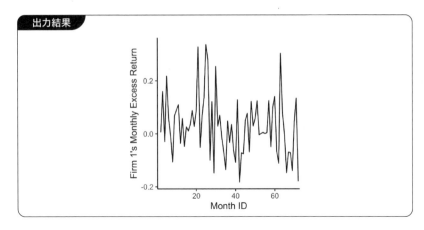

出力結果

これは時系列データと呼ばれ，何らかの現象を一定期間にわたって観察した結果として得られたデータである．

以降では，統計的推論の考え方を学ぶために次の仮定を置こう．

───── 仮 定 ─────

firm_ID が 1 の銘柄の月次超過リターン $R^e_{1,t}$ は，何らかの確率分布から独立に生成されている．

この仮定のポイントを順番に解説していく．まず，株価ではなくリターンをモデル化する理由だが，株価は例えば株式分割などの要因によって大きく変化する上，企業の成長に伴って上昇する傾向を持つ．したがって，株価ではなくその成長率をモデル化する方が現実的である．また，月次リターンではなく月次超過リターンを選ぶ理由だが，これは無リスク金利とリスクプレミアムがそれぞれ異なる経済学的メカニズムで決定されているという考えに基づく．**2.4 節**で学んだ CAPM によれば，投資家は個々の証券のリスクに応じてリスクプレミアムを要求し，その水準は無リスク金利の水準とは無関係であったことを思い出そう．

続いて，月次超過リターンが独立であるという仮定だが，これは過去のリターンから将来のリターンが予測できないことを意味する．歴史的に見ると，直近の値動きから将来の株価を予想するテクニカル分析の手法が数多く開発されてきた．しかし，十分に競争的で効率的な市場であれば，公開情報である過去のリターンだけを用いて，リスクに見合う以上のリターンを上げることはできないはずである（詳しくは**第8章**を参照）．ここでは，そういった考えの下で，リター

ンに系列相関は存在せず，ある月のリターンが高ければ翌月のリターンも高い（あるいは，低い）といった偏った傾向はないと仮定している[9]．

　上記の仮定を受け入れると，月次超過リターンを実現データ（標本）とみなし，その背後にある確率分布（母集団分布）に関して，統計的な推論を行うことが可能になる．まずは，firm_ID が 1 の銘柄の超過リターンをヒストグラムに描いてみよう．標本サイズが十分に大きければ，標本分布は概ね母集団分布と近くなるはずだが，ランダム・サンプリングによる誤差の影響で凸凹が目立つ形状となっている．

```
# ch05_27: firm_ID が 1 の企業の月次超過リターンをヒストグラムで可視化

stock_data %>%
  filter(firm_ID == 1) %>%
  ggplot() +
  geom_histogram(aes(x = Re)) +
  labs(x = "Firm 1's Monthly Excess Return", y = "Count") +
  scale_y_continuous(expand = c(0, 0)) +
  theme_classic()
```

出力結果

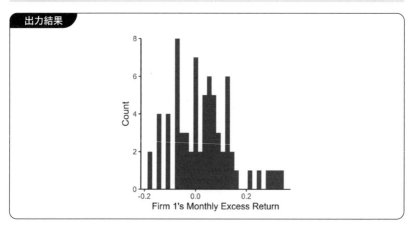

---

[9]　現実のデータを見てみると，ボラティリティは系列相関を持ち，GARCH モデルと呼ばれる統計モデルなどを用いて予測することができる．また，より長いタイムスパン（10 年単位）で見ると，リスクプレミアムの変動はマクロ経済情勢から予測可能であることが知られている．

5.5.2 推定量と推定値の違い

以下では，母集団の統計的な性質のうち，最も基本的な情報である期待値に関して統計的推論を行ってみよう．

───── 疑 問 ─────

firm_ID が 1 の銘柄の月次超過リターン $R^e_{1,t}$ は，期待値の意味でゼロより大きいだろうか？

すなわち，月次リターン $R_{1,t}$ が期待値の意味で無リスク金利 $R_{F,t}$ より大きいかどうかを統計的に検定したい．

この疑問に答える一番直観的な方法は，実現した超過リターン Re の平均値を取って，それがゼロより大きいかどうか比べることである．4.5.3 節でsummarize() 関数を用いて各行の平均値を計算する方法を説明したが，ここでは新たな知識の習得のため別のやり方を紹介しよう．以下では，3 行目で Re 列のみを抽出した後，4 行目で unlist() 関数を用いて Re 列をリストからベクトルに変換している．ここで unlist() 関数を挿入しないと，（要素ではなく）リスト自体の平均を取ろうとしてエラーになってしまうことに注意しよう[10]．5 行目のmean() 関数は，na.rm = TRUE しか引数に取っておらず不自然に見えるかもしれないが，パイプ演算子%>%を使った結果，第一引数には既にデータが入力されており，na.rm = TRUE は第二引数として解釈されている．

```
# ch05_28: firm_ID が 1 の企業の平均月次超過リターンを計算

stock_data %>%
  filter(firm_ID == 1) %>%
  select(Re) %>%
  unlist() %>% # データフレームからベクトルに変換
  mean(na.rm = TRUE) # 第一引数は月次超過リターンのベクトル

## [1] 0.02906058
```

母集団の期待値は観察不可能なので，観測されたデータの平均値（標本平均）はあくまでその推定値にしか過ぎない．大数の法則によると，仮に無限個の

───────────────
[10] R の内部では，データフレームはリストの一種として処理されている．

データが観測できた場合，標本平均は真の期待値に収束することが知られている（本小節末，**コラム 5.4** を参照）．しかし，現実には有限個のデータしか観測できないため，観測されたデータの平均値は，ランダム・サンプリングによる誤差の影響を受ける．例えば，`firm_ID` が 1 の銘柄には全部で 71 個の観測データが存在したが，同一の母集団から新たに 71 個の観測データが得られた場合，その平均値は上で計算した値と必ずしも同一になるとは限らない．言い換えると，標本平均そのものが一種の確率変数であり，確率分布を持つのである．統計学ではこの点を強調するため，母集団のパラメータを推定する上で，観測データの関数として表される確率変数を**推定量**と呼ぶ一方で，特定の観測データに基づくその実現値を**推定値**と呼んで，両者を概念的に区別する．

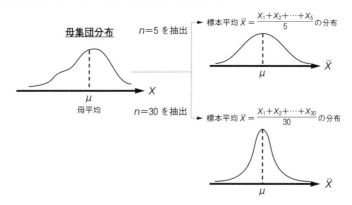

法則 (law of large number) である. 大数の法則にはいくつか種類が存在するが, 最も基本的なバージョンを紹介しておこう.

> **大数の法則**
>
> 標本サイズ n を無限大にしたとき, 標本平均 $\bar{X} = \frac{1}{n} \sum_{i=1}^{n} X_i$ が母集団の期待値 μ から離れる確率はゼロになる. すなわち, 任意の正数 ϵ に対して,
>
> $$\lim_{n \to \infty} P(|\bar{X} - \mu| > \epsilon) = 0$$
>
> が成立する.

5.5.3 t 値の計算

前節の計算結果によると, `firm_ID` が 1 の銘柄は, 実現超過リターン Re の平均値が約 0.029 であった. しかし, この値だけでは, 真の期待値がゼロより大きいかという当初の疑問に答えることはできない. なぜなら, 標本平均値はあくまで特定の標本に基づいた推定値であり, その値だけではランダム・サンプリングに伴う誤差の大きさを定量的に評価することができないからである.

推定値の不確実さを評価するには, 推定量としての標本平均の分布を推定する必要があり, その際に役立つのが本小節末の**コラム 5.5**（221 頁）で紹介する中心極限定理である. この定理に基づくと, 真の期待値がゼロという仮定の下で, 以下で定義される **t 値** (t-value) は近似的に標準正規分布に従う ($\overset{d}{\approx}$ は「分布が近似できる」の意味).

$$t = \frac{\bar{X} - \mu_0}{\sqrt{s^2/n}} \overset{d}{\approx} N(0, 1) \tag{5.4}$$

ここで, $\bar{X}$ は標本平均, s^2 は標本分散, n は標本サイズである. また, μ_0 は帰無仮説（後述）の値で, ここでは真の期待値と等しくゼロとする. t 値は超過リターンに限らず一般的に定義されるため, ここではあえて $\bar{R}_1^e$ でなく, $\bar{X}$ という記法を採用している. $\mu_0 = 0$ を省略しなかったのも同様の理由である.

t 値の解釈を直観的に言うと, `firm_ID` が 1 の超過リターンの期待値がゼロと同じであった場合, この t 値はゼロに近い値を取るはずである. ただし, データ

自体の誤差が大きい場合や標本サイズが小さい場合,「たまたま t 値がゼロから離れてしまった」ということが起きやすいので,分母でそれを調整している.

さて,$\mu_0 = 0$ とした場合の t 値を実際に計算したのが以下のコードである.既成の関数を使う方法は次節で紹介するとして,まずは先ほど紹介した t 値の定義に基づいて計算してみよう.以下のコードでは,まず drop_na() 関数を利用して欠損値を除去した後の月次超過リターンのベクトルを Re_firm_ID_1 として定義している.その後,(5.4) 式を定義通りに計算すると,この場合の t 値は約 2.12 であることが分かる.

```r
# ch05_29: 月次超過リターンの期待値に関する t 検定 (1)

Re_firm_ID_1 <- stock_data %>%
  filter(firm_ID == 1) %>% # firm_ID が 1 の企業のみ抽出
  select(Re) %>% # 月次超過リターンのみ抽出
  drop_na() %>% # 欠損値を削除
  unlist() # データフレームからベクトルに変換

mu0 <- 0 # 帰無仮説を期待値 0 と設定
n <- length(Re_firm_ID_1) # 標本サイズ

t_value <- (mean(Re_firm_ID_1) - mu0) / sqrt(var(Re_firm_ID_1) / n)
    # 定義に従って t 値を計算

## [1] 2.121296
```

コラム 5.5 t 値の導出

本文で紹介したとおり,t 値の背後には中心極限定理 (central limit theorem) という定理が存在する.中心極限定理は,大数の法則と並んで統計学の中核となる定理なので,大屋 (2020)[32] に沿って具体的な内容を紹介しておこう.前小節の**コラム 5.4**(219 頁)と同様に,期待値,分散がそれぞれ $\mathbb{E}[X] = \mu$,$\mathrm{Var}[X] = \sigma^2$ である母集団 X からのランダム・サンプリングによるサイズ n の標本 $(X_1, X_2, \ldots, X_n)$ を考える.

中心極限定理

標本平均 $\bar{X} = \frac{1}{n} \sum_{i=1}^{n} X_i$ を標準化したものの確率分布は,標本サイズ n が大きくなると標準正規分布によって近似できる.

$$\frac{\bar{X} - \mu}{\sqrt{\sigma^2/n}} \xrightarrow{d} \mathrm{N}(0, 1), \ (n \to \infty)$$

　ここまで来ると，t 値は，中心極限定理に登場した標準化された標本平均とよく似ていることに気付くだろう．後者に登場する μ や σ^2 はそれぞれ母集団の期待値と分散であり，観察できないので，t 値を定義する際はそれらを帰無仮説 μ_0 や標本分散 s^2 で置き換えているのである．

5.5.4　統計的検定の考え方

　前節で t 値を定義する際に，真の期待値がゼロである場合に，t 値が近似的に標準正規分布に従うと紹介したことを思い出そう．しかし，現実には真の期待値は観測できないので，この仮定の正しさを確認することはできない．そこで，統計的仮説検定においては，真の期待値がゼロだと仮定した上で，現実に観察されたデータがどの程度珍しい事象なのかを評価する．

　超過リターンの例に戻ると，真の期待値をゼロとした場合の t 値は約 2.12 であったが，標準正規分布において絶対値の意味でこの値よりも大きな値が観察される確率はまれである．統計的検定においては，1%や5%などの有意水準 α を定めて，それより低い確率の事象が生じている場合，当初の仮定が間違っていると判断する．ここで，当初に正しいと仮定した仮説のことを**帰無仮説** (null hypothesis) と呼び，それを棄却した際に採択する仮説を**対立仮説** (alternative hypothesis) と呼ぶ．

　一般に，t 値に基づく仮説検定を t 検定と呼ぶが，R では t 検定を行うために t.test() 関数が用意されている．この関数は第一引数に標本集合を取り，第二引数以降に検定の詳細を指定する．第二引数以降が省略された場合，自動的に帰

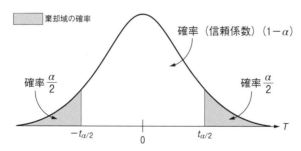

図 5.3　帰無仮説が正しいと仮定したときの t 値の分布（T は確率変数としての t 値）

無仮説は期待値ゼロに設定される.

```
# ch05_30: 月次超過リターンの期待値に関する t 検定 (2)

t.test(Re_firm_ID_1) # t.test() 関数で第二引数以降を省略
```

出力結果

```
                    One Sample t-test

          data:   Re_firm_ID_1 ← 自由度
t 値 → t = 2.1213, df = 70, p-value = 0.03744 ← p 値
          alternative hypothesis: true mean is not equal to 0
          95 percent confidence interval:
           0.001737894 0.056383256          ← 95% 信頼区間
          sample estimates:
           mean of x
           0.02906058
```

t.test() 関数の出力結果を見てみると, 4 行目に t 値が 2.1213 と記されており, 先ほど計算した値と同じになっている. その他にも, データの自由度や p 値, 対立仮説, 95%信頼区間などが順番に出力されているので, それぞれの意味や定義を確認していこう.

まず df は degree of freedom（自由度）のことで, 観測データの数から, 推計されたパラメータの数を差し引いた値である. ここでは観測データが全部で 71 個ある一方で, 母集団の期待値を推計しているので, $71 - 1 = 70$ が出力されている.

続いて, p-value（p 値）とは帰無仮説を前提とした際に観察されたデータよりも極端な t 値が生じる確率であり, 対立仮説を $\mu_0 \neq 0$ とする両側検定では

$$P(T \geq |t|)$$

と表現される. ここで, 左辺の T は確率変数としての t 値で, 右辺の t は観測されたデータから計算された実際の値である点に注意してほしい. p 値は**図 5.4** における灰色部分の確率と解釈でき, その値が小さければ小さいほど, 帰無仮説を前提とした際にまれな事象が生じていることを意味する. したがって, 1%や 5%などの有意水準 α を設定し, p 値が有意水準を下回った場合に帰無仮説を棄却する. t.test() 関数などの既成の関数によらず, p 値を計算する方法は**第 8 章**で詳しく学ぶ.

t.test()関数の出力結果に戻ると，p 値の下には，検定の前提となった対立仮
説が記されている．ここでは，$\mu_0 \neq 0$ を対立仮説とする両側検定が行われている．
また，対立仮説の下に書かれているのが，母集団の期待値に関する 95％信頼区
間である．紙幅の都合で本書では詳しく説明しないが，推定量自体の不確実さを
表現するために，母集団のパラメータが属する範囲を推定することを区間推定と
言う．

最後に，この結果を踏まえて当初の疑問に立ち返ると，次のように疑問に答え
ることができる．すなわち，超過リターン Re の平均値はゼロより大きい．また，
p 値は約 0.0374 であり，真の期待値がゼロとするならば，こうした実現超過リ
ターンが観察される確率は極めてまれである（図 5.4 を参照）．したがって，有
意水準 α を 5％と定めるとき，firm_ID が 1 の超過リターンの期待値は統計的に
有意に正であると結論づけられる[11, 12]．

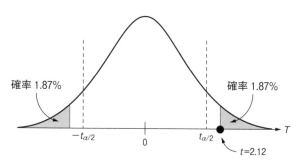

図 5.4　灰色部分の確率の合計が p 値 0.0374 を表す

---

[11]　当初の疑問に答えるには，$\mu_0 > 0$ を対立仮説とする片側検定を利用することも考えられるが，両側
検定に比べて，片側検定では同じ有意水準でも棄却域が広くなるため，有意差が生じやすくなる傾向が
ある．したがって，$\mu_0 < 0$ が理論的にありえず，事前に排除できるような場合を除けば，片側検定の利
用は控える方が無難である．

[12]　統計的有意性や p 値の考え方は，会計・ファイナンスに限らず，様々な分野のデータ分析で頻出す
る重要な概念である．その一方で，誤解に基づく濫用が問題視されており，アメリカ統計学会
(American Statistical Association) は 2016 年に p 値の誤用に関する注意喚起の声明を公表している
(Wasserstein, 2016[28])．例えば，研究者が試行錯誤の結果，統計的な有意性が確認できる結果のみを報
告することを p 値ハッキング (p-hacking) と言うが，研究結果の再現可能性が失われる原因となりうる
（ファイナンスの文脈だと，Harvey (2017)[21] を参照）．

5.6 線形回帰入門

　本節では，この章の締めくくりとして，**5.4.1** 節で作成した年次データ `annual_data` を題材に線形回帰のやり方を学んでいこう．

5.6.1 線形回帰の概要

　2.4 節で学んだ CAPM を思い出そう．CAPM が成立する世界では，各銘柄のリスクプレミアムの差異は，唯一マーケット・ベータの差異によってのみ説明される．したがって，マーケット・ベータ以外の変数が，銘柄間のリターンのばらつきを説明することはないのである．しかし，2013 年にノーベル経済学賞を受賞したユージン・ファーマ (Eugene F. Fama) や，彼の長年の共同研究者であるケネス・フレンチ (Kenneth R. French) らが行ってきた一連の研究によると，日本を含む世界中の多くの国々において，マーケット・ベータ以外の変数が，リターンの平均的な動きを説明することが明らかにされている．その中でも典型的な変数は，銘柄の規模を表す時価総額や，**1.2.3** 節で学習した株主資本の簿価と時価の比である簿価時価比率 (BE/ME) である．彼らは，時価総額で測った場合の小型株ほど，また，BE/ME が高いバリュー株ほど，平均的にリターンが高い傾向にあることを明らかにしてきた．

　以下では，シミュレーション・データにおいても，こうした現象が観察されることを確認してみよう．特に，年度末の BE/ME が高い銘柄ほど，翌年に実現する超過リターンが高いという傾向に注目する．なお，本節では，個別銘柄レベルでの検証を試みるが，より本格的な研究ではポートフォリオを用いて検証を行うことが多い．本節の内容を踏まえて，次章ではポートフォリオ・レベルでの分析方法を学習していく．

　簡単化のため `annual_data` にある全てのデータは使わず，小標本をもとにその関係が観察されるかの検証を試みたい．2016 年の `firm_ID` が 10 以下のものをサンプリングして，$n = 8$ の標本を用い，まずは年度末の BE/ME と翌年の超過リターンの関係を散布図で視覚化するところから始めよう．以下のコードでは，`mutate()` 関数を利用して年度末の BE/ME を `lagged_BEME` として定義してから，

それと翌年の超過リターン Re との関係を描画している.

```
# ch05_31: 簿価時価比率と株式リターンの関係を可視化

lm_sample_data <- annual_data %>%
  group_by(firm_ID) %>%
  mutate(lagged_BEME = lagged_BE / lag(ME)) %>% # 企業ごとに前年度の簿価
      時価比率を計算
  ungroup() %>%
  filter(year == 2016,
         firm_ID <= 10) %>%
      # firm_ID が 1 から 10 までの企業の 2016 年のデータを抽出
  select(firm_ID, year, Re, lagged_BEME) %>% # 必要な列のみ抽出
  drop_na() # 欠損データを削除

ggplot(lm_sample_data) +
  geom_point(aes(x = lagged_BEME, y = Re)) + # x 軸に簿価時価比率, y 軸に
      超過リターン
  labs(x = "BE/ME at the End of Year t", y = "Excess Return for Year t +
      1") +
  theme_classic()
```

出力結果

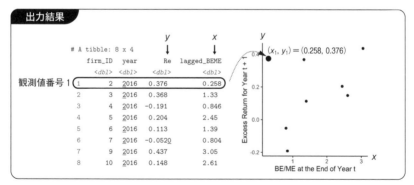

解説図

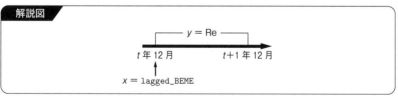

　出力された散布図を見てみると，全体として右肩上がりの分布となっており，両者の間には何らかの直線関係で表すことができる関係，すなわち，線形関係が存在しうる．そこで，次は実際に両者の間に線形関係を想定して，観察されたデータに最も適合する一本の直線を描いてみよう．以下では，geom_smooth()関数を用いて，散布図上に新しく直線を追加している．この関数の引数を見てみると，method引数で指定されている "lm" は linear model（線形モデル）の略で，以下で詳細に説明する線形回帰を用いて直線を描くよう指定している[13]．

```
# ch05_32: 簿価時価比率と株式リターンの散布図に回帰直線を追加

ggplot(lm_sample_data) +
  geom_point(aes(x = lagged_BEME, y = Re)) +
  geom_smooth(aes(x = lagged_BEME, y = Re), method = "lm", se = FALSE,
    color = "black") + # 回帰直線を追加するには geom_smooth() 関数を
    用いる
  labs(x = "BE/ME at the End of Year t", y = "Excess Return for Year t +
    1") +
  theme_classic()
```

出力結果

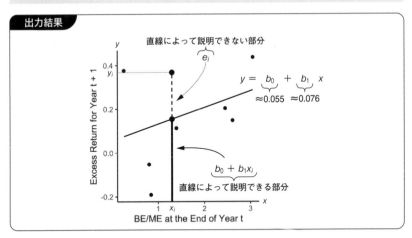

　定数項や傾きの具体的な値は次小節で示すコードを実行することによって明らかになるが，答えだけ先に示しておくと，上の図で示した式となる．これにより，

---

[13]　ちなみに，geom_smooth() 関数の他の引数のうち，color 引数は直線の色を指定している他，se 引数は信頼区間の描写の有無を指定している．

年度末の BE/ME が 1 単位増加すれば，翌年の超過リターンが約 0.076 ポイント増加するという関係があることが分かる．ただし，図中の $(x_i, y_i)(i = 1, 2, \dots, 8)$ の全てがこの一本の直線によって全て説明できるかというと，そうではない．直線上に全ての点が並ぶわけではないので，各々のデータは，(a) 直線によって説明できる部分と (b) 直線によって説明できない部分に分けられるのである．したがって，八つのデータの全てを適切に描写するのは，次のような式である．

$$y_i = \underbrace{b_0 + b_1 x_i}_{\text{直線によって説明できる部分}} + \underbrace{e_i}_{\text{直線によって説明できない部分}}$$

ここで登場する直線によって説明できない部分である e_i は，観測値 i の残差 (residual) と呼ばれる．

　ここでは，翌年のリターンと年度末の BE/ME を y と x に見立て，両者の関係を直線で表そうとした．この直線のことを線形モデルと呼ぶ．そのモデルこそが，上式であり，モデルによって説明される変数 y のことを**被説明変数**（従属変数）と呼び，他方，説明に利用する変数 x のことを**説明変数**（独立変数）と呼ぶ．

　被説明変数の平均的な動きの説明を試みようとする線形回帰モデルでは，残差 e_i を不規則な動きをする確率変数の実現値として捉える．そして，その確率変数のことを**誤差項** (error term) とか，単に誤差と呼び，残差と区別するために ε_i として定義しよう．一般に線形回帰モデルでは，誤差項をうまくモデルに取り入れて，(X_i, Y_i) の間に以下のような関係が成立すると想定する．

$$Y_i = \beta_0 + \beta_1 X_i + \varepsilon_i \tag{5.5}$$

ここで，誤差項 ε_i の条件付き期待値 $\mathbb{E}[\varepsilon_i \mid X_i]$ はゼロと仮定する．

　今までの例だと，X_i は t 年度末の簿価時価比率 $BE/ME_{i,t}$ で，Y_i は $t+1$ 年の無リスク金利に対する超過リターン $R^e_{i,t+1} = R_{i,t+1} - R_{F,t+1}$，添字の i は firm_ID に該当する．したがって，より具体的に書けば，

$$\underbrace{R^e_{i,t+1}}_{Y_i} = \beta_0 + \beta_1 \underbrace{BE/ME_{i,t}}_{X_i} + \underbrace{\varepsilon_{i,t+1}}_{\varepsilon_i}$$

と表すことができる．右辺の $BE/ME_{i,t}$ を所与として両辺の条件付き期待値を取れば，以下のようになる．

$$\mathbb{E}[R^e_{i,t+1} \mid BE/ME_{i,t}] = \beta_0 + \beta_1 BE/ME_{i,t}$$

ここで，左辺の $\mathbb{E}[R^e_{i,t+1} \mid BE/ME_{i,t}]$ は $t+1$ 期の銘柄 i のリスクプレミアムであり，線形回帰モデルが超過リターンの平均的な動きを説明していることが分かる．

(5.5)式において，(β_0, β_1) は回帰係数と呼ばれ，X_i と Y_i の線形関係を表すパラメータである．次節で詳しく説明するが，回帰係数の値はデータから直接観察することはできないので，線形回帰モデルではその推定値が関心の対象となる．例えば，先ほどの散布図では，$\hat{\beta}_0 \approx 0.055$, $\hat{\beta}_1 \approx 0.076$ であるが，ここで $(\hat{\beta}_0, \hat{\beta}_1)$ という変数名を使ったのは，(β_0, β_1) の推定値であることを強調するためである．

5.6.2 最小二乗推定量

観察されたデータから (β_0, β_1) を推定する方法として最もよく用いられるのが**最小二乗法** (Ordinary Least Squares)，略して OLS である．OLS では，誤差の二乗和を最小にするように，観察されたデータから回帰係数を推定する．観測値 i の誤差は (5.5) 式より $\varepsilon_i = Y_i - (\beta_0 + \beta_1 X_i)$ として求めることができるから，データ数が n ならば，誤差の二乗和は，

$$\sum_{i=1}^{n} \varepsilon_i^2 = \sum_{i=1}^{n} \left\{ Y_i - (\beta_0 + \beta_1 X_i) \right\}^2$$

となり，β_0 と β_1 の関数で表せることが分かる．OLS では，

$$\min_{\hat{\beta}_0, \hat{\beta}_1} \sum_{i=1}^{n} \left\{ Y_i - (\hat{\beta}_0 + \hat{\beta}_1 X_i) \right\}^2$$

を解く**最小二乗推定量** $(\hat{\beta}_0, \hat{\beta}_1)$ によって，未知の回帰係数 (β_0, β_1) を推定する．

一般に，最小二乗推定量には解析解が存在するが，説明変数を複数追加した重回帰の場合，その表現は逆行列を含む複雑な公式となる．実践上，解析解を手打ちして線形回帰を行うことはないので，以下では R の基本パッケージに含まれる lm() 関数の使い方を紹介しよう．lm() 関数では，第一引数で ~ 演算子を用いて回帰モデルを記述する．同一のデータフレームに属する列同士で線形回帰を行う場合，data 引数でそのデータフレームそのものを指定すると，回帰モデルではデータフレーム名は省略して，列名のみの記述が可能になる．lm() 関数は，返

り値として名前付きのリストを返すので，以下では `names()` 関数を用いて，その一覧を表示させている．

```
# ch05_33: lm() 関数を用いた線形回帰

lm_results <- lm(Re ~ lagged_BEME, data = lm_sample_data)
    # ~ の左に従属変数，右に独立変数を記す
names(lm_results)

## [1] "coefficients" "residuals" "effects" "rank" "fitted.values"
    "assign" "qr" "df.residual" "xlevels" "call" "terms" "model"
```

例えば，$(\hat{\beta}_0, \hat{\beta}_1)$ は最初の `"coefficients"` という要素に含まれているので，それを表示させてみよう．先ほど図示に用いた係数が計算されていることが分かる．

```
# ch05_34: lm() 関数で計算した回帰係数

print(lm_results$coefficients)

## (Intercept) lagged_BEME
## 0.05513385 0.07552921
```

5.6.3　線形回帰モデルの解釈

前節で確認したとおり，`lm()` 関数は線形回帰の結果をリスト形式で詳細に返す．ただし，返り値がリストのままだと分析が不便であるので，代わりに外部パッケージの `broom` を用いて，データフレームに変換することを考えよう．**第 6 章**以降でこのパッケージを使っていくので，ここでインストールしておきたい．例えば，係数の推定値や標準誤差，t 値，p 値をデータフレーム形式で得るために，`tidy()` 関数が準備されている．

```
# ch05_35: broom パッケージの tidy() 関数で係数の推定値に関する結果を確認

install.packages("broom")
library(broom)

tidy(lm_results)
```

出力結果

tidy(lm_results)				
# A tibble: 2 x 5				
term	estimate	std.error	statistic	p.value
<chr>	<dbl>	<dbl>	<dbl>	<dbl>
1 (Intercept)	0.0551	0.156	0.354	0.736
2 lagged_BEME	0.0755	0.0844	0.895	0.405

出力結果を見てみると，各行ごとにそれぞれの係数に関する推定結果がまとめられている．まず，estimate 列には前節で確認した推定値が，その横の std. error 列には，推定値の不確実さを表す標準誤差が記されている．statistics 列には，$\beta_i = 0$ を帰無仮説とする t 値が記されており，この値が絶対値の意味で大きければ大きいほど，各係数はゼロでないと判断できる．**5.5 節**で学んだのと同様，t 値は漸近的に正規分布に従うので，最終列の p.value はこの性質を利用して，$\beta_i \neq 0$ を対立仮説とする両側検定の p 値を出力している．例えば，lagged_BEME の係数を見てみると，推定値は約 0.076 と正であるものの，対応する p 値は約 0.41 と大きく，統計的に有意に正とまでは言い切れないことが分かる．

続いて，モデル全体の当てはまりを確認したい場合，broom の glance() 関数を用いる．

```
# ch05_36: broom パッケージの glance() 関数でモデル全体の当てはまりを確認

glance(lm_results)
```

出力結果

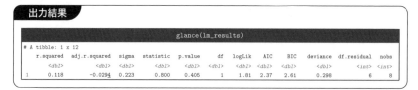

glance(lm_results)											
# A tibble: 1 x 12											
r.squared	adj.r.squared	sigma	statistic	p.value	df	logLik	AIC	BIC	deviance	df.residual	nobs
<dbl>	<dbl>	<dbl>	<dbl>	<dbl>	<dbl>	<dbl>	<dbl>	<dbl>	<dbl>	<int>	<int>
1　0.118	-0.0294	0.223	0.800	0.405	1	1.81	2.37	2.61	0.298	6	8

本書の範囲を超えるので，ここで全ては説明はしないが，左から順番に，モデルの当てはまり具合を表す決定係数 R^2，自由度調整済みの決定係数，残差の標準誤差，全ての係数がゼロであるかどうかを検定する F 統計量，それに対応する両側検定の p 値などが出力されている．例えば，自由度調整済みの決定係数がマ

イナスであることから分かるとおり，このモデルは全体的に余り当てはまりが良くないことが確認できる．

5.6.4 対数回帰モデル

これまでは母集団の回帰式が，線形であることを暗黙裏に仮定して議論を進めてきた．すなわち，X_i の 1 単位の変化が Y_i に及ぼす影響は常に一定である下の左図のような場合を想定してきたのである．しかし，現実の会計・ファイナンスデータでは，下の右図のように X_i の 1 単位の変化が Y_i に及ぼす影響が X_i の値によって異なる場合もある．

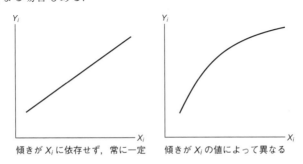

傾きが X_i に依存せず，常に一定　　傾きが X_i の値によって異なる

母集団の回帰式が非線形である場合，それを特定化してこれまで学習した線形回帰モデルへと帰着させるために，次の二つの方法がよく用いられる．一つは，**多項式回帰** (polynomial regression) といって，X_i のみならず，X_i^2 や X_i^3 といった X_i の累乗を説明変数に加えて，定数項や X_i の累乗のそれぞれの係数を OLS によって推定するやり方である．これについては，本章の**章末問題 演習 5** を通じて学習しよう．

もう一つは**対数回帰**と言い，X_i や Y_i，あるいは，その両方について自然対数を取って回帰モデルを特定化するやり方である．例えば，X_i だけ対数を取れば，その場合の回帰モデルは次式によって表される．

$$Y_i = \beta_0 + \beta_1 \log(X_i) + \varepsilon_i \tag{5.6}$$

このように Y_i はそのままで，X_i だけ対数を取ったモデルは，線形・対数モデル (linear-log model) と呼ばれる．

5.6.1 節のように，$t+1$ 年の超過リターンを Y_i，t 年度末の BE/ME を X_i とする場合，実際の学術研究では，両者の関係を線形・対数モデル (5.6) 式によって特定化した上で OLS によって推定する場合が多い．図 5.5 の左のグラフは線形・対数モデルを描いたイメージ図であるが，通常の線形回帰モデルである (5.5) 式と比べて，線形・対数モデルが X_i と Y_i の非線形な関係を記述していることが確認できる．ここで，x 軸として X_i の代わりに $\log(X_i)$ を取ると右のグラフのようになり，線形・対数モデルは $\log(X_i)$ と Y_i の線形な関係を想定していることが分かる．

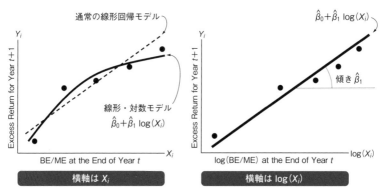

図 5.5　線形・対数モデルのイメージ図（左右の実線は同じ線形・対数モデルを表す）

BE/ME と超過リターンとの関係性を分析するのに線形・対数モデルが頻用される背景には，BE/ME が 10 や 20 といった極端に高いバリュー株群を想定して，そうした銘柄群でも，BE/ME が 1 単位増えれば，グロース株群と同じだけ翌年の超過リターンが高くなるという関係性があるというのは想定しづらいからという考えがある．すなわち，BE/ME (X_i) が翌年の超過リターン (Y_i) に及ぼす影響が，いずれの銘柄でも等しいとは考えにくく，X_i が大きくなればなるほど，Y_i に及ぼす影響は逓減すると考えた方が自然である．現実データと照らし合わせて，より現実適合的な線形・対数モデルが採用されるというわけである．

注意すべきは，(5.5) 式を前提とした場合と，線形・対数モデルを前提とした場合とで，推定された係数 $\hat{\beta}_1$ の解釈が異なる点である．まずは，以下のコードにより，線形・対数モデルである (5.6) 式を前提にした推定結果を確認しよう．図

5.5 の右図で示したとおり，x 軸を $\log(X_i)$ にすると，データのプロットは直線になるので，Y_i に相当する Re を被説明変数，$\log(X_i)$ に相当する `log(lagged_BEME)` を説明変数に指定して `lm()` 関数を適用することによって線形・対数モデルに基づく $\hat{\beta}_1$ が得られる．

```
# ch05_37: 線形・対数モデルによる推定

tidy(lm(Re ~ log(lagged_BEME), data = lm_sample_data))
    # 右辺のみ log() 関数で自然対数を取る
```

出力結果

```
# A tibble: 2 x 5

  term               estimate  std.error  statistic  p.value

  <chr>                 <dbl>      <dbl>      <dbl>    <dbl>

1 (Intercept)           0.167     0.0868      1.93    0.102
2 log(lagged_BEME)      0.0355    0.109       0.326   0.756
```

2 行目の `log(lagged_BEME)` の `estimate` 列から $\hat{\beta}_1 \approx 0.036$ が得られるが，この結果は，BE/ME が 1% 増えれば，翌年の超過リターンが 0.01×0.036 ポイントだけ増えるというように解釈する．その理由は，次の式展開による．ここでは，(1) 任意の X を所与とした場合の Y_i の条件付き期待値と (2) X に微小な変化 ΔX を加えた場合の条件付き期待値を比べてみよう．

$$\mathbb{E}[Y_i \mid X_i = X] = \beta_0 + \beta_1 \log(X)$$
$$\mathbb{E}[Y_i \mid X_i = X + \Delta X] = \beta_0 + \beta_1 \log(X + \Delta X)$$

このとき，下式から上式を差し引き，その変化量を ΔY と置けば，

$$\Delta Y = \mathbb{E}[Y_i \mid X_i = X + \Delta X] - \mathbb{E}[Y_i \mid X_i = X]$$
$$= \beta_1 [\log(X + \Delta X) - \log(X)]$$

となる．右辺に登場する $[\log(X + \Delta X) - \log(X)]$ は ΔX が小さいときに限り，$\Delta X / X$ で近似することができる．したがって，ΔX が小さいとき，

$$\Delta Y \approx \beta_1 (\Delta X / X)$$

が導かれる．X が 1%増えたならば，$(\Delta X/X) = 0.01$ である．こうして，X_i の 1%の変化によって，Y_i は $0.01 \times \beta_1$ だけ変化すると解釈できるのである．

本章の最後に，**第 6 章**以降で利用することを目的として，本章で作成した月次データ `monthly_data`，及び年次データ `annual_data` をそれぞれ保存しておこう．

```
# ch05_38: データの保存

write_csv(monthly_data, "ch05_output1.csv")
write_csv(annual_data, "ch05_output2.csv")
```

コラム 5.6　対数・線形モデルと対数・対数モデル

先の小節では，Y_i と X_i との非線形関係を特定化し，線形回帰モデルに帰着させる例として線形・対数モデルを学習した．この他に，Y_i は対数を取り，X_i は対数を取らない対数・線形モデル (log-linear model) や Y_i と X_i の両方について対数を取った対数・対数モデル (log-log model) も会計・ファイナンスの実証分析では頻繁に利用される．

対数・線形モデルを式で表せば，次のとおりである．

$$\log(Y_i) = \beta_0 + \beta_1 X_i + \varepsilon_i$$

このモデルを前提とすれば，X_i の 1 単位の変化によって，Y_i は $100 \times \beta_1$%だけ変化する．

他方，対数・対数モデルを考えると，

$$\log(Y_i) = \beta_0 + \beta_1 \log(X_i) + \varepsilon_i$$

となり，β_1 の解釈は，X_i が 1%変化したことによって Y_i が β_1%変化すると捉えることができる．経済学用語で弾力性という言葉がある．弾力性とは，ある変数の 1%の変化に対する別の変数の変化率を指す．上で示した対数・対数モデルの β_1 は，まさに X_i の Y_i に対する弾力性に相当する．

こうして，ベーシックな線形モデルに加え，Y_i と X_i の一方，あるいは両方について対数を取ったモデルを学習した．ここでは，今期の研究開発投資を X_i，翌期の売上高を Y_i に見立て（単位はいずれも百万円），それぞれのモデルを OLS によって推定した結果をどのように解釈すべきか考えてみよう．以下の表で示すとおり，いずれのモデルを前提にしても，有意水準を 1%と定めたとき，$\hat{\beta}_1$ は統計的に有意に正であり，今期の研究開発投資は，翌期の売上高向上に繋がることが分かる．その一方で，モデルによって $\hat{\beta}_1$ の推定値やその解釈は異なる点に注意してほしい．

モデル	$\hat{\beta}_1$ (t 値)	解釈
$Y_i = \beta_0 + \beta_1 X_i + \varepsilon_i$	32.6 (4.33)	今期の R & D が 1 百万円上昇すれば，翌期の売上高は平均的に 32.6 百万円上昇する
$Y_i = \beta_0 + \beta_1 \log(X_i) + \varepsilon_i$	36,129 (6.40)	今期の R & D が 1% 上昇すれば，翌期の売上高は平均的に 361.29 百万円上昇する
$\log(Y_i) = \beta_0 + \beta_1 X_i + \varepsilon_i$	0.00055 (10.50)	今期の R & D が 1 百万円上昇すれば，翌期の売上高は平均的に 0.055% 上昇する
$\log(Y_i) = \beta_0 + \beta_1 \log(X_i) + \varepsilon_i$	0.497 (11.62)	今期の R & D が 1% 上昇すれば，翌期の売上高は平均的に 0.497% 上昇する

　実証会計・ファイナンスの場合，どういった場面でどのモデルを使用すべきかに関する定石は存在しない．モデルを選択する際の指針となるのは，その背後に経済的な合理性があるか否かという視点である．例えば，研究開発費が 1 百万円から少し増えたときと，100 億円から少し増えたときとを比較し，売上高に及ぼす影響は異なると考えた方が経済的な合理性はあろう．いずれの特定化を選択したとしても，各モデルは現実データの近似にしか過ぎないので，データ分析の主要な結論はモデルの選択に対して頑健であるのが望ましい．

演習問題

演習 1* 株価の推移を描く際に，ロウソク足というグラフがよく用いられる．ロウソク足とは何か自分で調べた上で，グラフの各要素を簡単に説明せよ．

　　ヒント：ロウソク足は箱ひげ図と似ているが，始値と終値が一目で確認できる特徴を持つ．

演習 2　日本の上場企業を一社適当に選び，その企業の最新の決算月を調べよ．また，決算日から起算して決算短信が発表されるまでどの程度のタイムラグがあったのか実際に調べよ．

　　ヒント：決算短信の 1 ページ目には発表された日付が記載されている．

　• 以降の問題では，本章で用いたシミュレーション・データを利用する．

演習 3　5.4.2 節では，売上高，当期純利益，時価総額の関係をバブルチャートで描画した

ことを思い出そう．同様に，firm_ID が 1 から 20 までの企業に関して，最終年度のデータを用いて，y 軸に純事業資産回転率 ATO，x 軸に売上高事業利益率 PM，点の大きさに時価総額を取るバブルチャートを作成せよ．

> ヒント：ATO と PM は対数を取らなくて良い．凡例において時価総額が科学的表記になってしまう場合，scale_size() 関数において，labels = scales:: label_comma() という引数を追加する．

演習 4＊　5.3 節では，グロス・リターンを掛け合わせることでリターンを累積する方法を学んだ．代わりに，各企業の月次対数リターンを計算した上で，その和を取ることで年次リターンへと累積せよ．

> ヒント：まず配当や株式分割がない場合を考えると，対数リターンの定義は以下のとおりである．

$$r_t = \log\left(\frac{P_t}{P_{t-1}}\right)$$

つまり，対数（プライス）リターンとは株価のグロス変化率の自然対数を取った値である．例えば，昨日の株価 (P_{t-1}) が 100 円，今日の株価 (P_t) が 110 円だった場合，日次 t の通常のリターンは 10％である一方，対数リターンは $\log 1.1 \approx 9.5\%$ となる．対数リターンは自然対数であるから，累積する際には掛け算をするのではなく和を取る．

$$\log\left(\frac{P_t}{P_{t-2}}\right) = \log\left(\frac{P_{t-1}}{P_{t-2}} \times \frac{P_t}{P_{t-1}}\right) = \log\left(\frac{P_{t-1}}{P_{t-2}}\right) + \log\left(\frac{P_t}{P_{t-1}}\right) = r_{t-1} + r_t$$

最後に，配当や株式分割を考慮するには，定義式の分子に登場する P_t を，通常のリターンの場合と同様に修正すれば良い．

演習 5＊＊　多項式回帰とは，被説明変数 Y_i を説明変数 X_i の n 次多項式でモデル化する回帰分析の手法である．つまり，多項式回帰では，

$$Y_i = \beta_0 + \beta_1 X_i + \varepsilon_i$$

の代わりに，右辺に新たな説明変数として X_i の累乗 ($X_i^2, \ldots, X_i^n$) を追加して，

$$Y_i = \beta_0 + \beta_1 X_i + \beta_2 X_i^2 + \cdots \beta_n X_i^n + \varepsilon_i$$

の各係数 ($\beta_0, \beta_1, \beta_2, \ldots, \beta_n$) を推定する．

この問題では，多項式回帰の具体例として，4.8.3 節で分析した売上高事業利益率 PM と純事業資産回転率 ATO のトレードオフをモデル化してみよう．4.8.3 節では，各産業ごとに PM と ATO の中央値を計算し，両者のトレードオフを散布図上に可視化した．ここでは

さらに，両者の関係を二次までの多項式回帰でモデル化した上で，散布図上に予測値の曲線を追加せよ．

> <u>ヒント 1</u>：R では多項式回帰を行うために，`poly()` 関数が準備されている．例えば，`Y ~ poly(X, 2)` とすると，上式で $n = 2$ である場合の回帰モデルを表現できる．
>
> <u>ヒント 2</u>：5.6.1 節で用いた `geom_smooth()` 関数は，`formula` 引数を追加することで，多項式回帰の場合にも応用可能である．この `formula` 引数には，推定したい回帰モデルを指定するので，先ほど紹介した `poly()` 関数を用いて多項式回帰を表現すれば良い．また，標本サイズが小さい場合，`geom_smooth()` 関数は局所多項式回帰という別の推定方法を用いてしまうので，`method = "lm"` として線形回帰モデルを明示的に指定する必要がある．

- 以降の問題では，**サポートサイトの S2 節**からダウンロードした新しいデータセットを利用する．

演習 6* **サポートサイト**からダウンロードした ch05_accounting_standard.csv という CSV ファイルを用意しよう．このファイルは，前章より分析している財務データ ch04_financial_data.csv がどのような会計基準で作成されたかを補足するデータである．`accounting_standard` 列が 1 の場合は日本会計基準，2 の場合は米国会計基準というように，各年度ごとにその企業が採用していた会計基準のデータが保存されている．各企業の当期純利益 X の変化率 X_growth_rate を計算した上で，**コラム 4.2**（142 頁）に従い，会計基準が変更になった直後の年度は欠損値とせよ．

> <u>ヒント</u>：まず最初のステップとして，財務データと会計基準のデータを結合する必要があるが，その際に本章で学んだ `full_join()` 関数を用いる．続いて，各企業ごとに当期純利益の変化率を計算するが，この際に `dplyr` の `if_else()` 関数を用いると，特定の条件が成立するか否かで場合分けして変数を定義することができる．この関数は，第一引数に場合分けに用いる条件，第二引数にその条件が成立する場合の値，第三引数にその条件が成立しない場合の値をそれぞれ指定する．

演習 7* この問題では，**コラム 5.3**（213 頁）で学んだ利益マネジメントについて理解を深めよう．まずは**サポートサイト**からダウンロードした ch05_earnings_management.csv という CSV ファイルを用意せよ．X は当期純利益，lagged_ME は期首時点の時価総額をそれぞれ表す．

(1) このコラムに登場する Scaled Earnings のヒストグラムを再現せよ．ただし，ch05_

earnings_management.csv はシミュレーション・データであり，全く同じ結果が得られるわけではない点に注意する．また，なるべく元のヒストグラムと体裁を近づけるよう，$x = 0$ を示す点線も挿入すること．ただし，データ数が限られていることから，ビン幅は 0.005 でなく 0.01 刻みとし，breaks 引数で -0.25 から 0.25 の範囲を 0.01 刻みで図示する．

(2)　これらのヒストグラムは，赤字回避の目的で利益マネジメントが行われている可能性を示唆している．なぜ赤字回避の利益マネジメントが行われるのか，企業と経営者個人それぞれの観点から，その背後にあるインセンティブを説明せよ．

(3)　GAAP を逸脱した極端な利益操作は粉飾決算であり違法であるが，GAAP の範囲内で行われる利益マネジメントは適法である．利益マネジメントを行う上で，現実の企業はどのような手段を取りうるのか，具体的な手段を挙げて説明せよ．

演習 8**　この問題では，ウィッカムによって提唱された**整然データ** (tidy data) というデータ形式について学ぶ．整然データとは，データサイエンス一般で分析が容易な望ましいデータ形態であり，具体的には以下の条件を満たすデータを指す．

(1)　個々の変数 (variable) が一つの列をなす．
(2)　個々の観測 (observation) が一つの行をなす．
(3)　個々の観測の構成単位の類型 (type of observational unit) が一つの表をなす．

そして，この条件を一つでも満たさないデータを，**雑然データ** (messy/non-tidy data) と呼ぶ．整然データという概念は，R のみならず，Python の pandas パッケージにも採用され，データ分析の基本的な考え方になっている．

さて，前置きが長くなったが，**サポートサイト**からダウンロードした ch05_messy_stock_return.csv というデータセットを用意し，R に読み込んでみよう．このデータは，本文で計算した月次リターンを記録したものだが，各行が firm_ID，各列が month_ID に対応しており，雑然データとなっている．まずは，上記の定義に基づき，このデータはなぜ整然データでなく雑然データに分類されるのか説明せよ．また，以下のヒントを参考にこのデータを整然データの形式に変換せよ．

　　ヒント 1：雑然データを整然データへ変換するために，tidyverse の tidyr パッケージは pivot_longer() 関数を用意している．この関数は，data 引数で指定されたデータフレームのうち，cols 引数で指定された複数の列をまとめて，データフレームを横長から縦長に変換する．まず，元々の列名は，新しいデータフレームにおける 1 列の要素として格納されるが，names_to 引数でこの列の名前を指定する．続いて，元々の列に格納されていた値も 1 列の要素として格納されるが，values_to 引数でこの列の名前を指定する．

　　ヒント 2：この問題では，cols 引数は-firm_ID と指定してみよう．こうすることで，firm_ID 以外の列全てを指定することができる．この問題とは直接関係

ないが，全ての列を指定したければ everything()，特定の文字から始まる列名
のみを指定したければ start_with() など，多彩な指定方法が存在する．

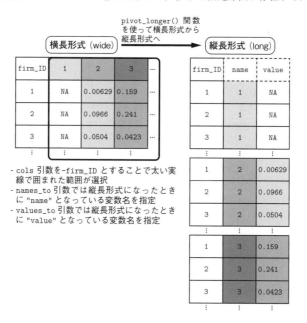

- cols 引数を-firm_ID とすることで太い実
  線で囲まれた範囲が選択
- names_to 引数では縦長形式になったとき
  に "name" となっている変数名を指定
- values_to 引数では縦長形式になったとき
  に "value" となっている変数名を指定

第6章
ファクター・モデルの導入

　本章では，前章までに分析した財務データと株式データを組み合わせて，株式リターンのモデル化を行う．とりわけ，個々の証券のリターンの背後には少数のファクターが存在すると想定し，（線形）ファクター・モデルを推定する．ファクター・モデルは CAPM の一種の拡張とみなせ，線形回帰で容易に推定が可能なことから，実証ファイナンスの分野で活発に研究が行われてきた．本章の前半では，**2.4 節**で学習した CAPM を実証的に検証した後，後半では，Fama-French の 3 ファクター・モデルを取り上げる．

6.1　ファクター構築の準備

　本節では，ファクター・モデルを導入するにあたって必要な準備を行う．まず前半で CAPM の実証的な検証に必要な市場ポートフォリオを構築する．そして，後半は何らかの特徴に基づき各銘柄を順位付けて，その順位に応じてポートフォリオを構築するという，ポートフォリオ・ソートの方法を学習しよう．ポートフォリオ・ソートは，Fama-French の 3 ファクター・モデルで，サイズ・ファクターとバリュー・ファクターを構築する際にも必要となる．

6.1.1　市場ポートフォリオの構築

　CAPM で登場した市場ポートフォリオとは，市場に存在する全ての危険資産を時価総額加重で保有したポートフォリオであったが，ここでは上場株に限定して時価総額加重の市場インデックスを作成してみよう．まずは，以下のコードにより，本章で必要なパッケージとデータを読み込むところから始める．

```
# ch06_01: tidyverse とデータの読み込み

library(tidyverse)
library(broom)

monthly_data <- read_csv("ch05_output1.csv")
annual_data <- read_csv("ch05_output2.csv")
```

ここで読み込んだ monthly_data と annual_data は，**第5章**で財務データと株式データを結合して作成したものである．もしデータの概要を忘れている場合，head() 関数や summary() 関数などで直接確認するか，**5.4節**の該当箇所を復習してほしい．

市場インデックスを作成するのに際し，ここでは毎年1月に行う年次リバランスを想定し，前年末の時価総額に比例して保有比率を計算する．より具体的には，市場に N 銘柄存在するとき，$w_{i,t}^M$ で t 年における銘柄 i の保有比率，$ME_{i,t-1}^{12月}$ で同じ銘柄 i の $t-1$ 年における年末時点の時価総額を表せば，銘柄 i の保有比率 $w_{i,t}^M$ は，以下のように計算できる．

$$w_{i,t}^M = \frac{ME_{i,t-1}^{12月}}{\sum_{j=1}^{N} ME_{j,t-1}^{12月}}$$

まずは，各銘柄の保有比率を計算するために，前年度末の時価総額を lagged_ME という変数に保存しよう．group_by() 関数と lag() 関数を組み合わせて銘柄ごとに特定の変数のラグを計算する方法は **4.6.2節**で学んだとおりである．

```
# ch06_02: 前年度の時価総額を追加

annual_data <- annual_data %>%
  group_by(firm_ID) %>% # firm_ID でグループ化
  mutate(lagged_ME = lag(ME)) %>%
  ungroup()
```

続いて，保有比率を計算するためには，まず group_by() 関数を用いて年度year でグループ化する．そして，mutate() 関数を用いて新しく保有比率を表す w_M を定義する．w_M の右辺では，その銘柄の前年度末の時価総額比率を計算している．分母の sum(lagged_ME, na.rm = TRUE) で，各銘柄の時価総額の合計を計算しているが，新規上場が理由で前年度末の時価総額が欠損している場合に対

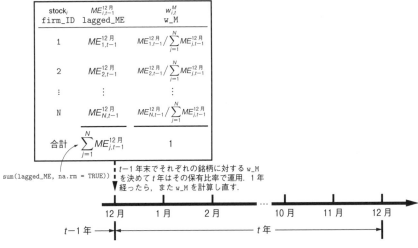

図 6.1 市場ポートフォリオを作成する際の各銘柄の保有比率 $w_{i,t}^M$ の計算過程のイメージ

処するため，`na.rm = TRUE` で欠損データを無視した合計値を算出している．

```
# ch06_03: 市場ポートフォリオ作成のための保有比率の計算

annual_data <- annual_data %>%
  group_by(year) %>% # year でグループ化
  mutate(w_M = lagged_ME / sum(lagged_ME, na.rm = TRUE)) %>%
    # 分子は当該銘柄の時価総額，分母は各銘柄の時価総額の合計
  ungroup()
```

出力結果

ch06_03 により追加
ch06_02 により追加

```
# A tibble: 7,920 x 20
  firm_ID  year      R     Re     R_F industry_ID  sales        ME lagged_ME       w_M
    <dbl> <dbl>  <dbl>  <dbl>   <dbl>       <dbl>  <dbl>     <dbl>     <dbl>     <dbl>
1       1  2015     NA     NA 0.00743          NA     NA     3577.        NA NA
2       1  2016  0.997  0.997 0.000565           1  5949.     6883.     3577. 0.0000223
3       1  2017  0.688  0.688 0.0000488          1  6505.    11377.     6883. 0.0000392
4       1  2018 -0.214 -0.219 0.00579            1  6846.     8695.    11377. 0.0000583
5       1  2019  0.647  0.648 -0.000770          1  7572.    13958.     8695. 0.0000514
6       1  2020 -0.284 -0.285 0.000380           1  7538.     9709.    13958. 0.0000662
7       2  2015     NA     NA 0.00579            1  3506.     4087.        NA NA
8       2  2016  0.375  0.376 -0.000770          1  3491.     5593.     4087. 0.0000255
```

このように計算すると，新規上場が理由で前年度末の時価総額が欠損している銘柄の w_M は NA で欠損している．したがって，2016 年以降のデータで，w_M が欠損している場合は 0 に置き換えよう．そうすることで保有比率はゼロとなり，こうした銘柄へは投資を行わないようにすることができる．このような場合に重宝するのが，mutate() 関数と replace() 関数の組合せである[1]．replace() 関数では，第一引数に置き換えたい変数，第二引数に置き換えを行う条件，第三引数に置き換えた後の値を指定する．以下のように，mutate() 関数の内側にreplace() 関数を記述すると，第二引数の条件に合致する場合のみ値が置き換えられる．ここでは，year が 2016 以降 (year >= 2016)，かつ，w_M が欠損している (is.na(w_M)) という条件を，year >= 2016 & is.na(w_M) で表現し，それがTRUE となる行の w_M を 0 に置き換えている．

```
# ch06_04: 保有比率の欠損値を 0 で置き換え

annual_data <- annual_data %>%
  mutate(w_M = replace(w_M, year >= 2016 & is.na(w_M), 0))
      # 2016 年以降の欠損値は 0 で置き換え
```

以下のコードでは，このようにして計算した保有比率 w_M が各年度ごとに合計で 1 となっていることを確認している．無事に全ての year で 1 となっていれば，それは毎年投資金額の全額がくまなく上場株へと投資されていることを意味する．2015 年度は前年度の時価総額が存在しないので NA となる．

```
# ch06_05: 各年度の保有比率の合計が 1 になっていることを確認

annual_data %>%
  group_by(year) %>%
  summarize(weight_sum = sum(w_M)) # あえて sum(w_M, na.rm = TRUE) としない
```

---

[1] この処理は tidyr の replace_na() 関数でもできるが，ここではより汎用的な置き換えが可能な書き方を紹介している．

出力結果

```
# A tibble: 6 x 2
    year  weight_sum
   <dbl>      <dbl>
1   2015         NA
2   2016          1
3   2017          1
4   2018          1
5   2019          1
6   2020          1
```

保有比率が計算できたので，今度は市場ポートフォリオのリターンを各月ごとに計算してみよう．w_M は年度ごとに計算されていたので，まずは monthly_data と結合する必要がある．以下では，annual_data のうち，select() 関数を用いて year，firm_ID，w_M の 3 列を最初に抽出した後，year と firm_ID をキー列に monthly_data と結合している．このように w_M を追加すると，左から3 列目に w_M が登場してしまうので，二回目の select() 関数で w_M を最終列に移動している．-w_M は「w_M 以外の全ての列」という意味なので，それらを最初に表示した後，最終列として w_M を追加している．

```
# ch06_06: 月次データに保有比率のデータを追加

monthly_data <- annual_data %>%
  select(year, firm_ID, w_M) %>% # 追加に必要な情報のみ抽出
  full_join(monthly_data, by = c("year", "firm_ID")) %>%
      # year と firm_ID のペアをキーに結合
  select(-w_M, w_M) # w_M を最終列に移動
```

解説図

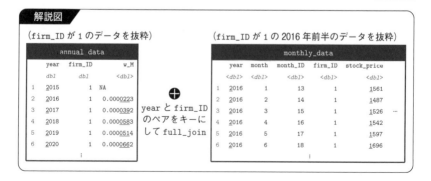

市場ポートフォリオのリターン $R_{M,t}$ は，構成銘柄のリターン $R_{i,t}$ の加重平均

$$R_{M,t} = \sum_{i=1}^{N} w_{i,t}^{M} R_{i,t}$$

として計算できる．そして，市場ポートフォリオの無リスク金利に対する超過リ
ターンは $R_{M,t}^{e} = R_{M,t} - R_{F,t}$ と計算できる．これらの公式を利用して，month_ID
が13以上のデータに関して，無リスク金利 R_F，市場ポートフォリオのリター
ン R_M，及び市場ポートフォリオの無リスク金利に対する超過リターン R_Me を
実際に計算したのがコード ch06_07 である．

同じ R_F を使っているので紛らわしいが，このコードにおいて summarize()
関数の第一引数に代入する R_F は monthly_data の列名であり，その値を用いて，
新しく作成する factor_data の R_F 列を定義している．R_F[1] は各 month_ID
ごとに先頭に来る R_F の値を意味する．ここでは，当該月の無リスク金利はどの
銘柄でも共通の値を取るという性質を利用して，その値を一つ抽出して factor_
data の R_F 列に保存している．最後に，sum() 関数内で na.rm = TRUE と指定し
ているのは，新規上場銘柄は上場当初のリターンが欠損しているため，加重平均
を取る際に NA となるのを避けるためである．

```
# ch06_07: 市場ポートフォリオの月次リターンを計算

factor_data <- monthly_data %>%
  filter(month_ID >= 13) %>% # 2016 年以降のデータを抽出
  group_by(month_ID) %>% # month_ID でグループ化
  summarize(R_F = R_F[1], # 当該月の無リスク金利はどの銘柄でも共通なので
            最初の値を抽出
            R_M = sum(w_M * R, na.rm = TRUE)) %>% # 各銘柄の月次リターンの
            加重平均を計算
  mutate(R_Me = R_M - R_F) # 月次超過リターンを計算
```

出力結果

factor_data			
# A tibble: 60 x 2			
month_ID	R_F	R_M	R_Me
<dbl>	*<dbl>*	*<dbl>*	*<dbl>*
1　　13	0.0000433	0.0458	0.0458
2　　14	0.0000346	0.0284	0.0284
3　　15	0.0000393	-0.0580	-0.0580
4　　16	0.0000662	-0.00107	-0.00114
5　　17	0.0000360	-0.00642	-0.00645
6　　18	0.0000257	-0.0371	-0.0371
		⋮	

市場ポートフォリオの超過リターンが計算できたので，その結果を可視化してみよう．まずは，以下のコードにより，ヒストグラムを用いて分布を確認する．

```
# ch06_08: 市場ポートフォリオの月次超過リターンをヒストグラムで可視化

ggplot(factor_data) +
  geom_histogram(aes(x = R_Me)) +
  labs(x = "Monthly Excess Return of Market Portfolio", y = "Count") +
  scale_y_continuous(expand = c(0, 0)) +
  theme_classic()
```

出力結果

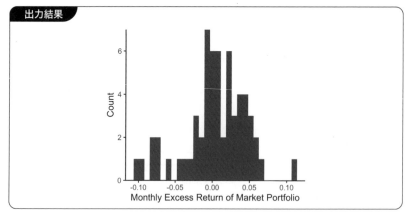

続いて，市場ポートフォリオの累積リターンを計算してみよう．具体的には，month_ID が 13 の月初から運用を開始し，バイ・アンド・ホールドで運用を続ける．市場ポートフォリオは毎年 1 月にリバランスするが，その際の取引コストは

ゼロと仮定し，リバランス前後で元本の変更はないとする．このとき，市場ポートフォリオの累積グロス・リターンの推移を可視化すると，コード ch06_09 のようになる．

　このコードでは，グロス・リターンの累積積 (cumulative product)[2] を計算するために，`cumprod()` 関数を利用している．**5.3 節**によると，任意の期間についてバイ・アンド・ホールドでリターンを累積するには，グロス・リターンを掛け合わせれば良かったことを思い出そう．ここでは，各 `month_ID` ごとに，その時点までの累積グロス・リターンを計算する必要があるため，単に総乗を計算する `prod()` 関数ではなく，`cumprod()` 関数を用いている．

```
# ch06_09: 市場ポートフォリオの累積リターンの可視化 (1)

factor_data %>%
  mutate(gross_R_M = 1 + R_M, # ネット・リターンをグロス・リターンに換算
         cumulative_gross_R_M = cumprod(gross_R_M)) %>%
                # グロス・リターンを累積
  ggplot() +
  geom_line(aes(x = month_ID, y = cumulative_gross_R_M)) +
  labs(x = "Month ID", y = "Cumulative Gross Return") +
  theme_classic()
```

出力結果

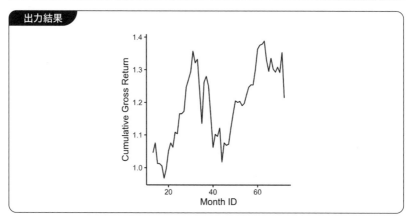

---

[2]　一般に N 次元ベクトル $(x_1, \ldots, x_N)$ の累積積とは，その i 番目の要素が $\prod_{j=1}^{i} x_j$ である N 次元ベクトルを指す．例えば，$(1, 2, 3)$ の累積積は，$(1, 1 \times 2, 1 \times 2 \times 3) = (1, 2, 6)$ である．

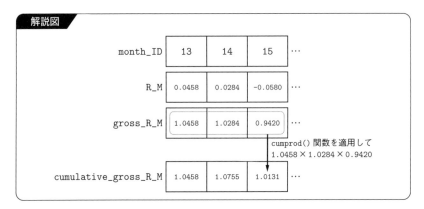

ただし，上のグラフは，累積リターンのグラフであることが一目で分かりにくいのが欠点である．そこで，累積リターンのグラフであることが一目瞭然で分かるように，始点を1とした上で，y軸との間のスペースを無くし，さらに元本に相当する額を点線で表したのが以下のグラフである．ここでは，まず rbind() 関数を用いて元のグラフの最初に始点を追加している．始点に対応するのが c(12, 1) で，12 が month_ID，1 が運用開始時点での元本である．こうすることで，month_ID が 12 の終わりに1円や1ドルといった1単位の投資を行い，それが月数の経過とともにどのように増減したかを表現できる．また，rbind() 関数は第一引数を第二引数の上に追加するので，**5.4.2節**のコード ch05_24 で学んだピリオド (.) を用いて，元のグラフのデータを第二引数に挿入している．最後に，投資元本1からの増減が分かりやすいように $y = 1$ の直線を追加するには，geom_hline() 関数を用いる．

```
# ch06_10: 市場ポートフォリオの累積リターンの可視化 (2)

factor_data %>%
  mutate(gross_R_M = 1 + R_M,
         cumulative_gross_R_M = cumprod(gross_R_M)) %>%
  select(month_ID, cumulative_gross_R_M) %>%
  rbind(c(12, 1), .) %>% # 折れ線グラフの始点を追加
  ggplot() +
  geom_line(aes(x = month_ID, y = cumulative_gross_R_M)) +
  geom_hline(yintercept = 1, linetype = "dotted") +
      # 元本の水準を点線で図示
  labs(x = "Month ID", y = "Cumulative Gross Return") +
```

```
scale_x_continuous(expand = c(0, 0)) +
theme_classic()
```

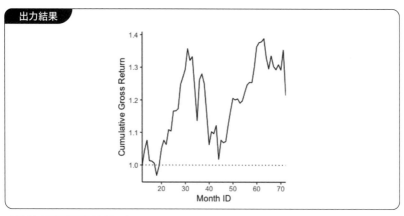

6.1.2　ポートフォリオ・ソート

　何らかの特性に基づき各銘柄を順位付けて，その順位に基づいてポートフォリオを構築することをポートフォリオ・ソートと呼ぶ．ここではその例として前年度末の時価総額に応じて投資対象となる銘柄群（**投資ユニバース**）を十等分し，その実現リターンを比較してみよう．**図 6.2** は，ポートフォリオ・ソートのイメージを図示したものである．

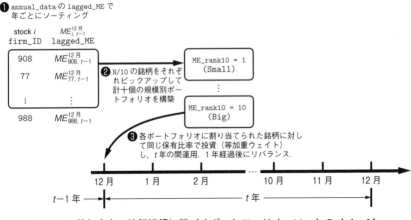

図 6.2 前年度末の時価総額に基づくポートフォリオ・ソートのイメージ

　以下では，時価総額が小さい方から順に 1 から 10 までを割り振るために，dplyr の ntile() 関数を用いて ME_rank10 という変数を作成している．ntile() 関数は，最初の引数としてグループ分けしたいデータ（ここでは lagged_ME）を取り，その次の引数にグループの数（ここでは 10）を取る．ntile() 関数の返り値は整数型となるので，以下のコードでは as.factor() 関数によりそれをファクター型に変更している．

```
# ch06_11: 前年度末の時価総額に基づくポートフォリオ・ソート (1)

annual_data <- annual_data %>%
  group_by(year) %>%
  mutate(ME_rank10 = as.factor(ntile(lagged_ME, 10))) %>%
    # ntile() 関数を用いて十個のグループに分類
  ungroup()
```

出力結果

ch06_11 によりファクター型の ME_rank10 が追加

	firm_ID	year	R	Re	R_F		lagged_ME	w_M	ME_rank10
	<dbl>	<dbl>	<dbl>	<dbl>	<dbl>		<dbl>	<dbl>	<fct>
1	1	2015	NA	NA	0.00743		NA	NA	NA
2	1	2016	0.997	0.997	0.000565		3577.	0.0000223	1
3	1	2017	0.688	0.688	0.0000488	(中略)	6883.	0.0000392	2
4	1	2018	-0.214	-0.219	0.00579		11377.	0.0000583	3
5	1	2019	0.647	0.648	-0.000770		8695.	0.0000514	3
6	1	2020	-0.284	-0.285	0.000380		13958.	0.0000662	3
		⋮				⋮		⋮	

　実際に思惑通りにグループ化できているかを確認したのが以下のコードである.
n()は,各グループの行数を返す関数である.各年とも ME_rank10 が 1 から 10
まで(余りによる誤差は無視して)それぞれ等しい数の企業が割り当てられてい
ることが確認できる.

```
# ch06_12: 各ポートフォリオに属する企業数を確認

annual_data %>%
  select(year, firm_ID, ME_rank10) %>%
  drop_na() %>% # 欠損行を削除
  group_by(year, ME_rank10) %>% # year と ME_rank10 でグループ化
  summarize(N = n()) %>% # 各ポートフォリオの企業数をカウント
  ungroup()
```

出力結果

```
# A tibble: 50 x 3

  year ME_rank10     N

  <dbl> <fct>     <int>
1 2016  1           125
2 2016  2           124
3 2016  3           124
4 2016  4           124
5 2016  5           124
6 2016  6           124
            ⋮
```

　前年度末の時価総額に応じて銘柄ユニバースを十等分できたので,今度は各月
ごとにそれぞれのポートフォリオの実現超過リターンを計算してみよう.前小節
で市場ポートフォリオのリターンを計算したのと同様,まずは full_join() 関数
を用いて monthly_data と結合する.そして,drop_na() 関数により欠損データ
を除いた上で,各月・各ポートフォリオごとに実現超過リターンを計算する.こ
こでは,各銘柄に同じ金額だけ投資する等加重保有を想定しているので,mean()
関数で超過リターンの単純平均を取れば,等加重で運用した場合の各月・各
ポートフォリオの超過リターンが計算できる.

```
# ch06_13: 前年度末の時価総額に基づくポートフォリオ・ソート (2)

ME_sorted_portfolio <- annual_data %>%
```

```
select(year, firm_ID, ME_rank10) %>% # 年次データから追加したい情報を
    抽出
full_join(monthly_data, by = c("year", "firm_ID")) %>% # year と
    firm_ID をキーに月次データと結合
drop_na() %>% # 欠損行を削除
group_by(month_ID, ME_rank10) %>% # month_ID と ME_rank10 に関してグ
    ループ化
summarize(Re = mean(Re)) %>% # 各グループで月次超過リターンの平均値を
    計算
ungroup()
```

出力結果

```
          ME_sorted_portfolio
# A tibble: 600 x 3
     month_ID  Me_rank10     Re
        <dbl>      <fct>   <dbl>
1          13          1  0.0291
2          13          2  0.0272
3          13          3  0.0353
4          13          4  0.0545
5          13          5  0.0460
6          13          6  0.0438
                    ⋮
```

　これでデータセットの準備は終了である．続いて，各ポートフォリオのリターンの傾向に違いがあるか否かを確認するため，各ポートフォリオの平均超過リターンを棒グラフで描いて可視化してみよう．

```
# ch06_14: 各ポートフォリオの平均超過リターンを可視化

ME_cross_sectional_return <- ME_sorted_portfolio %>%
  group_by(ME_rank10) %>% # ME_rank10 に関してグループ化
  summarize(mean_Re = mean(Re)) # 月次超過リターンの平均値を計算

ggplot(ME_cross_sectional_return) +
  geom_col(aes(x = ME_rank10, y = mean_Re)) +
      # 棒グラフを描くには geom_col() 関数を用いる
  labs(x = "ME Rank", y = "Mean Monthly Excess Return") +
  scale_y_continuous(expand = c(0, 0)) +
  theme_classic()
```

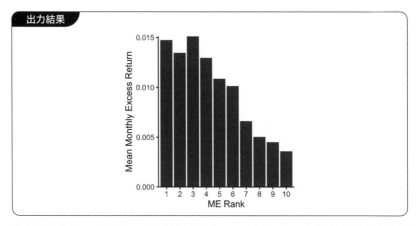

出力結果を見てみると，小型株ほどリターンが高いという明確な傾向が確認できる．次節では，CAPM がマーケット・ベータに基づいて，この傾向を説明できるか検証していく．

--- コラム 6.1　等加重ポートフォリオと時価総額加重ポートフォリオ ---

　先ほどは，各銘柄を等加重で保有する，すなわち，各銘柄に同じ金額だけ投資すると想定した**等加重ポートフォリオ**の実現超過リターンを計算した．これに対し，ポートフォリオに割り当てられた銘柄の時価総額加重で保有比率を決定し，時価総額が大きな銘柄に対してより多くの金額を投資するという**時価総額加重ポートフォリオ**を組成して運用するという考え方もある．

　本コラムでは，等加重を前提にする場合と時価総額加重を前提にする場合で，コードがどのように異なるかを学習しよう．ここでは，前年度末の BE/ME (lagged_BEME)に基づいて十分位ポートフォリオを組成し（年1回のリバランス），保有比率の違いによって，各ポートフォリオの平均月間超過リターンの動向に相違があるか否かを検証するコードを考えてみよう．

```
# ch06_15: 簿価時価比率に基づくポートフォリオ・ソート

annual_data <- annual_data %>%
  mutate(lagged_BEME = lagged_BE / lagged_ME) %>%
  group_by(year) %>%
  mutate(BEME_rank10 = as.factor(ntile(lagged_BEME, 10))) %>%
      # 簿価時価比率に基づいて十個のグループに分類
  ungroup()
```

```
BEME_sorted_portfolio <- annual_data %>%
  select(year, firm_ID, BEME_rank10, lagged_ME) %>%
  full_join(monthly_data, by = c("year", "firm_ID")) %>%
  drop_na() %>%
  group_by(month_ID, BEME_rank10) %>%
```

ch06_15a
（等加重の場合）

ch06_15b
（時価総額加重の場合）

```
summarize(Re = mean(Re)) %>%      mutate(w=lagged_ME / sum(lagged_ME)) %>%
  # 月次超過リターンの平均値        # 各ポートフォリオで保有比率を計算
    を計算                       summarize(Re = sum(w * Re)) %>% # 時価
ungroup()                          総額加重の月次超過リターンを計算
                                 ungroup()
```

```
group_by(BEME_sorted_portfolio, BEME_rank10) %>%
  summarize(mean_Re = mean(Re)) %>%
  ggplot() +
  geom_col(aes(x = BEME_rank10, y = mean_Re)) +
  geom_hline(yintercept = 0) + # y = 0 の直線を追加
  labs(x = "BE/ME Rank", y = "Mean Monthly Excess Return") +
  scale_y_continuous(limits = c(-0.005, 0.02)) +
  theme_classic()
```

ch06_15a
（等加重の場合）

ch06_15b
（時価総額加重の場合）

　したがって，等加重であろうと時価総額加重であろうと，大部分は同じコードで計算できることが分かる．両者の違いは，各月のポートフォリオ・リターンを計算する際に，`month_ID` と `BEME_rank10` でグループ化した後の処理にある．等加重の場合，`summarize(Re = mean(Re))` により超過リターン Re を単純平均すれば良い．それに対し，時価総額加重の場合，まず `mutate(w = lagged_ME / sum(lagged_ME))` により各銘柄の保有比率を計算した後に，`summarize(Re = sum(w * Re))` により保有比率で重み付けした超過リターンを総和する．

　もう一つここで強調したいのは，等加重と時価総額加重で上記の結果が大きく異なっている点である．「ある特性を持った銘柄群でポートフォリオを構築し，そのパフォーマンスを評価する」というのは会計・ファイナンス研究で頻出する手順だが，その際の結論は保有比率の選択に対して頑健であるのが望ましい．しかし，等加重を前提にパフォーマンス評価を行うと，見かけ上，過度に高い（低い）パフォーマンスが観察される傾向がある．その理由は，時価総額の分布の極端な歪みにあり，5.2.1 節のコード ch05_06 で確認したように，時価総額が大きな銘柄はごく少数で，圧倒的多数は時価総額の小さな小型株である．したがって，等加重を前提にすると，流動性が限られ値動きが極端な小型株にも等しく投資金額を割り振ることになり，そうした銘柄の値動き次第でポートフォリオのパフォーマンスが大きく左右される恐れがある．

6.2　CAPM の実証的な検証

6.2.1　CAPM を検証する意義

　準備ができたので，2.4 節で学んだ CAPM の実証的な検証に移ろう．

全てのモデルは間違っているが，一部は有用である．

(All models are wrong, but some are useful.)

これは統計学者のジョージ・ボックス (George E. Box) からの引用であるが，経済学のモデルも全く同じ精神で構築されている．2.4 節の CAPM に関する説明を思い出してみると，全ての投資家が同じ情報を共有しているとか，価格に影響を与えることなく好きなだけ株式を購入できるといった非現実的な仮定を置いていた．したがって，単に仮定の現実的妥当性を見たいのであれば，データを丹念

に検証する必要はない．しかし，経済理論は重要度の低い細部をあえて捨象し，単純化された世界を通じて，現実の経済に関するエッセンスを分析するものである．CAPM もその理論的な主張が現実のデータを説明する上で役立つのかという観点で検証される．

CAPM の理論的な主張は二つの命題に分けることができたことを思い出そう．

> **CAPM の復習**
>
> **（第一命題）** 市場ポートフォリオは接点ポートフォリオと一致し，効率的フロンティア（資本市場線）上に位置する．
>
> **（第二命題）** 各証券のリスクプレミアムは，その証券のマーケット・ベータに比例する．
>
> $$\underbrace{\mathbb{E}[R_i] - R_F}_{\text{証券 } i \text{ のリスクプレミアム}} = \underbrace{\beta_i}_{\text{証券 } i \text{ のマーケット・ベータ}} \underbrace{(\mathbb{E}[R_M] - R_F)}_{\text{市場リスクプレミアム}}$$
>
> $$\text{ただし，} \quad \beta_i = \frac{\text{Cov}[R_i, R_M]}{\text{Var}[R_M]}$$

第二命題は期待値に関する主張なので，実際に観察されるリターンはこれに誤差項 $\varepsilon_{i,t}$ が加わったものと考えることができる．

$$\underbrace{R_{i,t}^e}_{\text{証券 } i \text{ の実現超過リターン}} = \beta_i \underbrace{R_{M,t}^e}_{\substack{\text{市場ポートフォリオの} \\ \text{実現超過リターン}}} + \varepsilon_{i,t} \tag{6.1}$$

表記をシンプルとするため，R_i の代わりに R_i^e という記号を用いたが，これは t 期における証券 i の無リスク金利に対する実現超過リターン $(R_{i,t} - R_{F,t})$ である．ここで，$\varepsilon_{i,t}$ に関して以下の仮定を置こう．

- $\varepsilon_{i,t}$ は独立同一分布に従う
- $\mathbb{E}[\varepsilon_{i,t}] = 0$; $\text{Cov}[\varepsilon_{i,t}, R_{M,t}^e] = 0$

このように定式化すると，CAPM の実証的な検証は線形回帰に帰着させることができる．つまり，超過リターンの時系列データを用意し，個別銘柄の超過リターンを市場ポートフォリオのそれで線形回帰する．その際の回帰係数がマーケット・ベータである．CAPM が成立していれば，その回帰モデルは実現リターンをうまく説明できるはずである．以下では，前章で学んだ線形回帰の応用として，CAPM の実証的な検証方法を学んでいく．

6.2.2 時系列回帰

CAPM は任意の資産に成立するものであったので，個別銘柄の組合せである
ポートフォリオにも応用できる．以降では，**6.1.2 節**で作成した時価総額で十等
分したポートフォリオを検証対象としていこう．個別銘柄でなく，ポートフォリ
オを検証対象の資産とするのは，個別銘柄のリターンに付随する誤差項の影響を
小さくするためである．

以下では，これらのポートフォリオのリターンを次の回帰モデルで説明するこ
とを考える．

$$R_{P,t}^e = \underbrace{\alpha_P}_{\substack{\text{CAPMが成立}\\\text{すればゼロ}}} + \beta_P R_{M,t}^e + \varepsilon_{P,t} \tag{6.2}$$

(6.1)式と比べてみると，ポートフォリオ P が対象となるため，従属変数を証券
i の実現超過リターン $R_{i,t}^e$ からポートフォリオ P の実現超過リターン $R_{P,t}^e$ へ，ま
た，回帰係数と誤差項についても，証券 i のものからポートフォリオ P のものへ
と置き換えている．

より本質的な違いとして，(6.2)式には定数項 α_P が登場している点に注意しよ
う．CAPM が成立する世界では，超過リターンが唯一マーケット・ベータのみで
説明できるので，定数項は不要である．しかし，ここでは CAPM が実証的に成
立しているかを検証したいので，CAPM が成立しない可能性を考慮して α_P も回
帰モデルに組み込んでいる．もし実際に推定された $\hat{\alpha}_P$ がゼロではないとすると，
それは CAPM が実証的に成立していない証拠となる．この定数項 α_P は，CAPM
を前提にした値であることを強調するため，**CAPM アルファ**と呼ばれる．

まずは下準備として，市場ポートフォリオの超過リターンのデータを ME_
sorted_portfolio に結合したのが以下のコードである．

```
# ch06_16: 市場ポートフォリオの超過リターンを追加

ME_sorted_portfolio <- factor_data %>%
  select(-R_F) %>% # 無リスク金利は重複するので結合前に削除
  full_join(ME_sorted_portfolio, by = "month_ID") %>%
    # month_ID をキーに
  select(-R_Me, R_Me) # R_Me を最終列へ移動
```

出力結果

ch06_16 により追加 ⟶

```
# A tibble: 600 x 5

      month_ID      R_M    ME_rank10        Re      R_Me
      <dbl>       <dbl>    <fct>         <dbl>     <dbl>
   1      13     0.0458   1            0.0291    0.0458
   2      13     0.0458   2            0.0272    0.0458
   3      13     0.0458   3            0.0353    0.0458
   4      13     0.0458   4            0.0545    0.0458
   5      13     0.0458   5            0.0460    0.0458
   6      13     0.0458   6            0.0438    0.0458
                              ⋮
```

　本格的な分析は次小節以降に行うとして，ここでは手始めに時価総額が最小の
ポートフォリオ (`ME_rank10` が 1) のデータのみを抽出して，(6.2)式を推定してみ
よう．これは**時系列回帰** (time-series regression) といって，個々の銘柄やポート
フォリオの実現リターンが市場ポートフォリオのリターンによってどの程度説明
できるかを回帰したモデルである．時系列回帰のイメージは，次の**図6.3**のとお
りであり，任意のポートフォリオ P に関して，x 軸には市場ポートフォリオの月
次超過リターンを，y 軸にはポートフォリオ P の月次超過リターンを取ったもの
である．

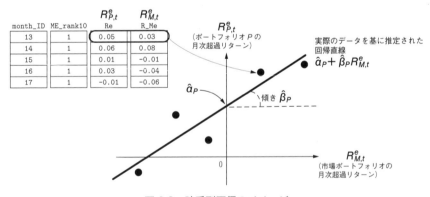

図6.3　時系列回帰のイメージ

5.6.3 節で学んだとおり，線形回帰は `lm()` 関数で行える．以下のコードは，パイプ演算子を用いてデータの加工から線形回帰，結果の出力までを一通り行ったものである．まずは，`filter()` 関数を用いて時価総額が最小のポートフォリオのデータのみを抽出したあと，**5.4.2 節**のコード ch05_24 で学んだピリオド (.) を用いて，それを `lm()` 関数の `data` 引数に引き渡している．`lm()` 関数の返り値はリストであったので，それを最終行で `tidy()` 関数に引き渡して，結果の概要をデータフレームへと変換している（`tidy()` 関数については **5.6.3 節**のコード ch05_35 を参照）．

```
# ch06_17: 時系列回帰 (1)

ME_sorted_portfolio %>%
  filter(ME_rank10 == 1) %>% # 時価総額が最小のポートフォリオを抽出
  lm(Re ~ R_Me, data = .) %>% # .を使って lm() 関数の第二引数にデータを代入
  tidy() # 線形回帰の結果を tidy() 関数でデータフレームに変換
```

出力結果

```
# A tibble: 2 x 5

  term         estimate std.error statistic       p.value
  <chr>           <dbl>     <dbl>     <dbl>         <dbl>
1 (Intercept)    0.0121   0.00404      3.00 0.00395
2 R_Me           0.654    0.0976       6.70 0.00000000937
```

推定結果を見てみると，マーケット・ベータは R_Me の回帰係数として 0.654 と推定されており，このポートフォリオが市場ポートフォリオと正に相関していることが確認できる．続いて，CAPM アルファを見てみると，推定値は (Intercept) の 0.0121 であり，対応する t 値は 3.00 と表示されている．したがって，CAPM アルファがゼロと等しいという帰無仮説は，有意水準 1 ％で棄却されるため，少なくともこのデータにおいては CAPM が成立していない可能性が高いと言える．

回帰分析の結果を視覚的に捉えるには，散布図が便利である．**5.6.1 節**で学んだとおり，ggplot2 には geom_smooth() 関数が存在し，観測データの散らばり具合や，推定されたモデルの当てはまり具合を簡単に視覚化できる．前章との違い

は，以下のグラフでは信頼区間を表示している点である．回帰直線だけでなく，それを含む領域が灰色で表示されているが，これは R_Me の値を所与とした時の，Re の 95％信頼区間である．前章で geom_smooth() 関数を紹介した時は，se = FALSE と引数に追加して，これが表示されないように指定していた．

```
# ch06_18: 時系列回帰 (2)

ME_sorted_portfolio %>%
  filter(ME_rank10 == 1) %>%
  ggplot(aes(x = R_Me, y = Re)) + # aes() 関数は ggplot() 関数の中にも代入
    可能
  geom_point() + # geom_point() 関数と次の geom_smooth() 関数で共通の
    aes() 関数を受け取る
  geom_smooth(method = "lm", color = "black") +
  labs(x = "Excess Return of Market Portfolio", y = "Excess Return of
    Small Size Portfolio") +
  theme_classic()
```

出力結果

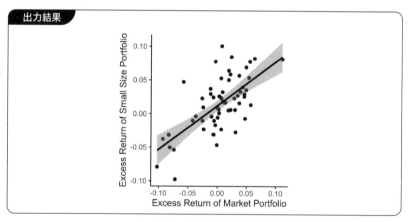

6.2.3　ポートフォリオごとの回帰

　前小節では，時価総額が最小のポートフォリオを例に (6.2) 式の推定方法を学んだが，ここでは for 文を用いて，全てのポートフォリオについて同様の推定を

行ってみよう. 以下のコードでは, まず CAPM_results という空のリストを準備
しているが, これは各ポートフォリオの推定結果をリストの要素として保存する
ためである. for 文の中では, 前小節のコード ch06_17 と同様の処理を行ってい
るが, 推定対象としているポートフォリオの名前を保存するために最後の二行を
追加している. 最終行は, ポートフォリオ名を表す ME_rank10 列を第一列に移動
する処理を行っているが, ここで登場する everything() 関数はその名のとおり
全ての列を指定する関数で, このように書くと, 重複が生じないよう既に指定済
みの列を除いた全ての列が指定される.

```
# ch06_19: CAPM の実証的な検証 (1)

❶ CAPM_results <- list(NA) # 推定結果を保存するために空のリストを準備

❷ for(i in 1:10) {

    CAPM_results[[i]] <- ME_sorted_portfolio %>%
      filter(ME_rank10 == i) %>%
      lm(Re ~ R_Me, data = .) %>%
      tidy() %>%
      mutate(ME_rank10 = i) %>% # 推定対象のポートフォリオ名を保存
      select(ME_rank10, everything()) # ME_rank10 を第一列に移動

  }
```

解説図

❶ 中身が NA のリスト CAPM_results を作成

CAPM_results   NA

❷ i に 1 から 10 を順次代入し, ME_rank10 の数値に基づい
てポートフォリオごとに lm(Re ~ R_Me) を推定. 推定結
果を❶で作成したリスト CAPM_results に代入

```
# A tibble: 2 x 6
  ME_rank10   term      estimate   std.error   statistic   p.value
    <int>     <chr>       <dbl>       <dbl>       <dbl>      <dbl>
1     1    (Intercept)   0.0121     0.00404      3.00      3.95e-3
2     1    R_Me          0.654      0.0976       6.70      9.37e-9
```
CAPM_results[[1]]
(ME_rank10 = 1 の CAPM_results)

　上のコードで定義した CAPM_results はリストであり，推定結果を閲覧するにはその各要素にアクセスする必要がある．異なるポートフォリオ間で推定結果を比較するには，各データフレームを一つのデータフレームに統合する方が便利である．以下のコードでは，do.call() 関数を用いてこの処理を行っている．do.call() 関数は，第一引数に代入された関数（ここでは rbind() 関数）を呼び出して，第二引数に代入された各要素に連続して適用する関数であり，今回のように二つ以上のデータフレームを一つに結合したい場合に重宝する．

```
# ch06_20: CAPM の実証的な検証 (2)

CAPM_results <- do.call(rbind, CAPM_results) # do.call() 関数を用いて複
    数のデータフレームから構成されるリストを一つのデータフレームに統合
```

出力結果

CAPM_results					
# A tibble: 20 x 6					
ME_rank10	term	estimate	std.error	statistic	p.value
<int>	<chr>	<dbl>	<dbl>	<dbl>	<dbl>
1 　1	(Intercept)	0.0121	0.00404	3.00	3.95e- 3
2 　1	R_Me	0.654	0.0976	6.70	9.37e- 9
3 　2	(Intercept)	0.0106	0.00375	2.83	6.44e- 3
4 　2	R_Me	0.711	0.0908	7.83	1.19e-10
5 　3	(Intercept)	0.0120	0.00312	3.86	2.90e- 4
6 　3	R_Me	0.770	0.0754	10.2	1.42e-14

⋮

─ コラム 6.2　グループごとの線形回帰 ─

　本節のように「観測データをグループごとに分けて，モデルを推定する」という作業はデータサイエンス一般でしばしば登場する．そこで，以下では for 文を使わずに，より関数型プログラミング的に書く方法を二通り紹介しよう．

　まず，以下のコードは**コラム 4.5**（166 頁）で紹介した lapply() 関数を使う方法である．この関数は，第一引数に代入されたリストの各要素に対して，第二引数の関数を適用するものであった．このコードではまず，split() 関数を用いて元データを ME_rank10 の値に応じて十個のデータフレームに分割している．こうして定義された ME_sorted_portfolio_splitted は，各要素がデータフレームのリストとなる．こうすることで，lapply() 関数を用いて，ME_sorted_portfolio_splitted の各要素に対

して，`estimate_CAPM()`という独自関数を適用できるようになる．この関数は，与え
られたリターン・データに対して(6.2)式を推定し，推定結果をデータフレームで返す
よう自ら定義したものである．

```
# ch06_21: グループごとの線形回帰 (1) lapply() 関数を使う場合

ME_sorted_portfolio_splitted <- split(ME_sorted_portfolio,
    ME_sorted_portfolio$ME_rank10)
    # 元データを ME_rank10 の値に応じて十個のデータフレームに分割

estimate_CAPM <- function(return_data) { # リターン・データを受け取り，
    CAPM の推定結果をデータフレームで返す関数を準備
  lm_results <- lm(Re ~ R_Me, data = return_data)
  tidied_lm_results <- tidy(lm_results)
}


CAPM_results_by_lapply <- lapply(ME_sorted_portfolio_splitted,
    estimate_CAPM)
    # lapply() 関数は第一引数にリスト，第二引数に関数を取る
    # lapply() 関数の返り値はリストなので，一つのデータフレームにまとめ
      たい場合は do.call() 関数を用いる
```

出力結果

```
# A tibble: 2 x 5

  term         estimate  std.error  statistic         p.value

  <chr>         <dbl>      <dbl>       <dbl>             <dbl>

1 (Intercept)  0.0121    0.00404     3.00     0.00395
2 R_Me         0.654     0.0976      6.70     0.00000000937
```
CAPM_results_by_lapply[[1]]
(ME_rank10 = 1 の CAPM_results_by_lapply)

　より本格的な関数型プログラミングを行うために，tidyverse の purrr は map() 関
数を提供している．この書き方はやや上級なので初学者向けではないが，まずは
tidyr の nest() 関数を使って，データフレームの各行に各グループごとのデータフ
レームを畳み込んでいる．そして，map() 関数を用いて，その各行（つまり各データ
フレーム）に対して lm() 関数を適用した結果を CAPM_regression と定義している．
さらに broom の tidy() 関数を用いて，それらの推定結果をリストからデータフレー
ム形式に変換した後，最終的に畳み込みを解除している．

```
# ch06_22: グループごとの線形回帰 (2) map() 関数を使う場合

ME_sorted_portfolio %>%
  group_by(ME_rank10) %>%
  nest() %>% # nest() 関数を用いて各グループを要素とするメタ・データフ
    レームを作成
  mutate(CAPM_regression = map(data, ~ lm(Re ~ R_Me, data = .)),
          # map() 関数を用いて各グループを線形回帰
          CAPM_summary = map(CAPM_regression, tidy)) %>%
          # tidy() 関数を用いて線形回帰の結果を整理
  select(-c(data, CAPM_regression)) %>% # 線形回帰の結果のみを抽出
  unnest(cols = CAPM_summary) %>% # nest() 関数による畳み込みを解除
  ungroup()
```

出力結果

```
# A tibble: 20 x 6
    ME_rank10   term        estimate   std.error   statistic   p.value
    <fct>       <chr>         <dbl>       <dbl>       <dbl>      <dbl>
1   1           (Intercept)   0.0121     0.00404      3.00      3.95e- 3
2   1           R_Me          0.654      0.0976       6.70      9.37e- 9
3   2           (Intercept)   0.0106     0.00375      2.83      6.44e- 3
4   2           R_Me          0.711      0.0908       7.83      1.19e-10
5   3           (Intercept)   0.0120     0.00312      3.86      2.90e- 4
6   3           R_Me          0.770      0.0754      10.2       1.42e-14
```

6.2.4　CAPM アルファ

　前小節で作成した CAPM_results は，各ポートフォリオに関して (6.2) 式を推定した結果がまとめられたデータフレームであった．本小節では，その中でも最も重要である CAPM アルファに関する推定結果を分析していこう．まずは，各ポートフォリオごとに CAPM アルファの推定値を棒グラフで可視化したのが以下のコードである．このコードでは，CAPM_results から filter() 関数を使って CAPM アルファに関する推定結果のみを抽出した後，パイプ演算子 %>% を用いて，それを ggplot() 関数へと引き渡している．棒グラフを描くには，geom_col() 関数を用いたことを思い出そう（**4.7.1 節**のコード ch04_32）．

```
# ch06_23: CAPM アルファの可視化

CAPM_results %>%
  filter(term == "(Intercept)") %>% # 定数項に関する推定結果のみを抽出
  mutate(ME_rank10 = as.factor(ME_rank10)) %>%
      # ME_rank10 を整数型からファクター型に
  ggplot() +
  geom_col(aes(x = ME_rank10, y = estimate)) +
      # 横軸を ME_rank10, 縦軸を CAPM_alpha とする棒グラフ
  geom_hline(yintercept = 0) +
  labs(x = "ME Rank", y = "CAPM alpha") +
  scale_y_continuous(limits = c(-0.003, 0.013)) +
  theme_classic()
```

出力結果

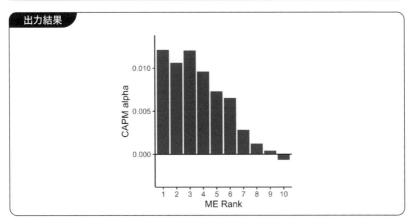

　出力結果を見てみると，時価総額が小さいポートフォリオほど，`CAPM_alpha`が高いということが分かる．特に時価総額が最も小さいポートフォリオの CAPM アルファは 1.21%で，年率に換算すると 14.52%(= 1.21% × 12)にもなる．したがって，**6.1.2 節**のコード `ch06_14` で確認した実現超過リターンの傾向は，マーケット・ベータを調整済みの CAPM アルファでも存在することが分かる．

　上のコードでは，CAPM アルファの推定値を棒グラフで表示したが，このままでは統計的な有意性が分からないという問題がある．そこで，以下ではデータフレーム形式で，各ポートフォリオの (1) CAPM アルファの推定値，(2) p 値，そして，(3) 統計的な有意性が一目で分かるよう，両側 1%，5%，10%の水準で有意であることを示すアスタリスク（それぞれ ***, **, *）を出力してみよう．以

下のコードでは，CAPM_results から filter() 関数を使って CAPM アルファに関する推定結果のみを抽出した後，cut() 関数を用いて p_value の値に応じてアスタリスクの数を調整した新たな変数 significance を作成している．cut() 関数は，与えられたデータ全体を任意の境界で分割し，各グループに対してラベルを与える関数である．include.lowest = TRUE はデータの下側境界を含めるオプションで，こうすることでデータ全体を p_value を [0, 0.01]，(0.01, 0.05]，(0.05, 0.1]，(0.1, 1] の四つに分割した上で，それぞれに labels 引数で指定したラベルを付与することができる．

```
# ch06_24: CAPM アルファの統計的な有意性を評価

CAPM_results %>%
  filter(term == "(Intercept)") %>% # 定数項に関する推定結果のみを抽出
  rename(CAPM_alpha = estimate, p_value = p.value) %>% # 列名を変更
  mutate(significance = cut(p_value,
                            breaks = c(0, 0.01, 0.05, 0.1, 1),
                            labels = c("***", "**", "*", ""),
                            include.lowest = TRUE)) %>%
    # 統計的に有意な結果を*で強調
  select(ME_rank10, CAPM_alpha, p_value, significance)
    # 出力したい列を指定
```

出力結果

```
# A tibble: 10 x 4
     ME_rank10   CAPM_alpha   p_value   significance
       <int>        <dbl>      <dbl>      <fct>
 1       1        0.0121     0.00395     "***"
 2       2        0.0106     0.00644     "***"
 3       3        0.0120     0.000290    "***"
 4       4        0.00957    0.00162     "***"
 5       5        0.00728    0.00286     "***"
 6       6        0.00653    0.00145     "***"
 7       7        0.00284    0.106       ""
 8       8        0.00122    0.473       ""
 9       9        0.000406   0.779       ""
10      10       -0.000659   0.563       ""
```

こうして見ると，時価総額が小さいポートフォリオにおいて統計的に有意な正の CAPM アルファが観察されていることが分かる[3]．実は，本書のシミュレーション・データのみならず，現実データでも同様の現象が観察されることが知られている．すなわち，時価総額が小さい銘柄群ほど，それに加えて，BE/ME が高いバリュー株ほど，プラスの CAPM アルファが現実にも観察されるのである．小型株ほど，超過リターンが平均的に高い傾向にあることを**規模効果** (size effect) や小型株効果と呼び，他方，バリュー株ほどそれが平均的に高い傾向にあることを**バリュー効果** (value effect) と呼ぶ．

これら二つの効果を始めとして CAPM では説明できないアノマリー現象を背景に，実証ファイナンスの分野では，「CAPM は確かに洗練されたモデルである，しかし，現実を説明するのには余りに単純なモデルであり，改良の余地がある」と考えられるようになった．そして，CAPM が見落としている隠れたファクターが他にも存在し，それを無視したばかりに小型株やバリュー株で見かけ上のアルファが観察されるという結論に行き着いた．その試行錯誤の過程で頭角を現したのが，次節で紹介する Fama-French の3ファクター・モデルである．

最後に CAPM アルファへの理解を深めるため，今までの推定結果を用いて証券市場線を描いてみよう．CAPM が成立する世界では，β_P のリスクを持つポートフォリオ P のリスクプレミアムは，

$$\mathbb{E}[R_P^e] = \beta_P \mathbb{E}[R_M^e]$$

を満たすため，全てのポートフォリオが証券市場線上に存在する．以下では，シミュレーション・データにおいてこのような線形関係が観察できるかを確認してみよう．

---

[3] ここでは，各ポートフォリオに関して CAPM アルファの統計的有意性を個別に判断している．一方で，CAPM は全てのアルファがゼロだと主張する理論なので，それを統計的に検定することも可能である．実証ファイナンスの分野では，Gibbons, Ross, and Shanken (1989)[18] が，この目的のために GRS テストと呼ばれる統計的検定の手法を考案している．より一般には，GMM (Generalized Methods of Moments) の J 検定を用いると，リターンの正規性を仮定せずにモデルの妥当性が検定可能である．詳しくは，Cochrane (2009)[7] を参照してほしい．

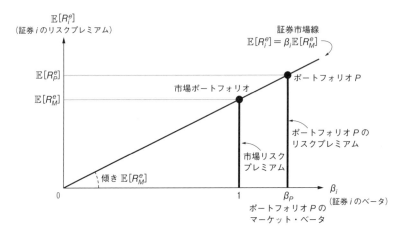

6.2.2 節では，特定のポートフォリオに関して (6.2) 式を推定する時系列回帰の方法を学んだ．推定された係数を $\hat{\alpha}_P$，及び $\hat{\beta}_P$ で表すと，それぞれの実現値に対して以下の式が成立する．ここで，$e_{P,t}$ は時系列回帰の残差である．

$$R^e_{P,t} = \hat{\alpha}_P + \hat{\beta}_P R^e_{M,t} + e_{P,t}$$

この式を特定の P に関して，全ての t で足し合わせて平均を取ってみよう．定数項がある場合の線形回帰では，残差の平均値がゼロとなる性質を利用すると，以下の関係が導ける．

$$\bar{R}^e_P = \hat{\alpha}_P + \hat{\beta}_P \bar{R}^e_M$$

ここで，$\bar{R}^e_P$，及び $\bar{R}^e_M$ は，ポートフォリオ P，及び市場ポートフォリオの平均超過リターンである．ここまで来ると，我々が今までやってきた時系列回帰と証券市場線の関係が明らかになるだろう．すなわち，CAPM アルファの推定値は，推定された証券市場線からの乖離幅 $\hat{\alpha}_P = \bar{R}^e_P - \hat{\beta}_P \bar{R}^e_M$ と解釈できる．

以下のコードでは，まず `CAPM_results` から `filter()` 関数を使ってマーケット・ベータに関する推定結果のみを抽出した後，それを各ポートフォリオの平均超過リターンに関するデータと結合している．そして，証券市場線の傾きを推定するために，市場ポートフォリオの平均超過リターンを計算した後，x 軸をマーケット・ベータ，y 軸を超過リターンとするグラフに推定結果を図示している．`geom_point()` 関数で各ポートフォリオの $(\hat{\beta}_P, \bar{R}^e_P)$ を散布図で表した上で，

$y = \bar{R}^e_M x$ の直線を図示するために，`geom_abline()` 関数で y 切片の値をゼロ，傾きの値を $\bar{R}^e_M$ と指定している．

```
# ch06_25: 証券市場線の推定

ME_cross_sectional_return <- CAPM_results %>%
  filter(term == "R_Me") %>% # R_Me の係数に関する推定結果のみを抽出
  rename(CAPM_beta = estimate) %>%
        # 推定値を estimate から CAPM_beta に名称変更
  select(ME_rank10, CAPM_beta) %>%
  mutate(ME_rank10 = as.factor(ME_rank10)) %>%
        # ME_rank10 を整数型からファクター型に
  full_join(ME_cross_sectional_return, ., by = "ME_rank10")
        # 超過リターンのデータと結合

mean_R_Me <- mean(factor_data$R_Me) # 市場ポートフォリオの実現超過リ
    ターンにより証券市場線の傾きを推定

ggplot(ME_cross_sectional_return) +
  geom_point(aes(x = CAPM_beta, y = mean_Re)) +
  geom_abline(intercept = 0, slope = mean_R_Me) +
  labs(x = "Market beta", y = "Mean Excess Return") +
  scale_x_continuous(limits = c(0, 1.2), expand = c(0, 0)) +
  scale_y_continuous(limits = c(0, 0.02)) +
  theme_classic()
```

出力結果

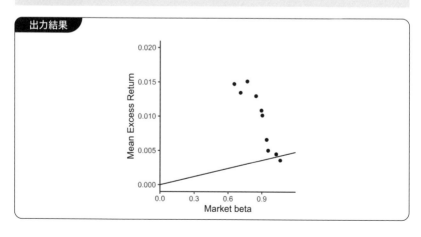

　出力されたグラフを見てみると，各ポートフォリオの $(\hat{\beta}_P, \bar{R}_P^e)$ は，推定された証券市場線と大きく離れた場所に位置していることが確認できる．そして，この乖離幅 $\hat{\alpha}_P = \bar{R}_P^e - \hat{\beta}_P \bar{R}_M^e$ こそが CAPM アルファの推定値であり，このデータにおいて CAPM が成立していない実証的な証拠なのである[4].

6.3　Fama-French の 3 ファクター・モデル

6.3.1　線形ファクター・モデル

　ファイナンス理論の歴史において，様々な CAPM の拡張・修正が提案されてきたが，その多くが線形ファクター・モデルという部類に属する．**線形ファクター・モデル**とは，任意の証券の無リスク金利に対する超過リターンが，ファクターと呼ばれる K 個の確率変数 F^k $(k = 1, 2, \ldots, K)$，及び誤差項 ε_i の線形結合で記述できるというモデルである．期間を表す t を添え字に付けると，

$$R_{i,t}^e = \beta_i^1 F_t^1 + \beta_i^2 F_t^2 + \cdots + \beta_i^K F_t^K + \varepsilon_{i,t}$$

ただし，誤差項 $\varepsilon_{i,t}$ は $\mathbb{E}[\varepsilon_{i,t}] = 0$，かつ $\mathrm{Cov}[\varepsilon_{i,t}, F_t^k] = 0$ を満たす．ここで，β_i^k はファクター・ローディングと呼ばれ，証券 i のリターンとファクター F^k との共変動の強さを表すパラメータであり，説明変数を一つから複数へと増やした重回帰分析によって推定することができる．ただし，通常の回帰分析と異なり，定数項を除いている点がポイントである．

　例えば，CAPM も線形ファクター・モデルの一種である．この場合，ファクターは市場ポートフォリオの超過リターンのただ一つであり，$K = 1$ かつ $F_t^1 = R_{M,t} - R_{F,t}$ と書ける．そして，このファクターに関する回帰分析を行い，その定数項がゼロかどうかで CAPM を実証的に検証した（**6.2.4 節**のコード ch06_24）.

---

[4]　ここでは，証券市場線の傾きとして市場ポートフォリオの平均超過リターンを用いたが，各ポートフォリオの $(\hat{\beta}_P, \bar{R}_P^e)$ をうまく説明するよう回帰分析を行い，その係数から証券市場線の傾きを求めることもできる．これを横断的回帰 (cross-sectional regression) と呼び，ファクターが金融市場で取引されていない場合に，そのリスクプレミアムを求めるために用いられる．

ファクターは何でも良いので，例えば GDP やインフレーションなどのマクロ経済変数を採用することもできる．この場合，ファクター・ローディング β_i^k が大きい銘柄とは，マクロ経済の動向によって大きな影響を受ける銘柄と言い換えられる．

2.4 節によると，CAPM は投資家の最適ポートフォリオ問題から導出されたことを思い出そう．そこでは，投資家の選好や情報集合などに関して強い仮定を置くことで，市場ポートフォリオを唯一のファクターとする線形ファクター・モデルを導出することができた．一方，何らかのファクターに関して線形ファクター・モデルが成立することに関しては，そこまで強い仮定を置かずとも理論的に正当化できる．本書の範囲を超えるので詳しくは説明しないが，興味がある読者は無裁定価格理論 (Arbitrage Pricing Theory; APT) や ICAPM (Intertemporal Capital Asset Pricing Model) について学んでみると良い[5].

6.3.2　サイズ・ファクターとバリュー・ファクター

本章の残りと次章では，CAPM と並んで最も有名な線形ファクター・モデルである，**Fama-French の 3 ファクター・モデル**（以下では，FF3 モデルと略称）に焦点を当てていこう．このモデルはファーマとフレンチの二人の研究者によって 1990 年代に開発された．代表的な論文は，Fama and French (1993)[13] である．FF3 モデルは，CAPM で説明できないリターンの規則性を説明できることから，実証ファイナンスの文脈で最も引用される研究成果の一つである．

このモデルが開発された当時，「CAPM だけで観察されたリターンを説明しようとすると，小型株やバリュー株がアルファを持つ」という CAPM アノマリーが数多くの実証研究によって報告されていた．FF3 モデルは，それらをモデルに取り込むために，(1) 市場ポートフォリオの超過リターン R_M^e に加えて，(2) サイズ・ファクター SMB と (3) バリュー・ファクター HML を追加したものである．

$$R_{i,t}^e = \beta_i^M R_{M,t}^e + \beta_i^{SMB} SMB_t + \beta_i^{HML} HML_t + \varepsilon_{i,t} \tag{6.3}$$

---

[5]　原論文はそれぞれ Ross (1976)[27]，Merton (1973)[24] である．教科書での解説は，例えば，小林・芹田 (2009)[34] や Cochrane (2009)[7] を参照してほしい．例えば，ICAPM によると，線形ファクター・モデルのファクターは投資機会集合の変化を表す代理変数と解釈できる．詳しくは，**コラム 7.4**（323 頁）を参照してほしい．

ここで,サイズ・ファクター SMB_t は小型株と大型株の平均的なリターンの違い
を表す.SMB は Small-Minus-Big の略で,時価総額の小さい小型株のリターン
(Small; S) から,大きい大型株のリターン (Big; B) を差し引くという意味である.
一方,バリュー・ファクター HML_t はバリュー株とグロース株の平均的なリ
ターンの違いを表す.同様に HML は High-Minus-Low の略で,株主資本の簿価
(BE) に比して時価 (ME) の安い高 BE/ME 株のリターン (High BE/ME; H) から,
簿価に比して時価の高い低 BE/ME 株のリターン (Low BE/ME; L) を差し引くと
いう意味である.

　実際に SMB と HML の両者を計算するには,銘柄ユニバースを以下の図 6.4
のように六分割する[6].ここで横軸は時価総額の中央値を境に二分割されており,
左に小型株が,右に大型株が分類される.一方,縦軸は BE/ME の 30%,70%
分位点を境に三分割されており,上にバリュー株が,下にグロース株が分類され
る[7].こうして時価総額と BE/ME の違いによって異なった特性を持つ六つのサ
ブポートフォリオが構築されることになる.

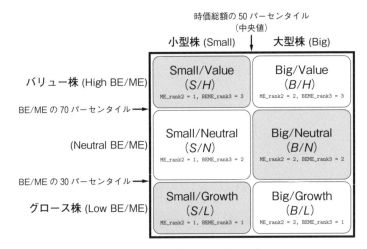

図 6.4　6 Size–BE/ME ポートフォリオの作成
(図中に登場する ME_rank2 や BEME_rank3 は後で作成)

---

[6]　各ポートフォリオの下に記載している ME_rank2 などについては,次小節で説明する.

[7]　時価総額については二グループに分類し,BE/ME については三グループに分類している理由は,開
発当時の米国市場において,BE/ME の方が,時価総額よりも相対的に平均超過リターンを説明する重
要な要因であったことを考慮したことによる.

このように銘柄ユニバースを六分割すると,各グループごとに時価総額加重ポートフォリオをそれぞれ作成することができる.サイズ・ファクター *SMB* は,大型株として特徴づけられる *B/H*,*B/N*,*B/L* ポートフォリオをそれぞれ *x*/3 円ずつ,合計 *x* 円をショートし,それで得た *x* 円で,小型株として特徴づけられる *S/H*,*S/N*,*S/L* ポートフォリオにそれぞれ *x*/3 円ずつ割り振ってロングするというロング・ショート戦略を採用した場合のリターンである.したがって,例えば,月次 *t* の *SMB* を表す SMB_t は,次のように計算することができる.

$$SMB_t = \underbrace{\left(\frac{S/H_t + S/N_t + S/L_t}{3} \right)}_{\text{小型株の平均リターン}} - \underbrace{\left(\frac{B/H_t + B/N_t + B/L_t}{3} \right)}_{\text{大型株の平均リターン}}$$

ただし,右辺の各項は月次 *t* における各ポートフォリオの月次リターンであり,例えば,S/H_t は *S/H* ポートフォリオの時価総額加重平均リターンを表す.

他方,バリュー・ファクター *HML* は,グロース株として特徴づけられる *S/L* と *B/L* ポートフォリオをそれぞれ *x*/2 円ずつ,合計 *x* 円をショートし,それで得た *x* 円で,バリュー株として特徴づけられる *S/H* と *B/H* ポートフォリオにそれぞれ *x*/2 円ずつ割り振ってロングするというロング・ショート戦略を採用した場合のリターンである.したがって,例えば,月次 *t* の *HML* を表す HML_t は,次のように計算することができる.

$$HML_t = \underbrace{\left(\frac{S/H_t + B/H_t}{2} \right)}_{\text{バリュー株の平均リターン}} - \underbrace{\left(\frac{S/L_t + B/L_t}{2} \right)}_{\text{グロース株の平均リターン}}$$

6.3.3 銘柄のランク付け

FF3 モデルへの理解を深めるために,本節の残りでは,シミュレーション・データを用いてバリュー・ファクターとサイズ・ファクターを実際に計算してみよう.まずは図 6.4 のように六個の時価総額加重ポートフォリオを作成するため,前年度の時価総額 (lagged_ME),及び BE/ME (lagged_BEME)に基づいて,各銘柄をランク付けすることを考えよう.

以下のコードでは,まず,6.1.1 節のコード ch06_04 で学習した mutate() 関数と replace() 関数の組合せにより,lagged_BEME が欠損していれば,lagged_

ME を欠損値へと置換している．その理由は，六個のポートフォリオは `lagged_ME` と `lagged_BEME` の両方が観測できる銘柄群から組成されるものであるからで，この手順を踏むことによって両方が観測できるものだけを銘柄ユニバースとして残すことができる．あとは，年度 year でグループ化した後，ある年度に関して中央値よりも下の `lagged_ME` であれば 1，上の `lagged_ME` であれば 2 という値を取る変数 `ME_rank2` を作成している．そのためには，**6.1.2** 節のコード `ch06_11` で学んだように，`ntile()` 関数を用いれば良い．`ntile()` 関数に欠損値を含むデータを代入すると，欠損値は欠損値のまま残り，それ以外のデータができる限り等数となるようグループ分けされる．

```
# ch06_26: 前年度の時価総額に基づくランク付け

annual_data <- annual_data %>%
  mutate(lagged_ME = replace(lagged_ME, is.na(lagged_BEME), NA)) %>%
      # lagged_BEME が欠損している場合は欠損扱いに
  group_by(year) %>%
  mutate(ME_rank2 = as.factor(ntile(lagged_ME, 2))) %>%
  ungroup()
```

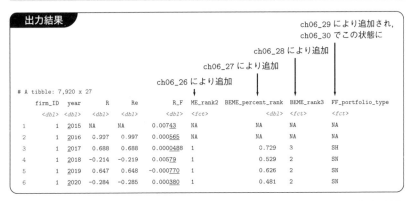

次は，BE/ME に応じて三分割する変数 `BEME_rank3` を作成することを考えよう．`BEME_rank3` は，`lagged_BEME` の 30%，及び 70% 分位点を境界として，それぞれのグループに 1, 2, 3 という値を取る．先ほど用いた `ntile()` 関数には，等分位のグループ分けしかできないという弱点があるので，`BEME_rank3` の作成に用いることはできない．例えば，`ntile(lagged_BEME, 3)` とすると，33.3%，及び 66.6% 分位点を境界とするグループ分けになってしまうからである．そこで，

以下では ntile() 関数の代わりに，percent_rank() 関数と cut() 関数を組み合わせて，より柔軟なグループ分けを実現してみよう．percent_rank() 関数は dplyr に含まれる関数で，各データの順位を [0, 1] に基準化したパーセンタイル順位を返す．次のコードでは，この percent_rank() 関数を用いて，年度ごとの BE/ME のパーセンタイル順位を表す BEME_percent_rank という中間変数を定義している．

```
# ch06_27: 簿価時価比率に基づくランク付け (1)

annual_data %>%
  group_by(year) %>%
  mutate(BEME_percent_rank = percent_rank(lagged_BEME)) %>%
    # 年度ごとに簿価時価比率のパーセンタイル順位を計算
  ungroup()
```

続いて，BEME_percent_rank に基づいて BEME_rank3 を作ることを考えてみよう．この変数は，lagged_BEME についてその 30%，及び 70% 分位点を境界として，それぞれのグループに 1, 2, 3 という値を割り当てる．**6.2.4 節**のコード ch06_24 で学んだとおり，cut() 関数はデータ全体を任意の境界で分割し，分割されたグループに対して自由にラベルを与えることができる関数である．以下では，境界として c(0, 0.3, 0.7, 1) を指定し，ラベルに c(1, 2, 3) を与えている．最後に include.lowest = TRUE と指定することで，データ全体を $[0, 0.3]$，$(0.3, 0.7]$，$(0.7, 1]$ の三区間に分割できる．

```
# ch06_28: 簿価時価比率に基づくランク付け (2)

annual_data <- annual_data %>%
  group_by(year) %>%
  mutate(BEME_percent_rank = percent_rank(lagged_BEME)) %>%
    # 年度ごとに簿価時価比率のパーセンタイル順位を計算
  ungroup() %>%
  mutate(BEME_rank3 = cut(BEME_percent_rank,
                          breaks = c(0, 0.3, 0.7, 1),
                          labels = c(1, 2, 3),
                          include.lowest = TRUE))
    # BEME_percent_rank の値に応じて 1 から 3 まで BEME_rank3 の値を定義
```

6.3.4 時価総額と BE/ME に基づくポートフォリオ・ソート

続いて，ME_rank2 と BEME_rank3 の組合せで，銘柄ごとに図 6.4 の六個の
ポートフォリオのうち，どれに属するかフラグ付けしよう．複数のファクター型
変数を組み合わせて，新しいファクター型変数を作るには，interaction() 関数
が便利である．

```
# ch06_29: 6 Size-BE/ME ポートフォリオへの分類 (1)

annual_data <- annual_data %>%
  mutate(FF_portfolio_type = interaction(ME_rank2, BEME_rank3))
      # ME_rank2 と BEME_rank3 の組合せで，ファクター型の変数
      FF_portfolio_type を定義
```

interaction() 関数で新しいファクター型変数を作成すると，作成された変数
の名前は，組合せに用いた変数の値をピリオド (.) で繋いだものとなる．した
がって，上のコードで作成された FF_portfolio_type は，図 6.4 と照らし合わ
せて，例えば，1.3 は ME_rank2 が 1, BEME_rank3 が 3 であるから *S/H* を指す．
そこで，tidyverse の forcats パッケージに含まれる fct_recode() 関数を用い
て，図 6.4 と名前を揃えたのが以下のコードである．fct_recode() 関数は，第
一引数に元となるファクター型変数を，第二引数以降で新旧のカテゴリー名の対
応関係を指定する．例えば，カテゴリー名を 1.3 から SH へと変更するために，
第六引数では SH = "1.3" と指定している．

```
# ch06_30: 6 Size-BE/ME ポートフォリオへの分類 (2)

annual_data <- annual_data %>%
  mutate(FF_portfolio_type = fct_recode(FF_portfolio_type,
                              SL = "1.1",
                              BL = "2.1",
                              SN = "1.2",
                              BN = "2.2",
                              SH = "1.3",
                              BH = "2.3"))
      # FF_portfolio_type の水準を変更
```

各ポートフォリオの特徴を確認するため，平均 BE/ME (mean_BEME) や平均時

価総額 (mean_ME)，年当たりの平均構成銘柄数 (mean_N_stock) を算出してみよう.

```
# ch06_31: 6 Size-BE/ME ポートフォリオへの分類 (3)

annual_data %>%
  group_by(ME_rank2, BEME_rank3) %>%
      # ME_rank2 と BEME_rank3 のペアでグループ化
  summarize(FF_portfolio_type = FF_portfolio_type[1],
            mean_BEME = mean(lagged_BEME),
            mean_ME = mean(lagged_ME),
            mean_N_stocks = n() / length(unique(year))) %>%
  ungroup() %>%
  drop_na() # 欠損データを削除
```

出力結果

```
# A tibble: 6 x 6
   ME_rank2 BEME_rank3 FF_portfolio_type  mean_BEME  mean_ME  mean_N_stocks
   <fct>    <fct>      <fct>                  <dbl>    <dbl>          <dbl>
 1 1        1          SL                     0.416   11601.           155.
 2 1        2          SN                     0.973   11868.           226.
 3 1        3          SH                     1.97    11023.           260.
 4 2        1          BL                     0.468  414941.           230.
 5 2        2          BN                     0.960  211793.           286.
 6 2        3          BH                     1.72   151135.           125.
```

ここまで下準備が整えば，あとは各年各ポートフォリオごとに，前年末の時価
総額 lagged_ME に基づいて各銘柄の保有比率 w を計算して，月ごとに加重平均リ
ターンを計算すれば，時価総額加重による六つのサブポートフォリオの完成であ
る．まずは，保有比率 w を計算してみよう．

```
# ch06_32: 6 Size-BE/ME ポートフォリオの構築 (1)

annual_data <- annual_data %>%
  group_by(year, FF_portfolio_type) %>%
      # year と FF_portfolio_type のペアでグループ化
  mutate(w = lagged_ME / sum(lagged_ME, na.rm = TRUE)) %>%
      # 各ポートフォリオ内で時価総額加重の保有比率を計算
  ungroup()
```

こうしてそれぞれのポートフォリオで各銘柄の保有比率が計算できたので，あとは，構成銘柄のリターンの加重平均を取ることで，各ポートフォリオのリターンが計算できる．以下では，summarize() 関数を用いて各ポートフォリオの加重平均リターン R，及び無リスク金利 R_F を新しいデータフレーム FF_portfolio に保存している．ME_rank2 や BEME_rank3 の情報は FF_portfolio_type と重複するが，後でグラフの図示に用いるので残している．

```
# ch06_33: 6 Size-BE/ME ポートフォリオの構築 (2)

FF_portfolio <- annual_data %>%
  select(year, firm_ID, FF_portfolio_type, ME_rank2, BEME_rank3, w) %>%
  full_join(monthly_data, by = c("year", "firm_ID")) %>%
      # 今までに準備したデータと月次データを結合
  group_by(month_ID, FF_portfolio_type) %>%
      # month_ID と FF_portfolio_type でグループ化
  summarize(ME_rank2 = ME_rank2[1],
            BEME_rank3 = BEME_rank3[1],
            R = sum(w * R, na.rm = TRUE),
                # 各ポートフォリオの月次リターンを計算
            R_F = R_F[1]) %>%
  ungroup() %>%
  drop_na() # 欠損データを削除
```

出力結果

FF_portfolio					
# A tibble: 360 x 6					
month_ID	FF_portfolio_type	ME_rank2	BEME_rank3	R	R_F
<dbl>	<fct>	<fct>	<fct>	<dbl>	<dbl>
1	13 SL	1	1	0.0344	-0.0000421
2	13 BL	2	1	0.0487	-0.000202
3	13 SN	1	2	0.0408	0.000471
4	13 BN	2	2	0.0432	0.000695
5	13 SH	1	3	0.0493	-0.0000819
6	13 BH	2	3	0.0379	0.000313
		⋮			

各ポートフォリオのリターンの傾向に違いがあるか否かを検証してみよう．まずは，各ポートフォリオの月次超過リターン Re を計算した後，その平均値を棒

グラフで可視化してみたい.最初に,FF_portfolio のデータを用い,各ポートフォリオの超過リターン Re を計算した上で,summarize() 関数を用いてその平均値を計算する.棒グラフの表示には ggplot2 の geom_bar() 関数を用いるが,今回のようにサブグループごとに棒グラフを並べたい場合,fill 引数でそのグループを指定した上で,position 引数に "dodge" を追加する.その下にある scale_fill_grey() は,棒グラフを白黒にするための関数である.

```
# ch06_34: 6 Size-BE/ME ポートフォリオのリターンの可視化 (1)

FF_portfolio_mean_return <- FF_portfolio %>%
  mutate(Re = R - R_F) %>%
  group_by(FF_portfolio_type) %>% # FF_portfolio_type でグループ化
  summarize(ME_rank2 = ME_rank2[1],
            BEME_rank3 = BEME_rank3[1],
            mean_Re = mean(Re))
      # 各ポートフォリオの超過リターンの平均値を計算

ggplot(FF_portfolio_mean_return) +
  geom_col(aes(x = BEME_rank3, y = mean_Re, fill = ME_rank2), position =
      "dodge") + # x 軸を BEME_rank3, y 軸を mean_Re に, ME_rank2 のサブグ
      ループで色分け
  scale_fill_grey() + # 棒グラフの色をモノトーンに
  labs(x = "BE/ME Rank", y = "Mean Monthly Excess Return", fill = "ME
      Rank") +
  scale_y_continuous(expand = c(0, 0)) +
  theme_classic()
```

出力結果

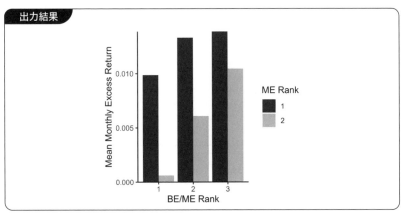

　ただし，この図のままでは，一つ一つの棒グラフとポートフォリオとの対応関係が分かりにくいという問題がある．そこで，以下のコードでは，geom_text() 関数によって，棒グラフに各ポートフォリオの名前を追加するレイヤーを加え，一目でポートフォリオの平均超過リターンの違いが分かるように工夫している．こうして見ると，時価総額が小さいほど，そして BE/ME が高いほど，平均超過リターンが大きくなる傾向が確認できる．

```
# ch06_35: 6 Size-BE/ME ポートフォリオのリターンの可視化 (2)

ggplot(FF_portfolio_mean_return) +
  geom_col(aes(x = BEME_rank3, y = mean_Re, fill = ME_rank2), position =
      "dodge") +
  scale_fill_grey() +
  geom_text(aes(x = BEME_rank3, y = mean_Re, group = ME_rank2, label =
                FF_portfolio_type), # (x, y) 座標を指定して各ポートフォ
                リオの名前をグラフに挿入
            vjust = -0.5, # 棒グラフが重ならないよう文字ラベルを上に
                ずらす
            position = position_dodge(width = 0.9)) + # ME_rank2 のサブグ
                ループで文字ラベルが左右にずれるよう調整
  labs(x = "BE/ME Rank", y = "Mean Monthly Excess Return", fill = "ME
      Rank") +
  scale_y_continuous(expand = c(0, 0), limits = c(0, 0.015)) + # 文字ラベ
      ルがはみ出ないよう y 軸の範囲を指定
  theme_classic()
```

出力結果

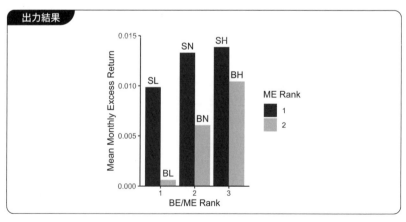

　次は，各ポートフォリオのうち，時価総額と BE/ME の両面で対極にある *B/L*
と *S/H* だけに焦点を当て，両者の間で累積グロス・リターンを比較してみよう．
市場ポートフォリオのときと同様，毎年 1 月のリバランスで元本全てを再投資す
ると仮定して，時間の経過とともにその推移がどのように変化するのかを示した
のが次の折れ線グラフである．以下では，**6.1.1** 節のコード ch06_10 で学んだ
と同じように，初期元本を 1 として表すため，initial_point というデータを人
為的に作成し，rbind() 関数で元データに追加している．

```
# ch06_36: 6 Size-BE/ME ポートフォリオのリターンの可視化 (3)

initial_point <- tibble(month_ID = c(12, 12), # 累積リターンの起点を定義
                        cumulative_gross_R = c(1, 1),
                        FF_portfolio_type = c("BL", "SH"))

FF_portfolio_cumulative_return <- FF_portfolio %>%
  group_by(FF_portfolio_type) %>% # FF_portfolio_type でグループ化
  mutate(cumulative_gross_R = cumprod(1 + R)) %>%
      # グロス・リターンを累積
  ungroup() %>%
  filter(FF_portfolio_type %in% c("BL", "SH")) %>%
  select(month_ID, cumulative_gross_R, FF_portfolio_type) %>%
  rbind(initial_point, .) # initial_point を第一行に挿入

ggplot(FF_portfolio_cumulative_return) +
  geom_line(aes(x = month_ID, y = cumulative_gross_R, linetype =
      FF_portfolio_type)) +
  scale_linetype_manual(values = c("longdash", "solid")) +
  geom_hline(yintercept = 1, linetype = "dotted") +
  labs(x = "Month ID", y = "Cumulative Gross Return", linetype = "") +
  scale_x_continuous(expand = c(0, 0)) +
  theme_classic()
```

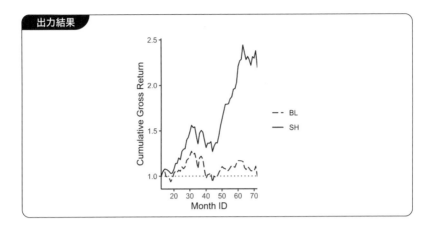

6.3.5 ファクター・リターンの計算

　各ポートフォリオの月次リターンが計算できたので，今度はサイズ・ファクター SMB_t とバリュー・ファクター HML_t の実現値をそれぞれ計算しよう．そのためには，各ポートフォリオのリターンを足し引きする必要があるため，pivot_wider() 関数を用いて FF_portfolio を縦長から横長のデータへと変換しているのが以下のコード ch06_37 である．

　このコードに登場する pivot_wider() 関数は，**第 5 章の章末問題 演習 8** で登場した pivot_longer() 関数とちょうど対にあたるものである．まず，縦長形式のデータフレーム FF_portfolio から month_ID，FF_portfolio_type，R の三変数を抽出し，FF_portfolio_type の値ごとに整理したデータフレームを想像してみよう（解説図中央のデータフレーム）．pivot_wider() 関数では，id_cols 引数で横長形式になったときに各行を定義する列 month_ID を指定する．それに加え，names_from 引数で横長形式になったときの新しい列の名前に相当する FF_portfolio_type を，values_from 引数でその列に代入する値である R を指定する．元々のデータフレームにある各列のうち，これらの引数で指定されなかったものは自動的に捨てられる．したがって，横長形式に変換された後の FF_portfolio では，六つの FF_portfolio_type のそれぞれについて，各 month_ID のリターン・データのみが抽出される．

```
# ch06_37: SMB と HML の構築 (1)

FF_portfolio <- FF_portfolio %>%
  pivot_wider(id_cols = month_ID, names_from = FF_portfolio_type,
    values_from = R) # FF_portfolio_type の値に基づく列を作成し, 縦長か
    ら横長のデータに変換
```

出力結果

						FF_portfolio	

```
# A tibble: 60 x 7
```

	month_ID	SL	BL	SN	BN	SH	BH
	<dbl>	*<dbl>*	*<dbl>*	*<dbl>*	*<dbl>*	*<dbl>*	*<dbl>*
1	13	0.0344	0.0487	0.0408	0.0432	0.0493	0.0379
2	14	0.0162	0.0188	0.0392	0.0332	0.0265	0.0400
3	15	-0.0114	-0.0650	-0.00748	-0.0583	-0.000905	-0.0360
4	16	-0.0509	-0.00970	-0.0296	0.0132	-0.00850	0.0161
5	17	-0.0504	-0.00648	-0.0208	-0.00310	-0.0139	-0.00901
6	18	-0.0101	-0.0453	-0.0210	-0.0259	-0.0198	-0.0309

⋮

解説図

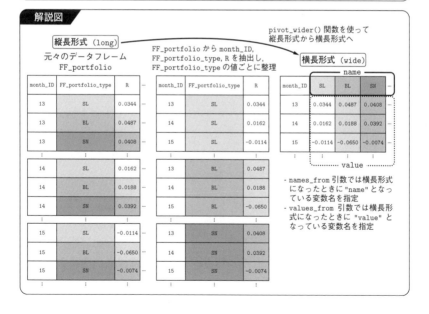

続いて，各ポートフォリオのリターンから，サイズ・ファクター SMB_t とバリュー・ファクター HML_t の実現値を計算したのが以下のコードである．6.1.1 節のコード ch06_07 で，無リスク金利や市場ポートフォリオの超過リターンの月次実現値を，factor_data というデータフレームに保存したことを思い出そう．以下のコードでは，このデータフレームにさらにサイズ・ファクター SMB とバリュー・ファクター HML を追加して，3 ファクターの月次実現値を一つのデータフレームに集約している．

```
# ch06_38: SMB と HML の構築 (2)

factor_data <- FF_portfolio %>%
  mutate(SMB = (SH + SN + SL) / 3 - (BH + BN + BL) / 3, # SMB と HML を計算
         HML = (SH + BH) / 2 - (SL + BL) / 2) %>%
  select(month_ID, SMB, HML) %>%
  full_join(factor_data, by = "month_ID") %>%
      # 3 ファクターの実現値を factor_data に集約
  select(-c("SMB", "HML"), c("SMB", "HML")) # SMB と HML を最後列に移動
```

出力結果

factor_data					
# A tibble: 60 x 6					
month_ID	R_F	R_M	R_Me	SMB	HML
<dbl>	*<dbl>*	*<dbl>*	*<dbl>*	*<dbl>*	*<dbl>*
1　　13	0.0000433	0.0458	0.0458	-0.00178	0.00200
2　　14	0.0000346	0.0284	0.0284	-0.00670	0.0158
3　　15	0.0000393	-0.0580	-0.0580	0.0465	0.0198
4　　16	0.0000662	-0.00107	-0.00114	-0.0362	0.0341
5　　17	0.0000360	-0.00642	-0.00645	-0.0222	0.0170
6　　18	0.0000257	-0.0371	-0.0371	0.0171	0.00232
		⋮			

6.3.6 FF3 アルファ

6.2.4 節では，CAPM を前提としてアルファを推定したが，ここでは，CAPM に代わって FF3 モデルに基づくアルファ（以下では，**FF3 アルファ**と略称）を推定しよう．CAPM を前提とすれば，時価総額に基づく十分位ポートフォリオのいくつかでは統計的にも有意なアルファが観察されたが，FF3 モデルを前提とすれば，アルファは消滅するか否かを検証するのが本小節の目的である．この検証のために利用する回帰モデルは，次式のとおりである．

$$R^e_{P,t} = \alpha^{FF3}_P + \beta^M_P R^e_{M,t} + \beta^{SMB}_P SMB_t + \beta^{HML}_P HML_t + \varepsilon_{P,t} \tag{6.4}$$

これに基づいて推定された FF3 アルファ$\hat{\alpha}^{FF3}_P$ は，そのポートフォリオの超過リターンが，FF3 モデルが予測するパフォーマンスから平均的にどの程度正負に乖離しているかを意味する．したがって，FF3 モデルがポートフォリオの超過リターンをうまく説明する限り，$\hat{\alpha}^{FF3}_P$ はゼロになるはずである．

　以下では，まず，ME_sorted_portfolio から各月各ポートフォリオの超過リターンを選択し，month_ID をキーにして factor_data と結合することによって(6.4)式を推定するためのデータセットを用意する．その後，for 文内で，ポートフォリオごとに(6.4)式の推定を行い，その結果を FF3_results に出力している．回帰モデルが異なる点を除けば，一連の手順は**6.2.3 節**のコード ch06_19 で CAPM アルファを推定した際のそれと全く同じである．

```
# ch06_39: FF3 モデルの推定

ME_sorted_portfolio <- ME_sorted_portfolio %>%
  select(-c(R_Me, R_M)) %>%
  full_join(factor_data, by = "month_ID")
      # 3 ファクターの実現値を ME_sorted_portfolio に追加

FF3_results <- list(NA) # 推定結果を保存するために空のリストを準備

for(i in 1:10) {
  FF3_results[[i]] <- ME_sorted_portfolio %>%
    filter(ME_rank10 == i) %>%
    lm(Re ~ R_Me + SMB + HML, data = .) %>%
        # 3 ファクターの実現値を独立変数として重回帰
```

```
   tidy() %>%
   mutate(ME_rank10 = i) %>% # 推定対象のポートフォリオ名を保存
   select(ME_rank10, everything()) # ME_rank10 を第一列に移動
}

FF3_results <- do.call(rbind, FF3_results) # do.call() 関数を用いて複数
   のデータフレームから構成されるリストを一つのデータフレームに統合
```

出力結果

FF3_results

```
# A tibble: 40 x 6
```

	ME_rank10	term	estimate	std.error	statistic	p.value
	<int>	*<chr>*	*<dbl>*	*<dbl>*	*<dbl>*	*<dbl>*
1	1	(Intercept)	0.00244	0.00180	1.35	1.81e- 1
2	1	R_Me	0.906	0.0393	23.1	2.93e-30
3	1	SMB	1.33	0.0761	17.5	2.18e-24
4	1	HML	-0.00754	0.0918	-0.0821	9.35e- 1
5	2	(Intercept)	0.00134	0.00163	0.826	4.12e- 1
6	2	R_Me	0.945	0.0355	26.6	1.80e-33
7	2	SMB	1.25	0.0688	18.2	3.39e-25
8	2	HML	0.0191	0.0829	0.230	8.19e- 1

⋮

　こうして得られた推定結果を用い，**6.2.4 節**のコード ch06_23 で CAPM_alpha を図示した要領で，ポートフォリオごとに FF3 アルファを描画してみよう．以下のコードでは，FF3_results から各ポートフォリオの定数項 $\hat{\alpha}_P^{FF3}$ を抽出した後，それを棒グラフで可視化している．

```
# ch06_40: FF3 アルファの可視化

FF3_results %>%
   filter(term == "(Intercept)") %>% # 定数項に関する推定結果のみを抽出
   mutate(ME_rank10 = as.factor(ME_rank10)) %>%
       # ME_rank10 を整数型からファクター型に
   ggplot() +
   geom_col(aes(x = ME_rank10, y = estimate)) +
       # 横軸を ME_rank10, 縦軸を FF3_alpha とする棒グラフ
   geom_hline(yintercept = 0) +
```

```
    labs(x = "ME Rank", y = "FF3 alpha") +
    scale_y_continuous(limits = c(-0.003, 0.013)) +
    theme_classic()
```

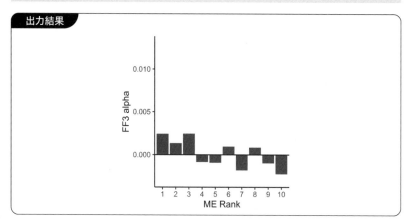

出力された FF3_alpha のグラフを見てみると，いずれのポートフォリオもアル
ファにほとんど差がないことが分かる．この結果は CAPM_alpha のそれと対照的
であり，CAPM が説明できなかった平均超過リターンの違いを，FF3 モデルでは
うまく説明できることが分かる．

最後に CAPM の場合と同様に，FF3 アルファの統計的な有意性も評価してお
こう．6.2.4 節のコード ch06_24 と同じく，以下では p_value の値に応じてアス
タリスクの数を調整した新たな変数 significance を作成している．

```
# ch06_41: FF3 アルファの統計的な有意性を評価

FF3_results %>%
    filter(term == "(Intercept)") %>% # 定数項に関する推定結果のみを抽出
    rename(FF3_alpha = estimate, p_value = p.value) %>% # 列名を変更
    mutate(significance = cut(p_value,
                              breaks = c(0, 0.01, 0.05, 0.1, 1),
                              labels = c("***", "**", "*", ""),
                              include.lowest = TRUE)) %>%
        # 統計的に有意な結果を*で強調
    select(ME_rank10, FF3_alpha, p_value, significance)
        # 出力したい列を指定
```

出力結果

```
# A tibble: 10 x 4

   ME_rank10   FF3_alpha   p_value   significance
    <int>       <dbl>       <dbl>      <fct>
 1      1       0.00244     0.181      ""
 2      2       0.00134     0.412      ""
 3      3       0.00246     0.0893     "*"
 4      4      -0.000843    0.335      ""
 5      5      -0.000924    0.336      ""
 6      6       0.000957    0.456      ""
 7      7      -0.00183     0.119      ""
 8      8       0.000842    0.555      ""
 9      9      -0.00100     0.522      ""
10     10      -0.00228     0.0492     "**"
```

結果を確認してみると，ほとんどのポートフォリオでFF3アルファは有意水準5％で統計的に有意ではない．それに加えて，統計的な有意性が確認できる第三や第十ポートフォリオを見ても，FF3アルファの推定値は特筆すべきほど過度に高かったり，低かったりするものではない．

CAPMもFF3モデルも，**6.3.1節**で学んだ線形ファクター・モデルの一種だったことを思い出そう．定義上，線形ファクター・モデルは任意の銘柄やポートフォリオのリスクプレミアムを説明するはずである．したがって，ファクター調整済みのアルファが規則性を持って観察されるということは，そのファクター・モデルが現実には成立していない証拠となる．規模別ソートという簡単な手順でアルファが観察される以上，CAPMは実証的な説明力が高いとは言い難い．それとは対照的に，FF3モデルは必要最小限のファクター数で，規模別ソートを含む様々な種類のポートフォリオのリターンを説明できるという意味で支持を集めてきたのである．

この小節の最後に，本章で作成したファクターのデータを出力しておこう．このデータセットは，次章で資本コストの推定や平均分散ポートフォリオを構築する際に改めて利用する．

```
# ch06_42: データの保存

write_csv(factor_data, "ch06_output.csv")
```

6.4　パフォーマンス評価尺度としてのアルファ

　前節まではアルファを，特定の線形ファクター・モデルが現実には成立していないという実証的な証拠と解釈してきた．一方，証券投資の実務においては，アルファはファンド運用者の運用スキルの評価基準として利用されることが多い[8]．この場合，ファクター・モデルはファンド運用のリスクに応じた適切なリターンのベンチマークとして利用されており，アルファはファンド運用者の固有の付加価値を表すものとして，彼らの報酬決定の基準となる．

　以下では，この点を具体的に議論するため，3ヶ月にわたって，ファンドAの月次超過リターン R_A^e が次のように観察されたとしよう．

年月	R_A^e	R_M^e
2020/10	−0.03	−0.03
2020/11	0.09	0.06
2020/12	0.00	−0.03
平均値	0.02	0.00

一見すると，このファンドは市場ポートフォリオを上回るリターンを挙げており，ファンド運用者には高報酬を与えるべきのように思える．

　ここで，ファンド運用者の意図とは無関係に，このファンドの月次超過リターンが次のFF3モデルに従って生成されているとしよう．

$$R_A^e = \beta_A^M R_M^e + \beta_A^{SMB} SMB + \beta_A^{HML} HML + \varepsilon_A$$
$$\beta_A^M = 0, \quad \beta_A^{SMB} = 0.5, \quad \beta_A^{HML} = 1$$

つまり，このファンドは，FF3モデルに対するアルファがゼロである一方，SMB や HML に対して大きなエクスポージャーを持つ．

　以下では話を更に具体的にするため，この期間における各ファクターの実現値が次のとおりだったとしよう．

---

[8]　例えば，CAPMアルファはこの文脈では，考案者のマイケル・ジェンセン (Michael C. Jensen)にちなんで，ジェンセンのアルファと呼ばれる．

年月	R_M^e	SMB	HML
2020/10	−0.03	0.00	0.01
2020/11	0.06	0.04	−0.03
2020/12	−0.03	0.02	0.02

ファクターの寄与分を $\hat{R}_A = \beta_A^M R_M^e + \beta_A^{SMB} SMB + \beta_A^{HML} HML$ で表すと，ファンドAの実現超過リターンは $R_A^e = \hat{R}_A + \varepsilon_A$ と分解できる．各ファクターの実現値を基に実際に各項を計算すると以下のようになる．

年月	R_A^e	$\hat{R}_A$	ε_A
2020/10	−0.03	0.01	−0.04
2020/11	0.09	−0.01	0.10
2020/12	0.00	0.03	−0.03
平均値	0.02	0.01	0.01

ここで，実現した残差の平均値は正になっているが，これはあくまで偶然であり，ファンド運用者のスキルを反映していないことに注意しよう．なぜなら，仮定によりこのファンドのアルファはゼロであり，誤差項の期待値はゼロであるからである．

　この話のポイントは，投資家はこのファンドに投資する代わりに，自分自身でファクターの寄与分 $\hat{R}_A$ を再現するポートフォリオを構築できる点である．FF3モデルの各ファクターは市場で取引可能なので，$(\beta_A^M, \beta_A^{SMB}, \beta_A^{HML})$ の値ずつ，各ファクターを保有することで，ファクターの寄与分 $\hat{R}_A$ を再現できる．そして，このポートフォリオは，全く同じ期待リターンを持つという意味で，ファンドAの複製ポートフォリオとなっているのである．したがって，いかに市場ポートフォリオを上回る成績を挙げていようと，アルファがゼロのファンド運用者の貢献は，この複製ポートフォリオに代替されてしまうのである．したがって，アルファこそがファンド運用者に固有の複製不可能な付加価値であると解釈できる．

　もちろん現実には，ファクター・ローディングの値は観察不可能であり推定が必要であることに加え，そもそも運用手法の変更によって真のモデル自体が変化していくため[9]，上記の議論をそのまま適用することはできない．しかし，仮に

---

[9] これを**スタイル・ドリフト**と言い，仮にファンド運用者にファクターの実現値を予測するスキルがあり，自身の見通しに応じてファンドのファクター・ローディングを変化させている場合，アルファによるパフォーマンス評価は不正確になりうる．

このような複製が実現できた場合,複製ポートフォリオは比較対象のファンドから誤差項を取り除いたリターンを生成するため,誤差項の分散の分だけ,同一の期待リターンをより小さなリスクで実現する.

$$
\begin{aligned}
&\mathrm{Var}[\hat{R}_A + \varepsilon_A] \\
&= \mathrm{Var}[\hat{R}_A] + \mathrm{Var}[\varepsilon_A] + \underbrace{2\,\mathrm{Cov}[\hat{R}_A, \varepsilon_A]}_{\substack{\text{誤差項は期待値ゼロで}\\\text{各ファクターと無相関}}} \\
&= \mathrm{Var}[\hat{R}_A] + \mathrm{Var}[\varepsilon_A] \\
&\geq \mathrm{Var}[\hat{R}_A]
\end{aligned}
$$

ファクターの寄与分は除いてアルファのみをファンド運用者の報酬の対象とすべきという主張の背景には,このような議論がある[10].

———————————— 演習問題 ————————————

演習 1 線形ファクター・モデルとは何か,一般的な重回帰分析との違いに触れつつ説明せよ.

- 以降の問題では,本章で利用してきた月次のシミュレーション・データ monthly_data を利用する.

演習 2 2.4.2 節では,シャープ・レシオを学んだ.任意の証券 i を前提とすると,その証券のシャープ・レシオは,期待超過リターン $\mu_i - R_F$ を標準偏差 σ_i で割った指標である.

$$
\frac{\mu_i - R_F}{\sigma_i}
$$

この問題では,各 firm_ID に関してこのシャープ・レシオを推定しよう.まずは各 firm_ID のうち,36 ヶ月以上の観測データが入手できるものを抽出せよ.続いて,期待超過リターンを実現超過リターンの平均値で,標準偏差を実現超過リターンの標準偏差で置き換えることで,シャープ・レシオの実現値を計算せよ.最後に,その値に関して各 firm_ID を並び替えたとき,上位三社の firm_ID を答えよ.

---

[10] 株式市場が全体的に好調だった場合のように,ファンドの実現リターンは,ファクター自体の実現値に大きく影響を受ける.プリンシパル・エージェント理論によると,エージェントの努力を効率的に引き出すためには,報酬の決定要因からは,なるべくエージェントの努力によらない外部要因(この場合はファクターの実現値)を取り除くべきということが一般的に知られている.例えば,Bolton and Dewatripont (2004)[3] を参照してほしい.

ヒント：シャープ・レシオの計算には，実現リターン R ではなく実現超過リターン Re を用いる．このように計算したシャープ・レシオはあくまで実現値なので，外れ値の影響を強く受ける．

演習 3[*]　証券のリスクを標準偏差で測ると，上振れリスクと下振れリスクを区別できないという問題があった．証券の下方リスクのみを測る方法は幾つかあるが，ここでは下方偏差を学んでみよう．実現下方リターン $\min\left\{R_{i,t} - \bar{R}_i, 0\right\}$ に着目するとき，下方偏差は以下のように定義される．なお，$R_{i,t}$ は証券 i の月次 t のリターン，$\bar{R}_i$ は証券 i の平均月次リターンを表すものとする．

$$\hat{\sigma}_i^{Down} = \sqrt{\frac{1}{N-1}\sum_{t=1}^{N}\min\left\{R_{i,t} - \bar{R}_i, 0\right\}^2}$$

まずは各 firm_ID に関して，**演習 2** と同様に 36 ヶ月以上の観測データが入手できるものを抽出した後，下方偏差を計算せよ．標準偏差の代わりに下方偏差を用いてシャープ・レシオの定義式を計算した指標を**ソルティノ・レシオ** (Sortino ratio) と呼ぶ．各 firm_ID に関してソルティノ・レシオの実現値を計算し，上位三社の firm_ID を答えよ．

ヒント：実現下方リターン $\min\left\{R_{i,t} - \bar{R}_i, 0\right\}$ を計算するには，pmin() 関数を用いる（p は pairwise の略で要素ごとを意味する）．代わりに min() 関数を用いてしまうと，ベクトル全体の最小値を抽出してしまう点に注意する．

演習 4[**]　**ドローダウン** (drawdown; DD) とは，過去最大の資産額を基準とした時に，現時点の資産がどの程度減少しているかを測る指標である．数式を用いて，時点 t における資産額を W_t と表すと，時点 t における過去最大の資産額は

$$\bar{W}_t = \max_{t' \leq t} W_t$$

と表せる．したがって，この時点におけるドローダウン DD_t は次のように定義できる．

$$DD_t = \frac{\bar{W}_t - W_t}{\bar{W}_t}$$

投資家は資産の下落を嫌がるので，このドローダウンは一種のリスクとみなすことができる．そして，一定期間におけるドローダウンの最大値は，**最大ドローダウン** (maximum drawdown; MDD)

$$MDD = \max_t DD_t$$

と呼ばれ，個別資産や運用戦略のリスクを定量化した指標として利用されている．上振れリスクと下振れリスクを区別しない標準偏差と比べて，最大ドローダウンは極端な下落シ

ナリオに特化したリスク指標である．この問題では，6.1.1 節で計算した市場ポートフォリオの累積リターンを例に，最大ドローダウンの計算方法を学ぼう．

(1) ある時点におけるドローダウンの例として，month_ID が 36 のときを考えてみよう．month_ID 13 の月初から始めて市場ポートフォリオによる運用を続けるとき，month_ID 36 の月末時点におけるドローダウンを計算せよ．ただし，配当は再投資し，期中の資金の出し入れはないとする．

(2) 前問の計算を，month_ID 13 から 72 までに関してそれぞれ行い，各月末におけるドローダウンを 60 次元のベクトルに保存せよ．

(3) 前問で作成したベクトルの最大値を取って，この期間における市場ポートフォリオの最大ドローダウンを計算せよ．

演習 5** 本章では，時価総額 (ME) や BE/ME (BEME) を用いて各銘柄をランク付けし，分位ポートフォリオを作成した．分位ポートフォリオの作成は，どんな指標を用いても可能である．

(1) 試しに，前年度の財務レバレッジを lagged_FLEV と定義した上で，5 分位ポートフォリオを作成（時価総額加重で年 1 回のリバランス）し，どの分位ポートフォリオの月次平均超過リターンが最も高かったのか答えよ．

(2) この 5 分位ポートフォリオに関して，FF3 アルファをそれぞれ推定し，どの分位ポートフォリオの FF3 アルファが最も大きかったのか答えよ．また，各 FF3 アルファの統計的有意性を調べよ．

    ヒント：実現超過リターンと FF3 アルファで結論が異なる．

- 以降の問題では，**サポートサイトの S2 節**からダウンロードした新しいデータセットを利用する．

演習 6* **サポートサイト**からダウンロードした ch06_fund_performance.csv を用意しよう．これは A，B，C という三つのファンドの月次超過リターンを 60 ヶ月分シミュレートしたデータである．また，4 から 6 列目には同時期の FF3 モデルの三つのファクターの値も含まれている．これらのファンドを (1) 月次平均超過リターン，(2) シャープ・レシオ，(3) CAPM アルファ，(4) FF3 アルファの四つの基準でそれぞれ順位付けした上で，どのファンドのパフォーマンスが最も良かったか議論せよ．

演習 7* 今までファクター・ローディングを推定する際は，対象とする期間中でファクター・ローディングの値は変わらないと想定し，全ての標本を利用して推定値を計算してきた．この方法はなるべく数多くの標本を利用できるので推定値の精度が高まるというメリットがある反面，ファクター・ローディング自体の値が変化する可能性を考慮できないというデメリットを持つ．例えば，CAPM のマーケット・ベータはその証券と市場ポート

フォリオの相関の程度を計る指標であるが，企業がビジネス・モデルを変更すれば，マーケット・ベータ自体も変化すると考えるのが自然である.

ファクター・ローディングが時間とともに変化する可能性を許す方法の一つに，**ローリング回帰** (rolling regression) という手法が存在する. この問題では，具体例を通じてこの手法を学ぼう. **サポートサイト**からダウンロードした ch06_rolling_regression.csv を用意せよ. このデータには，ある銘柄の月次超過リターンと，それに対応する市場ポートフォリオの超過リターンが合計 10 年で 120 ヶ月分含まれている.

(1) まずは全期間を利用してマーケット・ベータ β_{const}^M を推定せよ.

(2) 続いて，1 から 60 ヶ月目までのデータを利用して，マーケット・ベータ β_{60}^M を推定せよ.

(3) 60 ヶ月という推定ウィンドウの長さは変えずに，その開始期間だけ 1 ヶ月ずつずらして，繰り返しマーケット・ベータを推定していくことを考える. 例えば，2 から 61 ヶ月目までのデータを利用して推定されたマーケット・ベータは β_{61}^M となる. これを繰り返し，$(\beta_{60}^M, \beta_{61}^M, \ldots, \beta_{120}^M)$ を折れ線グラフで可視化せよ.

ヒント：for 文を用いて推定を繰り返す. あるいは，rollRegres などの外部パッケージを用いても良い.

第7章
ファクター・モデルの応用

　本章では，前章で学んだファクター・モデルの応用として，(1) 資本コストの推定と (2) 平均分散ポートフォリオの構築の方法を学ぶ．ファクター・モデルは，期待リターンと同時に異なる銘柄間でリターンの共分散に関する情報も提供するため，企業金融や投資実務の幅広い文脈で応用することができる．

　1.1.1 節で学んだとおり，資本コストとは資金調達に付随して企業が負担するコストであった．企業と外部投資家が同じ見通しを共有している限り，2.1.5 節で紹介した競争的金融市場において，資本コストは外部投資家の期待リターンと一致する．したがって，あらゆる将来キャッシュフローを現在価値に換算する際の割引率として，この期待リターンを用いることができる．2.1 節では割引率を所与として将来キャッシュフローを現在価値に換算する方法を学んだが，実践上この割引率は自らで推定しなければならない．このときに役立つのが前章で学んだファクター・モデルであり，本章では FF3 モデルを例にその方法を紹介する．FF3 モデルを用いた方法さえ習得すれば，本章で紹介する方法は任意の線形ファクター・モデルに応用可能であり，資本コストを具体的に計算して投資プロジェクトを実行すべきか判断できるようになる．

　2.5 節で学んだ平均分散ポートフォリオの構築には，投資対象の証券のリターンについて，期待値や共分散に関する情報が必要であった．このうち期待リターンはファクター・モデルで推定した株式資本コストそのものである．残るは共分散に関する情報であるが，誤差項が各ファクターや他の証券のリターンと無相関であるという，ファクター・モデルの性質を利用すると，容易に共分散も推定できる．投資対象の証券のリターンについて，期待値や共分散が分かれば，分散投資のメリットを定量的に評価できるので，自らで複数の証券を組み合わせてリスク・リターンの意味で望ましい資産運用を行えるようになる．

7.1 資本コストの推定

7.1.1 資本コストと割引率の関係

　企業が資金調達を行う際に，資金提供者に約束する期待リターンのことを資本コストと呼ぶ．投資家からすれば投資した元本が成長して帰ってくるのでリターンであるが，それは企業側からすると資本調達に伴うコストとなる（1.1.1節を参照）．企業は工場の建設など実物的な投資決定を行う際に，その投資によるリターンが資本コストを十分に上回るよう投資プロジェクトを選定する必要がある．

　話を具体的にするため，以下では株式での資金調達を考えよう．2.1.4節で学んだ配当割引モデルによると，割引率 $\widetilde{R}_i$ が大きいほど，理論株価 $P_{i,0}^*$ は小さくなった．

$$P_{i,0}^* = \sum_{t=1}^{\infty} \frac{\mathbb{E}[D_{i,t}]}{(1+\widetilde{R}_i)^t} \tag{7.1}$$

ここで各証券を意味する i を付してるのは，期待 DPS や割引率，また，それに対応する理論株価が証券ごとに異なることを強調するためである．投資家が想定する割引率 $\widetilde{R}_i$ は，その投資プロジェクトに対する要求収益率とも解釈できた（2.1.5 節を参照）．したがって，(7.1)式において，割引率 $\widetilde{R}_i$ とは企業が負担する株式資本コストそのものである．期待 DPS ($\mathbb{E}[D_{i,t}]$) を一定とすると，割引率 $\widetilde{R}_i$ が大きく株式資本コストが大きい企業は，一株当たりで少ない資金しか調達できなくなる．その結果，特定の金額を調達するために多くの株式を発行する必要が生じるため，既存株主の持ち分が希薄化してしまう．

　以下では話を更に進めて，FF3 モデルが現実の期待リターンを十分正確に描写していると投資家が考えている状況を想定しよう．このとき，投資家の要求収益率 $\widetilde{R}_i$ は，FF3 モデルに基づく期待リターン $\mathbb{E}[R_i^{FF3}]$ と等しくなる．

$$\widetilde{R}_i = \mathbb{E}[R_i^{FF3}]$$

ただし，

$$\mathbb{E}[R_i^{FF3}] = R_F + \beta_i^M \mathbb{E}[R_M^e] + \beta_i^{SMB} \mathbb{E}[SMB] + \beta_i^{HML} \mathbb{E}[HML] \qquad (7.2)$$

である．この式は，**6.3.2 節**で登場した (6.3) 式の時間を表す添え字 t を省略し，無リスク金利 R_F を非確率変数として両辺の期待値を取ったものである．

このように仮定する最大のメリットは，(7.2) 式の右辺の各項が観察データから推定可能である点である．すなわち，この株式のファクター・ローディング ($\beta_i^M, \beta_i^{SMB}, \beta_i^{HML}$)，及び各ファクターの期待値 ($\mathbb{E}[R_M^e], \mathbb{E}[SMB], \mathbb{E}[HML]$) さえ推定できれば，$\mathbb{E}[R_i^{FF3}]$ は推定できる[1].

FF3 モデルの各ファクターは期待値が正となるよう定義されているので，$\mathbb{E}[R_i^{FF3}]$ が大きい株式とは，すなわち各ファクターに対するファクター・ローディングが高い株式である．このような企業は高い株式資本コストに直面するため，新株を安値で発行することを強いられる．投資家目線で言えば，高い期待リターンは高いファクター・ローディング（高リスク）の裏返しであるので，ファクターとの高い相関を持つこのような企業への投資はハイリスク・ハイリターンとも言える．

コラム 7.1　FF3 モデルの限界と新しいファクター・モデル

　本章は，ファクター・モデルの応用と称して，FF3 モデルを利用した資本コスト，及び平均分散ポートフォリオの計算方法を紹介する．タイトル通り，FF3 モデルはあくまで例であって，本章で紹介する方法は任意の線形ファクター・モデルに応用可能である点に注意してほしい（**サポートサイトの S4.9 節**を参照）．

　第 6 章で述べたとおり，FF3 モデルは実証ファイナンスの分野で最も著名なファクター・モデルと言って過言ではないが，それだけでは説明できない，株式リターンに関する様々な実証的な傾向が知られている．例えば，米国市場を中心に，直近の値上がり（値下がり）銘柄が更に値上がり（値下がり）を続けるという価格モメンタムの存在が知られているが，この価格モメンタムをモデルに取り込むために，Carhart (1997)[6] は FF3 モデルにモメンタム・ファクター *MOM* を追加した．

　Pastor and Stambaugh (2003)[26] は，株式市場全体の流動性に注目し，その予見不可能な変化を *PS* ファクターとして定量化した上で，このファクターが FF3 モデルで捉えきれない流動性プレミアムを説明できると主張した．より最近の研究では，Frazzini and Pedersen (2014)[17] は，低ベータ株と高ベータ株のアルファの違いを *BAB* ファク

---
[1]　各ファクターの期待値のうち，最初の $\mathbb{E}[R_M^e]$ は CAPM にも登場する市場リスクプレミアムであり，残りの二つはそれぞれ**サイズ・プレミアム** (size premium) と**バリュー・プレミアム** (value premium) と呼ばれる．

ターと定義し，このファクターが金融市場における資金調達の容易さを表すと主張した.

　上述の研究は氷山の一角に過ぎず，FF3 モデルが 1990 年代初頭に提唱されて 30 年近くが経過する中，FF3 モデルが説明できない数多くのアノマリーが知られるようになった．まるで，CAPM アノマリーが FF3 モデルを生んだように，FF3 モデルもまたアノマリーの発見によってその妥当性が脅かされているのである．アノマリーの発見と同時に新しいファクターが提唱される状況を，Cochrane (2011)[8] は "factor zoo" と呼び，それらを整理する必要性を強調している.

　こうした状況を受けて，FF3 モデルの提唱者であるファーマとフレンチは，2015 年の論文で Fama-French の 5 ファクター・モデル（FF5 モデル）を提唱している．FF5 モデルは，FF3 モデルに資産成長率，及び収益率に関するファクター CMA，RMW を追加したものであり，Fama and French (2015)[14] は，FF5 モデルが数多くの FF3 アノマリーを同時に説明できると主張している．その一方で，Hou, Xue, and Zhang (2015)[22] は企業の最適投資問題に注目した q ファクター・モデルを提唱し，そのモデルの方が FF5 モデルよりアノマリーの説明力が高いと主張している.

　このように，一度 FF3 モデルを手放してしまうと，ベンチマークとすべきファクター・モデルに関して研究者間でコンセンサスが得られていないというのが本書執筆時点における状況である．しかし，ここで強調したいのは，本書で紹介しているプログラミングや統計分析の手法は，FF3 モデル以外のファクター・モデルに対しても普遍的に応用可能であるという点である．本書を理解した読者は，近年提唱されている新しいファクター・モデルも自分の手で実装できるだろう.

7.1.2　FF3 モデルによる株式資本コストの推定

　それでは実際にシミュレーション・データを用いて株式資本コストの推定を行ってみよう．この節では，FF3 モデルを前提に，銘柄ごとに株式資本コストを推定することを目標とする．銘柄ごとの株式資本コストの推定の流れを要約すると，以下の**図 7.1** のようにまとめられる.

　まずは，**第 6 章**で構築した FF3 モデルの三つのファクターを用いるので，外部パッケージ，及び関連データを読み込むところから始めよう．以下のコードでは，月次データを `monthly_data` として読み込み，2020 年の年末時点 (`month_ID` が 72) において上場しているか否かを `is_public_2020` によりフラグ付けし，(1) その時点で上場しており，かつ，(2) 過去 36 ヶ月以上のデータがある銘柄だけを

❶ `month_ID` が 13-72 までのデータを使って，企業ごとにファクター・ローディング推定値を得て，`FF3_loadings` として保存．推定する回帰モデルは，次のとおり．

$$R_{i,t}^e = \beta_i^M R_{M,t}^e + \beta_i^{SMB} SMB_t + \beta_i^{HML} HML_t + \varepsilon_{i,t}$$

❷ 各ファクターのリスクプレミアムを `month_ID` が 13-72 の実現値の平均によって推定（例えば，$\mathbb{E}[SMB]$ の推定値は，SMB_t の平均値 $\overline{SMB}$ とする）．推定された各ファクターの年率のリスクプレミアムを `factor_risk_premium` とする．

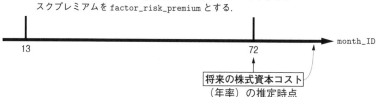

将来の株式資本コスト（年率）の推定時点

❸ ファクター・ローディングの推定値と各ファクターの実現平均値をインプットとして，FF3 モデルに基づく株式資本コストを推定し，`expected_R_FF3` とする．

$$\mathbb{E}[R_i^{FF3}] = \underbrace{R_F}_{0 と仮定} + \hat{\beta}_i^M \bar{R}_M^e + \hat{\beta}_i^{SMB} \overline{SMB} + \hat{\beta}_i^{HML} \overline{HML}$$

図 7.1　FF3 モデルによって銘柄ごとに株式資本コストを推定する流れ

株式資本コストの推定対象として抽出している．

```
# ch07_01: 外部パッケージの読み込みとデータの準備

library(tidyverse)
library(broom)


monthly_data <- read_csv("ch05_output1.csv")
annual_data <- read_csv("ch05_output2.csv")
factor_data <- read_csv("ch06_output.csv")


monthly_data <- monthly_data %>%
  group_by(firm_ID) %>% # firm_ID でグループ化
  mutate(is_public_2020 = (max(month_ID) == 72),
         # 2020 年の年末時点で上場しているかフラグ付け
         N_observations = n()) %>% # 各 firm_ID のデータ数をカウント
  ungroup() %>%
  filter(is_public_2020 == TRUE,
         # 2020 年の年末時点で上場している firm_ID を抽出
         N_observations >= 36) %>%
         # 36 ヶ月以上のデータがある firm_ID を抽出
```

```
    select(-N_observations) # N_observations 列を削除

annual_data <- monthly_data %>%
    # monthly_data に含まれる year と firm_ID のペアを抽出
    select(year, firm_ID) %>%
    unique() %>%
    left_join(annual_data, by = c("year", "firm_ID"))
        # annual_data と monthly_data で year と firm_ID のペアを整合的に
```

　続いて，企業ごとに重回帰を繰り返し行い，ファクター・ローディングを個別に推定しよう．以下のコードでは，まず monthly_data と factor_data を結合し，各ファクターの実現値を企業ごとに繰り返しコピーしている．その後は，**6.3.6節**でポートフォリオごとに FF3 モデルを推定したのと同様のステップで，for 文を用いて企業ごとにファクター・ローディングを推定している．ただし，ここでは FF3 モデルは推定の前提であり，モデル自体が実証的な検証の対象ではないので，最初から定数項はゼロと仮定して推定を行う．そのために，lm() 関数で ~演算子を用いてモデルを指定する際に，冒頭に "0 +" を追加している点に注意しよう．

```
# ch07_02: FF3 モデルの推定 (1)

firm_ID_set <- unique(monthly_data$firm_ID) # firm_ID の固有要素を抽出
N_firms <- length(firm_ID_set) # firm_ID_set の要素数をカウント

monthly_data <- monthly_data %>%
  select(-R_F) %>% # R_F は monthly_data と factor_data で重複するので削除
  full_join(factor_data, by = "month_ID")

FF3_results <- list(NA) # 推定結果を保存するために空のリストを準備

for (i in 1:N_firms) {

  FF3_results[[i]] <- monthly_data %>%
    filter(firm_ID == firm_ID_set[i]) %>%
    lm(Re ~ 0 + R_Me + SMB + HML, data = .) %>%
        # 冒頭に "0 +" を追加して定数項をゼロに
    tidy() %>%
    mutate(firm_ID = firm_ID_set[i]) %>% # 推定対象の firm_ID を保存
```

```
    select(firm_ID, everything())


}


FF3_results <- do.call(rbind, FF3_results) # do.call() 関数を用いて複数
    のデータフレームから構成されるリストを一つのデータフレームに統合
```

出力結果

	FF3_results				
# A tibble: 3,810 x 6					
	firm_ID	term	estimate	std.error	statistic	p.value
	<dbl>	*<chr>*	*<dbl>*	*<dbl>*	*<dbl>*	*<dbl>*
1	1	R_Me	1.62	0.317	5.11	0.0000<u>0390</u>
2	1	SMB	2.64	0.562	4.70	0.000<u>0172</u>
3	1	HML	0.477	0.670	0.712	0.479
4	2	R_Me	1.24	0.247	5.03	0.0000<u>0527</u>
5	2	SMB	0.500	0.437	1.14	0.258
6	2	HML	-0.528	0.522	-1.01	0.316
			⋮			

以降の分析では，ファクター・ローディングの推定値しか用いないため，
`pivot_wider()` 関数により，推定値のみから成る横長形式のデータフレームに変
換すると次のようになる．**6.3.5 節**のコード `ch06_37` で学んだとおり，`pivot_`
`wider()` 関数は各観測データを定義する変数を `id_cols` 引数で定義し，各列の名
前を `names_from` 引数で，その値を `values_from` 引数で指定するものであった．
以下のコードでは，最後に `rename()` 関数を用いて，横長形式に変換したデータ
の各列の名前を変更している．

```
# ch07_03: FF3 モデルの推定 (2)


FF3_loadings <- FF3_results %>%
    pivot_wider(id_cols = "firm_ID", names_from = "term", values_from =
        "estimate") %>% # term 列の値に応じて新しく列を定義
    rename(beta_M = R_Me, beta_SMB = SMB, beta_HML = HML) # 列名を変更
```

出力結果

```
                           FF3_loadings
# A tibble: 1,270 x 4
        firm_ID   beta_M   beta_SMB   beta_HML
         <dbl>    <dbl>     <dbl>      <dbl>
1          1      1.62      2.64       0.477
2          2      1.24      0.500     -0.528
3          3      0.696     1.14       0.330
4          4      0.375     0.498     -0.437
5          5      0.538     1.53       1.11
6          7      0.380     0.920     -0.301
                         ⋮
```

　ファクター・ローディングの推定が終わったので，今度は各ファクターのリスクプレミアムを推定しよう．以下では，各ファクターに関して実現値の平均値を計算し，それをリスクプレミアムの推定値としている．apply() 関数の二つ目の引数で 2 と指定すると，各列に対して関数（ここでは mean() 関数）を適用することができる．最後に 12 を掛けているのは年間のリスクプレミアムに換算するためである．

```
# ch07_04: ファクター・リスクプレミアムの計算

factor_risk_premium <- apply(factor_data[ , 4:6], 2, mean) * 12
    # 12 を掛けて年次プレミアムに換算

##       R_Me        SMB        HML
## 0.04800514 0.07858358 0.08328208
```

　これで必要な情報が揃ったので，後は FF3 モデルに沿って期待リターンを推定すれば良い．FF3 モデルで推定できるのは期待超過リターンだけなので，以降の分析で無リスク金利は 0 と置いている．以下のコードでは，まず as.matrix() 関数を用いてファクター・ローディングを行列に変換した後，リスクプレミアム行列と掛け合わせるために，%*% 演算子を用いて行列積を計算している．

```
# ch07_05: Fama-French の 3 ファクター・モデルに基づいて株式資本コストを
    推定
```

❶
```
expected_R_FF3 <- as.matrix(FF3_loadings[ , 2:4]) %*% factor_risk_
    premium # Fama-French の 3 ファクター・モデルに基づいて期待リターンを
    計算
```

❷
```
FF3_cost_of_capital <- tibble(firm_ID = FF3_loadings$firm_ID, cost_of_
    capital = as.vector(expected_R_FF3)) # 行列からデータフレームに変換
    して firm_ID 列を追加
```

解説図

❶ 無リスク金利をゼロとして，行列の積により各 `firm_ID` の期待リターン・ベクトル `expected_R_FF3` を作成

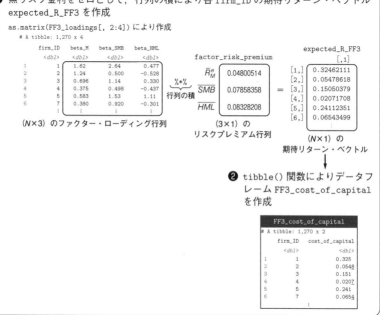

推定された株式資本コストをヒストグラムで可視化してみよう[2].

```
# ch07_06: 株式資本コストの推定値をヒストグラムで可視化
```

```
ggplot(FF3_cost_of_capital) +
  geom_histogram(aes(x = cost_of_capital)) +
```

---

[2] 推定結果を見てみると，各企業で株式資本コストに大きなばらつきが観察できるが，これはファクター・ローディングの推定誤差に起因している．企業ごとに回帰モデルの推定を行うとノイズが大きく，ファクター・ローディングの推定誤差が大きくなる傾向がある．したがって，実践上は，産業などの特性によってグルーピングし，同一グループでは，ファクター・ローディングは等しいと仮定して株式資本コストを推定する方法が採られることが多い．

```
labs(x = "FF3 Cost of Capital", y = "Count") +
scale_y_discrete(expand = c(0, 0)) +
theme_classic()
```

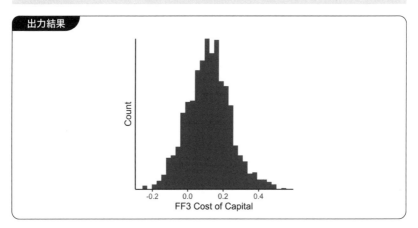

FF3 モデルは，規模効果やバリュー効果を捉えるためのモデルであった．すなわちそれは，企業側から見ると，小型企業やバリュー企業が高い株式資本コストを持つことを意味する．以下では小型企業を例に，このことをヒストグラムで確認してみよう[3]．コード ch07_07 では，まず各企業ごとに時価総額 lagged_ME を計算した上で，その値に基づき，最終年度に上場している企業を二つのグループ ME_rank2 に分類している．6.1.2 節のコード ch06_11 で学んだとおり，ntile() 関数は各グループに対して1から順に自然数の値を割り当てるが，そのままではグループ別に可視化した際に各グループの意味が一目で分からないという問題が生じる．そこで，ここでは，6.3.4 節のコード ch06_30 で登場した fct_recode() 関数を利用し，それぞれのグループのラベルを Small と Large へと変更している．そして，この情報を先ほど作成した株式資本コストのデータと組み合わせた上で，時価総額別に株式資本コストの推定密度を描いている．

---

[3] もちろん，全ての小型企業が高い株式資本コストを持つわけではない．ここで改めて強調したいのは，FF3 モデルを前提とするとき，株式資本コストは，各企業の株式のリターンとファクターとの相関を反映したファクター・ローディングに基づいて決定されるという事実である．したがって，小型企業であったとしても，各ファクター・ローディング次第で，株式資本コストは小さくもなる．とりわけ，時価総額と β_i^{SMB} との相関は不完全であり，小型企業だからといって必ずしも β_i^{SMB} が大きくなるとは限らない．ファクター・ローディングと特性 (characteristics) の違いに関する議論は，Daniel and Titman (1997)[10] を参照してほしい．

```
# ch07_07: 時価総額別に株式資本コストの推定値を可視化

annual_data_2020 <- annual_data %>%
  group_by(firm_ID) %>% # 企業ごとに時価総額を計算
  mutate(lagged_ME = lag(ME)) %>%
  ungroup() %>%
  filter(year == 2020) %>% # 2020 年のデータのみ抽出
  mutate(ME_rank2 = as.factor(ntile(lagged_ME, 2)),
               # 時価総額に基づき二分割
         ME_rank2 = fct_recode(ME_rank2,
                                 Small = "1",
                                 Large = "2")) %>%
  full_join(FF3_cost_of_capital, by = "firm_ID") %>%
      # 株式資本コストの推定値を追加
  drop_na() # 欠損値を削除

ggplot(annual_data_2020) +
  geom_density(aes(x = cost_of_capital, group = ME_rank2, linetype = ME_
    rank2)) + # 密度関数を描くには geom_density() 関数を用いる
  labs(x = "FF3 Cost of Capital", y = "Estimated Density", linetype =
    "Firm Type") +
  scale_y_continuous(expand = c(0, 0), breaks = NULL) +
      # break 引数で目盛り線を非表示に指定
  theme_classic()
```

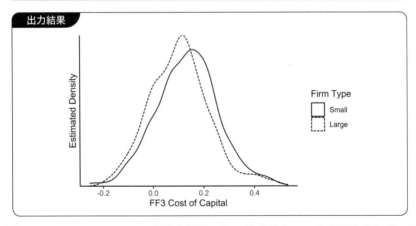

実際に `ME_rank2` が `Small` の小型企業群ほど，株式資本コストが平均的に高い傾向にあることを読み取ることができる．

7.1.3 株式資本コストの応用：潜在配当成長率の推定

本節では，先ほど推定した株式資本コストのデータを配当割引モデルと組み合わせて，潜在配当成長率を推定しよう．2.1.4 節で紹介したゴードン成長モデルによると，将来にわたって DPS の期待値が一定割合で成長していく場合，配当割引モデルによる理論株価は次のように書き表せた．

$$P_{i,0}^* = \sum_{t=1}^{\infty} \frac{(1+G_i)^t D_{i,0}}{(1+\widetilde{R}_i)^t} = \frac{(1+G_i)D_{i,0}}{\widetilde{R}_i - G_i}$$

ここで，2.1.5 節で紹介した競争的金融市場を想定し，実際の株価 $P_{i,0}$ がちょうど配当割引モデルによる理論株価 $P_{i,0}^*$ と等しいという仮定を置く．

$$P_{i,0} = \frac{(1+G_i)D_{i,0}}{\widetilde{R}_i - G_i} \tag{7.3}$$

以下では，この式を配当成長率 G_i に関する式と読み替えよう．

$$G_i = \frac{\widetilde{R}_i - \frac{D_{i,0}}{P_{i,0}}}{1 + \frac{D_{i,0}}{P_{i,0}}}$$

右辺に関して，前節同様，投資家が想定する割引率 $\widetilde{R}_i$ が，FF3 モデルによる期待リターン $\mathbb{E}[R_i^{FF3}]$ と等しいとき，この式は次のように書き換えられる．

$$G_i = \frac{\mathbb{E}[R_i^{FF3}] - \frac{D_{i,0}}{P_{i,0}}}{1 + \frac{D_{i,0}}{P_{i,0}}} \tag{7.4}$$

このように書き換えるメリットは，右辺の各要素が具体的に計算可能である点である．すなわち，時点 0 に立てば，配当利回り $\frac{D_{i,0}}{P_{i,0}}$ は観察可能であるため，FF3 モデルによる期待リターン $\mathbb{E}[R_i^{FF3}]$ さえ推定できれば，(7.4) 式に基づき配当成長率 G_i を推定することができる．配当成長率 G_i は観察不可能なパラメータであるが，一定の仮定を置くことで，株価からその情報を抽出することができるのである．このように推定された配当成長率 G_i は，観察された株価の背後に潜むパラメータという意味で，**潜在配当成長率** (implied dividend growth rate) と呼ばれる．

それではシミュレーション・データを用いて，実際に (7.4) 式に基づいて

month_ID が時点 72（2020 年末）における潜在配当成長率を推定してみよう．既に前節で FF3 モデルによる期待リターン $\mathbb{E}[R_i^{FF3}]$ は推定したので，後は各銘柄ごとに配当利回り $\frac{D_{i,0}}{P_{i,0}}$ を計算すれば良い．

そのために，以下のコードでは，まず monthly_data から最新の 12 ヶ月のデータを抽出した上で，企業ごとに年間配当総額を計算している．一株当たり配当 DPS を計算しても構わないが，株式分割などがあると調整が面倒なので，ここでは発行済株式数を掛けて，年間配当支払総額 annual_dividend を計算している．そして，この値を最新の時価総額 latest_ME で割ることで年間配当利回りを計算した後に，無配企業を対象から除くため，年間配当利回りが正の企業のみ抽出している．

```
# ch07_08: 配当利回りの計算

dividend_yield_2020 <- monthly_data %>%
  filter(year == 2020) %>%
  group_by(firm_ID) %>% # firm_ID でグループ化
  summarize(annual_dividend = sum(DPS * shares_outstanding),
            # 各月の配当支払総額を合計
            latest_ME = ME[which.max(month_ID)]) %>%
            # 最新の時価総額を保存
  mutate(dividend_yield = annual_dividend / latest_ME) %>%
    # 配当利回りの実績値を計算
  filter(dividend_yield > 0) # 無配の企業を落とす
```

出力結果

dividend_yield_2020			
# A tibble: 1,150 x 4			
firm_ID	annual_dividend	latest_ME	dividend_yield
<dbl>	*<dbl>*	*<dbl>*	*<dbl>*
1	1	325472000	9708946000	0.0335
2	2	37536000	5194044000	0.00723
3	3	4660110000	214032195000	0.0218
4	4	101352000	8652927000	0.0117
5	5	745488000	235170402000	0.00317
6	7	64848000	15909376000	0.00408
		⋮		

配当利回りのデータ dividend_yield_2020 を先ほど推定した株式資本コストのデータ FF3_cost_of_capital と結合すれば必要なデータが揃う．あとは，(7.4) 式のとおりに計算すれば，潜在配当成長率 implied_dividend_growth を計算することができるという流れである．

```
# ch07_09: 潜在配当成長率の推定

dividend_yield_2020 %>%
  left_join(FF3_cost_of_capital, by = "firm_ID") %>%
      # 株式資本コストの推定値を追加
  mutate(implied_dividend_growth = (cost_of_capital - dividend_yield) /
    (1 + dividend_yield)) # 配当割引モデルから潜在配当成長率を逆算
```

出力結果

```
# A tibble: 1,150 x 6
    firm_ID   annual_dividend   latest_ME   dividend_yield   cost_of_capital   implied_dividend…
      <dbl>             <dbl>       <dbl>            <dbl>             <dbl>             <dbl>
  1       1         325472000     9.71e 9           0.0335             0.325             0.282
  2       2          37536000     5.19e 9          0.00723            0.0548            0.0472
  3       3        4660110000     2.14e11           0.0218             0.151             0.126
  4       4         101352000     8.65e 9           0.0117            0.0207           0.00890
  5       5         745488000     2.35e11          0.00317             0.241             0.237
  6       7          64848000     1.59e10          0.00408            0.0654            0.0611
                                      ⋮
```

コラム 7.2　リバース・エンジニアリング

　ライバル企業などの製品を入手し，それをパーツごとに分解することによって，その製品の動作原理を明らかにする一連の作業をリバース・エンジニアリングと呼ぶ．潜在配当成長率を求める類いの作業は，リバース・エンジニアリングにたとえられることがある．すなわち，まず (7.3) 式という製品を入手し，それを株価 $P_{i,0}$ や実現一株当たり配当 $D_{i,0}$，要求収益率 $\tilde{R}_i$（ここでは，$\mathbb{E}[R_i^{FF3}]$），配当成長率 G_i の四つのパーツに一旦分解する．それを改めて組み立て直すときに一つ部品を無くしてしまった．それが，配当成長率 G_i である．(7.3) 式という製品が動作するためには最後の一つのパーツが足りない事態である．そこで，(7.3) 式を動作させるために最終パーツを自らで作成（推定）するというのが，潜在配当成長率を求める作業なのである．

　今度は，(7.3) 式の構成要素のうち，株式資本コスト $\mathbb{E}[R_i]$ という残りの一つのパーツが無くなってしまった事態を想定しよう．(7.3) 式を $\mathbb{E}[R_i]$ について解いてやれば，

$$\mathbb{E}[R_i] = G_i\left(1 + \frac{D_{i,0}}{P_{i,0}}\right) + \frac{D_{i,0}}{P_{i,0}}$$

となる．株価 $P_{i,0}$ や実現一株当たり配当 $D_{i,0}$ は観察可能であり，配当成長率 G_i はアナリストが出してくれている数値をもって代替しよう．すると，右辺は，全てデータが与えられるわけであるから，株式資本コスト $\mathbb{E}[R_i]$ が逆算できる．このような考え方によって推定された株式資本コスト $\mathbb{E}[R_i]$ は，ゴードン成長モデルによって株価が決定されており，(7.3) 式が動作するように投資家が暗黙裏に想定している期待リターン（企業にとっての株式資本コスト）を意味し，株式の**潜在資本コスト** (Implied Cost of Capital; ICC) と呼ばれる．株式の ICC を推定するときに頻用されるのは，配当割引モデルや**7.1.4 節**で取り上げる残余利益モデルである．本章の**章末問題 演習 9** や 10 では，実際にこれらのモデルを用いて ICC を計算する方法を学ぶ．

　株価から推定された ICC である $\mathbb{E}[R_i]$ と，CAPM や FF3 モデルを利用して推定された $\mathbb{E}[R_i]$ は似て非なるものである．期待リターンを決定するファクターは神のみぞ知るものであり，それを我々は知る由もないから，仕方なく株式価値評価モデルを頼りに市場が暗黙裏に仮定している期待リターンを推定したものが前者である．他方，後者は，期待リターンを決定するファクター（例えば，市場ポートフォリオ）を所与として，各銘柄の期待リターンを推定しようというものである．

7.1.4　残余利益モデル

　前小節では現実の株価が配当割引モデルによる理論株価と等しいと仮定した上で，潜在配当成長率を推定した．一方，現実の株価は必ずしも理論株価と一致しないとも考えられる．例えば，特定の企業に関して入念な財務分析を行い，今後数年にわたって業績，及び配当の予測を得たとする．**7.1.2 節**で推定したような方法で，株式資本コストを求め，さらに予測される配当を配当割引モデルに対するインプットとして用いれば，自分の予想に基づく理論株価が得られる．その理論株価と現実の株価を比較し，前者が後者よりも高い（低い）のであれば，その株は割安（割高）株であるから，ロング（ショート）するという投資戦略を構築できる．

　このような使い方を考える場合，配当割引モデルはシンプルで理解しやすいものの，配当成長率の仮定次第で理論株価が大きく変化してしまうという弱点がある．配当成長率はあくまで将来予測であるから，どんなに調査分析を行ったところで，仮定の置き方に不確実性が残る．また，配当を予想するには，まず業績を予想した上で，その次に配当政策の予想を行うという二段階のステップが必要と

なるため，比較的難易度が高い．こういった問題点を解決するため，残余利益モデルや経済的付加価値モデル，後に説明するフリー・キャッシュフロー・モデルなどといった様々なモデルが開発・応用されている．

　ここでは，理論株価の評価方法としてしばしば用いられる残余利益モデルの考え方と，そのモデルに基づく理論株価の評価方法を紹介しよう．会計を司る恒等式に，**クリーン・サープラス関係**というものがある．それは利益剰余金（サープラス）として株主資本に追加されるのは，唯一期中に獲得した当期純利益だけで，それ以外で株主資本が増減するとすれば，それは株主への配当しかないというルールである．したがって，クリーン・サープラス関係を数式で表現すれば，

$$\underbrace{BE_{i,0}}_{\text{時点0の株主資本}} + \underbrace{X_{i,1}}_{\text{1期の当期純利益}} - \underbrace{D_{i,1}}_{\text{1期の配当}} = \underbrace{BE_{i,1}}_{\text{時点1の株主資本}}$$

となり，これを1期の配当 $D_{i,1}$ について解けば，配当を P/L の当期純利益と B/S の株主資本のみを使って表すことができる．

$$D_{i,1} = X_{i,1} - (BE_{i,1} - BE_{i,0})$$

このクリーン・サープラス関係は，会計上の基本制約式であり，1期の配当であろうが，2期の配当であろうが，当期純利益と株主資本を用いて表現することができる．したがって，この関係式を配当割引モデルに代入して整理してやれば，新たな株式価値評価モデル，通称，**残余利益モデル** (residual income model) を導出することができるというわけである[4].

　残余利益モデルの特徴は，将来の経済活動による株主価値創造・毀損に焦点を当てる点にある．ここでは，企業 i の時点0における株主資本の価値，すなわち，株主価値 $V_{i,0}$ を残余利益モデルによって表現しよう．

　残余利益モデルは，株主価値 $V_{i,0}$ を株主が投下した資本と，そこから生まれる将来の期待残余利益の現在価値に分解して考える．ここで，株主の投下した資本とは，時点0において，会計上，株主が企業に投資している金額たる株主資本の簿価 $BE_{i,0}$ に相当する．一方，将来の期待残余利益とは，将来の経済活動によって株主価値が創造されたり，毀損されたりする部分に相当する．1期先の経済活

---

[4] 詳しい導出過程については，**サポートサイトの S4.10 節**を参照してほしい．そこでは，残余利益モデルに限らず，複数の会計情報ベースの株式価値評価モデルを紹介している．

動による株主価値創造・毀損分を1期先の期待残余利益 $\mathbb{E}[X_{i,1}^a]$ と言う．残余利益は英語で residual income や abnormal earnings と呼ばれ，$\mathbb{E}[X_{i,1}^a]$ の a は abnormal earnings であることを強調するために付している．期待残余利益が正であれば株主価値は創造され，反対に負であればそれは毀損されることを意味する．

　ここでのポイントは，現時点における株主価値 $V_{i,0}$ を計算する上で，将来の期待残余利益は株主の要求収益率（割引率）で現在価値に割り引く点である．なぜなら，株主が投下した資本とは異なり，将来の期待残余利益は未実現のキャッシュフローであり，現在価値に換算する際にそのリスクを加味しなければならないからである．すなわち，残余利益モデルに基づく株主価値は，次のように表すことができる．

$$V_{i,0} = BE_{i,0} + \frac{\mathbb{E}[X_{i,1}^a]}{1+\tilde{R}_i} + \frac{\mathbb{E}[X_{i,2}^a]}{(1+\tilde{R}_i)^2} + \cdots$$

$$= \underbrace{BE_{i,0}}_{\text{株主が投下した資本}} + \underbrace{\sum_{t=1}^{\infty} \frac{\mathbb{E}[X_{i,t}^a]}{(1+\tilde{R}_i)^t}}_{\substack{\text{将来期待残余利益の}\\\text{現在価値合計}}}$$

上の式は総額ベースで考えているが，両辺を発行済株式数で除して一株当たりで考えれば，左辺は時点0の一株当たりの株主価値，すなわち，理論株価になる．

　あとは，残余利益の考え方さえ理解できれば，このモデルをマスターできる．残余利益というように，利益と付くからには考えるのは，プラスの投資の成果たる収益からマイナスの投資の成果たる費用を差し引いた P/L を考えれば良い．ただし，一般的な P/L ではなく，株主価値創造を考えるための特殊な P/L の利

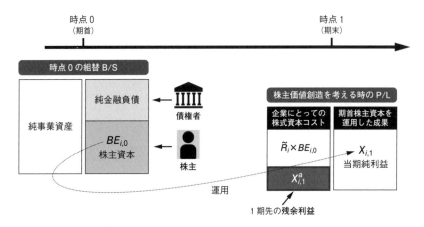

益である.

時点0（期首）において株主資本に投資する株主にとっての1期先のプラスの投資の成果は，最終的に株主に帰属する当期純利益 $X_{i,1}$ である．これが収益相当である．企業が経済活動を行い，株主に当期純利益というプラスの投資の成果をもたらせたのは，株式によって資金調達をできたからであり，その資金調達を行うために企業はコスト負担が必要であった．それは金額ベースで考えた株主が要求するリターン，企業にとっては株式資本コストである．株主はどのような気持ちで企業に投資しているかと言えば，会計上，期首時点に株主資本 $BE_{i,0}$ を投じている以上，最低限自分たちの要求収益率 $\widetilde{R}_i$ でそれを運用してほしいと考えているはずだ．したがって，彼らが金額ベースで要求するリターンは，期首株主資本 $BE_{i,0}$ に要求収益率 $\widetilde{R}_i$ を乗じた額である．これは，株主が金額ベースで要求するリターンであり，企業の立場に立てば，金額ベースの株式資本コストとなる．これが株主価値創造を考える場合の P/L の費用に相当する．したがって，1期先の残余利益 $X_{i,1}^a$ は，次式によって表される．

$$X_{i,1}^a = X_{i,1} - \widetilde{R}_i \times BE_{i,0} \tag{7.5}$$

この式だけ見ても残余利益の正負を決める要因はなかなか思い浮かんでこないものだ．しかし，ひとたび上式の右辺を時点0の株主資本 $BE_{i,0}$ で括ってやると，株主価値創造の秘訣が浮かび上がってくる．

$$X_{i,1}^a = \left(\underbrace{\frac{X_{i,1}}{BE_{i,0}}}_{\text{1期先のROE}} - \widetilde{R}_i \right) \times BE_{i,0} \tag{7.6}$$

この式から価値創造の源となる残余利益の正負を決定するのは，ROE と株主の要求収益率の差であることが分かる．要求収益率以上の ROE を実現する企業は株主に経済的な価値をもたらす．1 期先の残余利益 $X_{i,1}^a$ に限らず，t 期先の残余利益 $X_{i,t}^a$ の期待値である $\mathbb{E}[X_{i,t}^a]$ $(t=1,2,\dots)$ がプラスの企業は彼らから高く評価され，株主価値は高くなる．

1.2.4 節で学んだ PBR の多寡がエクイティ・スプレッドに左右されるという話は，この残余利益モデルの考え方が根幹にある．要求収益率 $\widetilde{R}_i$ が株主の期待リターン $\mathbb{E}[R_i]$ と等しく，さらに，時点 0 の株主価値 $V_{i,0}$ が時価総額 $ME_{i,0}$ と等しいとしよう．このとき，将来のエクイティ・スプレッドが（平均的に）正と期待され，将来期待残余利益の現在価値合計がプラスの企業は，株主価値創造企業となる．そうした企業は，株主資本の簿価より時価の方が大きくなるから，株価はBPS を上回ることになり，PBR は 1 を超える．一方で，将来期待残余利益の現在価値合計がマイナスになるような株主価値毀損企業は，PBR が 1 を下回ることになるのである．

残余利益モデルは，配当割引モデルと同様に，無限期間にわたる予想を前提とする．ただし，実践上は，将来の期待残余利益の流列に何らかの仮定をおいて，理論株価を得る．例えば，1 期先の期待残余利益 $\mathbb{E}[X_{i,1}^a]$ が，その後の期間も毎期同額だけ得られるという仮定の下では，等比数列の和の公式（**サポートサイトのS4.2 節**を参照）を利用することで，次式が得られる[5]．

$$V_{i,0} = BE_{i,0} + \frac{\mathbb{E}[X_{i,1}^a]}{1+\widetilde{R}_i} + \frac{\mathbb{E}[X_{i,1}^a]}{(1+\widetilde{R}_i)^2} + \cdots = BE_{i,0} + \frac{\mathbb{E}[X_{i,1}^a]}{\widetilde{R}_i} \tag{7.7}$$

---

[5] このような仮定を置いた論文に Frankel and Lee (1998)[16] がある．彼らは，1 期先や 2 期先といった目先の期待残余利益が，その後の期間も永続するという単純な仮定の下で理論株価を推定しても，割安株や割高株を識別することができることを明らかにしている．その他にも，ある期の期待残余利益を与件として，その後の期間は一定の割合で成長するという仮定もしばしば利用される．また，残余利益の構成要素には ROE が含まれており，ROE は平均回帰する傾向にあることが知られている．したがって，その傾向を仮定に取り入れて，将来の予想 ROE は，長期的に平均的な ROE 水準へと収束すると考えて将来の期待残余利益を予想するやり方も考えられる．

時点 0 の株主資本 $BE_{i,0}$ は既知の情報であり，$\tilde{R}_i$ は $\mathbb{E}[R_i]$ と等しいとして，CAPM や FF3 モデルで推定すれば良い．(7.5) 式を見てみると，1 期先の期待残余利益 $\mathbb{E}[X_{i,1}^a]$ のうち 1 期先の期待当期純利益 $\mathbb{E}[X_{i,1}]$ は，例えば，アナリストや経営者が公表する予想利益で代用することができる．こうしてインプットが全て揃い，時点 0 の株主価値 $V_{i,0}$ を評価することができ，それを発行済株式数で割れば，時点 0 の理論株価が求められるという流れである．時点 0 において市場で成立している株価が誤っている一方，評価者が置いた仮定や推定された株式資本コストが適切で理論株価の見立てが正しい限り，どの銘柄を売買すべきかの意志決定に役立てることができる．本章の**章末問題 演習 10** では，実際に経営者予想を基に各銘柄の理論株価を残余利益モデルを用いて計算し，割安度（割高度）に応じて取引戦略を構築する．

7.1.5 投資プロジェクトや企業価値の評価

　前小節で計算した資本コストは株式資本コストであり，言い換えると企業が株式を発行して資金調達する際の資本コストである．企業は負債を発行して資金調達を行う事もできるので，負債資本コストも存在する．負債は時価が観察できない場合が多いため，ファクター・モデルによる資本コストの推定は行わず，利払いの実額や信用格付けなどの情報に基づいて資本コストを推定することが多い．

　企業全体で見た場合のトータルの資本コストを**加重平均資本コスト** (Weighted Average Cost of Capital; WACC) と言う．WACC とは文字通り，負債資本コストと株式資本コストの加重平均値である．企業金融では，企業は複数の投資プロジェクトの集合体であると捉えるので，WACC はその企業が手掛ける投資プロジェクトの平均的なリスクを反映して決まる．ある企業の負債，及び株式の時価をそれぞれ D, E と置くとき，WACC は以下のように定義される．

$$WACC = \underbrace{\frac{D}{D+E}}_{\text{負債比率}} \times \underbrace{R_D}_{\text{負債資本コスト}} + \underbrace{\frac{E}{D+E}}_{\text{株主資本比率}} \times \underbrace{R_E}_{\text{株式資本コスト}}$$

　一般に，負債は株式よりもリスクの低い資産であるため，投資家は比較的低い期待リターンしか要求しない．したがって，負債資本コストは株式資本コストよ

りも相対的に小さい．そのため，株式でなく負債による資金調達を積極的に行えば，企業全体で見た時の資本コスト WACC を削減できると考えるのが自然である．しかし，この考えが必ずしも正しくないことを示したのが Modigliani-Miller の定理である．簡単に言うと，負債による資金調達を増やすと，返済すべき利息や元本が増大するので，株式のリスクが高まる．その結果，株式資本コストが上昇し，負債による低コストの資金調達のメリットを打ち消してしまう[6]．

　企業金融の実務では，投資プロジェクトを行うべきか判断する場面が数多くある．ある投資プロジェクトを実行することによって企業価値がプラスされるのか，複数ある投資プロジェクトのうちどれを行うのが最も望ましいか，といった問いに答えるには，**2.1.3 節**で学習した NPV を用いれば良い．NPV は全ての投資プロジェクトを単一の基準で評価できる便利な物差しだが，割引率には各投資プロジェクトのリスクの大きさを反映させる必要がある．WACC はその企業が手掛ける投資プロジェクトの平均的なリスクを反映して決まるので，同程度のリスクであれば，割引率には自社，または同業他社の WACC をそのまま用いれば良い．逆に，新規事業の立ち上げなど既存事業とリスクが異なる場合，他業種の WACC を参考にするなどして工夫する必要がある．

　NPV の考え方を企業価値の評価に応用したのが**フリー・キャッシュフロー・モデル**である．企業を投資プロジェクトの集合だとみなすと，企業価値はそれらの NPV の合計となる．ここで言う**フリー・キャッシュフロー** (Free Cash Flow; FCF) とは文字通り企業が自由に使えるお金を指し，事業で獲得したキャッシュフローから必要な事業投資を除いた値を指す．

$$
\begin{aligned}
FCF = {} & \text{事業利益 (operating income after tax)} \\
& + \text{減価償却費 (depreciation)} \\
& - \text{正味運転資本増加額 (increase in net working capital; } \Delta NWC) \\
& - \text{事業投資 (capital expenditure; } CAPEX)
\end{aligned}
\tag{7.8}
$$

　FCF はキャッシュフローに着目した値なので，会計上の最終利益とは異なり，資金提供者である債権者と株主へのキャッシュアウトの原資となる．フリー・

---

[6] 法人税を考慮すると負債の節税メリットによって WACC が減少する効果があるが，詳しくは，新井・高橋・芹田 (2016)[30] や Berk and DeMarzo (2014)（久保田ほか訳 (2014)）[1] などの標準的な企業金融の教科書を参照してほしい．

キャッシュフロー・モデルでは，この FCF の割引現在価値が企業価値と等しいと考える．すなわち，価値ベースのバランスシートを考えると，企業価値は債権者価値と株主価値に分解できるので，以下の式が成立する．

$$企業価値 = 債権者価値 + 株主価値 = \sum_{t=1}^{\infty} \frac{\mathbb{E}[FCF_t]}{(1 + WACC)^t}$$

コラム 7.3　会計上の基本制約式と FCF の算定式

そもそも，ある期の FCF とは，営業活動によって得られたキャッシュフローから将来の成長に必要な事業投資を差し引いたものとして定義される．しかし，実務において FCF の算定に利用されるのは，専ら上で提示した(7.8)式であり，なぜ事業利益から出発するのか，なぜ減価償却費を足すのか，そもそも正味運転資本とは何かなどの説明はなおざりにされることが多い．このコラムでは，どのようなロジックにより，先に提示した式によって FCF が算定できるのかを解説していこう．

7.1.4 節で紹介した会計上の基本制約式であるクリーン・サープラス関係を思い出そう．その制約式は，株主に関連する B/S 数値である株主資本，P/L 数値である当期純利益，そして，株主に帰属するキャッシュフローである配当の三者がどのような関係にあるかを描写したものである．一方，事業活動に関連する B/S 数値である純事業資産，P/L 数値である事業利益，そして，事業活動によって生み出されるキャッシュフローに相当する FCF の関係を描写した制約式も存在する．その式は，ちょうどクリーン・サープラス関係と同じように考えることができ，株主資本を純事業資産に，当期純利益を事業利益に，配当を FCF に置換することによって導出することができる．

$$\underbrace{NOA_{t-1}}_{時点t-1の純事業資産} + \underbrace{OX_t}_{t期の事業利益} - \underbrace{FCF_t}_{t期のFCF} = \underbrace{NOA_t}_{時点tの純事業資産}$$

これを FCF について解いてやれば，

$$\underbrace{FCF_t}_{FCF} = \underbrace{OX_t}_{事業利益} - \underbrace{\Delta NOA_t}_{純事業資産の増加額} \tag{7.9}$$

が導ける．では，ここで登場する純事業資産の中身とは具体的にはどのようなものであろうか．純事業資産 (NOA) は，(1) 売掛金と商品在庫（別名，棚卸資産）という事業資産から買掛金という事業負債を差し引いた**正味運転資本** (Net Working Capital; NWC) と (2) 建物のような実態のある事業資産たる有形固定資産とのれんのような実態のない事業資産たる無形固定資産を足し合わせた非流動事業資産 (Non-Current Operating assets; NCO) から成る．

純事業資産	純事業資産
売掛金 − 買掛金	正味運転資本 NWC_t
棚卸資産 （商品）	
非流動事業資産 （有形固定資産 + 無形固定資産）	非流動事業資産 NCO_t

$\leftarrow NOA_t$

したがって，純事業資産の増加額に相当する ΔNOA_t は，正味運転資本の増加額 ΔNWC_t に非流動事業資産の増加額 ΔNCO_t を足し合わせたものになる．

$$\Delta NOA_t = \Delta NWC_t + \Delta NCO_t$$

問題は，ΔNCO_t の算定方法である．簡単な例を考えてみよう．時点 $t-1$ に 100（残り耐用年数 5 年，t 期の減価償却費 20）の機械を所有している企業を考えよう．すなわち，$NCO_{t-1} = 100$ である．また，この企業が，t 期に新たに 150 の備品を現金購入し，その備品の t 期の減価償却費が 40 であったとすると

$$NCO_t = \underbrace{(100 - 20)}_{\text{減価償却後の機械}} + \underbrace{(150 - 40)}_{\text{減価償却後の備品}} = 190$$

である．t 期の事業活動に対する投資を I_t，総減価償却費を DEP_t とそれぞれ表したとき，

$$\Delta NCO_t = \underbrace{NCO_t}_{190} - \underbrace{NCO_{t-1}}_{100}$$
$$= \underbrace{I_t}_{\text{事業投資150}} - \underbrace{DEP_t}_{\text{機械の減価償却費20 + 備品の減価償却費40}} = 90$$

というように，t 期における非流動事業資産の増加額 ΔNCO_t は，その期の事業投資額 I_t から減価償却費 DEP_t を差し引いたものに等しいのである．

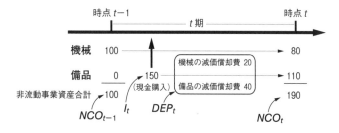

したがって，

$$\Delta NOA_t = \Delta NWC_t + \Delta NCO_t = \Delta NWC_t + (I_t - DEP_t) \qquad (7.10)$$

が導かれ，この (7.10) 式を (7.9) 式に代入してみよう．そうすると，(7.8) 式と全く同じ式が導出できることに気付くであろう．こうして会計上の制約式をうまく利用することによって，(7.8) 式により FCF が計算できるという仕組みである．

7.2 平均分散ポートフォリオの構築

　本節では，**2.5 節**で解説した平均分散ポートフォリオを具体的に計算する方法を説明しよう．**第 2 章**の後半では，危険資産が二つある場合のみに限定して解説を行ったが，本節ではより実践への応用を意識して危険資産が任意の数だけある場合を考える（理論的な説明は**サポートサイトの S4.5 節**を参照）．平均分散ポートフォリオを構築するプロセスは，パラメータの推定と最適ポートフォリオの計算という二段階に分けられるが，FF3 モデルに代表される線形ファクター・モデルは前者のステップで活躍する．

　本節の構成は次のとおりである．まず，**7.2.1 節**から**7.2.3 節**にかけて，特定の期待リターンを実現するポートフォリオのうち，リスクが最小となるものを見つける手順を説明する．より具体的に言うと，目標期待リターン μ_0 を所与とするとき，これを実現する N 銘柄の保有比率 w_i $(i = 1, 2, \ldots, N)$ の中で，ポートフォリオのリスクが最小になるものを探し出す．続いて，**7.2.4 節**では，リスク・リターン平面上に双曲線上の平均分散フロンティアを描く手順を説明する．ここでは，目標期待リターン μ_0 を次々に変え，それぞれの目標期待リターンに対応した最小リスクを計算していく．

　本節では，ポートフォリオを構築する上でポジションに制約が無い，最も基本的な場合を想定して議論を進める．しかし，登場するコードに僅かに修正を加えるだけで，特定の資産が空売りできない空売り制約や，借入資金に限界があるレバレッジ制約を加味した，より現実的なポートフォリオの構築も可能である[7]．また，株式のみならず債券や上場投資信託など幅広い資産クラスを対象に，同様

---

[7] 本章の**章末問題 演習 8**では，実際にこれらの制約を課した上で最適ポートフォリオを計算する．

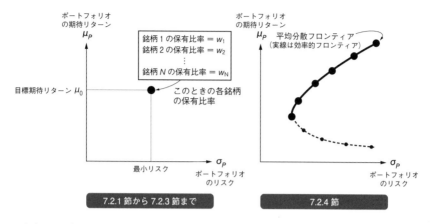

の手法で最適ポートフォリオが構築できるので，本節で紹介する内容は現実の機
関投資家が資産運用を行う上での基本となっている．

7.2.1　分散共分散行列の分解式

　平均分散ポートフォリオの計算に必要なパラメータとは，各資産の期待リ
ターン，及び分散共分散行列であった．これらのパラメータを推定する最もシン
プルな方法は，観測されたリターンの平均や分散共分散行列をそのまま用いるこ
とである．しかし，観測データの数と比べて投資可能な資産の数が多い場合，標
本分散共分散行列が特異となるため，平均分散ポートフォリオの構築が不可能に
なることが知られている[8]．そこで，本節では線形ファクター・モデルを用いて
リターンに構造を課し，その情報を用いて平均分散ポートフォリオを構築する方
法を紹介していく．以下では，引き続き FF3 モデルを例に議論を進めていくが，

---

[8]　観測データの数と比べて投資可能な資産の数が多い場合，（標本行列のランク）≤（観測データ数）<
（投資可能な資産数）となるので，標本分散共分散行列が特異となってしまう．また，仮に観測データ
数の方が多い場合でも，十分な観測データを確保できないと，標本分散共分散行列が特異に近づいて，
逆行列が安定しないという問題が生じる．平均分散ポートフォリオはこの逆行列に強く依存するため，
標本分散共分散行列を用いて平均分散ポートフォリオを構築すると，推定誤差の影響を受けやすいこと
が知られている（例えば，Michaud (1989)[25]）．Fan, Fan, and Lv (2008)[15] は，本節で紹介する線形ファ
クター・モデルによる方法と，標本分散共分散行列を用いる方法を比較し，現実的なパラメータの下で，
前者の方がより正確な平均分散ポートフォリオが得られることを示している．分散共分散行列の正定値
性が保証される理論的な条件なども詳細に書かれているので，興味がある読者はこの論文を参照してほ
しい．

この方法は任意の線形ファクター・モデルに関して応用可能である点に留意してほしい（**サポートサイトのS4.9節**を参照）.

我々は既に**7.1.2節**でFF3モデルに基づいて，各資産の期待リターン（資本コスト）の推定を行っているので，あとは分散共分散行列を推定すれば良い. 投資可能な資産の数を N とするとき，分散共分散行列とは，(i,j)–要素が資産 i と j の共分散である N 次元の対称行列である. 分散共分散行列を $\mathbf{\Sigma}$，資産 i と j との共分散 $\mathrm{Cov}[R_i, R_j]$ を $\sigma_{i,j}$ として表記すると，

$$\mathbf{\Sigma} = \begin{pmatrix} \sigma_{1,1} & \cdots & \sigma_{1,N} \\ \vdots & \ddots & \vdots \\ \sigma_{N,1} & \cdots & \sigma_{N,N} \end{pmatrix}$$

として表すことができる. 一般に，分散共分散行列は $N(N+1)/2$ 個のパラメータを含むため，投資可能な資産の数が多い場合，それら全てを正確に推定するには大量のデータが必要となる.

$$\mathbf{\Sigma} = \begin{pmatrix} \sigma_{1,1} & \sigma_{1,2} \\ \sigma_{2,1} & \sigma_{2,2} \end{pmatrix}$$
二資産ならばパラメータは3

$$\mathbf{\Sigma} = \begin{pmatrix} \sigma_{1,1} & \sigma_{1,2} & \sigma_{1,3} \\ \sigma_{2,1} & \sigma_{2,2} & \sigma_{2,3} \\ \sigma_{3,1} & \sigma_{3,2} & \sigma_{3,3} \end{pmatrix}$$
三資産ならばパラメータは6

$$\mathbf{\Sigma} = \begin{pmatrix} \sigma_{1,1} & \cdots & \sigma_{1,N} \\ \vdots & \ddots & \vdots \\ \sigma_{N,1} & \cdots & \sigma_{N,N} \end{pmatrix}$$
N 資産ならばパラメータは $N(N+1)/2$

以下では，分散共分散行列 $\mathbf{\Sigma}$ を，FF3モデルのパラメータを用いて分解することを考えよう. まずはベクトルを用いてFF3モデルを表現しておく.

$$R_i = R_F + \beta_i^M R_M^e + \beta_i^{SMB} SMB + \beta_i^{HML} HML + \varepsilon_i$$
$$= R_F + \boldsymbol{\beta}_i' X^{FF3} + \varepsilon_i$$

ただし，$\boldsymbol{\beta}_i$，及び X^{FF3} の定義は以下のとおりである.

$$\boldsymbol{\beta}_i = \begin{pmatrix} \beta_i^M \\ \beta_i^{SMB} \\ \beta_i^{HML} \end{pmatrix}, \quad X^{FF3} = \begin{pmatrix} R_M^e \\ SMB \\ HML \end{pmatrix}$$

無リスク金利 R_F は確定的であり，誤差項 ε_i が期待値ゼロかつ各ファクターと無相関であるという性質を用いると，R_i の分散は各ファクター，及び誤差項の分散共分散を用いて以下のように表すことができる.

$$\mathrm{Var}[R_i] = \mathrm{Var}[R_F + \boldsymbol{\beta}_i' X^{FF3} + \varepsilon_i] = \boldsymbol{\beta}_i' \boldsymbol{\Sigma}_{FF3} \boldsymbol{\beta}_i + \mathrm{Var}[\varepsilon_i]$$

ここで, $\boldsymbol{\Sigma}_{FF3}$ は各ファクターの分散共分散行列であり, 以下のように定義される.

$$\boldsymbol{\Sigma}_{FF3} = \begin{pmatrix} \mathrm{Var}[R_M^e] & \mathrm{Cov}[R_M^e, SMB] & \mathrm{Cov}[R_M^e, HML] \\ \mathrm{Cov}[SMB, R_M^e] & \mathrm{Var}[SMB] & \mathrm{Cov}[SMB, HML] \\ \mathrm{Cov}[HML, R_M^e] & \mathrm{Cov}[HML, SMB] & \mathrm{Var}[HML] \end{pmatrix}$$

加えて, 誤差項同士も無相関であるという性質も利用すると, R_i と R_j の共分散も各ファクターの分散共分散で表現することができる.

$$\mathrm{Cov}[R_i, R_j] = \mathrm{Cov}[R_F + \boldsymbol{\beta}_i' X^{FF3} + \varepsilon_i, R_F + \boldsymbol{\beta}_j' X^{FF3} + \varepsilon_j]$$
$$= \boldsymbol{\beta}_i' \boldsymbol{\Sigma}_{FF3} \boldsymbol{\beta}_j$$

以上の結果をまとめると, 分散共分散行列は行列表現を用いて次のように簡潔に書ける.

$$\underset{(N \times N)}{\boldsymbol{\Sigma}} = \underset{(N \times 3)}{\boldsymbol{\beta}'} \underset{(3 \times 3)}{\boldsymbol{\Sigma}_{FF3}} \underset{(3 \times N)}{\boldsymbol{\beta}} + \underset{(N \times N)}{\boldsymbol{\Sigma}_\varepsilon} \tag{7.11}$$

ただし, $\boldsymbol{\beta}$, 及び $\boldsymbol{\Sigma}_\varepsilon$ の定義は以下のとおりである.

$$\boldsymbol{\beta} = (\boldsymbol{\beta}_1 \cdots \boldsymbol{\beta}_N) = \begin{pmatrix} \beta_1^M & \cdots & \beta_N^M \\ \beta_1^{SMB} & \cdots & \beta_N^{SMB} \\ \beta_1^{HML} & \cdots & \beta_N^{HML} \end{pmatrix}$$

$$\boldsymbol{\Sigma}_\varepsilon = \begin{pmatrix} \mathrm{Var}[\varepsilon_1] & \cdots & 0 \\ 0 & \ddots & 0 \\ 0 & \cdots & \mathrm{Var}[\varepsilon_N] \end{pmatrix}$$

これらの式を見ると, 分散共分散行列に含まれるパラメータは, $\boldsymbol{\beta}$ の $3N$ 個, $\boldsymbol{\Sigma}_{FF3}$ の 6 個, $\boldsymbol{\Sigma}_\varepsilon$ の N 個で, 合計 $4N + 6$ 個となる. したがって, N が大きな値を取る時に, 何の構造も仮定しない場合の $N(N+1)/2$ 個と比べて, 推定すべきパラメータの数を大幅に削減できることが分かる.

┌─ コラム 7.4 高次元データの次元削減 ──────────────────

　本書執筆時点で日本では約 4,000 社，世界では約 45,000 社の上場企業が存在する．その一方で，パラメータの推定に利用可能な観測データは，仮に月次リターンが 20 年分にわたり利用可能だとして，せいぜい 240 個にしか過ぎない．したがって，上場株式のみに投資する場合であっても，事前に何らかのスクリーニングを行って投資対象を大幅に絞り込まない限り，分析対象のデータは，縦方向（観測データ数）より横方向（銘柄数）に長い高次元のデータとなる．一般に，高次元データに対しては古典的な統計手法の多くが利用不可能となってしまうため，次元削減のために様々な手法が提案されている．本節で紹介した線形ファクター・モデルによる分散共分散行列の分解も，その手法の一種と言える．

　FF3 モデルでは，R_M^e, SMB, HML という，経済学的に解釈しうるファクターを事前に構築し，それらを用いて実現リターンを説明した．それとは逆に，実現リターンをうまく説明するよう，ファクターを統計的に構築することも可能である．高次元データの場合に，これを行うのが Connor and Korajczyk (1986)[9] の漸近主成分法であり，Lasso 回帰などと組み合わせると，ファクターの抽出とモデルの縮約を同時に行うことができる．詳しくは，安道 (2014)[31] を参照してほしい．

　実現データへの当てはまりや純粋な予測という観点では，漸近主成分法に代表される統計的な手法が便利な場面は多々ある．しかし，これらの手法は結果の解釈が難しいという短所を持つため，経済学者は歴史的に余り重視してこなかった．**第 6 章**で触れた ICAPM によると，線形ファクター・モデルのファクターは投資機会集合の変化を表す代理変数であり，そのリスクプレミアムの背景には必ず何らかの経済学的な構造が存在する．このような考え方の下，純粋に統計的に構築されたファクターよりも，何らかの経済理論に基づき解釈可能なファクターが好まれてきたのである．

　近年，実証ファイナンスを含め，経済学の世界でも機械学習的な手法を取り入れる機運が高まっているが（例えば，Gu, Kelly and, Xiu (2020)[20] を参照），経済学はあくまで経済現象の背後にあるメカニズムの解明を主目的としている．したがって，純粋に統計的な当てはまりを追求するブラックボックス的な手法ではなく，解釈可能性を保ちながら膨大なデータを分析することに重きが置かれている．

└──────────────────────────────────────

7.2.2　分散共分散行列の推定

　(7.11) 式に基づいて分散共分散行列を推定する第一のステップは，ファクターの分散共分散行列 $\mathbf{\Sigma}_{FF3}$ の推定である．これは低次元の行列なので，ファクターの実現値から直接推定できる．12 を掛けているのは，年次の分散共分散行列を推

定するためである.

```
# ch07_10: ファクターの分散共分散行列の推定

Sigma_FF3 <- 12 * cov(factor_data[ , 4:6]) # 12 を掛けて年次データに換算

##              R_Me          SMB          HML
## R_Me  0.020685969 -0.003901607  0.001529890
## SMB  -0.003901607  0.006268377 -0.001886351
## HML   0.001529890 -0.001886351  0.003915638
```

　次のステップに入る前に, 銘柄ユニバースを予め決めておこう. なぜなら, 現実の投資実務ではポートフォリオを構築する前の段階で, 時価総額や流動性の観点で投資対象をスクリーニングするのが一般的だからである. ここでは, 2020年の年末時点で時価総額 ME が上位 100 社に入っている大型株のみを銘柄ユニバース $(N = 100)$ にして効率的フロンティアを導出していこう. 以下のコードでは, N_portfolio_firms に 100 を代入した上で, 時価総額が上位 100 位に入る銘柄の firm_ID を選択し, それを investment_universe としている.

```
# ch07_11: 投資対象企業の選定

N_portfolio_firms <- 100 # 投資対象の企業を 100 社に限定

investment_universe <- annual_data %>%
  filter(year == 2020) %>% # 2020 年度のデータを抽出
  filter(rank(desc(ME)) <= N_portfolio_firms) %>%
      # その中で時価総額が上位 100 社の銘柄を抽出
  select(firm_ID) %>%
  unlist() # データフレームからベクトルに変換

names(investment_universe) <- NULL # firm_ID という列名を消去

## [1] 33 101 155 … (中略) … 1454 1473 1499
```

　銘柄ユニバースの選択が終わったので, 次のステップに移っていこう. 第二ステップは, 銘柄ユニバースに含まれる各銘柄に関して, 誤差項の分散共分散行列 Σ_ε を推定することである. これにはまず ε_i の実現値を推定してから, その標本分散を計算すれば良い. ε_i は実現リターン R_i と FF3 モデルに基づくリターン

R_i^{FF3} の差と書き換えられた.

$$\varepsilon_i = R_i - \underbrace{(R_F + \beta_i^M R_M^e + \beta_i^{SMB} SMB + \beta_i^{HML} HML)}_{R_i^{FF3}}$$

ファクターの実現値とファクター・ローディングの情報は得られているので,それらを基に R_i^{FF3},及び ε_i を推定できる.以下では,各銘柄に関して ε_i の分散 epsilon_variance を推定した後,diag() 関数を用いてそれを対角要素に持つ行列 Sigma_epsilon を作成している.

```
# ch07_12: 誤差項の分散共分散行列の推定

Sigma_epsilon <- monthly_data %>%
  filter(firm_ID %in% investment_universe) %>%
      # 投資対象に含まれるデータのみを抽出
  left_join(FF3_loadings, by = "firm_ID") %>%
  mutate(R_FF3 = R_F + beta_M * R_Me + beta_SMB * SMB + beta_HML * HML,
          # ファクターの実現値から Fama-French の3ファクター・モデルに
          基づくリターンを計算
          epsilon = R - R_FF3) %>% # 実際のリターンとの違いから誤差項を推定
  group_by(firm_ID) %>%
  summarize(epsilon_variance = 12 * var(epsilon, na.rm = TRUE)) %>%
      # firm_ID ごとに誤差項の分散を推定
  select(epsilon_variance) %>%
  unlist() %>% # データフレームからベクトルに変換
  diag() # ベクトルから対角行列を作成
```

出力結果

	[,1]	[,2]	[,3]	[,4]	[,5]	[,6]	
[1,]	0.0608005	0.0000000	0.00000000	0.00000000	0.00000000	0.000000000	
[2,]	0.0000000	0.0843606	0.00000000	0.00000000	0.00000000	0.000000000	
[3,]	0.0000000	0.0000000	0.01305005	0.00000000	0.00000000	0.000000000	(後略)
[4,]	0.0000000	0.0000000	0.00000000	0.01593952	0.00000000	0.000000000	
[5,]	0.0000000	0.0000000	0.00000000	0.00000000	0.07127962	0.000000000	
[6,]	0.0000000	0.0000000	0.00000000	0.00000000	0.00000000	0.007003629	

(後略)

これで必要なデータが揃ったので,前小節の (7.11) 式で示した分解式に基づいて分散共分散行列を計算してみよう.**7.1.2 節**で推定したファクター・ローディング FF3_loadings はデータフレームで保存されていた.行列積を計算する必要

があるので，まず以下のコードでは，これを as.matrix() 関数を用いて beta という行列に変換している（**7.1.2 節**のコード ch07_05 と同様のステップ）．このように変換すると，beta は元のデータフレームの次元を引き継いで $(N \times 3)$ 行列となる．しかし，(7.11) 式における β は，$(3 \times N)$ 行列と定義されていた．したがって，以下のコードでは，(7.11) 式に基づいて分散共分散行列 Sigma を計算する際，転置行列 t(beta) を Sigma_FF3 の後に掛けている点に注意してほしい．

```
# ch07_13: リターンの分散共分散行列を準備

beta <- FF3_loadings %>%
    filter(firm_ID %in% investment_universe) %>%
        # 投資対象に含まれるデータのみを抽出
    select(-firm_ID) %>% # ファクター・ローディングのみを抽出
    as.matrix() # データフレームから行列に変換

Sigma <- beta %*% Sigma_FF3 %*% t(beta) + Sigma_epsilon # 分解式に基づい
    て分散共分散行列を計算
```

出力結果

	[,1]	[,2]	[,3]	[,4]	[,5]	[,6]	
[1,]	0.075854630	0.004859174	0.012715151	0.013988118	0.014824847	0.009494939	
[2,]	0.004859174	0.090382987	0.012562300	0.014306219	0.009351372	0.014362777	
[3,]	0.012715151	0.012562300	0.040618562	0.031367192	0.019461934	0.029545209	(後略)
[4,]	0.013988118	0.014306219	0.031367192	0.051660087	0.021648683	0.033747138	
[5,]	0.014824847	0.009351372	0.019461934	0.021648683	0.094466664	0.020774158	
[6,]	0.009494939	0.014362777	0.029545209	0.033747138	0.020774158	0.041657606	
			(後略)				

最後に次小節への準備として，FF3 モデルに基づく各銘柄の期待リターンをベクトル形式の mu として保存しておこう．

```
# ch07_14: 期待リターンのベクトルを準備

mu <- FF3_cost_of_capital %>% # 7.1.2 節の推定結果をそのまま利用
    filter(firm_ID %in% investment_universe) %>%
        # 投資対象に含まれるデータのみを抽出
    select(-firm_ID) %>%
    unlist() # データフレームからベクトルに変換

names(mu) <- NULL # cost_of_capital という列名を消去
```

```
## [1] 0.203791678 -0.001750860 0.071846430 … (中略) … 0.088872719
     0.153100331 0.361662758
```

7.2.3 平均分散ポートフォリオの計算

平均分散ポートフォリオとは,投資可能な資産の期待リターン $\boldsymbol{\mu}$,及び分散共分散行列 $\boldsymbol{\Sigma}$ を所与として,目標期待リターン μ_0 を達成するポートフォリオの中で,分散を最小にするものであった.任意の保有比率 $\boldsymbol{w}$ に対して,そのポートフォリオの分散は $\boldsymbol{w}'\boldsymbol{\Sigma}\boldsymbol{w}$ で書けるので,この問題は以下の最小化問題にまとめられる.

$$\min_{\boldsymbol{w}} \ \boldsymbol{w}'\boldsymbol{\Sigma}\boldsymbol{w} \quad \text{s.t.} \quad \boldsymbol{\mu}'\boldsymbol{w} = \mu_0 \quad \text{and} \quad \boldsymbol{1}_N'\boldsymbol{w} = 1$$

ここで,$\boldsymbol{1}_N$ は各要素が 1 である縦ベクトルを表す.最初の等号制約 $\boldsymbol{\mu}'\boldsymbol{w} = \mu_0$ は,このポートフォリオの期待リターンが μ_0 であるという条件を意味する.一方,二番目の等号制約 $\boldsymbol{1}_N'\boldsymbol{w} = 1$ は,各資産の保有比率の合計が 1 になる条件である.

$$\boldsymbol{\mu}'\boldsymbol{w} = \mu_0 \iff \mu_1 w_1 + \cdots + \mu_N w_N = \mu_0$$
$$\boldsymbol{1}_N'\boldsymbol{w} = 1 \iff w_1 + \cdots + w_N = 1$$

以下では,この問題を数値的に解いて,最適ポートフォリオを具体的に求めていく.実は解析解も知られているが,空売り制約などのポジション制約を追加する柔軟性に欠けるため,ここでは数値解を優先する.解析解,及びその導出は**サポートサイトの S4.5 節**を参照してほしい.本章の**章末問題 演習 7** では数値解と解析解を比較し,数値計算に伴う誤差の大きさを評価する.

平均分散ポートフォリオを求める問題は,目的関数,及び制約式が全て $\boldsymbol{w}$ に関する二次以下の多項式で表せるので,一般に二次計画問題に分類される.R では二次計画問題を解くために,quadprog というパッケージが用意されている.

```
# ch07_15: quadprog パッケージのインストール

install.packages("quadprog") # quadprog は quadratic programming (二次計
    画法) の略
```

この quadprog パッケージの中で，今回用いるのは solve.QP() 関数である．その名のとおり，この関数は二次計画問題 (Quadratic Programming) を解く関数であり，一般に以下の引数を指定する[9].

$$\boxed{\texttt{solve.QP(Dmat, dvec, Amat, bvec, meq)}}$$

ここで各引数は，以下の二次計画問題を定義する行列やベクトルに対応している．

$$\min_{b} \frac{1}{2} b' D_{mat} b - b' d_{vec} \quad \text{s.t.} \quad A_{mat} b \geq b_{vec}$$

ただし，不等号制約 $A_{mat} b \geq b_{vec}$ のうち，上から meq 番目までは等号で成立する．

平均分散ポートフォリオを求める問題は二次計画問題の一種であり，solve.QP() 関数の各引数と，本節に登場する各変数の対応関係をまとめると以下の表のようになる．

solve.Qp()	対応する本節の変数	説明
b	w	保有比率
D_{mat}	Σ	分散共分散行列（1/2 は最適解に影響無し）
d_{vec}	0	対応項無し
A_{mat}	$\begin{pmatrix} \mu' \\ 1'_N \end{pmatrix}$	各銘柄の期待リターン，及び保有比率の合計を求めるための係数
b_{vec}	$\begin{pmatrix} \mu_0 \\ 1 \end{pmatrix}$	目標期待リターン，及び保有比率の合計値

以下では，目標期待リターンが 0.1 であるときの最適ポートフォリオを実際に求めてみよう．まずは，目標期待リターン target_return に 0.1 を代入した上で，Dmat などの引数を定義しよう．その後，それらを solve.QP() 関数に代入し，返り値を MV_portfolio という変数に保存している．

```
# ch07_16: solve.QP() 関数を利用した平均分散ポートフォリオの計算 (1)

library(quadprog) # quadprog の読み込み
```

---

[9]　他にも多彩なオプション引数が用意されているので，興味がある読者は公式サイトの解説を参照してほしい．

```
target_return <- 0.1 # 目標期待リターンを 0.1 に設定

Dmat <- Sigma # 分散共分散行列
dvec <- rep(0, N_portfolio_firms) # 対応項無し
Amat <- cbind(mu, rep(1, N_portfolio_firms)) # 目標期待リターン，及び保
    有比率の係数
bvec <- c(target_return, 1) # 目標期待リターン，及び保有比率の合計値

MV_portfolio <- solve.QP(Dmat, dvec, Amat, bvec, meq = 2) # 等号制約の数
    を meq 引数で表す
```

次のコードにより，返り値の `MV_portfolio` の構造を確認してみると，要素が六個のリストであることが分かる．最適化に関する知識が必要となるので，ここで全ての要素の意味は説明しないが，最初の `solution` が最適解で，`value` がそれに対応する目的関数の値である[10]．

```
# ch07_17: solve.QP() 関数を利用した平均分散ポートフォリオの計算 (2)

str(MV_portfolio) # solve.QP() 関数の返り値の構造を確認
```

出力結果
```
List of 6
$ solution              : num  [1:100] 0.0581 0.0245 0.0121 -0.0271 0.0124 ...
$ value                 : num  0.0035
$ unconstrained.solution: num  [1:100] 0 0 0 0 0 0 0 0 0 0 ...
$ iterations            : int  [1:2] 3 0
$ Lagrangian            : num  [1:2] 0.02701 0.00431
$ iact                  : int  [1:2] 2 1
```

最後に，返り値の `MV_portfolio` から，それぞれの銘柄に対する最適保有比率 `optimal_weight` と，対応するポートフォリオの標準偏差 `minimized_risk` を抽出して保存している．二次計画問題は一般に目的関数に 1/2 を掛けて定義されるので，返り値から抽出した `value` に 2 を掛けるのを忘れないようにしよう．

---

[10] 実用上，数値的な最適化は `solve.QP()` 関数のような既成の関数を用いるのが普通だが，仕組みをよく理解せずに使っていると，その過程がブラックボックス化してしまう恐れがある．解きたい問題に対して適切なアプローチを選択した上で，計算結果の妥当性を自身で評価できるようになるには，数値的最適化に関する基本的な知識があるのが望ましい．また，`solve.QP()` 関数のような関数を実行すると，その過程で様々な警告・エラーメッセージが出力されることがある．こういった場合，出力されたメッセージを無視せずしっかり読んで，意味が分からない場合はインターネットで公式マニュアルを検索するなどして理解に努めよう．

```
# ch07_18: solve.QP() 関数を利用した平均分散ポートフォリオの計算 (3)

optimal_weight <- MV_portfolio$solution # 最適保有比率を保存
print(optimal_weight[1:10]) # 最初の 10 社のみ表示
## [1] 0.0580726666 0.0245486385 0.0121478107 -0.0270912773
    0.0123755582 -0.1703321035 0.0118779871 0.0128634656 0.0517985612
    -0.0111403267

minimized_risk <- sqrt(2 * MV_portfolio$value) # 平均分散ポートフォリオ
    のリスクを保存して表示
print(minimized_risk)
## [1] 0.08371003
```

7.2.4 平均分散フロンティアの描画

　平均分散フロンティアとは，目標期待リターンを少しずつ動かしていった際に，それを実現するために必要なリスクがどう変化するかを描いた曲線であった．したがって，以下では目標期待リターン target_return を -0.1 から 0.4 までの間で離散化し，各目標期待リターンに対し，for 文の中で solve.QP() 関数を実行して，最適ポートフォリオを求めている．計算結果は，それぞれ optimal_weight と minimized_risk に保存されている．

```
# ch07_19: 平均分散ポートフォリオの描画 (1)

target_return <- seq(-0.1, 0.4, length = 100) # -0.1 から 0.4 の範囲を離散
    化して目標期待リターンを 100 次元のベクトルで準備
N_points <- length(target_return) # target_return の次元 100 を N_points
    と定義

optimal_weight <- matrix(NA, nrow = N_points, ncol = N_portfolio_firms)
    # 各目標期待リターンに対して最適保有比率を保存する空行列を準備
minimized_risk <- rep(NA, N_points) # 同様に平均分散ポートフォリオのリス
    クを保存する空ベクトルを準備

for (i in 1:N_points) { # 平均分散ポートフォリオの計算を 100 回繰り返す
  bvec <- c(target_return[i], 1)
  MV_portfolio <- solve.QP(Dmat, dvec, Amat, bvec, meq = 2)
```

```
  optimal_weight[i, ] <- MV_portfolio$solution # 結果の保存
  minimized_risk[i] <- sqrt(2 * MV_portfolio$value)
}

print(optimal_weight[N_points, 1:10]) # target_return = 0.4 のときの最適
    保有比率 (最初の 10 社のみ)
## [1] 0.102911702 0.020711220 0.001801566 -0.046204100 0.016718819
    -0.444390843 0.023600316 0.021858155 0.096069270 -0.004657669

print(minimized_risk[N_points]) # target_return = 0.4 のときの平均分散
    ポートフォリオのリスク
## [1] 0.2148099
```

print() 関数を利用して結果を表示してみると，確かに各目標期待リターンに応じた保有比率とリスクが計算されている．

このようにして計算した平均分散フロンティアを図示する．ggplot2 にはデータフレーム形式のインプットが必要であったので，まずは tibble() 関数により MV_frontier というデータフレームを作成している．geom_line() 関数を用いる際の注意点だが，x 軸に target_return，y 軸に minimized_risk を指定して，それを coord_flip() 関数で 90 度回転させる．これをせず，そのまま x 軸に minimized_risk，y 軸に target_return としてしまうと，縦線でギザギザの図となってしまう（本章の**章末問題 演習 5** を参照）．

```
# ch07_20: 平均分散ポートフォリオの描画 (2)

MV_frontier <- tibble(target_return, minimized_risk)

ggplot(MV_frontier) +
  geom_line(aes(x = target_return, y = minimized_risk)) +
      # x 軸に target_return, y 軸に minimized_risk を指定
  coord_flip() + # 縦軸と横軸をひっくり返すのに coord_flip() 関数を用いる
  labs(x = "Expected Return", y = "Risk") +
  theme_classic()
```

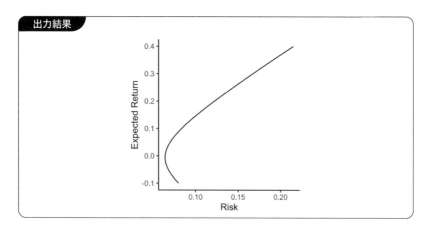

出力結果

演習問題

演習1 2.2.4節で，銘柄AとBに加えて安全資産が投資可能な場合に，接点ポートフォリオの保有比率は概ね47%を銘柄Aに，53%を銘柄Bとなると言及した．この問題では自分で数値計算を行って，この値を導出してみよう．

(1) 引数 w に対して，銘柄AとBの保有比率がそれぞれ $(w, 1-w)$ であるポートフォリオを考えるとき，このポートフォリオのシャープ・レシオを返す独自関数 calculate_Sharpe_ratio() を定義せよ．

(2) 接点ポートフォリオは，平均分散フロンティア上の点のうち，安全資産から引いた直線の傾き（シャープ・レシオ）が最大になる点である．前問で定義した calculate_Sharpe_ratio() を w に関して最大化して，接点ポートフォリオの保有比率を求めよ．

> ヒント：この最適化は二次計画問題に属さないので quadprog パッケージは使えないが，代わりに基本パッケージの optimize() 関数を用いて解くことができる．optimize() 関数は一変数関数の最適化に用いるもので，第一引数に最適化したい関数を取る．また，interval 引数で最適化の領域を指定する必要があるため，この問題では w の絶対値が十分大きくなる範囲で指定すれば良い．最後に，デフォルトでは最小化問題を解いてしまうため，代わりに最大化問題を解くには maximum = TRUE と指定する．

演習2 コラム7.1（298頁）で紹介したとおり，FF3モデルの提唱者であるファーマとフレンチは最近，新しいファクターを二つ加えた5ファクター・モデル（FF5モデル）を提唱している．FF5モデルにおいて新しく追加された二つのファクターの定義を自分で調べ

て説明せよ.

> ヒント：元論文は Fama and French (2015)[14] だが，インターネット上に日本語
> の解説資料も数多く存在する.

- 以降の問題では，本章で用いたシミュレーション・データを利用する.

演習 3　7.1.2 節では FF3 モデルに基づき株式資本コストを推定した．株式資本コストの推定は，期待リターンに関する特定のモデルを前提とするので，どのモデルを用いるかで値が変わりうる．仮に CAPM に基づき株式資本コストを推定した場合，各企業の株式資本コストはどのようになるか．同一図上で密度関数を重ね書きすることによって，FF3 モデルと CAPM の両者で推定された株式資本コストの分布を比較せよ.

演習 4　7.1.5 節で加重平均資本コスト (WACC) について学んだことを思い出そう.

$$WACC = \underbrace{\frac{D}{D+E}}_{\text{負債比率}} \times \underbrace{R_D}_{\text{負債資本コスト}} + \underbrace{\frac{E}{D+E}}_{\text{株主資本比率}} \times \underbrace{R_E}_{\text{株式資本コスト}}$$

ここで，D，及び E はそれぞれ負債と株式の時価総額であった．この問題では，上式に基づいて各企業の WACC を実際に推定してみたい．まずは 2020 年度のデータを用い，各企業の負債比率 $\frac{D}{D+E}$，及び株主資本比率 $\frac{E}{D+E}$ をそれぞれ計算せよ．株式資本コストは FF3 モデルに基づく期待リターンで推定するとして，負債資本コストは 4.8.1 節で計算した会計上の債権者のリターン (NBC) の実績値で置き換えたい．各企業の負債資本コストは 2020 年度における NBC の実績値と等しいと仮定した上で WACC を計算し，その分布をヒストグラムに描いて可視化せよ.

> ヒント：負債は時価と簿価が大きく乖離することが少ないので，両者が等しい
> と仮定されることが多い.

演習 5*　7.2.4 節で平均分散フロンティアを描く際に，x 軸に `target_return`，y 軸に `minimized_risk` と指定した上で，`coord_flip()` 関数を使って両軸を交換したことを思い出そう．仮に `coord_flip()` 関数を使わずに，そのまま x 軸に `minimized_risk`，y 軸に `target_return` と指定した場合，どのようなグラフが描かれるか．その理由と共に明らかにせよ.

演習 6*　この問題では，7.2.4 節で描いた平均分散フロンティアに新しい情報を加えていこう.

(1)　各銘柄のうち `firm_ID` が小さい 5 銘柄を表す点を図上に追加せよ.

> ヒント：`diag()` 関数に正方行列を代入すると，対角要素のみを抽出できる.
> 5 銘柄の期待リターン，及びリスクをデータフレームにまとめた上で，`geom_`

point() 関数で散布図として可視化する.

(2)　大域的最小分散ポートフォリオ（**第2章の章末問題 演習6を参照**）を表す点を図上
に追加せよ.

> ヒント：任意の期待リターンに対して, 平均分散フロンティア上のリスクを
> 返す関数を定義した上で, **演習1**で紹介した optimize() 関数を用いて大域
> 的最小分散ポートフォリオを求める.

(3)　平均分散フロンティアのうち, 効率的フロンティアのみを実線で描き, それ以外は
破線で表わせ.

> ヒント：まずは平均分散フロンティア全体を破線で描いた後, 効率的フロン
> ティア部分のみを実線で上書きする. 小問(2)の結果を利用し, 平均分散フロ
> ンティアの中から, 大域的最小分散ポートフォリオの期待リターンを上回る
> 部分を抽出し, geom_line() 関数で描画すれば良い.

演習7　平均分散ポートフォリオを求めるにあたって, 7.2節では solve.QP() 関数を利用
した数値的最適化を行った. 一方, 本文中でも触れたとおり, この問題には解析解が存在
することも知られている. **サポートサイトの S4.5 節**を参考に, 7.2.3節のコード 07_16 と
同じ問題を解析的に解き, solve.QP() 関数の使用に伴う数値的誤差の大きさを評価せよ.

> ヒント：逆行列を求めるには solve() 関数を用いる.

演習8　現実の運用では, 空売り制約やレバレッジ制約が存在するため, 保有比率を一定
の範囲内に制限することが多い. **7.2節**のパラメータを所与として, 全ての銘柄の保有比率
を0から1の範囲に制限する場合を考えよう. 目標期待リターン $\mu_0 = 0.1$ を実現する制約
付き最適ポートフォリオを求めよ.

> ヒント：solve.QP() 関数の引数のうち, Amat, 及び bvec を修正する. また,
> $w \leq 1 \Leftrightarrow -w \geq -1$ と書き換えられる.

> • 以降の問題では, **サポートサイトの S2 節**からダウンロードした新しいデータ
> セットを利用する.

演習9＊　**サポートサイト**よりダウンロードした ch07_dividend_forecast.csv を用意せよ.
このデータセットは本章で用いたシミュレーション・データを補足するもので, 特定の100
銘柄に関して, アナリストが month_ID が時点72において独自に予想した, 各企業の配当
成長率の永続値が収録されている. 配当割引モデルを前提に以下の問いに答えよ.

(1) month_ID が時点 72 における市場株価と配当成長率の予想値を用いて潜在資本コスト
を求めよ．また，同一図上に密度関数を重ね書きすることによって，このようにして
求めた潜在資本コストと，FF3 モデルに基づく資本コストの分布を比較せよ．

(2) FF3 モデルに基づく資本コストと配当成長率の予想値を用いて，理論株価を求めよ．

　　　ヒント：この 100 銘柄には，2020 年度の時点で無配の企業は含まれていない．

演習 10[**] 　前問では，配当割引モデルに基づいて潜在資本コストや理論株価を計算した．
この問題では代わりに，**7.1.4 節**で紹介した残余利益モデルに基づいて同様の計算を行って
みよう．より具体的には，残余利益モデルにおいて，残余利益の期待値が一定である場合
を考える．このとき，(7.7)式によると，時点 0 の株主価値 $V_{i,0}$ は次のように表せた．

$$V_{i,0} = BE_{i,0} + \frac{\mathbb{E}[X_{i,1}^a]}{\widetilde{R}_i}$$

まずは，**サポートサイト**よりダウンロードした ch07_earnings_forecast.csv を用意しよ
う．このデータセットは，本章で用いたシミュレーション・データを補足するもので，前
問とは異なる特定の 100 銘柄に関して，当期純利益の経営者予想値 X_forecast を含んでい
る．

(1) 　month_ID が時点 72 における市場株価と当期純利益の予想値を用いて潜在資本コス
トを求めよ．

　　　ヒント：潜在資本コストを求めるには，以下の式を $\widetilde{R}_i$ について解けば良い．

$$ME_{i,0} = BE_{i,0} + \frac{\mathbb{E}[X_{i,1}] - \widetilde{R}_i \times BE_{i,0}}{\widetilde{R}_i} = \frac{\mathbb{E}[X_{i,1}]}{\widetilde{R}_i}$$

(2) 　FF3 モデルに基づく資本コストと当期純利益の予想値を用いて，理論株価を求めよ．
また，このようにして求めた理論株価と month_ID が時点 72 における市場株価を比較
し，理論株価と比して市場株価が割高・割安な銘柄をそれぞれ上位 10 社ずつ抽出せよ．

(3) 　前問で抽出した 20 社を用いて等加重でロング・ショート・ポートフォリオを構築し
よう．**7.2.2 節**と同様に，FF3 モデルに基づいて各銘柄の分散共分散行列を推定し，こ
のポートフォリオのリターンの標準偏差を推定せよ．

　　　ヒント：任意のポートフォリオの分散は $w'\Sigma w$ で計算できたことを思い出そ
　　　う．ここで w は保有比率のベクトル，Σ は各銘柄の分散共分散行列である．

第 **8** 章
イベント・スタディ

　企業が経済活動を続けている限り，様々なイベントがある．定期的に行う決算発表，取引所への新規上場，株価指数への組入れ，他企業との合併，不祥事の発覚などがそれである．また，これらの個別企業の事情に起因するイベントの他にも，法規制の改廃に伴う規制環境の変化も，その影響を受ける企業にとっては重要なイベントである．こうした経済上のイベントの数々が，証券価格にどのような影響を与えるのか，また，そのイベントの影響が迅速に証券価格へと織り込まれているか否かを分析するツールとして**イベント・スタディ**がある．本章では，株価を分析対象としたイベント・スタディに焦点を当て，その概要を説明しよう．

8.1　市場における情報効率性

8.1.1　情報効率性の検証

　かつて，ファーマは，常に価格が利用可能な情報を「完全に反映 (fully reflect)」している市場を効率的と呼んだ (Fama, 1970[12])．このような市場において，良好なプロジェクトを有する企業は，その株式が高値で取引されるので，少ない株式でより多くの資本を調達することができる．他方，低品質のプロジェクトしか持たない企業は，株価が低いために思うように資金調達ができず，プロジェクトの実行さえ困難となる．このストーリーを典型例として，効率的な市場において価格は適切なシグナルとして機能するため，あらゆる経済主体がより良い意思決定を行い，その結果として経済全体で望ましい資源配分が実現される．この意味で，価格が情報を反映していることは市場が具備すべき望ましい特性の一つであり，長年にわたり経済学者の研究対象となってきた．

効率的な市場を表現したファーマのフレーズは，この研究分野の中で，最も引用されるものの一つであるが，このままでは「利用可能な情報とは何か？」，そして，「価格が情報を反映するとはどのような状況か？」が曖昧で，実際に検証するのが難しい．そこで，元のフレーズのエッセンスはそのままに保ちつつ，実証可能な形に変換していこう．

まず，考えたいのが，リスクに応じたリターンという発想である．**2.4 節**で学んだ CAPM によると，個々の証券のリスクプレミアムはマーケット・ベータで説明できた．このように，特定の経済モデルを前提に，ある証券 i に投資するとき，負担するリスクに応じて得られる正常なリターン（均衡リターン）を $\Theta_{i,t}$ と表現しよう．他方で，現時点から数えて向こう 1 期間にあたる $t+1$ 期に実際に実現するリターンを $R_{i,t+1}$ で表すとき，$\Theta_{i,t}$ との関係は以下のように書き表せる．

$$\underbrace{R_{i,t+1}}_{\text{将来リターン}} = \underbrace{\Theta_{i,t}}_{\substack{\text{経済モデルに基づく}\\\text{正常リターン}}} + \underbrace{u_{i,t+1}}_{\text{誤差項}} \tag{8.1}$$

ただし，$u_{i,t+1}$ は，現時点で利用可能な情報集合を Φ_t を所与として，条件付き期待値はゼロ（$\mathbb{E}[u_{i,t+1} \mid \Phi_t] = 0$）の誤差項である．(8.1) 式が実際の市場でも成立するとき，市場は情報効率的であると言う．

この式を事前的な観点から捉えると，ある時点の情報集合 Φ_t を与件とした将来リターンの条件付き期待値 $\mathbb{E}[R_{i,t+1} \mid \Phi_t]$ は，経済モデルに基づくリスクに応じた正常リターン $\Theta_{i,t}$ とちょうど等しくなる．正常リターンを超えて獲得できるリターンを異常リターンと呼ぶなら，情報効率的な市場では，プラスの異常リターンの獲得を期待することはできない．反対に，(8.1) 式が棄却されるとき，ある情報集合に基づいて取引を行えば，経済モデルが示す正常リターンを超えるプラスの異常リターンが見込まれ，市場は情報効率的ではないと言える．

市場が情報効率的であることの意味を理解するために，業績好調だった企業が粉飾決算の発覚により，途端に将来見通しが暗くなった状況を想定しよう．粉飾決算が白日の下にさらされた瞬間，投資家はその企業の将来見通しに対して抱いていた信念を下方へと改訂し，株価は粉飾決算の影響を完全に反映した均衡価格まで下落することになるであろう．粉飾決算の影響が株価に織り込まれると，もはやその粉飾決算の情報を基にして，その銘柄を取引しようが，（期待値の意味で）大儲けも大損もしない．我々がその銘柄に期待できる将来のリターンは，経

済モデルが示すリスクに見合った正常リターンだけになる.

(8.1)式により,価格が情報を反映する状況を明確にすることができた一方,利用可能な情報が何かは依然として不明瞭なままである.この点については,投資家の保有する情報集合を三段階に分けて,情報効率性を検証する試みが伝統的に行われてきた.一つ目に想定する情報集合は,過去の価格系列である.ある証券のこれまでの値動きを前提として,(8.1)式を検証する試みは,ウィーク型テストと呼ばれる.価格が過去の価格系列を反映するとき,市場は,ウィーク型の意味で情報効率的と言う.そうした市場では,テクニカル分析はその有効性を失うことになる.**テクニカル分析**とは,過去の価格動向から将来の値動きを予想しようというものである.ウィーク型の意味で情報効率的な市場において,過去の価格系列の含意は既に現在の価格に反映されているため,テクニカル分析によって,異常リターンを期待することはできない.

二つ目に想定する情報集合は,新聞報道や決算情報など,全ての投資家が等しく入手可能な情報(これを**公的情報**と呼ぶ)を前提として検証する試みであり,セミ・ストロング型テストと言う.価格が公的情報を反映していれば,市場は,セミ・ストロングの意味で情報効率的と言う.そのような市場では,いくらファンダメンタル分析を慎重に行ったところで,それは徒労に終わる.**ファンダメンタル分析**とは,財務諸表情報などの公的情報を頼りにその銘柄の収益性や安全性,成長性などからその銘柄の本来あるべき理論株価を推定し,それと現在成立している株価を比較することによって,割安・割高株を発掘し,投資対象を見出そうとする投資手法である.セミ・ストロング型の意味での情報効率的な市場では,公的情報は,全て現在の価格に反映されている.したがって,公的情報を隅々まで分析して,苦心の末に投資対象を選び出したところで,将来的に異常リターンを期待することはできない.

三つ目に想定する情報集合は,公的情報はもちろんのこと,一部の投資家しか知らない情報(これを**私的情報**と呼ぶ)も含む全ての情報に基づく検証であり,これをストロング型テストと言う.価格が公的情報に加え,私的情報をも反映するとき,市場はストロング型の意味で情報効率的と言う.こうした市場においては,プライベートな交友関係を通じて経営者から直接耳打ちされたような強力なインサイダー情報を利用しても,リスクに見合う以上のリターンを将来的に期待することはできない.

　情報効率性の検証とは，任意の情報集合を基にして，事後的にみて，(8.1) 式が成立しているかをテストするものである．すなわち，ある情報集合を前提にしたとき，平均的に見て将来リターンが，経済モデルに基づく正常リターンと等しい（異常リターンがゼロ）か否かが検証の焦点になる．

8.1.2 イベント・スタディの概要

　市場の情報効率性を測る一つの手段としてイベント・スタディがある．イベント・スタディとは，決算発表を始めとするイベントの影響が，株価にどのように反映され，どれほど迅速に織り込まれるかを検証するものであり，セミ・ストロング型テストの代表例である．イベント・スタディは，シカゴ大学により株価のデータベースが整備されたことをきっかけに，1960 年代後半から盛んに行われている．その長い歴史の中では，情報効率的な市場の考えとは必ずしも首尾一貫しないアノマリーがいくつか発見された．例えば，良好な決算発表を行った銘柄群ほど，決算発表後も継続的に高い異常リターンが観察されるという現象が典型例である．この現象を，**決算発表後のドリフト** (Post-Earnings Announcement Drift; PEAD) と呼ぶ．

　PEAD を始めとして，情報効率性とは相容れない結果が得られたとき，その解釈にあたっては，**コラム 8.1**（341 頁）で詳しく説明する結合仮説問題が常につきまとう．すなわち，市場が非効率であるからこうした現象が観察されたのか，分析者が仮定した経済モデルが間違っているのか，あるいは，その両方の可能性が考えられるため，結果の解釈は曖昧なものにならざるを得ない．情報効率性というのは，それ単独では検証できないという問題を抱えており，この点にイベント・スタディの限界がある．

　一方，日次リターン・レベルでは，どのようなモデルを用いて正常リターンを特定しようとも，異常リターンが大きく異ならないことが知られている．したがって，イベント・スタディの中でも，イベント周辺の短期間の株価反応に注目する研究は，結合仮説問題に余り悩まされないという利点を持つ．例えば，ファイナンス領域では，完全資本市場では企業価値に影響しないとされる配当支払いや自社株買いなどの株主への分配手段に焦点を当て，現実の市場において，その公表が株価に影響を及ぼすか否かが検証されてきた（自社株買いのイベン

ト・スタディについては，本章の**章末問題 演習6**と**7**を参照）．他方，会計領域では，経営者が会計処理方法の変更を行い，キャッシュフローには影響しないが会計利益には影響を与えるような利益マネジメントを行った際に，投資家はそれを透視して反応するのか，あるいは，誤導されてしまうのかの検証が行われてきた．このようにイベント・スタディは，会計・ファイナンス領域で議論の的となっている理論や，競合する仮説を検証するのに役立てられてきたのである．

　また，イベント・スタディにおけるアノマリー現象の発見自体が，さらなる研究の発展に大きく寄与してきたことも特筆に値する．一つ目の発展の方向性は，分析者の仮定した経済モデルの誤りを指摘し，リサーチ・デザインの精緻化を図ろうとするものである．そこでは，分析者が見過ごしたリスク要因が他にも存在し，観察されたアノマリー現象が，隠れたリスク要因に対する報酬に過ぎないかどうかが分析の焦点である．CAPM に代わって，FF3 モデルなどの別のモデルが登場してきたのも，この流れの一つである（298 頁の**コラム 7.1** を参照）．

　二つ目の発展の方向性は，なぜ情報がすぐさま価格へと織り込まれないかを探求しようとするものである．何らかの理由によって，情報が価格へと反映されず，一時的に価格が歪んだ状況を想定しよう．そうした状況を是正するメカニズムの一つに裁定取引がある．裁定取引とは，誤って割高に価格付けされた証券を売り，その証券とリスクやキャッシュフロー構造が似通った割安な証券（これを代替証券と呼ぶ）を買う行為である．両証券の価格差が縮小したときに，反対売買を行うことによって，投資のリスクを負担をすることなく，利益を上げることができる．合理的な投資家によって裁定取引が十分に行われる限り，価格の歪みは迅速に是正され，情報効率性は回復・維持されるはずである．しかし，現実の市場では，裁定取引が十分に行われる保証はない．代替証券を見つけるのが困難であったり，証券売買にかかる高い取引コストが，裁定取引を行うのを躊躇させてしまうかもしれない．そこで，証券売買に伴う取引コストや売買のし易さ（流動性），裁定取引に伴うリスクなどに着目して，情報効率性の阻害要因を特定したり，どれほど阻害しているかという影響の程度を明らかにする試みも行われるようになった．

　三つ目の発展の方向性は，人間行動のバイアスに着目して，それと証券価格との関係を解明しようとする行動ファイナンスへの展開である．そこでは，心理学分野で得られた知見を援用し，投資家心理に潜むバイアスが，情報に対する過大

反応や過小反応を引き起こしているか否か，人間の認知能力の限界に注目し，例えば注意力の限界が，情報の織り込みスピードを遅延させているか，などの研究が精力的に行われている．

かつては，分析対象とする市場が情報効率的であるか否かや，どの型の効率的市場と整合的かという議論が盛んに行われていた．具体的には，いずれかの型の情報効率性を絶対的なベンチマークとして，現実の市場が，そのベンチマークを満たしているかどうかが議論の中心であった．しかし，現代ではむしろ，日米のいずれの市場の方が効率性の程度が高いかといった市場間比較や，一つの市場を対象として，効率性に影響を与えうる施策が導入されたときやアルゴリズム取引の台頭などの状況の変化によって，効率性が以前に比べて促進されたか否かといったような，相対的な情報効率性へと関心が移りつつある．こうした現代的発想に基づけば，あるイベントに関連する新情報が，どれほど迅速に価格に織り込まれるかが分析の焦点となる．今日，イベント・スタディは，絶対的な意味での情報効率性を検証するためのツールというより，相対的な情報効率性を測るためのツールとして活用されている．

コラム 8.1　結合仮説問題

　情報効率性の検証にあたって最も分析者を悩ませるのは，正常リターン $\Theta_{i,t}$ の特定である．例えば，分析者が CAPM を前提に，市場の情報効率性を検証した状況を想定しよう．その結果，何らかのポートフォリオによって，CAPM が想定する正常リターンを上回り，プラスの異常リターンが獲得できる傾向が分かったとする．この分析結果に基づいて，市場の情報効率性を否定することができるであろうか．

　「市場が（情報の意味で）非効率 (p) ならば，平均的に異常リターンはゼロではない (q)」という命題は確かに真である．したがって，ベン図で書くと次のように表すことができる．

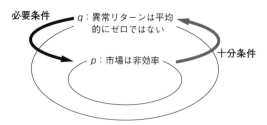

市場が非効率である (p) ためには，少なくとも異常リターンは平均的にゼロではない (q) 必要があるという意味で，q は p の必要条件であるが，十分条件ではないのである．すなわち，ある情報集合を所与として，異常リターンが平均的にゼロではなかったとしても，必ずしも市場が非効率であるとは言えない．その理由は，分析者が仮定した CAPM という経済モデルが間違っていたから，見かけ上，そうした結果が得られた，という可能性を否定できないからである．

市場が情報効率的であることを立証できるのは，(1) 市場が本当に情報効率的であり，(2) 分析者が仮定した経済モデルが正しい場合のみに限定される．したがって，市場の情報効率性の検証自体が，特定の経済モデルの検証と不可分の関係にある．市場の情報効率性を検証することの難しさを説いたこれら一連の問題を**結合仮説問題** (joint hypothesis problem) と言う．

8.2 イベント・スタディの手順

8.2.1 業績予想の修正の概要

企業の行う情報開示はしばしばイベント・スタディの対象となる．本節では，数ある情報開示の中でも業績予想の修正開示を例にして，イベント・スタディの手順を確認していこう．日本企業の決算発表は，他国のものと少し様相が異なる．それは，今期の決算がどうであったかという実績値のみならず，証券取引所の要請を受けて，来期の決算の見通しがどうかという経営者の予想値も公表する点である．そこで公表される予想値は，あくまで予想であるから，経済情勢や需給変化など様々な要因によって，当初の予想数値から見通しの改訂を迫られることがある．当初の予想値から新たに算出した予想値との間に，一定の乖離が認められれば，取引所のルールに従って，企業の経営者はすぐさまその事実を開示しなければならない．これが，**業績予想の修正**と呼ばれる情報開示である．例えば，**図8.1** は，トヨタ自動車が 2020 年 11 月 6 日に発表した開示資料である．トヨタ自動車は，当初の予定より販売台数が大幅に増加する見込みとなり，2020 年 8 月 6 日に公表した前回発表予想よりも大幅な上方改訂となったことを適時的に開示している．

業績予想の修正に関するお知らせ

当社は、最近の業績の動向等を踏まえ、2020年8月6日に公表した2021年3月期（2020年4月1日〜2021年3月31日）の通期の連結業績予想を、下記のとおり修正いたしましたのでお知らせいたします。

記

1．2021年3月期 通期 連結業績予想数値の修正（2020年4月1日 〜 2021年3月31日）

	営業収益	営業利益	税引前利益	親会社の所有者に帰属する当期利益
前 回 発 表 予 想 (A)	240,000億円	5,000億円	8,900億円	7,300億円
今 回 修 正 予 想 (B)	260,000億円	13,000億円	17,600億円	14,200億円
増 減 額 (B−A)	20,000億円	8,000億円	8,700億円	6,900億円
増 減 率 (%)	8.3%	160.0%	97.8%	94.5%
（ご参考）前期実績（2020年3月期）（注）	298,665億円	23,992億円	27,929億円	20,361億円

図 8.1　トヨタ自動車による業績予想の修正の開示例

（出所）　トヨタ自動車株式会社「業績予想の修正に関するお知らせ」（2020年11月6日）

　業績予想の修正を始め，企業にとっての重大なイベントが生起し，それに関連する新情報が明らかになったとき，市場ではどのようなことが起こるであろうか．情報効率的な市場を前提とすれば，新情報が，投資家の抱く将来見通しに対する信念を改訂するのに十分な内容を含んでいる限り，情報が開示されるや否や，投資家は信念を改訂し，株価はその情報を反映した均衡価格へと変化するであろう．

　企業の情報開示に関連するイベント・スタディでは，あるイベントによって発せられた情報が(1)投資家の信念の改訂を誘い，株価を変動させるほどのものであったか[1]，そして，(2)その情報が素早く株価に織り込まれるか否かを検証する．トヨタが公表した業績予想の修正情報の開示を例に，イベント・スタディの手順を確認していこう．

8.2.2　イベント・ウィンドウの特定

　まずは，分析対象となるイベントを特定することから始めよう．ここで注目するのは，トヨタ自動車による業績予想の修正情報の開示であるからこれが分析対象となるイベントである．情報が開示されたのは，2020年11月6日の12時45

---

[1] 例えば，将来配当などのある将来変数 X を考えよう．開示された情報を $News$ とするとき，$News$ が公表される前の X の期待値 $\mathbb{E}[X]$ と $News$ が公表された後の X の条件付き期待値 $\mathbb{E}[X \mid News]$ が異なるとき，$News$ には情報価値があったと判断することができる．このように事前に有していた期待値を改訂させるような情報は，投資家の意思決定に有用であるという意味で**情報内容** (information content) を有すると表現されることがある．

分であり，開示日当日の 2020 年 11 月 6 日がイベント日となる（開示時刻とイベント日の関係については，本小節末の**コラム 8.2** を参照）．一般的にイベント・スタディでは，イベント日のみならず，その日の周辺の市場反応を包括的に調査することになる．ここでは，暫定的にイベント日の前後 30 営業日を分析対象期間として，それをイベント・ウィンドウとして定めよう[2]．

　もちろん主たる焦点はイベント日の反応であることは言うまでもない．しかし，イベント・ウィンドウを前後に拡張することによって，次のような利点がある．すなわち，イベント前を調査することによって，市場がイベントを事前に予見して反応しているか否かが分かるし，イベント後も追跡して調査することによって，市場がどれほど迅速に情報を織り込んでいるかを分析することが可能となる．

┌─ **コラム 8.2　情報開示時刻とイベント日** ─────────────

　決算発表や業績予想の修正，自社株買いや合併・買収などのイベントの数々は，株式売買を目論む人たちの投資判断に著しく影響を及ぼすため，適時適切に TDnet を介して公表することが義務付けられている（**4.1.2 節**参照）．情報が開示される時刻が，市場が開いている時間帯，例えば，東京証券取引所ならば 9 時から 15 時の間（本書執筆時点）であれば，投資家は，TDnet を介してすぐさまその情報を入手し，それに基づいて当日中に売買へと移行することができる．他方，開示時刻が，市場が閉まった後の場合は，その情報を生かして取引が始められるのは次の営業日まで待たなければならない．このように開示時刻によっては，開示日当日にその情報に基づいて取引することができないため，イベント日の設定にあたっては配慮が必要となる．

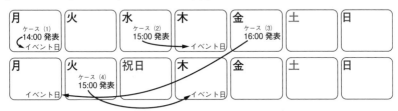

　上の図で示したとおり，イベント日は，情報が開示された後，その情報を用いて取引できる最初の営業日となる．すなわち，ケース (1) のように市場の取引時間に開示された場合は，そのまま当日がイベント日となり，他方，ケース (2) のように市場が閉まってから開示された場合は，翌営業日の木曜日がイベント日となる．また，ケース (3) や (4) のように市場が休みになる土曜日や祝日の前日に，閉場してから開示され

---
[2]　研究によっては，イベント日周辺の数日間だけをイベント・ウィンドウ，それが終わった後の期間をイベント後・ウィンドウと呼ぶものもあるが，本書では，検証の対象となる全期間をイベント・ウィンドウと称する．

た場合は，翌営業日をイベント日とみなすのである．

　TDnet が導入される以前には，開示時刻に関するデータベースが整備されていなかったため，情報開示日や開示内容が新聞で報道された日を機械的にイベント日とみなす研究も散見された．しかし，近年では，TDnet や商業用データベースを通じて，開示時刻まで正確に知ることができるようになったため，従来よりも厳密にイベント日を特定でき，精緻な研究が行える環境が整っている．本章の**章末問題 演習 6** では，開示時刻に応じてイベント日を設定する具体的な手順を学ぶ．

8.2.3　異常リターンの定式化

　イベント日のトヨタ自動車のリターンは，+0.5%であった．イベントへの反応を抽出するのに，イベント・スタディでは，生のリターンたる+0.5%から，もし，仮にイベントがなかったらどれほどのリターンがあったかという正常リターンを差し引くことによって，**異常リターン** (Abnormal Return; AR) を算定する．その異常リターンこそが，イベントに対する市場の反応として捉えるのである．銘柄 i の日次 t における異常リターン $AR_{i,t}$ は，次のように計算することができる．

$$\underbrace{AR_{i,t}}_{\text{異常リターン}} = \underbrace{R_{i,t}}_{\text{生のリターン}} - \underbrace{\mathbb{E}[R_{i,t} \mid \Phi_t]}_{\text{正常リターン}}$$

ここで Φ_t とは，日次 t の正常リターンを算出するために利用される情報集合を指し，例えば，その日のファクターの実現値などを含む．

　どのような仮定に基づいて正常リターンを求め，異常リターンを推定するかについては，いくつかの方法が提案されている．CAPM に代表される特定の経済モデルを仮定するのは，典型的な方法である．一方，特定の経済モデルには依拠せず，現実の市場の値動きをうまく描写する統計モデルに基づいて異常リターンを推定する方法もしばしば利用される．このように様々な方法が提案されている背景には，**コラム 8.1**（341 頁）で説明した結合仮説問題がある．分析者自身が何らかのモデルに基づいて正常リターンを仮定せざるを得ない以上，イベント・スタディにあたっては，複数の方法に基づく検証を心掛け，結果の頑健性を慎重に確認する姿勢が求められる．

　ここでは，頻繁に利用される統計モデルを三つ紹介しよう．最初に紹介する

マーケット・モデルに基づく方法を習得すれば，マーケット・モデルを任意の
ファクター・モデルへと置き換えることによって経済モデルに基づく異常リ
ターンの推定も可能となる．

方法⒜ マーケット・モデルを利用する方法

TOPIX などの市場を代表する指数のリターンが大きくプラス（マイナス）の
日は，トヨタ自動車を始めとする個別銘柄のリターンも大きくプラス（マイナ
ス）になる傾向がある．こうした直感を具体化するため，個別銘柄のリターンを
市場ポートフォリオのリターンで説明するような，次のような線形回帰モデルを
想定しよう．

$$\underbrace{R_{i,t}}_{\text{銘柄 } i \text{ の日次 } t \text{ のリターン}} = \alpha_i + \beta_i \underbrace{R_{M,t}}_{\substack{\text{市場ポートフォリオ} \\ \text{の日次 } t \text{ のリターン}}} + \underbrace{\varepsilon_{i,t}}_{\text{誤差項}} \tag{8.2}$$

なお，誤差項については，ある日の市場ポートフォリオのリターンが一体何％
だったか，その実現値を知った上での条件付き期待値がゼロ（$\mathbb{E}[\varepsilon_{i,t} \mid R_{M,t}] = 0$），
分散は一定（$\mathrm{Var}[\varepsilon_{i,t} \mid R_{M,t}] = \sigma_i^2$）の仮定を置く．このモデルは，ある日の個別銘
柄のリターンを同日の市場ポートフォリオのリターンによって説明しようとする
モデルであり，**マーケット・モデル** (market model) やシングル・インデックス・
モデル (single-index model) と呼ばれる[3]．このモデルは，直感的に導かれたもの
ではなく，個別銘柄のリターンと市場ポートフォリオのリターンが，二変量正規
分布に従うと仮定することによって導かれたものであり，それが統計モデルと呼
ばれる所以である．

マーケット・モデルを利用して正常リターンを導出する場合，最初に，イベン
ト・ウィンドウとは別に，上記のモデルを推定するための期間として推定ウィン
ドウを設け，その期間のデータを基にして，個別銘柄に最もフィットする (α_i, β_i)
の組合せを推定することから始める．推定ウィンドウは，一般にイベント・
ウィンドウの前に設けられる．ここでは，イベント日を相対日次ゼロとしてイベ
ント・ウィンドウを [−30：+30] としているため，推定ウィンドウを差し当たり

---

[3] ここでは関連文献と整合的にリターン自体をモデル化しているが，CAPM や FF3 モデルのように，
超過リターンをモデル化することも可能である．実証的に言うと，無リスク金利の日次レベルの変動幅
は小さいため，どちらを用いても結論は変わらないことが多い．

[−130：−31] の 100 営業日として定めよう．ここからの手順については，**図 8.2**
で要約しているので，併せて参照してほしい．

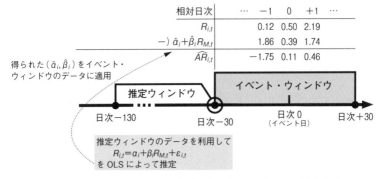

相対日次	⋯	−1	0	+1	⋯
$R_{i,t}$		0.12	0.50	2.19	
−) $\hat{\alpha}_i + \hat{\beta}_i R_{M,t}$		1.86	0.39	1.74	
$\widehat{AR}_{i,t}$		−1.75	0.11	0.46	

得られた $(\hat{\alpha}_i, \hat{\beta}_i)$ をイベント・
ウィンドウのデータに適用

推定ウィンドウ　　イベント・ウィンドウ

日次 −130　　日次 −30　　日次 0 （イベント日）　　日次 +30

推定ウィンドウのデータを利用して
$R_{i,t} = \alpha_i + \beta_i R_{M,t} + \varepsilon_{i,t}$
を OLS によって推定

図 8.2　マーケット・モデルを利用した異常リターンの推定方法

　こうして 100 営業日の個別銘柄のリターン $R_{i,t}$ と市場ポートフォリオのリ
ターン $R_{M,t}$ のデータを集めれば，**5.6 節**で学習した OLS によって，その銘柄に
フィットした $(\hat{\alpha}_i, \hat{\beta}_i)$ が得られる．これらは，イベントが何もない平時において，
その銘柄のリターンと市場ポートフォリオの関係を描写するパラメータである．
したがって，この関係をイベント・ウィンドウにも適用することによって，仮に
イベントがなかったらどれほどのリターンがその銘柄にあったかという正常リ
ターンを推し量ることができる．イベント・ウィンドウにおける正常リターンは，
その日の市場ポートフォリオのリターン $R_{M,t}$ を知った上で，個別銘柄のリター
ンの条件付き期待値は何％になるかをもって定義することができる．

$$\underbrace{\mathbb{E}[R_{i,t} \mid R_{M,t}]}_{\text{正常リターン}} = \alpha_i + \beta_i R_{M,t} \tag{8.3}$$

したがって，マーケット・モデルを利用して正常リターンを推定する場合，イベ
ント・ウィンドウの各日における異常リターン $\widehat{AR}_{i,t}$ は，推定ウィンドウで得ら
れた $(\hat{\alpha}_i, \hat{\beta}_i)$ を利用して次式によって求めることができ，そのイメージは，**図
8.3** のようにまとめられる．

$$\underbrace{\widehat{AR}_{i,t}}_{\text{異常リターン}} = \underbrace{R_{i,t}}_{\text{生のリターン}} - \underbrace{(\hat{\alpha}_i + \hat{\beta}_i R_{M,t})}_{\hat{R}_{i,t} \text{が正常リターン}} \tag{8.4}$$

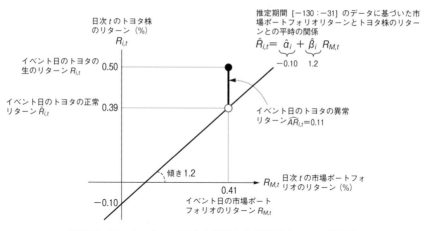

図8.3　マーケット・モデルを利用した異常リターンの概要図

こうして計算される異常リターンはしばしば**マーケット・モデル調整済み異常リ
ターン** (market model adjusted abnormal return) と呼ばれ，次のような経済的意味
を持つことになる．すなわち，CAPM が想定する個別銘柄のリスク尺度である
マーケット・ベータ β_i を調整した後の異常リターンという意味である．**2.4 節**で
学習した CAPM を思い出し，銘柄 i の日次 t の期待リターンを考えてみよう．

$$\underbrace{\mathbb{E}[R_{i,t}]}_{\text{銘柄}i\text{の期待リターン}} = \underbrace{R_F}_{\text{無リスク金利}} + \underbrace{\beta_i}_{\text{銘柄}i\text{のマーケット・ベータ}} \underbrace{(\mathbb{E}[R_{M,t}] - R_F)}_{\text{市場リスクプレミアム}}$$

ただし，無リスク金利については，日次レベルでの変動幅が小さいため，時間に
依存しないと仮定している．このとき，$\alpha_i = R_F(1 - \beta_i)$ が成立しているとすれば，
マーケット・ベータ β_i を持つ銘柄について，リスクに応じた期待リターンは，
次式のように表すことができる．

$$\underbrace{\mathbb{E}[R_{i,t}]}_{\text{銘柄}i\text{の期待リターン}} = \alpha_i + \beta_i \mathbb{E}[R_{M,t}]$$

この式は，(8.3) 式の両辺について，期待値を取ったものに他ならない．すなわち，
(8.3) 式の正常リターンとは，ここで示した諸仮定を前提として，CAPM が想定す
るリスクに応じた期待リターンを意味することになる．したがって，(8.4) 式で示
した異常リターンとは，生のリターンからその銘柄のマーケット・ベータに応じ

た期待リターンを控除したリターンを表すことになり，マーケット・リスク調整後のリターンとして捉えることができるのである．

方法(b) 市場ポートフォリオのリターンを利用する方法

前述のマーケット・モデルを利用して正常リターンを求める方法は，（コードさえうまく書ければそれほど煩雑な手続きを要さないとは言え，）個別銘柄ごとに推定ウィンドウのデータを利用して OLS を実行し，その結果をイベント・ウィンドウに当てはめるという煩雑な手続きを踏まなければならない．こうした煩雑な手続きを避け，容易に正常リターンを求める方法として市場ポートフォリオのリターン $R_{M,t}$ をもって各銘柄の正常リターンとするという考え方がある．この簡便的な方法は，(8.3)式を前提に，全銘柄一律に $(\alpha_i, \beta_i) = (0, 1)$ を仮定することで正当化される．すなわち，全銘柄のリスク（マーケット・ベータ）は，市場ポートフォリオに投資するときのリスクたる 1 に等しいと仮定するのである．そうすることによって，正常リターンは，以下のように表される．

$$\underbrace{\mathbb{E}[R_{i,t} \mid R_{M,t}]}_{\text{正常リターン}} = \underbrace{\alpha_i}_{\text{0と仮定}} + \underbrace{\beta_i}_{\text{1と仮定}} R_{M,t} = R_{M,t}$$

このとき，銘柄 i の日次 t の異常リターンは，次のように求めることができ，この方法に基づいて推定された異常リターンは，しばしば**市場調整済み異常リターン** (market-adjusted abnormal return) と呼ばれる．

$$\underbrace{\widehat{AR}_{i,t}}_{\text{異常リターン}} = \underbrace{R_{i,t}}_{\text{生のリターン}} - \underbrace{R_{M,t}}_{\text{正常リターン}} \tag{8.5}$$

このように異常リターンを算定する方法は，やや強引とも言える仮定を置くことになるが，いくつかのシミュレーションに基づく研究により，マーケット・モデルを利用する場合とそれほど大差のない結果が得られることが知られている．そうした実証結果を盾にこの方法を利用する研究も散見される．とりわけ，新規株式公開のイベント・スタディにおいては，上場する前のリターン・データが得られないことから推定ウィンドウを設定することができないので，簡便的にこの方法が頻用される．

方法(c) 同一規模群のポートフォリオ・リターンを利用する方法

　歴史的に見ると，日本を含む多くの国々で，時価総額の小さい小型株ほど，大型株に比して平均的にリターンが高い傾向が観察されてきた（規模効果に関しては **6.2.4 節** を参照）．こうした現象は，小型株ほど，大型株に比べて相対的に（マーケット・ベータとは別に）リスクが高いからもたらされたと解釈することもできる．もし，時価総額こそが，銘柄間のリスクの違いをより良く反映するならば，小型株ほどリスクが高く，期待リターンも高い．そして，イベント・ウィンドウにおける正常リターンも高くなるはずである．もし，そうならば，正常リターンは，その銘柄と規模が近しく，リスクも同程度の銘柄群から成るポートフォリオのリターンになると考えるのは自然な発想である．この考え方に立脚すれば，銘柄 i の日次 t の異常リターンは，次のように計算することができる．

$$\underbrace{\widehat{AR}_{i,t}}_{\text{異常リターン}} = \underbrace{R_{i,t}}_{\text{生のリターン}} - \underbrace{R_{P,t}}_{\substack{\text{銘柄}i\text{と同一}\\\text{規模群のリターン}}} \tag{8.6}$$

　このような考え方によって計算される異常リターンのことを規模に応じた正常リターンの差異を考慮した後のリターンという意味で，**規模調整済み異常リターン** (size-adjusted abnormal return) と呼ぶ．同一規模群のリターンを計算するやり方は，**6.1.2 節** で学んだ，時価総額別の十分位ポートフォリオのリターンを計算した要領とほとんど同じである．ただし，そのときは，ポートフォリオ内の各銘柄を等加重で保有する前提で月次リターンを計算したが，この場合は，各銘柄を時価総額加重で保有する前提でリターンを計算するのが慣例である．したがって，自前で時価総額別の十分位ポートフォリオを作成し，ポートフォリオごとに日次加重平均リターンさえ計算できれば，規模調整済み異常リターンを用いた研究も実施可能になるというわけである．

8.2.4　異常リターンの集計と統計的推論

　個別銘柄のリターンは誤差項に強く影響されるので，イベント・スタディを行う際はポートフォリオ・レベルで分析を行うことが多い．ここでは，分析対象となったイベントを特定のグループごとに集計して統計的な推論を行う方法を学ぶ．

各グループごとに、イベントに対する市場の平均的な反応を分析し、イベントが株価に及ぼす影響を検証するというわけである.

異常リターンの集計に先立ち、**累積異常リターン** (Cumulative Abnormal Return; CAR) という考え方を紹介しよう. これは、イベント・ウィンドウのある日からある日までの複数日において、日々元本を一定にしながら買っては売るという投資戦略を毎営業日繰り返した場合、累積で何%の異常リターンが得られるかを計算するものである. 銘柄 i の日次 τ_1 から日次 τ_2 までの累積異常リターン $\widehat{CAR}_i[\tau_1:\tau_2]$ は、次のように計算される.

$$\widehat{CAR}_i[\tau_1:\tau_2] = \sum_{t=\tau_1}^{\tau_2} \widehat{AR}_{i,t}$$

CAR という考え方を導入することにより、イベント日を日次ゼロとして、例えば、$(\tau_1, \tau_2) = (0, +1)$ と定め、$\widehat{CAR}_i[0:+1]$ を計算することによって、イベント日のまさに周辺(すなわち、イベント日とその翌営業日)での異常リターン動向を把握することができる. また、$(\tau_1, \tau_2) = (+2, +30)$ として、$\widehat{CAR}_i[+2:+30]$ を計算すれば、イベント後の異常リターンの動向を把握することができ、イベントの影響が、迅速に株価に織り込まれたかを推し量ることができるのである. ここまでに学習したことをトヨタの業績予想修正の開示を例にして要約したものが**図8.4**である.

ここまで理解できれば、あとはイベント・ウィンドウの各相対日次について、

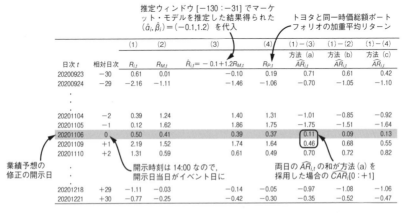

図8.4 トヨタの業績予想修正を例にした異常リターンや CAR の算定手順

分析対象となったイベントの異常リターンを集計して，結果を吟味してみよう．集計の仕方については，分析者の関心に応じて集計すれば良い．例えば，業績予想の修正開示の場合であれば，上方改訂を行った好材料 (good news) グループと下方改訂を行った悪材料 (bad news) グループに分けることが考えられる．

グループ分けが終われば，次は，イベント日をゼロとした相対日次ごとに，各グループの標本を対象に，異常リターンの標本平均である平均異常リターンを算出してみよう．算出にあたっては，あるグループ g のイベント数を N_g とすれば，次のように計算することができる．

$$\underbrace{\overline{AR_t}}_{\substack{\text{グループ} g \text{の日次} t \text{の}\\\text{標本平均異常リターン}}} = \frac{1}{N_g} \sum_{i=1}^{N_g} \underbrace{\widehat{AR_{i,t}}}_{\substack{\text{銘柄} i \text{の日次} t \text{の}\\\text{異常リターン}}}$$

他方，標本平均異常リターンの分散は，次のとおりである．

$$\underbrace{\mathrm{Var}[\overline{AR_t}]}_{\substack{\text{グループ} g \text{の日次} t \text{の}\\\text{標本平均異常リターンの分散}}} = \bar{\sigma}_t^2 = \frac{1}{N_g^2} \sum_{i=1}^{N_g} \underbrace{\sigma_{i,t}^2}_{\substack{\text{銘柄} i \text{の日次} t \text{の}\\\text{異常リターンの分散}}}$$

イベントが投資家の将来見通しに対する期待を改訂するほどの情報でなければ，異常リターンの平均や分散に影響を与えないはずである．そこで，イベントが期待を改訂させるのに十分な情報であり，株価に影響を及ぼしたか否かを検証するため，「イベントは異常リターンの平均や分散に影響を与えない」という帰無仮説 H_0 を検証するという発想が生まれるわけである．H_0 の下では，$\overline{AR_t} \sim$ N$(0, \bar{\sigma}_t^2)$ に従うので，それを利用して統計的推論を行う[4]．ただし，$\bar{\sigma}_t^2$ は未知であるので，その一致推定量である

$$\hat{\bar{\sigma}}_t^2 = \frac{1}{N_g^2} \sum_{i=1}^{N_g} \hat{\sigma}_{i,t}^2$$

を利用する．なお，各銘柄の日次異常リターンの標準偏差を表す $\hat{\sigma}_{i,t}$ は，イベン

---

[4] なぜ，このような発想で統計的推論を行うことができるのかを，もっと詳しく知りたいならば，異常リターンの統計的性質を正しく理解する必要がある．興味のある読者は，Campbell, Lo, and Mackinlay (1997)（祝迫ほか訳 (2003)）[5] を参照してほしい．

ト・ウィンドウに先行する推定ウィンドウの推定結果から得られる残差の標準誤差を利用するのが一般的である.

あとは，下記で示す検定統計量 t_{AR} が，N_g が大きくなるにつれて漸近的に標準正規分布に従うことを利用して，帰無仮説 H_0 を検定すれば良い．イベントが，投資家の期待を改訂させるのに十分なものである限り，H_0 は棄却されるはずである.

$$t_{AR} = \frac{\overline{AR_t}}{\hat{\sigma}_t} \overset{d}{\approx} \mathrm{N}(0,1) \tag{8.7}$$

他方，異常リターンをグループごとに集計して，平均異常リターンを算出したのと同じように，任意の期間の CAR についてもグループごとに集計して，平均CAR を導出することができる．グループ g の平均 CAR $(\overline{CAR}[\tau_1 : \tau_2])$ は，

$$\underbrace{\overline{CAR[\tau_1 : \tau_2]}}_{\substack{\text{グループ}g\text{の日次}\tau_1\text{から}\tau_2\text{の} \\ \text{標本平均CAR}}} = \frac{1}{N_g} \sum_{i=1}^{N_g} \underbrace{\widehat{CAR_i[\tau_1 : \tau_2]}}_{\substack{\text{銘柄}i\text{の日次}\tau_1\text{から}\tau_2\text{のCAR}}} \tag{8.8}$$

で計算でき，また，その分散 $\mathrm{Var}(\overline{CAR}[\tau_1 : \tau_2])$ は，以下のとおりである.

$$\underbrace{\mathrm{Var}(\overline{CAR[\tau_1 : \tau_2]})}_{\substack{\text{グループ}g\text{の日次}\tau_1\text{から}\tau_2\text{の} \\ \text{標本平均CARの分散}}} = \bar{\sigma}^2[\tau_1 : \tau_2] = \frac{1}{N_g^2} \sum_{i=1}^{N_g} \underbrace{\sigma_i^2[\tau_1 : \tau_2]}_{\substack{\text{銘柄}i\text{の日次}\tau_1\text{から}\tau_2\text{の} \\ \text{CARの分散}}}$$

帰無仮説 H_0 の下では，$\overline{CAR}[\tau_1 : \tau_2] \sim \mathrm{N}(0, \bar{\sigma}^2[\tau_1 : \tau_2])$ と分布するので，それを利用して推論する．なお，検定にあたっては，未知の $\bar{\sigma}^2[\tau_1 : \tau_2]$ に代わって，その一致推定量である

$$\hat{\bar{\sigma}}^2[\tau_1 : \tau_2] = \frac{1}{N_g^2} \sum_{i=1}^{N_g} \hat{\sigma}_i^2[\tau_1 : \tau_2]$$

を用い，その上で，

$$J_1 = \frac{\overline{CAR}[\tau_1 : \tau_2]}{(\hat{\bar{\sigma}}^2[\tau_1 : \tau_2])^{\frac{1}{2}}} \overset{d}{\approx} \mathrm{N}(0,1) \tag{8.9}$$

を利用して検定を行う．すなわち，ここで示した検定統計量である J_1 が，N_g が十分に大きい限り，漸近的に標準正規分布に従うことを利用して，帰無仮説 H_0 を検定するというわけである．

ただし，ここで示した J_1 統計量も万能のものではない．標本平均の分布の背景には諸仮定があり，その仮定が満たされないときには，J_1 統計量の検出力は大きく低下することになる．そのため，検定にあたっては，J_1 に修正を加えた他の統計量が利用されたり，異常リターンの分布を仮定せずに検定を行うノンパラメトリック検定が利用されることもある．

8.3 決算発表のイベント・スタディを 例にした R での実践

8.3.1 イベントの特定

企業の情報開示に関連するイベントには二種類ある．一つは，業績予想の修正開示のように，事前に発表が予定されていないイベント (unscheduled event) である．これには M&A や自社株買い，公募増資の発表などが含まれ，その多くは投資家が事前に予期できず，発表自体がサプライズとして受け止められる．その反対に，企業からいつ情報が開示されるかが予め分かっているようなイベント (scheduled event) もある．その最たるものが，企業が定期的に行う決算発表である．多くの企業は，決算発表に先立ち，いつ決算発表を行うか取引所に連絡し，取引所は，その情報を基にして各企業の決算発表予定日をウェブサイトで公表している．

本節では，後者のタイプのイベントの代表的なものとして年次の決算発表を例に，R を用いたイベント・スタディのやり方を学んでいこう．まずは，本節で利用するデータセットを読み込むことから始めよう．**サポートサイトの S2 節**よりダウンロードした `ch08_return_data.csv`，`ch08_market_return_data.csv`，`ch08_event_data.csv` の三つを用意し，作業ディレクトリに移動する．これらのデータセットは，現実データを模したシミュレーション・データである．その後，`tidyverse` と `broom` パッケージと共にそれらのデータを読み込んで，冒頭部を表示したのが以下のコードである．

```
# ch08_01: 外部パッケージとデータの読み込み

library(tidyverse)
library(broom)

return_data <- read_csv("ch08_return_data.csv")
market_return_data <- read_csv("ch08_market_return_data.csv")
event_data <- read_csv("ch08_event_data.csv")

head(return_data) # 各データの冒頭を確認
head(market_return_data)
head(event_data)
```

出力結果

return_data		
# A tibble: 6 x 3		
firm_ID	date	R
<dbl>	<date>	<dbl>
1	1	2016-01-04	-0.0124
2	1	2016-01-05	-0.00919
3	1	2016-01-06	0.0321
4	1	2016-01-07	-0.0293
5	1	2016-01-08	-0.0240
6	1	2016-01-12	0.0153

market_return_data	
# A tibble: 6 x 2	
date	R_M
<date>	<dbl>
1	2016-01-04	-0.00436
2	2016-01-05	-0.00666
3	2016-01-06	0.0216
4	2016-01-07	-0.0260
5	2016-01-08	-0.0134
6	2016-01-12	0.00565

event_data				
# A tibble: 6 x 5				
firm_ID	event_date	realized_earnings	earnings_forecast	lagged_ME
<dbl>	<date>	<dbl>	<dbl>	<dbl>
1	1	2017-05-08	422.	500.	8286.
2	2	2017-08-28	131.	144.	1551.
3	3	2017-10-17	459.	463.	3154.
4	4	2017-10-17	977.	1298.	19323.
5	5	2017-02-09	706.	780.	9352.
6	6	2017-05-23	531.	545.	7558.

　まず，`ch08_return_data.csv` は 1,320 銘柄の日次リターンを 2016 年から 2020 年まで記録したデータであり，データフレーム `return_data` として保存している．

　次に `ch08_market_return_data.csv` は市場ポートフォリオのリターンのデータであり，ここでは，`market_return_data` という名前を付けた．**6.1.1 節**で学んだとおり，市場ポートフォリオのリターンは個別銘柄のリターンと時価総額のデータを組み合わせて計算することができるが，実際のイベント・スタディでは TOPIX などの株価指数のリターンで代用されることも多い．本節では，このデータを利用して，マーケット・モデルにより異常リターンを推定する方法を実装していこう．

　最後に，`ch08_event_data.csv` は各企業の決算発表を記録したデータである．各企業・年度に関して，決算発表日 event_date，その年度の当期純利益ベースの実現利益 realized_earnings，翌年度の経営者による予想利益 earnings_

forecast, 当該年度の期首時点の時価総額 lagged_ME が収録されている. 8.2.1
節で学習したように, 実現利益に加えて, 経営者による次期予想利益も公表され
るのが日本の決算発表の特徴であり, そのデータも earnings_forecast として
含まれている. この CSV ファイルを読み込んで作成されたデータフレーム
event_data には, 1,320 社が 2017 年から 2020 年の間に行った決算発表が, 計
3,960 個含まれている. これら一つ一つの決算発表が分析対象となるイベントに
相当するため, 以降では, この 3,960 イベントを対象にしたイベント・スタディ
を行っていこう. なお, コラム 8.2 (344 頁) でも説明したとおり, 実際のイベ
ント・スタディでは何時にその情報が発表されたか気を付ける必要があるが, こ
こでは全ての決算が市場の取引時間終了後に発表されたと仮定する. すなわち,
イベント日を日次ゼロとする場合, event_date 当日でなく, その翌営業日が日
次ゼロとなることに注意しよう.

8.3.2 グループ分けの方法

8.2 節で取り上げた業績予想の修正のケースでは, 予想を上方改訂したグルー
プと, 反対に下方改訂したグループとに分類するグループ分けの方法を紹介した.
このようにグループ分けする背景には, 業績予想の修正によってもたらされた情
報が, 投資家の期待を上回るものだったかどうかで好材料か, 悪材料かの分類を
行うという考えがある.

例えば, 来年度の利益に関して, 投資家が経営者による予想利益をベースに期
待を形成している場合を考えよう. このとき, 業績予想の修正開示により, 前回
発表予想を上回る予想利益が新たに公表されれば, 期待を上回る新たな予想利益
が公表されたわけであるから, 投資家は来年度の利益見通しに対する信念を上方
改訂することになる. したがって, こうしたイベントは好材料グループに分類す
ることができる.

このように開示される情報によって好材料か, 悪材料かが分類されるようなイ
ベントでは, 投資家の期待を上回るか否か, すなわち, 新情報が期待外に良い
ニュースかどうかによってイベントのグループ分けが可能となる. 本節で取り上
げている決算発表の場合も, この発想により, イベントをグループ分けすること
ができる. 注意すべきは, 日本の決算発表の場合, 発表された今期の実績利益と

翌期の予想利益のそれぞれの利益に対して，期待外の部分が存在するという点に
ある．決算発表によって報告された利益と，投資家が期待していた利益との差は，
利益サプライズ (earnings surprise) や**期待外利益** (unexpected earnings) と呼ばれ
る．ここで，次のタイムラインに従って，企業 i が t 年度の決算発表において，t
年度の実績利益 $X_{i,t}$ に加えて，$t+1$ 年度に対する経営者による予想利益 $F_{i,t}^{t+1}$ の
両方を開示した状況を想定しよう．

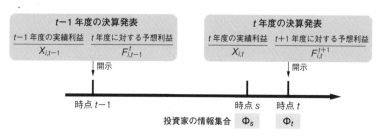

t 年度の決算発表における実績利益に対するサプライズ $ES_{i,t}$ は，時点 t の決算発
表より前の時点 s における投資家の期待に依存する．すなわち，時点 s における
投資家の情報集合を Φ_s と表せば，その情報集合を基に形成された $X_{i,t}$ に対する
期待を上回る実績利益 $X_{i,t}$ が公表されたか否かが重要である．したがって，$ES_{i,t}$
は，次のように計算することができる．

$$\underbrace{ES_{i,t}}_{\text{実績利益サプライズ}} = \underbrace{X_{i,t}}_{t\text{年度の実績利益}} - \underbrace{\mathbb{E}[X_{i,t} \mid \Phi_s]}_{\substack{\text{時点}s\text{の情報集合に基づく}t\text{年度の}\\\text{実績利益に対する期待値}}}$$

　一方，t 年度の決算発表における予想利益に対するサプライズ $FS_{i,t}$ は，t 年度
の決算発表を受けて，改めて投資家が抱いた $t+1$ 年度の実績利益に対する期待
に依存する．すなわち，時点 t の情報集合 Φ_t を与件として，新たに形成された
$t+1$ 年度に対する期待利益を上回るほどの予想利益が公表されたかどうかに
よってニュースの良し悪しが分類される．したがって，$FS_{i,t}$ は，次のように計算
することができる．

$$\underbrace{FS_{i,t}}_{\text{予想利益サプライズ}} = \underbrace{F_{i,t}^{t+1}}_{\substack{t+1\text{年度に対する}\\\text{経営者の予想利益}}} - \underbrace{\mathbb{E}[X_{i,t+1} \mid \Phi_t]}_{\substack{\text{時点}t\text{の情報集合に基づく}\\t+1\text{年度の実績利益の期待値}}}$$

ただし，投資家がどのような期待利益，すなわち，$\mathbb{E}[X_{i,t} \mid \Phi_s]$ や $\mathbb{E}[X_{i,t+1} \mid \Phi_t]$

を持っていたかについては知る術がないので，分析者自身で何らかの仮定をおい
てそれらを推し量る必要がある．最も単純な仮定は，以下で示す「各企業の利益
の系列がランダム・ウォーク・モデルに従っている」と投資家が信じ，期待形成
しているというものである．

$$X_{i,t} = X_{i,t-1} + u_{i,t}$$

誤差項に関しては，(1) 期待値がゼロ $\mathbb{E}[u_{i,t}] = 0$，(2) 全ての年度について分散
は一定 $\mathrm{Var}[u_{i,t}] = \sigma_i^2$，そして，(3) 全てのラグ k について共分散はゼロ
$\mathrm{Cov}[u_{i,t}, u_{i,t+k}] = 0$ と仮定するのが特徴である．

この仮定の下では，情報集合 Φ_s に基づく t 年度の期待利益 $\mathbb{E}[X_{i,t} \mid \Phi_s]$ は，前
期に実現した実績利益 $X_{i,t-1}$ となり，他方，情報集合 Φ_t に基づく $t+1$ 年度の期
待利益 $\mathbb{E}[X_{i,t+1} \mid \Phi_t]$ は，今期に実現した実績利益 $X_{i,t}$ となる．したがって，投資
家がランダム・ウォーク・モデルを前提に期待形成を行っていると仮定する限り，
それぞれの利益サプライズは，以下のとおりとなる．

$$\underbrace{ES_{i,t}}_{\text{実績利益サプライズ}} = \underbrace{X_{i,t}}_{t\,\text{年度の実績利益}} - \underbrace{X_{i,t-1}}_{t-1\,\text{年度の実績利益}} \tag{8.10a}$$

$$\underbrace{FS_{i,t}}_{\text{予想利益サプライズ}} = \underbrace{F_{i,t}^{t+1}}_{\substack{t+1\,\text{年度に対する} \\ \text{経営者の予想利益}}} - \underbrace{X_{i,t}}_{t\,\text{年度の実績利益}} \tag{8.10b}$$

このように，分析者自身で投資家の期待利益に関して，何らかの仮定を置くこと
で実際に利益サプライズを計算することができるようになる．ランダム・
ウォーク・モデル以外にも，もっと複雑な時系列モデルを仮定することもできる
し，また，時系列モデルを仮定せずとも，投資家はアナリストの公表している予
想利益に基づいて期待形成していると仮定し，決算発表によって公表された利益
がアナリスト予想を上回ったかどうかををもって利益サプライズを計算するやり
方も頻繁に利用される．

シミュレーション・データを使った例では，投資家がランダム・ウォーク・モ
デルに基づいて期待形成を行っていると仮定しよう．加えて，分析の簡素化のた
め，実績利益サプライズは無視し，予想利益サプライズのみに焦点を当てて，各
イベントを好材料か悪材料かに分類していこう．ただし，予想利益サプライズの

正負だけに限定して二分類するのではなく，より実践を意識して，どれほど大き
なサプライズがあったかに基づいてイベントを五分位ソートする方法を考えてみ
たい．

　そのときの注意事項は，次の二点である．まず，(8.10b)式に沿って予想利益サ
プライズを計算すると，利益金額が相対的に大きい大型企業ほど，予想利益サプ
ライズが大きくなる傾向が生じる．したがって，企業間のサプライズの程度を横
並びで比較するためには，サプライズを企業規模を表す何らかの変数で除す必要
がある．こうすることで，各イベントのサプライズの大きさが規模によって基準
化され，どのイベントのサプライズが大きかったかの相対的な企業間比較が可能
になる．規模を表す変数でよく利用されるのが，決算発表を行った年度の期首時
点における時価総額である．基準化する変数として，決算発表によって左右され
てしまうような変数，例えば，イベント当日の時価総額などを利用してしまうと，
利益サプライズ自体が決算発表の影響を受けてしまう．そのため，今期の決算発
表に直接影響を受けていない過去の規模変数として，期首時点の時価総額が基準
化のために利用されるというわけである．

　もう一つの注意事項は，対象となるイベントが複数年にわたる場合，予想利益
サプライズの計算後，年度ごとにイベントをグループ化した上で，五分位に分類
するのが一般的という点である．ある年度の経済状況や社会情勢によって予想利
益サプライズが正負に偏ることはしばしばあり，複数年度にわたるイベントを一
括りにして五分位ソートしてしまうと，予想利益サプライズが極端な第 1 五分位
や第 5 五分位に特定年度のイベントが集中する恐れがある．それを避けるために，
一旦年度でグループ化した後に，予想利益サプライズの大きさによって五つに分
けるという方法が採られる場合が多い．

　以上を踏まえ，予想利益サプライズの大きさにより，年度ごとに五分位ソート
したのが，以下のコード ch08_02 である．まず mutate() 関数を用いて各イベン
トに対してイベント ID (event_ID) を付した上で，期首の時価総額 lagged_ME で
基準化した予想利益サプライズを計算している．このように計算された予想利益
サプライズは，しばしば予想イノベーションと呼ばれることから，変数名は
forecast_innovation としている．また，年度ごとに五分位ソートすることに備
え，決算発表日 event_date から年度 year を抽出している．substr() 関数は，
その名のとおり，substring（文字列の一部）を位置指定で返す関数であり，

event_date の 1 文字目から 4 文字目までの文字列を取り出すのに用いている．
こうして定義された year に基づいてグループ化した後，forecast_innovation
の大きさに応じて五等分し，それを event_strength という名前で保存している．

```
# ch08_02: イベント ID を付与した上で予想利益サプライズを計算

event_data <- event_data %>%
  mutate(event_ID = 1:nrow(event_data), # イベント ID を付与
         forecast_innovation = (earnings_forecast - realized_earnings)
           / lagged_ME, # 予想利益サプライズを計算
         year = as.integer(substr(event_date, 1, 4))) %>%
           # 日付データから年度を抽出
  group_by(year) %>%
  mutate(event_strength = as.factor(ntile(forecast_innovation, 5))) %>%
      # 各年度ごとにイベントの強弱を 5 段階に区分
  ungroup()
```

出力結果

event_data								
# A tibble: 3,960 x 9								
firm_ID	event_date	realized_earnin…	earnings_foreca…	lagged_ME	event_ID	forecast_innova…	year	event_strength
<dbl>	*<date>*	*<dbl>*	*<dbl>*	*<dbl>*	*<int>*	*<dbl>*	*<int>*	*<fct>*
1	1	2017-05-08	422.	500.	8286.	1	0.00948	2017	5
2	2	2017-08-28	131.	144.	1551.	2	0.00815	2017	5
3	3	2017-10-17	459.	463.	3154.	3	0.00118	2017	1
4	4	2017-10-17	977.	1298.	19323.	4	0.0166	2017	5
5	5	2017-02-09	706.	780.	9352.	5	0.00784	2017	5
6	6	2017-05-23	531.	545.	7558.	6	0.00186	2017	1
⋮								

8.3.3　相対日次の設定

　以降では，イベントごとにイベント日をゼロとする相対日次 relative_days
を作成するとともに，8.2.3 節で紹介したマーケット・モデルを用いて各日の異
常リターンを算定する手順を確認していこう．この小節では，特に相対日次の設
定手順を説明する．

　まずは以下のコードにより，データに含まれる日数 N_days，企業数 N_firms，
イベント数 N_events，及びイベント・スタディのウィンドウに関わる変数に保
存しよう．データに含まれる日数は market_return_data の行数から抽出してい
る．イベント・スタディのウィンドウは，前節同様，推定ウィンドウを相対日次

[−130：−31] の 100 営業日，イベント・ウィンドウは相対日次 [−30：+30] まで
の 61 営業日として定める.

```
# ch08_03: パラメータの準備

N_days <- nrow(market_return_data) # データに含まれる日数をカウント
N_firms <- length(unique(return_data$firm_ID)) # 企業の固有数をカウント
N_events <- nrow(event_data) # イベント数をカウント


N1 <- 100 # モデルの推定期間
N2 <- 30 # イベント前の分析期間
N3 <- 30 # イベント後の分析期間
```

次に相対日次を割り当てる方法を考えてみよう. それにあたっては，実際の日
付そのものより，各日付ごとに日付 ID (date_ID) を付与して処理していく方が簡
単である. したがって，最初の目標は，return_data と event_data のそれぞれ
に対して，共通する date_ID を付与することである.

以下のコードでは，まず，market_return_data のデータが上から日付順に並
んでいる性質を利用して，date_ID 列に 1 から N_days までの値を割り当ててい
る. そして，その date 列と date_ID 列を抽出することで，各営業日と日付 ID
を紐付けるデータテーブル data_ID_table を作成している. date 列をキーにし
て return_data と data_ID_table を結合させると，return_data に date_ID 列
を追加することができる. event_data に関しても同様に date_ID 列を追加する
ことができるが，full_join() 関数ではなく left_join() 関数を使う点には注
意が必要である. なぜかと言うと，event_data には各イベント日しか含まれて
いないので，full_join() 関数を使うとイベントが発生していない日に関して欠
損行が作成されてしまうからである.

```
# ch08_04: 日付 ID の付与

❶ market_return_data$date_ID <- 1:N_days # 各営業日に日付 ID を順番に付与

❷ data_ID_table <- market_return_data %>%
    select(date, date_ID)
        # 各営業日と日付 ID を紐付けるデータテーブルを作成
```

❸
```
return_data <- return_data %>%
    full_join(data_ID_table, by = "date") # リターン・データに日付 ID を付与
```

❹
```
event_data <- event_data %>% # イベント・データに日付 ID を付与
    left_join(data_ID_table, by = c("event_date" = "date")) %>%
        # event_data と data_ID_table でキー列の名前が異なる点に注意
    select(event_ID, date_ID, firm_ID, event_strength) %>%
        # 不要な列を削除
    rename(event_date_ID = date_ID)
        # 後のステップで列名の重複を避けるために列名を変更
```

出力結果

❶ 各営業日に応じた date_ID を付与

	market_return_data		
# A tibble: 1,220 x 3			
	date	R_M	date_ID
	<date>	*<dbl>*	*<int>*
1	2016-01-04	-0.00436	1
2	2016-01-05	-0.00666	2
3	2016-01-06	0.0216	3
4	2016-01-07	-0.0260	4
5	2016-01-08	-0.0134	5
6	2016-01-12	0.00565	6
	⋮		

❷ 各営業日と date_ID を紐付けたデータフレーム data_ID_table を作成

	data_ID_table	
# A tibble: 1,220 x 2		
	date	date_ID
	<date>	*<int>*
1	2016-01-04	1
2	2016-01-05	2
3	2016-01-06	3
4	2016-01-07	4
5	2016-01-08	5
6	2016-01-12	6
	⋮	

❸ return_data と data_ID_table を full_join() 関数により結合し，各営業日に date_ID を付与

	return_data			
# A tibble: 1,610,400 x 4				
	firm_ID	date	R	date_ID
	<dbl>	*<date>*	*<dbl>*	*<int>*
1	1	2016-01-04	-0.0124	1
2	1	2016-01-05	-0.00919	2
3	1	2016-01-06	0.0321	3
4	1	2016-01-07	-0.0293	4
5	1	2016-01-08	-0.0240	5
6	1	2016-01-12	0.0153	6
		⋮		

❹ event_data と data_ID_table を left_join() 関数により結合し，event_ID に対応する date_ID を付与．date_ID は event_date_ID へと改名

	event_data		
# A tibble: 3,960 x 4			
	event_ID	event_date_ID	firm_ID	event_strength
	<int>	*<int>*	*<dbl>*	*<fct>*
1	1	329	1	5
2	2	407	2	5
3	3	441	3	1
4	4	441	4	5
5	5	271	5	5
6	6	340	6	1
	⋮			

　マーケット・モデルを推定し，各イベントのそれぞれの相対日次ごとに異常リターンを計算するのに先立ち，次なるステップは，return_data, market_return_data, event_data を一つのデータフレームへと集約する作業である．まず，簡単なのが return_data と market_return_data の集約で，以下のように date_ID 列をキーに full_join() 関数により両者を結合すれば良い．

```
# ch08_05: 各データセットを統合して単一のデータフレームに (1)

return_data <- return_data %>%
  select(-date) %>% # date 列が重複するので削除
  full_join(market_return_data, by = "date_ID")
    # 市場ポートフォリオのリターンと結合
```

出力結果

return_data				

```
# A tibble: 1,610,400 x 5

    firm_ID         R  date_ID  date           R_M

      <dbl>     <dbl>    <int>  <date>       <dbl>
1         1   -0.0124        1  2016-01-04  -0.00436
2         1  -0.00919        2  2016-01-05  -0.00666
3         1    0.0321        3  2016-01-06   0.0216
4         1   -0.0293        4  2016-01-07  -0.0260
5         1   -0.0240        5  2016-01-08  -0.0134
6         1    0.0153        6  2016-01-12   0.00565
                              ⋮
```

より厄介なのが，上で更新された return_data と，event_data の結合である．以降の分析では，各イベントごとに，イベント日を含む (N1 + N2 + N3 + 1) 日分のリターン・データを抽出する必要がある．また，各イベントごとにイベント日が異なるので，抽出したいリターン・データのウィンドウも異なっている．

この問題に対処するために，まずは以下のように full_sample_data というデータフレームを定義する．このデータフレームには，event_ID と relative_days の二列が存在する．出力結果を見ると分かりやすいが，event_ID は 1 から N_events までの自然数がそれぞれ (N1 + N2 + N3 + 1) 回ずつ並んでいる．また，relative_days 列は -(N1 + N2) から N3 まで 1 ずつ増える数列が合計 N_events 回繰り返されている．

```
# ch08_06: 各データセットを統合して単一のデータフレームに (2)

full_sample_data <- tibble(event_ID = sort(rep(1:N_events, N1 + N2 + N3 + 1)),
                           relative_days = rep(-(N1 + N2):N3, N_events))
    # イベント・データとリターン・データを結合する上で骨格となるデータフ
      レームを作成
```

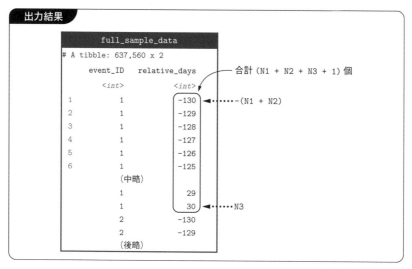

こうして各イベント ID のそれぞれに対して，-130 から 30 までの relative_days が含まれた full_sample_data を作成することができた．あとは，このデータフレームを骨格として，それに対応する event_data と return_data を順番に結合していこう．

以下のコードでは，まず，event_data と結合することで，full_sample_data に各イベントの強弱 event_strength や決算発表日 event_date_ID を追加している．ポイントとなるのが次のステップで，リターンを抽出したい実際の日付 date_ID を，event_date_ID と relative_days の値から逆算している．こうすることで，left_join() 関数を用いて return_data からイベント・ウィンドウに含まれるリターンのみを抽出できるようになる．date_ID を逆算する際に，+1 する理由だが，**8.3.1 節**で述べたように，event_data に含まれる決算発表は全て取引時間終了後に開示されたものであり，決算発表日の翌営業日が relative_days = 0 と定義されるからである．

```
# ch08_07: 各データセットを統合して単一のデータフレームに (3)

full_sample_data <- full_sample_data %>%
  full_join(event_data, by = "event_ID") %>% # イベント・データと結合
  mutate(date_ID = event_date_ID + relative_days + 1) %>% # event_date_
    ID と relative_days から date_ID を逆算（取引時間終了後の決算発表を
    仮定して 1 日足す）
```

```
left_join(return_data, by = c("firm_ID", "date_ID")) %>% # リターン・
    データと結合
select(event_ID, event_strength, relative_days, R, R_M)
```

出力結果

full_sample_data				
# A tibble: 637,560 x 5				
event_ID	event_strength	relative_days	R	R_M
<int>	<fct>	<int>	<dbl>	<dbl>
1　1	5	-130	-0.0115	-0.00197
2　1	5	-129	-0.00648	-0.00734
3　1	5	-128	-0.0168	-0.00990
4　1	5	-127	-0.00536	-0.00626
5　1	5	-126	-0.0313	-0.0129
6　1	5	-125	-0.00848	-0.00406
⋮				

解説図

left_join() 関数適用後の full_sample_data

full_join() 関数適用後の full_sample_data

# A tibble: 637,560 x 5									
	event_ID	relative_days	event_date_ID	firm_ID	event_strength	date_ID	R	date	R_M
	<int>	<int>	<int>	<dbl>	<fct>	<dbl>	<dbl>	<date>	<dbl>
1	1	-130	329	1	5	200	-0.0115	2016-10-25	-0.00197
2	1	-129	329	1	5	201	-0.00648	2016-10-26	-0.00734
3	1	-128	329	1	5	202	-0.0168	2016-10-27	-0.00990
4	1	-127	329	1	5	203	-0.00536	2016-10-28	-0.00626
5	1	-126	329	1	5	204	-0.0313	2016-10-31	-0.0129
6	1	-125	329	1	5	205	-0.00848	2016-11-01	-0.00406
			（中略）					（中略）	
	1	-2	329	1	5	328	-0.0182	2017-05-02	-0.00530
	1	-1	329	1	5	329	-0.00603	2017-05-08	-0.00832
	1	0	329	1	5	330	-0.00463	2017-05-09	-0.00182
	1	1	329	1	5	331	-0.0168	2017-05-10	-0.00887
	1	2	329	1	5	332	-0.0120	2017-05-11	-0.00586
			（後略）					（後略）	

mutate() 関数を用い，イベントごとに相対日次 relative_days に対応する
date_ID を追加（date_ID の追加にあたっては決算発表日 event_date_ID の
翌営業日が relative_days = 0 になるように気を付ける）

8.3.4 異常リターンの算定

前小節の手順を踏むことにより，イベント・スタディを実施するのに必要な

データが全て揃ったことになる．本小節では，いよいよイベントごとに推定
ウィンドウのデータを用いてマーケット・モデルを推定し，各日の異常リターン
を算定しよう．ここで役立つのが，**6.2.3 節**のコード ch06_19 で登場したグ
ループごとの回帰である．そのときは，それぞれの時価総額ポートフォリオごと
に，CAPM の推定を行ったことを思い出そう．以下のコードでは同様のステップ
で，各イベント ID (event_ID) ごとにマーケット・モデルのパラメータを推定し
ている．より具体的は，for 文の中で，各 event_ID ごとに個別銘柄のリターン
R と市場ポートフォリオのリターン R_M のデータを抽出し，OLS を用いて(8.2)式
の推定を行っている．

```
# ch08_08: マーケット・モデルの推定 (1)

estimation_window_data <- full_sample_data %>%
  filter(relative_days < -N2) # 推定期間のデータのみ抽出

market_model_results <- list(NA) # 推定結果を保存するために空のリストを
  準備

for (i in 1:N_events) {

  lm_results <- estimation_window_data %>%
    filter(event_ID == i) %>%
    lm(R ~ R_M, data = .) # マーケット・モデルの推定

  tidied_lm_results <- lm_results %>%
    tidy() %>%
    mutate(event_ID = i) %>% # 推定対象のイベント ID を保存
    select(event_ID, everything()) # event_ID を第一列に移動

  tidied_lm_results$sigma_AR <- glance(lm_results)$sigma # マーケット・
    モデルの推定により得られた残差の標準誤差を抽出して sigma_AR と保存

  market_model_results[[i]] <- tidied_lm_results # リストの一要素として
    推定結果を保存

}
```

```
market_model_results <- do.call(rbind, market_model_results)
    # do.call()関数を用いて複数のデータフレームから構成されるリストを一
    つのデータフレームに統合
```

出力結果

❶ 各 event_ID について，relative_days が -130 から-31 までのデータのみを抽出し，それを estimation_window_data とする

❷ event_ID ごとに，estimation_window_data に基づいてマーケット・モデルを推定し，その結果を market_model_results として保存

estimation_window_data				

```
# A tibble: 396,000 x 5
  event_ID event_strength relative_days       R      R_M
     <int> <fct>                 <int>   <dbl>    <dbl>
1        1 5                      -130 -0.0115 -0.00197
2        1 5                      -129 -0.00648 -0.00734
3        1 5                      -128 -0.0168 -0.00990
4        1 5                      -127 -0.00536 -0.00626
5        1 5                      -126 -0.0313  -0.0129
6        1 5                      -125 -0.00848 -0.00406
                               (中略)
         1 5                       -32  0.0221  0.00879
         1 5                       -31  0.00783  0.0170
         2 5                      -130  0.00486  0.00429
         2 5                      -129 -0.00515 -0.00750
                               (後略)
```

market_model_results						

```
# A tibble: 7,920 x 7
  event_ID term        estimate std.error statistic p.value sigma_AR
     <int> <chr>          <dbl>     <dbl>     <dbl>   <dbl>    <dbl>
1        1 (Intercept) -0.00182  0.000740    -2.45 1.59e- 2  0.00738
2        1 R_M          1.14     0.0674      16.9  7.68e-31  0.00738
3        2 (Intercept)  0.00120  0.000760     1.58 1.18e- 1  0.00754
4        2 R_M          0.304    0.0756       4.02 1.16e- 4  0.00754
5        3 (Intercept)  0.000242 0.000831     0.291 7.72e- 1 0.00828
6        3 R_M          1.22     0.0803      15.2  1.44e-27  0.00828
```

このコードでは，まず filter() 関数を用いて relative_days が -N2 までのデータを抽出し，それを estimation_window_data として保存している．こうすることで，思惑通り，相対日次 [-130：-31] の推定ウィンドウのデータのみを利用してマーケット・モデルを推定することができる．また，for 文の中でマーケット・モデルの推定結果を lm_results という中間変数に保存する理由だが，broom パッケージの tidy() 関数と glance() 関数の両方を利用するためである．glance() 関数を用いると，残差の標準誤差を抽出できたことを思い出そう（**5.6.3 節**のコード ch05_36 を参照）．こうして抽出したイベントごとの残差の標準誤差は，後々(8.7)式の検定統計量を計算するのに利用するため，sigma_AR として保存している．

do.call() 関数を用いて作成したデータフレーム market_model_results は，係数の推定値の推定誤差などに関する情報も含んでいる．以降の分析では係数の推定値のみしか利用しないので，pivot_wider() 関数により，推定値のみから成る横長形式のデータフレームに変換しよう（**7.1.2 節**のコード ch07_03 と同様のステップ）．また，以下のコードではさらに，full_join() 関数を用いて，推定値のデータと full_sample_data を結合している．

```
# ch08_09: マーケット・モデルの推定 (2)
```

```
full_sample_data <- market_model_results %>%
  pivot_wider(id_cols = c("event_ID", "sigma_AR"), names_from = "term",
      values_from = "estimate") %>% # term 列の値に応じて新しく列を定義
  rename(alpha = "(Intercept)", beta = R_M) %>% # 列名を変更
  full_join(full_sample_data, by = "event_ID") %>%
      # full_sample_data と結合
  select(-c("alpha", "beta", "sigma_AR"), c("alpha", "beta", "sigma_
      AR")) # alpha，beta，sigma_AR を最終列に移動
```

出力結果

full_sample_data							
# A tibble: 637,560 x 8							
event_ID	event_strength	relative_days	R	R_M	alpha	beta	sigma_AR
<int>	*<fct>*	*<int>*	*<dbl>*	*<dbl>*	*<dbl>*	*<dbl>*	*<dbl>*
1	1	5	-130	-0.0115	-0.00197	-0.00182	1.14	0.00738
2	1	5	-129	-0.00648	-0.00734	-0.00182	1.14	0.00738
3	1	5	-128	-0.0168	-0.00990	-0.00182	1.14	0.00738
4	1	5	-127	-0.00536	-0.00626	-0.00182	1.14	0.00738
5	1	5	-126	-0.0313	-0.0129	-0.00182	1.14	0.00738
6	1	5	-125	-0.00848	-0.00406	-0.00182	1.14	0.00738
⋮							

　本小節の締めくくりとして，マーケット・モデルの推定結果を用いて，異常リターン AR と累積異常リターン CAR を計算しておこう．以下のコードでは，まず filter() 関数を適用し，relative_days が -N2 以上のデータのみを抽出している．こうすることで，イベント・ウィンドウにあたる相対日次 [−30：+30] のデータを抽出することができる．異常リターンの計算には，マーケット・モデルによるリターンの予測値，すなわち，正常リターンが必要であるから，mutate() 関数を用い，(8.4)式に従って正常リターン R_normal と異常リターン AR を求め，最後は，イベントごとにグループ分けした後，累積和を返す関数 cumsum() を用いて累積異常リターン CAR を作成する．

```
# ch08_10: 累積異常リターン（CAR）の計算

event_window_data <- full_sample_data %>%
  filter(relative_days >= -N2) %>% # イベント期間のデータを抽出
  mutate(R_normal = alpha + beta * R_M,
      AR = R - R_normal) %>%
  group_by(event_ID) %>%
  mutate(CAR = cumsum(AR)) %>%
```

```
ungroup()
```

出力結果

				event_window_data						

```
# A tibble: 241,560 x 11
  event_ID event_strength relative_days        R      R_M    alpha  beta sigma_AR  R_normal       AR     CAR
     <int> <fct>                  <int>    <dbl>    <dbl>    <dbl> <dbl>    <dbl>     <dbl>    <dbl>   <dbl>
1        1 5                        -30   0.0194  0.00470 -0.00182  1.14  0.00738   0.00355   0.0159  0.0159
2        1 5                        -29  0.00654 -0.00199 -0.00182  1.14  0.00738  -0.00408   0.0106  0.0265
3        1 5                        -28  0.00236 -0.00229 -0.00182  1.14  0.00738  -0.00443  0.00679  0.0333
4        1 5                        -27  -0.0157  0.00224 -0.00182  1.14  0.00738  0.000733  -0.0164  0.0169
5        1 5                        -26   0.0185   0.0150 -0.00182  1.14  0.00738    0.0152  0.00332  0.0202
6        1 5                        -25   0.0151   0.0181 -0.00182  1.14  0.00738    0.0188 -0.00374  0.0165
                                              :
```

8.3.5 異常リターンの集計と結果の解釈

本節の最後に，予想利益サプライズの程度によって年度ごとにイベントを五分割した event_strength に基づいてグループごとに CAR を集計し，結果を解釈してみよう．以下のコードでは，推定ウィンドウのデータフレーム event_window_data を，group_by() 関数を使って相対日次 relative_days とイベントの強弱 event_strength によりグループ化した後，(8.8) 式に従って平均 CAR を求め，それを mean_CAR_by_event_strength として保存している．その後，ggplot2 により geom_line() 関数を利用して，それぞれの五分位の平均 CAR の動向を描画している．ここでは，各五分位の推移の違いが明確に分かるよう scale_linetype_manual() 関数を利用して，線種を分けている．また，イベント日を強調する目的で，annotate() 関数を使って，relative_days が -1 から 0 にかけて灰色により着色している．

```
# ch08_11: イベントの強弱に応じて平均 CAR の推移を可視化

mean_CAR_by_event_strength <- event_window_data %>%
  group_by(relative_days, event_strength) %>%
  summarize(mean_CAR = mean(CAR)) # CAR の平均値を計算

ggplot(mean_CAR_by_event_strength) +
  geom_line(aes(x = relative_days, y = mean_CAR, linetype = event_
      strength)) + # event_strength ごとに線の種類を変更
```

```
scale_linetype_manual(values = c("dotted", "dotdash", "dashed",
    "longdash", "solid")) +
annotate("rect", xmin = -1, xmax = 0, ymin = -Inf, ymax = Inf, alpha =
    0.1) + # イベント発生期間を灰色で強調
labs(x = "Relative Days", y = "Mean CAR", linetype = "Event Strength") +
scale_x_continuous(expand = c(0.02, 0)) + # y軸と折れ線グラフの左端の
    空白を指定
scale_y_continuous(labels = scales::label_percent()) + # y軸をパーセ
    ント表示に
theme_classic()
```

出力結果

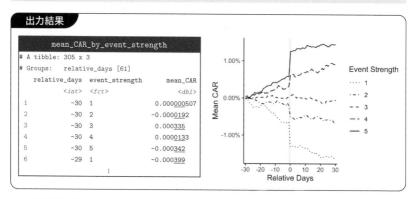

出力結果を見てみると，まず，予想利益サプライズが大きかった（小さかっ
た）グループほど，決算発表前の段階から異常リターンがプラス（マイナス）に
蓄積される傾向が観察できる．こうした傾向は，必ずしもインサイダー取引の存
在を意味するものでなく，企業が任意で開示する月次売上高推移や同業他社によ
る決算発表など，その企業の決算発表とは別の代替的な情報源を通じて，市場が
決算内容を事前に予見し，反応していると解釈できる．

　その一方で，決算発表内容がその発表前に全て見通され，株価に織り込まれる
わけではない．実際に決算発表が行われれば，サプライズの程度に応じて株価は
変化することになる．その証拠に，イベント日にあたる相対日次ゼロにおいて，
各グループの平均CARに大きな変化が生じていることが確認できる．とりわけ，
予想利益サプライズが大きかった第5五分位ではプラスで異常リターンが，他方，
それが小さかった第1五分位ではマイナスで異常リターンが観察されている．こ
の結果は，決算発表という情報開示が行われるや否や，株価が大きく変動し，そ
の情報の中でも特に予想利益に関する情報が，投資家の期待を動かすのに十分な

ものであったことを示唆している.

また,イベント日の翌営業日以降,すなわち,相対日次+1 以降の平均 CAR を見てみると,グループ 1 や 4 で PEAD と整合的なドリフトが若干観察されるものの,それ以外のグループではおおむねフラットに推移している.したがって,決算発表時に開示された予想利益情報は,日次ゼロですぐに株価へと織り込まれ,その後は平均的にプラスにもマイナスにも異常リターンは蓄積されなかったことが確認できる.この結果は,情報効率的な市場の考えと首尾一貫しており,市場がいかに早く決算情報を株価へと織り込んでいるかがうかがえる.

続いて,**8.2.4 節**で紹介した方法を用いて,特定のグループに関して帰無仮説 H_0 を統計的に検定してみよう.ここでは,予想利益サプライズが最も大きかったグループに注目したい.以下のコードではその準備として,このグループに属するイベントの AR,及び CAR の平均値を求めた上で,平均 AR の日次標準偏差を推定している.このコードでは,まず event_window_data から filter() 関数を使って,event_strength が 5 に属するデータのみを抽出している.そして,相対日次ごとに,異常リターンと CAR の標本平均をそれぞれ mean_AR と mean_CAR として計算している.また,それと同時に (8.7) 式に従って t_{AR} を計算するため,各銘柄を均等に保有した場合の異常リターンの標準偏差 sigma_mean_AR も計算している.

```
# ch08_12: AR を利用した統計的検定 (1)

output_table <- event_window_data %>%
  filter(event_strength == 5) %>% # イベント強度が最も強いグループを抽出
  group_by(relative_days) %>%
  summarize(mean_AR = mean(AR),
            mean_CAR = mean(CAR),
            sigma_mean_AR = sqrt(sum(sigma_AR^2)) / n())
      # AR と CAR の平均値, 及び平均 AR の日次標準偏差を推定
```

出力結果

output_table			
# A tibble: 61 x 4			
relative_days	mean_AR	mean_CAR	sigma_mean_AR
<int>	<dbl>	<dbl>	<dbl>
1　　　　-30	-0.000342	-0.000342	0.000285
2　　　　-29	0.000353	0.0000111	0.000285
3　　　　-28	-0.0000499	-0.0000388	0.000285
4　　　　-27	0.000254	0.000216	0.000285
5　　　　-26	0.000451	0.000667	0.000285
6　　　　-25	0.000226	0.000893	0.000285
⋮			

　これらのデータをインプットとして，(8.7)式に従って t_{AR} を計算した上で，そ
れに対応する p 値を計算したのが以下のコード ch08_13 である．まず，t_{AR} (t_
value)を計算するには，相対日次ごとに，平均異常リターン mean_AR を標準偏
差 sigma_mean_AR で割れば良い．**5.5.4節**によると，p 値は標準正規分布の分布
関数を基に定義されたことを思い出そう．したがって，p 値 (p_value)の計算に
は，標準正規分布の累積密度（下側確率）を返す pnorm() 関数を用いれば良い.
まず，pnorm(-abs(t_value)) により，下図における左側の灰色部の確率を計算
できる．他方，右側の灰色部は，全体の確率にあたる 1 から pnorm(abs(t_
value)) を差し引くことによって求められる．両側検定の p 値は，両方の灰色部
を足し合わせたものであるから，pnorm(-abs(t_value)) + (1 - pnorm(abs(t_
value))) により計算できる．ただし，コード上では，正規分布の対称性を活用
し，(1 - pnorm(abs(t_value))) * 2 によって p 値を計算している．

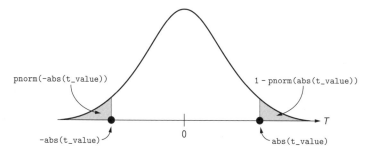

コード ch08_13 ではさらに，統計的有意性が一目で分かるようにするため，p

値の値が小さい行に関して，1% 以下なら ***，5% 以下なら **，10% 以下なら *
というマークを出力している（**6.2.4 節**のコード ch06_24 を参照）．最後に，
select() 関数で表示する列の順序を入れ替えた後，最後に round() 関数で表示
桁数を調整している．表示桁数の調整を行わないと，細かい数値が並び，可読性
が落ちるので注意しよう．

```
# ch08_13: AR を利用した統計的検定 (2)

output_table <- output_table %>%
  mutate(t_value = mean_AR / sigma_mean_AR, # t 値を計算
         p_value = (1 - pnorm(abs(t_value))) * 2) %>% # 対応する p 値を計算
  mutate(significance = cut(p_value,
                            breaks = c(0, 0.01, 0.05, 0.1, 1),
                            labels = c("***", "**", "*", ""),
                            include.lowest = TRUE)) %>%
      # 統計的に有意な結果を * で強調
  select(relative_days, mean_AR, t_value, p_value, significance, mean_
    CAR) %>% # 列の順序を変更
  mutate(mean_AR = round(mean_AR, 5) * 100,
         t_value = round(t_value, 2),
         p_value = round(p_value, 2),
         mean_CAR = round(mean_CAR, 5) * 100) # 各列で表示する桁数を指定
```

出力結果

```
                              output_table
# A tibble: 61 x 6
    relative_days    mean_AR    t_value    p_value  significance    mean_CAR
        <int>         <dbl>      <dbl>      <dbl>    <fct>            <dbl>
1         -30        -0.034      -1.2       0.23    ""              -0.034
2         -29         0.035       1.24      0.22    ""               0.001
3         -28        -0.005      -0.18      0.86    ""              -0.004
4         -27         0.025       0.89      0.37    ""               0.022
5         -26         0.045       1.58      0.11    ""               0.067
6         -25         0.023       0.79      0.43    ""               0.089
7         -24         0.055       1.94      0.05    "*"              0.144
                                      ⋮
```

━━━━━━━━━━━━━━ 演習問題 ━━━━━━━━━━━━━━

演習 1　8.1 節で学んだ市場の情報効率性に関して，以下の問いに答えよ．

(1)　市場の情報効率性の実証的な検証に伴う結合仮説問題とは何か説明せよ．

(2)　6.2.4 節で学んだ規模効果やバリュー効果は情報効率的な市場の考えと矛盾するか，理由と共に答えよ．

　　　　●以降の問題では，本章で用いたシミュレーション・データを利用する．

演習 2**　8.3.5 節では，相対日次ごとに平均 AR を算出し，「イベントは異常リターンの平均や分散に影響を与えない」という帰無仮説 H_0 の検定方法を学習した．この問題では，平均 CAR と (8.9) 式で紹介した J_1 統計量に基づいて H_0 を検定する方法を実践していこう．

(1)　event_strength が 5 のグループに限定して，イベントごとにイベント日とその翌営業日の累積異常リターン $\widehat{CAR}_i[0：+1]$ を算定せよ．加えて，そのグループの平均 CAR ($\overline{CAR}[0：+1]$) とそれに対応する J_1 統計量を計算し，帰無仮説 H_0 を検定せよ．

　　　ヒント 1：各日の AR が独立同一分布に従うという考えの下，CAR の分散は累積日数に関して線形に増えると仮定して計算せよ．例えば，2 日間の AR を累積する場合，$\overline{CAR}[0：+1] \sim N(0, 2\bar{\sigma}_t^2)$ に従うとする．ここで，$\bar{\sigma}_t^2$ は日次の平均 AR の分散である．より一般に，日次 τ_1 から τ_2 まで任意の日数の AR を累積する場合，合計すると L $(= \tau_2 - \tau_1 + 1)$ 日間あるので，$\overline{CAR}[\tau_1：\tau_2] \sim N(0, L\bar{\sigma}_t^2)$ に従うとする．

　　　ヒント 2：J_1 統計量は約 16.93 である．

(2)　前小問の計算を一般化して，任意の期間に対して平均 CAR を計算する独自関数 create_output_table() を定義せよ（独自関数の定義の仕方は **3.3 節**を参照）．ただし，この関数は引数として，(1) event_strength, relative_days, AR などが収録されたデータフレーム input_data，(2) CAR の測定開始日 t1，そして，(3) CAR の測定終了日 t2 の三つを取るものとする．そして，この関数は event_strength ごとに (i) t1 から t2 までの平均 CAR，(ii) J_1 統計量，(iii) p 値，(iv) 有意水準に応じたアスタリスク significance をデータフレーム形式で返すものとする．最後に，この関数が適切に機能することを確かめるために，input_data 引数には，**8.3.4 節**のコード ch08_10 で作成した event_window_data を代入した上で，t1 引数には 2 を，そして，t2 引数には 30 を与えて実際に出力結果を確認せよ．

　　　ヒント：create_output_table(event_window_data, 2, 30) を実行すると，例えば event_strength が 5 のグループの J_1 統計量が約 1.22 であることが確

認できる.

演習 3** 8.3 節では，イベントごとの回帰を行う下準備として，各データセットを統合して単一のデータフレームを作成したことを思い出そう（コード ch08_06 と ch08_07）．このようなステップを入れたのは，**第6章や第7章**で学習したように，filter() 関数を用いてグループごとの回帰を行うためである．しかし，for 文内でデータの下準備と回帰を同時に行うことで，事前に単一のデータフレームを作成せずとも，一連の処理を行うことができる．すなわち，for 文内で各イベントごとに，まず相対日次 [−130：+30] のリターンを抽出して，その後にマーケット・モデルを推定するという方法である．このような手順を用いて，本文中の ch08_06 から ch08_08 までのコードを書き換え，同じ結果が得られることを確認せよ.

> ヒント：事前にデータセットの統合を行わないので，コード ch08_06 と ch08_07 は不要になる．代わりに，for 文内でまず各イベントの発生日を抽出し，その情報に基づいて，return_data から相対日次 [−130：+30] のリターンのみを抽出する.

演習 4 8.3 節では，マーケット・モデル調整済み異常リターンを用いてイベント・スタディを行った．代わりに市場調整済み異常リターンを用いて同様のイベント・スタディを行い，結果を比較せよ.

演習 5* **コラム 6.2**（263 頁）で，グループごとの回帰を行う方法として lapply() 関数と purrr::map() 関数を使う方法をそれぞれ紹介したことを思い出そう．**8.3.4 節**でマーケット・モデルを推定する際に，for 文の代わりにこれらの方法を用いて，同じ結果が得られることを確認せよ.

- 以降の問題では，**サポートサイトの S2 節**からダウンロードした新しいデータセットを利用する.

演習 6** 企業が株主に利益を還元する方法には，現金配当に加え，自社株買いがある．この問題では，本章で学んだイベント・スタディの例として，自社株買いのアナウンスによって株価がどのように変化するか分析してみよう．まずは，**サポートサイト**よりダウンロードした ch08_buyback_return.csv と ch08_buyback_date.csv を用意せよ．これらのデータはそれぞれ，各銘柄や市場ポートフォリオの日次リターンと，自社株買いを行った銘柄，及びその開示日・開示時刻をまとめたものである.

(1) **コラム 8.2**（344 頁）を参考にして，開示時刻に気を付けながらイベント日を適切に設定し，各社の日次 −20 から +20 までの CAR を計算せよ．ただし，**8.2.3 節**の方法 (a) に従って，異常リターンはマーケット・モデル調整済み異常リターンとすること.

ヒント：tidyverse の lubridate パッケージは日付型を扱うのに便利な関数
を提供している．例えば，lubridate::hm() 関数を用いると，15:00 という
文字列を時刻と認識できるので，時刻同士の前後関係が比較可能になる．

(2) 全ての分析対象企業を標本にし，同期間の平均 CAR の推移を折れ線グラフに描画せ
よ．

(3) **8.3.5 節**と同様に，相対日次，平均異常リターン，検定統計量 t_{AR}，p 値，平均 CAR
をまとめた表を作成し，ch08_buyback_table.csv として出力せよ．

演習 7* この問題では，**演習 6** で分析した，自社株買いに対する株価の反応を理論的に考
察してみよう．

(1) **2.4.1 節**に登場した完全資本市場では，自社株買いは株価に影響を与えない．なぜな
ら，自社株買いは企業と株主の間で行われる金融取引の一種とみなせるからである．
以下では，このことを簡単な数値例で確認してみよう．株価 1,000 円，発行済株式数 1
億株の企業が保有現金の 100 億円を費やして自社株買いを行ったとする．自社株買い
発表後の株価を P 円とするとき，この企業の発行済株式数は何株に減少するか．また，
この企業の自社株買い後の時価総額は，当初の 1,000 億円から費やした現金分だけ減少
して 900 億円となるはずである．このことを利用して，自社株買い発表後の株価 P 円
を求めよ．

(2) **演習 6** の分析結果からは，完全資本市場の場合と異なる結論が得られたが，現実
データでも同様の結果が得られることが知られている．企業が自社株買いを公表する
と，なぜ，平均 CAR は**演習 6** のように変化するか．「情報の非対称性」と「シグナリ
ング」に言及して答えよ．

演習 8* 自社株買いは，B/S 上の株主資本を減少させるため，会計上の株主のリターンに
相当する ROE は改善し，それが好感されて株価上昇に繋がると言われることがある．完全
資本市場を例に**演習 7**(1) で確認したとおり，この考え方自体が間違っているばかりか，そ
もそも自社株買いによって必ずしも ROE が改善するとも限らない．ROE が必ずしも改善
しないことを以下の数値例を基に考えてみよう．t 期首に以下のように同じ組替 B/S を持
つ A 社と B 社を想定する．

t 期首における A 社と B 社の組替 B/S（単位：円）

純事業資産	1,200	純金融負債	800
		株主資本	400

この両社が，(a) 下記の条件で t 期首の段階で自社株買いを行った場合と (b) 自社株買いを行
わなかった場合を比較して，両社の t 期の ROE が自社株買いによって改善するかどうかを
検討せよ．そして，両社の比較により，どのような条件が揃うと ROE が改善しないかを考
察せよ．

- *t* 期首に自社株買いを行う場合，両社とも社債発行によって 100 円を調達し，それを原資にして一株当たり 100 円の自社株を一株だけ買い付け，即時に消却する（即時に消却すれば，発行済株式数が一株減少するとともに，買付金額だけ株主資本が減少する）．

- 自社株買いの実施の有無にかかわらず，両社の会計上の事業リターンや正味借入コストは変化しないものとする．それぞれの企業の *t* 期の事業のリターン $RNOA_t$ と正味借入コスト NBC_t は，以下のとおりである．

	A 社	B 社
$RNOA_t$	6%	10%
NBC_t	2%	12%

引用文献

[1] Berk, Jonathan B. and Peter M. DeMarzo, *Corporate Finance* (4th edition), Pearson, 2014. (久保田敬一・芹田敏夫・竹原均・徳永俊史（訳），コーポレートファイナンス［第2版］〈入門編・応用編〉，丸善出版，2014.）

[2] Bodie, Zvi, Alex Kane, and Alan J. Marcus, *Investments* (12th Edition), McGraw-Hill Education, 2020.（平木多賀人・伊藤彰敏・竹澤直哉・山崎亮・辻本臣哉（訳），インベストメント［第8版］〈上・下〉，日本経済新聞出版，2010.）

[3] Bolton, Patrick and Mathias Dewatripont, *Contract Theory*, MIT Press, 2004.

[4] Burgstahler, David and Ilia Dichev, Earnings management to avoid earnings decreases and losses, *Journal of Accounting and Economics* 24 (1): 99–126, 1997.

[5] Campbell, John Y., Andrew W. Lo, and A. Craig Mackinlay, *The Econometrics of Financial Markets*, Princeton University Press, 1997.（祝迫得夫・大橋和彦・中村信弘・本多俊毅・和田賢治（訳），ファイナンスのための計量分析，共立出版，2003.）

[6] Carhart, Mark M., On persistence in mutual fund performance, *Journal of Finance* 52 (1): 57–82, 1997.

[7] Cochrane, John H., *Asset Pricing* (Revised Edition), Princeton University Press, 2009.

[8] Cochrane, John H., Presidential address: Discount rates, *Journal of Finance* 66 (4): 1047–1108, 2011.

[9] Connor, Gregory and Robert A. Korajczyk, Performance measurement with the arbitrage pricing theory: A new framework for analysis, *Journal of Financial Economics* 15 (3): 373–394, 1986.

[10] Daniel, Kent and Sheridan Titman, Evidence on the characteristics of cross sectional variation in stock returns, *Journal of Finance* 52 (1): 1–33, 1997.

[11] Easley, David and Maureen O'Hara, Information and the cost of capital, *Journal of Finance* 59 (4): 1553–1583, 2004.

[12] Fama, Eugene F., Efficient capital markets: A review of theory and empirical work, *Journal of Finance* 25 (2): 383–417, 1970.

[13] Fama, Eugene F. and Kenneth R. French, Common risk factors in the returns on

stocks and bonds, *Journal of Financial Economics* 33 (1): 3–56, 1993.

[14] Fama, Eugene F. and Kenneth R. French, A five-factor asset pricing model, *Journal of Financial Economics* 116 (1): 1–22, 2015.

[15] Fan, Jianqing, Yingying Fan, and Jinchi Lv, High dimensional covariance matrix estimation using a factor model, *Journal of Econometrics* 147 (1): 186–197, 2008.

[16] Frankel, Richard and Charles M. C. Lee, Accounting valuation, market expectation, and cross-sectional stock returns, *Journal of Accounting and Economics* 25 (3): 283–319, 1998.

[17] Frazzini, Andrea and Lasse Heje Pedersen, Betting against beta, *Journal of Financial Economics* 111 (1): 1–25, 2014.

[18] Gibbons, Michael R., Stephen A. Ross, and Jay Shanken, A test of the efficiency of a given portfolio, *Econometrica* 57 (5): 1121–1152, 1989.

[19] Graham, John R. and Campbell R. Harvey, The theory and practice of corporate finance: Evidence from the field, *Journal of Financial Economics* 60 (2): 187–243, 2001.

[20] Gu, Shihao, Bryan Kelly, and Dacheng Xiu, Empirical asset pricing via machine learning, *Review of Financial Studies* 33 (5): 2223–2273, 2020.

[21] Harvey, Campbell. R., Presidential address: The scientific outlook in financial economics, *Journal of Finance* 72 (4): 1399–1440, 2017.

[22] Hou, Kewei, Chen Xue, and Lu Zhang, Digesting anomalies: An investment approach, *Review of Financial Studies* 28 (3): 650–705, 2015.

[23] Luenberger, David G., *Investment Science* (2nd Edition), Oxford University Press, 2014.（今野浩・鈴木賢一・枇々木規雄（訳），金融工学入門［第 2 版］，日本経済新聞出版，2015.）

[24] Merton, Robert C., An intertemporal capital asset pricing model, *Econometrica* 41 (5): 867–887, 1973.

[25] Michaud, Richard O., The Markowitz optimization enigma: Is 'optimized' optimal? *Financial Analyst Journal* 45 (1): 31–42, 1989.

[26] Pastor, Lubos and Stambaugh, Robert F., Liquidity risk and expected stock returns, *Journal of Political Economy* 111 (3): 642–685, 2003.

[27] Ross, Stephen A., The arbitrage theory of capital asset pricing, *Journal of Financial Economics* 13 (3): 341–360, 1976.

[28] Wasserstein, Ronald L., ASA statement on statistical significance and *p*-values,

American Statistician 70 (2): 131–133, 2016.

[29]　Wickham, Hadley, *Advanced R* (2nd Edition), Chapman and Hall/CRC, 2019.

[30]　新井富雄・高橋文郎・芹田敏夫，コーポレート・ファイナンス，中央経済社，
　　　 2016.

[31]　安道知寛，高次元データ分析の方法——Rによる統計的モデリングとモデル統合，
　　　 朝倉書店，2014.

[32]　大屋幸輔，コアテキスト 統計学［第3版］，新世社，2020.

[33]　経済産業省，「持続的成長への競争力とインセンティブ〜企業と投資家の望まし
　　　 い関係構築〜」プロジェクト最終報告書（伊藤レポート），2014.

[34]　小林孝雄・芹田敏夫（日本証券アナリスト協会（編）），新・証券投資論I，日本
　　　 経済新聞出版，2009.

[35]　小松高広，最適投資戦略——ポートフォリオ・テクノロジーの理論と実践，朝
　　　 倉書店，2018.

[36]　首藤昭信，日本企業の利益調整——理論と実証，中央経済社，2010.

[37]　芹田敏夫・花枝英樹，サーベイ調査から見た日本企業の財務政策，「組織科学」
　　　 49 (1): 32–44，2015.

参考書

　本書は，実証会計・ファイナンスへの応用に興味のある読者を念頭に，(1) 会計，(2) ファイナンス，(3) R 言語プログラミング，(4) 統計という複数の分野を横断的にカバーしてきた．以下では，各分野の基礎知識をしっかりと学びたい読者のために，それぞれの分野で定評のある参考書を列挙しておく．なお，これらのリストは筆者達の独断と偏見に基づくものであることを念のため強調しておく．

会　計

　財務諸表を作成するプロセスやその背後にある考え方に興味を持った方は，財務会計理論について網羅的に解説した桜井 (2022) をお薦めする．また，作成された財務諸表を投資や与信判断，企業価値評価にどのように応用すれば良いかを詳しく知りたい読者は，財務諸表分析の教科書として定評のある Penman (2012)，乙政 (2019)，桜井 (2020) を参照すると良いであろう．特に，Penman (2012) は，本書でも詳しく紹介した組替財務諸表を中心に議論を展開している．実証会計分野について，最も詳細な解説がなされているものに Scott and O'Brien (2019) がある．会計分野で行われてきた実証研究を豊富にカバーしている上，それらの研究の背後にある理論が丁寧に説明されており，本書の先にある実証会計の展開を知るのに役立つはずである．財務諸表数値を用いたデータ分析以外にも，会計学分野では数理的・実験的アプローチによって会計事象を解明しようという試みも行われている．こうした実証，数理，実験といった幅広いアプローチに基づいた会計学を解説した教科書として田村・中條・浅野 (2021) がある．

- Penman, Stephen H., *Financial Statement Analysis and Security Valuation* (5th edition), McGraw-Hill Education, 2012.（荒田映子・大雄智・勝尾裕子・木村晃久（訳），アナリストのための財務諸表分析とバリュエーション［原書第 5 版］，有斐閣，2018.）
- Scott, William R. and Patricia O'Brien, *Financial Accounting Theory* (8th

edition), Pearson, 2019.（太田康広・椎葉淳・西谷順平（訳），新版　財務会計の理論と実証，中央経済社，2022.）

- 乙政正太，財務諸表分析［第 3 版］，同文舘出版，2019.
- 桜井久勝，財務諸表分析［第 8 版］，中央経済社，2020.
- 桜井久勝，財務会計講義［第 23 版］，中央経済社，2022.
- 田村威文・中條祐介・浅野信博，会計学の手法［第 2 版］，中央経済社，2021.

ファイナンス

　証券アナリストの試験対策には，本文中でも引用した小林・芹田 (2009)[34] が定評がある．また，学部上級・修士レベルのアセット・プライシングの授業では，Danthine and Donaldson (2014) や Pennacchi (2008) を教科書として指定している大学が多い．博士課程以上になると，学びたい内容に応じて様々な選択肢があるが，例えば，連続時間のアセット・プライシングの理論を学びたければ Duffie (2001)，ゲーム理論的な基礎付けを持つ金融市場のモデルを学びたければ Brunnermeier (2001) がお薦めである．本書と同様，より実証的な観点でアセット・プライシングを解説した教科書としては，本文中でも引用した Cochrane (2009)[7] に加え，Campbell (2017)，Bail, Engel, and Murray (2016)，Ferson (2019)，Singleton (2006) が推薦できる．金融市場全体の均衡というよりも，個々の投資家の最適ポートフォリオ決定という部分均衡を詳細に学びたければ，Campbell and Viceira (2002) は一読の価値があるだろう．最後に企業金融に関して言うと，新井・高橋・芹田 (2016)[30] は学部上級・MBA レベルの理論を解説した良書である．国際的に見ると，ビジネススクールの企業金融の授業では，本文中でも引用した Berk and DeMarzo (2014)[1] に加えて，Brealey, Myers, and Allen (2020) や，Ross, Westerfield, Jaffe, and Jordan (2019) が教科書として指定されることが多い．

- Bali, Turan G., Robert F. Engle, and Scott Murray, *Empirical Asset Pricing: The Cross Section of Stock Returns*, Wiley, 2016.
- Brealey, Richard, Stewart Myers, and Franklin Allen, *Principles of Corporate Finance* (13th Edition), McGraw Hill Education, 2020.（藤井眞理子・國枝繁

樹（訳），コーポレート・ファイナンス［第10版]〈上・下〉，日経BP，2014.）

- Brunnermeier, Markus K., *Asset Pricing under Asymmetric Information: Bubbles, Crashes, Technical Analysis, and Herding*, Oxford University Press, 2001.

- Campbell, John Y., *Financial Decisions and Markets: A Course in Asset Pricing*, Princeton University Press, 2017.

- Campbell, John Y. and Luis M. Viceira, *Strategic Asset Allocation: Portfolio Choice for Long-Term Investors*, Oxford University Press, 2002.（木島正明（監訳），野村證券金融経済研究所（訳），戦略的アセットアロケーション —— 長期投資のための最適資産配分の考え方，東洋経済新報社，2005.）

- Danthine, Jean-Pierre and John Donaldson, *Intermediate Financial Theory* (3rd Edition), Academic Press, 2014.（祝迫得夫・可児滋・佐野三郎・中田勇人（訳），現代ファイナンス分析——資産価格理論，ときわ総合サービス，2007.）

- Duffie, Darrell, *Dynamic Asset Pricing Theory* (3rd Edition), Princeton University Press, 2001.（山崎昭・桑名陽一・大橋和彦・本多俊毅（訳），資産価格の理論——株式・債券・デリバティブのプライシング，創文社，1998.）

- Ferson, Wayne, *Empirical Asset Pricing: Models and Methods*, The MIT Press, 2019.

- Pennacchi, George, *Theory of Asset Pricing*, Pearson / Addison-Wesley, 2008.

- Ross, Stephen, Randolph Westerfield, Jeffrey Jaffe, and Bradford Jordan, *Corporate Finance* (12th Edition), McGraw Hill Education, 2019.（大野薫（訳），コーポレートファイナンスの原理［第9版]，きんざい，2012.）

- Singleton, Kenneth J., *Empirical Dynamic Asset Pricing: Model Specification and Econometric Assessment*, Princeton University Press, 2006.

R 言語プログラミング

プログラミング言語としてのRをもっと体系的に学びたい読者は，馬場(2019)，

Matloff (2012), Grolemund (2014) が参考になる. また, 本書で紹介した `tidyverse` 流のデータサイエンスの手法は, 松村・湯谷・紀ノ定・前田 (2021) や, Grolemund and Wickham (2016) で解説されている. `ggplot2` を利用して豊富な作図例を示した Chang (2018) は, 洗練されたデータの可視化を行う際に役立つだろう. より応用的な方向性として, 統計や機械学習の手法を R で実装するという観点では, Bruce, Bruce, and Gedeck (2020) や, James, Witten, Hastie, and Tibshirani (2021) が勉強になる. 加えて, Imai (2018) は, 社会科学全般を対象に, 研究の背景にある知識や R プログラミング, それに加えて統計手法を丁寧に解説した良書である. 本書では利用しなかった, ファイナンス関係の外部パッケージに関しては Regenstein (2018) が詳しい. 最後に, Boswell and Foucher (2011) は, プログラミング一般の話として, 可読性の高いコードを書くためのテクニックをまとめた定番の参考書である.

- Boswell, Dustin and Trevor Foucher, *The Art of Readable Code*, O'Reilly Media, 2011.（角征典（訳），リーダブルコード——より良いコードを書くためのシンプルで実践的なテクニック，O'Reilly Japan，2012.）

- Bruce, Peter, Andrew Bruce, and Peter Gedeck, *Practical Statistics for Data Scientists* (2nd Edition)，O'Reilly Media, 2020.（黒川利明（訳），大橋真也（技術監修），データサイエンスのための統計学入門［第 2 版］——予測，分類，統計モデリング，統計的機械学習と R/Python プログラミング，O'Reilly Japan，2020.）

- Chang, Winston, *R Graphics Cookbook* (2nd Edition), O'Reilly Media, 2018.（石井弓美子・河内崇・瀬戸山雅人（訳），R グラフィックスクックブック［第 2 版］——`ggplot2` によるグラフ作成のレシピ集，O'Reilly Japan，2019.）

- Grolemund, Garrett, *Hands-On Programming with R*, O'Reilly Media, 2014.（大橋真也（監訳），長尾高弘（訳），RStudio ではじめる R プログラミング入門，O'Reilly Japan，2015.）

- Grolemund, Garrett and Hadley Wickham, *R for Data Science*, O'Reilly Media, 2016.（黒川利明（訳），大橋真也（技術監修），R ではじめるデータサイエンス，O'Reilly Japan，2017.）

- Imai, Kosuke, *Quantitative Social Science: An Introduction*, Princeton University Press, 2018.（粕谷祐子・原田勝孝・久保浩樹（訳），社会科学のためのデータ分析入門〈上・下〉，岩波書店，2018）
- James, Gareth, Daniela Witten, Trevor Hastie, and Robert Tibshirani, *An Introduction to Statistical Learning: with Applications in R* (2nd Edition), Springer, 2021.（落海浩・首藤信通（訳），R による統計的学習入門，朝倉書店，2018）
- Matloff, Norman, *The Art of R Programming*, O'Reilly Media, 2011.（大橋真也（監訳），木下哲也（訳），アート・オブ・R プログラミング，O'Reilly Japan，2012.）
- Regenstein, Jonathan K., Jr., *Reproducible Finance with R: Code Flows and Shiny Apps for Portfolio Analysis*, Chapman and Hall/CRC, 2018.
- 馬場真哉，R 言語ではじめるプログラミングとデータ分析，ソシム，2019.
- 松村優哉・湯谷啓明・紀ノ定保礼・前田和寛，R ユーザのための RStudio ［実践］入門——tidyverse によるモダンな分析フローの世界［改訂 2 版］，技術評論社，2021.

統　計（計量経済学を含む）

　学部レベルの統計としては，本文中でも引用した大屋 (2020)[32] に加え，東京大学教養学部統計学教室 (1991) が定評のある教科書である．経済学への応用という観点では，西山・新谷・川口・奥井 (2019) や，Stock and Watson (2019)，Wooldridge (2019) は学部レベルの計量経済学を解説した良書である．本文中でも言及した GMM (Generalized Method of Moments) を本格的に学びたい読者は，Hayashi (2001) に挑戦してみると良いだろう．時系列解析の分野では，ファイナンスへの応用を念頭に書かれた沖本 (2010) や Tsay (2010) が名著である．また，機械学習の手法を網羅的に解説した教科書としては，Bishop (2006) や，Hastie, Tibshirani, and Friedman (2009) が有名である．最後に，機械学習のファイナンスへの応用に関しては，例えば，Coqueret and Guida (2020) や，Guida (2019)，Dixon, Halperin and Bilokon (2020)，Lopez de Prado (2018) が詳しい．

- Bishop, Christopher M., *Pattern Recognition and Machine Learning*, Springer, 2006.（元田浩・栗田多喜夫・樋口知之・松本裕治・村田昇（訳），パターン認識と機械学習〈上・下〉——ベイズ理論による統計的予測，シュプリンガー・ジャパン，2007.）

- Coqueret, Guillaume and Tony Guida, *Machine Learning for Factor Investing: R Version* (1st Edition), Chapman and Hall/CRC, 2020.

- Dixon, Matthew F., Igor Halperin, and Paul Bilokon, *Machine Learning in Finance: From Theory to Practice* (1st Edition), Springer, 2020.

- Guida, Tony, *Big Data and Machine Learning in Quantitative Investment*, Wiley, 2019.

- Hastie, Trevor, Robert Tibshirani, and Jerome Friedman, *The Elements of Statistical Learning: Data Mining, Inference, and Prediction* (2nd Edition), Springer, 2009.（杉山将・井手剛・神嶌敏弘・栗田多喜夫・前田英作（監訳），井尻善久ほか（訳），統計的学習の基礎——データマイニング・推論・予測，共立出版，2014.）

- Hayashi, Fumio, *Econometrics*, Princeton University Press, 2001.

- Lopez de Prado, Marcos, *Advances in Financial Machine Learning*, Wiley, 2018.（長尾慎太郎・鹿子木亨紀（監訳），大和アセットマネジメント（訳），ファイナンス機械学習——金融市場分析を変える機械学習アルゴリズムの理論と実践，きんざい，2019）

- Stock, James H. and Mark W. Watson, *Introduction to Econometrics* (4th Edition), Pearson, 2019.（宮尾龍蔵（訳），入門計量経済学，共立出版，2016.）

- Tsay, Ruey S., *Analysis of Financial Time Series* (3rd Edition), Wiley, 2010.

- Wooldridge, Jeffrey M., *Introductory Econometrics: A Modern Approach* (7th Edition), South-Western Publishing, 2019.

- 沖本竜義，経済・ファイナンスデータの計量時系列分析，朝倉書店，2010.

- 東京大学教養学部統計学教室（編），統計学入門，東京大学出版会，1991.

- 西山慶彦・新谷元嗣・川口大司・奥井亮，計量経済学，有斐閣，2019.

索 引

著者紹介

笠原　晃恭（かさはら　あきただ）

2010 年　東京大学経済学部卒業
2012 年　東京大学大学院経済学研究科修士課程修了
2018 年　スタンフォード大学経営学大学院博士課程修了　Ph.D. (Business Administration)
　　　　早稲田大学高等研究所助教，大阪大学大学院経済学研究科講師を経て
現　　在　大阪大学大学院経済学研究科准教授
主要論文

Empirical analysis of corporate tax reforms: What is the null and where did it come from? *Journal of Financial Economics* 135 (3): 555–576, 2020.（共著）

Family firms' dividend policies: Evidence from a Japanese tax reform, *Finance Research Letters* 102199, 2021.（共著）

村宮　克彦（むらみや　かつひこ）

2002 年　大阪市立大学商学部卒業
2004 年　神戸大学大学院経営学研究科博士課程前期課程修了
2007 年　神戸大学大学院経営学研究科博士課程後期課程修了　博士（経営学）
　　　　神戸大学経済経営研究所講師，大阪大学大学院経済学研究科講師を経て
現　　在　大阪大学大学院経済学研究科准教授
主要論文

経営者が公表する予想利益の精度と資本コスト，「証券アナリストジャーナル」43 (9): 83–97，2005.

How cross-shareholding influences financial reporting: Evidence from Japan, *Corporate Governance: An International Review* 28 (5): 309–326, 2020.（共著）

ライブラリ データ分析への招待　5

実証会計・ファイナンス
R による財務・株式データの分析

2022 年 6 月 25 日 ©		初 版 発 行
2024 年 9 月 10 日		初版第 3 刷発行

著　者	笠 原 晃 恭	発行者	森 平 敏 孝
	村 宮 克 彦	印刷者	小宮山恒敏

【発行】　　　　　　　株式会社　**新世社**
〒151-0051　東京都渋谷区千駄ヶ谷1丁目3番25号
編集☎(03)5474-8818(代)　　　サイエンスビル

【発売】　　　　　　株式会社　**サイエンス社**
〒151-0051　東京都渋谷区千駄ヶ谷1丁目3番25号
営業☎(03)5474-8500(代)　　振替　00170-7-2387
FAX☎(03)5474-8900

印刷・製本　小宮山印刷工業(株)
《検印省略》

ISBN978-4-88384-349-7
PRINTED IN JAPAN

サイエンス社・新世社のホームページのご案内
https://www.saiensu.co.jp
ご意見・ご要望は
shin@saiensu.co.jp　まで.

経済学コア・テキスト＆最先端　別巻1

コア・テキスト
統 計 学
第3版

大屋幸輔 著
A5判／336頁／本体2,150円（税抜き）

統計学のスタンダードテキストとして幅広い支持を得てきた書の最新版。以前にもまして統計学の役割が期待されるようになってきたことを踏まえて，エビデンスに基づく政策評価などで利用される因果推論の基礎的な考え方も紹介し，差の差の分析について取り上げた。また優位性や p 値など実際に検定を行う上で重要な事項の解説も加え，仮説検定に関する章を大幅に拡充している。読みやすい2色刷。

【主要目次】
データの整理／測る／確率／離散確率変数とその分布／連続確率変数とその分布／標本調査・標本分布／推定／仮説検定の基本／代表的な検定／回帰分析／最尤推定法と統計モデル

発行 新世社　　　発売 サイエンス社